nrf essais

Wolfgang Streeck

Du temps acheté

LA CRISE SANS CESSE AJOURNÉE DU CAPITALISME DÉMOCRATIQUE

Traduit de l'allemand
par Frédéric Joly

Ouvrage traduit avec le concours
du Centre national du livre

nrf

Gallimard

L'ouvrage a paru originellement aux Éditions Suhrkamp à Berlin, sous le titre
Gekaufte Zeit. Die vertagte Krise des demokratischen Kapitalismus.
Frankfurter Adorno-Vorlesungen 2012.

Streeck, Wolfgang (1947-)

Sciences sociales :

Sociologie : processus sociaux : conflits sociaux et leur résolution ; classes sociales.

Science politique (politique et gouvernement) : l'État : État-nation ; souveraineté et autodétermination ; citoyenneté, Parlements et représentations nationales ; idéologie politique : néolibéralisme ; organisation supranationale : Union européenne ; Union monétaire.

Économie : capitalisme et crises ; dette publique et souveraineté ; État providence.

économie du travail : marché du travail.

économie financière : monnaie : euro ; monnaie unique et banques centrales ; banques nationales, crises, dettes souveraines.

Introduction

LA THÉORIE DE LA CRISE — À L'ÉPOQUE, AUJOURD'HUI

Ce livre est la version augmentée des Conférences Adorno que j'ai tenues au mois de juin 2012, presque quarante ans exactement après l'obtention de mon diplôme de sociologie à l'université de Francfort[1]. Je ne peux pas dire que j'aie été un « élève » d'Adorno. J'ai assisté à plusieurs de ses cours et séminaires, mais sans y comprendre grand-chose ; il en fut ainsi à l'époque, et rien n'y fera. Je ne réalisai que bien plus tard, et plutôt de façon fortuite, que j'étais passé à côté de quelque chose de très important. Le souvenir capital que je garde d'Adorno est le profond sérieux avec lequel il menait à bien son travail — aux antipodes, pour le moins, de la très grande indifférence qui, bien trop souvent, préside désormais, après des décennies de professionnalisation, au travail des sciences sociales.

Personne, par chance, ne considérera donc que je suis le mieux placé pour rendre hommage à l'œuvre d'Adorno. Aussi ai-je renoncé à établir de manière détaillée des rapports entre ce que j'ai à dire et ce qu'Adorno nous a légué — ce serait tout à la fois forcer le trait et faire montre de prétention. S'il existe des points communs, ceux-ci ne peuvent être que très généraux. À commencer par mon refus intuitif de croire que les crises doivent toujours bien finir — une intuition que, me semble-t-il, je partage avec Adorno. Par ailleurs, ce que je qualifierais de sentiment de sécurité fonctionnaliste, que l'on peut constater de façon exemplaire dans l'œuvre de Talcott Parsons, lui était étranger. Rien, dans la pensée d'Adorno, ne venait garantir que tout, un beau jour, atteindrait de nouveau et par soi-même, un bon équilibre. Il ne pouvait se résoudre à partager avec un Hölderlin, par exemple, une confiance essentielle — « Mais aux lieux du péril croît aussi ce qui sauve[2] »... Il en est de même pour moi, quelle qu'en soit la raison. Les ordres sociaux me semblent, dans leur état normal, se caractériser par la fragilité et la précarité, et les surprises désagréables me paraissent à tout moment possibles. Je tiens également pour inepte d'exiger de quelqu'un, qui décrit un problème en tant que tel, qu'il fournisse, en même temps que son analyse, une solution[3] — et je n'entends pas plus me plier dans ce livre à un tel diktat, même si je propose pour finir, mais il est vrai sans grand réalisme, une solution possible concernant un aspect particulier de la crise. Les problèmes ont désormais atteint un tel niveau de gravité qu'il n'existe aucune solution ou, à tout le moins, aucune solution susceptible d'être mise en œuvre ici et maintenant. Me demanderait-on avec réprobation s'il demeure dans tout ce que je vais démontrer quelque chose de « positif », qu'une fois encore je vous renverrais à Adorno dont la réponse, naturellement bien mieux formulée, aurait incontestablement été : *Et s'il n'existait absolument rien de positif ?*

Je traite dans cet ouvrage de la crise financière et fiscale du capitalisme démocratique d'aujourd'hui à la lumière des théories des crises élaborées à Francfort à la fin des années 1960 et au début des années 1970. Ce fut l'époque des dernières années d'Adorno et de mes études francfortoises. Les théories auxquelles je fais référence constituaient des tentatives de compréhension des bouleversements qui advenaient alors dans l'économie politique de l'après-guerre. Ces bouleversements, les théories les envisagèrent comme des moments d'un processus historique, des moments d'une évolution touchant l'ensemble de la société. Pour en saisir la nature, elles recouraient avec plus ou moins d'éclectisme à la tradition théorique marxiste. Les interprétations alors élaborées étaient tout sauf uniformes, elles n'adoptaient souvent que la simple forme de l'esquisse, et changèrent, de façon assez prévisible, avec les événements, souvent même sans que les auteurs s'en aperçoivent. Qui les considère rétrospectivement constatera également une persistance acharnée à souligner des différences minimes traversant cette famille intellectuelle, qui nous paraissent aujourd'hui, d'une manière ou d'une autre, dérisoires, voire parfaitement incompréhensibles. Ne serait-ce que pour cette raison, il ne saurait être question dans les pages qui suivent de peser les torts ou les raisons de chacun.

Les tentatives théoriques des années francfortoises rappellent également l'évidence du lien existant entre les événements des sciences sociales et leur époque. Pour autant, et précisément pour cette raison, il se révèle nécessaire, si l'on veut avoir prise sur les événements actuels, de renouer avec les théories des années 1970 dites de la crise du « capitalisme avancé ». La première raison, mais pas la seule, est ce que l'on sait d'évidence aujourd'hui, mais qui fut oublié ou tenu pour négligeable plusieurs décennies durant : que l'ordre économique et social des démocraties riches doit être compris, encore et toujours, comme un ordre capitaliste. En conséquence, pour son intelligence, nous avons besoin de recourir à une théorie du capitalisme. Un même regard rétrospectif nous permet également de distinguer ce que l'on ne *pouvait* pas à l'époque discerner — parce que le capitalisme *était déjà devenu naturel* —, ou qu'on ne *voulait* pas discerner, parce que cela venait parasiter des projets politiques. Le fait que l'on n'ait pas discerné, en dépit de tous les efforts des raisonnements théoriques, ce qui importait — la possibilité d'une crise financière et fiscale du capitalisme —, et pas vu venir ce qui allait survenir par la suite, nous rappelle que l'avenir de la société est un avenir ouvert, et que l'histoire n'est pas prévisible — chose que les sciences sociales modernes n'ont pas encore entièrement expliqué[4]. Dans le même ordre d'idées, et en dépit de tous les changements, nombre de traits doivent être discernés dans le présent, qui l'avaient déjà été dans le passé, avant qu'ils ne soient par la suite oubliés. Il n'est guère possible de s'appuyer sur une étude statique du monde, et si une formation sociale peut apparaître des décennies durant identique à elle-même, c'est à la condition de la concevoir comme un processus évolutif lié à d'autres structures au fil du temps, et dont il est rétrospectivement possible de comprendre la logique, même si cette dernière ne se prête pas à des prédictions.

J'analyse la crise financière et fiscale du capitalisme actuel dans la continuité, et comme un moment d'une évolution propre à l'ensemble de la société, dont je date le commencement à la fin des années 1960, et que je décris, en la mettant en perspective jusqu'à aujourd'hui, comme un processus de dissolution des régimes du capitalisme démocratique de l'après-guerre[5]. Ma contribution à la compréhension de ce sujet succède, comme je l'ai dit, à une tentative théorique qui entreprit d'interpréter ce qui se profilait à l'époque en recourant à des traditions théoriques plus anciennes, et avant tout marxistes. En relèvent certaines des enquêtes menées par l'Institut de recherche sociale après qu'Adorno en eut pris la direction, mais auxquelles il ne fut toutefois pas directement associé. Un trait caractéristique de la théorie des crises de l'« école de Francfort » consistait à supposer sur le mode heuristique l'existence d'un rapport entre, d'un côté, la vie sociale et, d'un autre côté, une économie dominée par les impératifs de valorisation du capital et de reproduction du capital. Ce rapport était historique, car il s'inscrivait dans la formation d'après guerre du capitalisme démocratique, à travers une politique étatique et selon des modalités diverses, et il était avant tout marqué par une grande tension. Les institutions sociales, au premier chef les institutions du type politico-économique, apparaissent sous cet angle comme des compromis, constamment controversés et toujours temporaires, passés entre des orientations d'action fondamentalement incompatibles, donc comme des systèmes sociaux contradictoires en eux-mêmes, par essence instables et sujets à un équilibre qui, s'il est atteint, ne saurait être que provisoire. Aussi l'économie de la société fut-elle, dans la tradition de l'économie politique, conçue comme un système d'action de nature sociale, c'est-à-dire non pas dirigé simplement sur le mode technique ou selon les lois de la nature, mais au contraire constitué d'interactions, c'est-à-dire de rapports de force entre des parties dotées de ressources et d'intérêts différents.

Je tenterai d'actualiser les théories des années 1970 à la lumière des quelque quarante ans de développement capitaliste écoulés depuis lors. La crise actuelle du capitalisme démocratique sera donc inscrite dans une perspective dynamique, insérée dans une séquence de développement[6]. Sociologue et politologue, j'ai appris au fil des années des nombreuses analyses de champs sociaux différents que la méthode qui s'impose en macrosociologie ou en économie politique est bien celle-ci[7]. La science sociale, à mes yeux, n'a pas grand-chose à apprendre des situations, mais tout à apprendre des évolutions : les situations ne sont instructives qu'à la condition d'être mises en relation avec les évolutions. Des théories qui traiteraient des structures ou des événements comme des entités uniques, autonomes et inscrites dans un espace déterminé de possibilités et de propriétés ne peuvent fondamentalement qu'induire en erreur. Rappelons cette évidence : tout ce qui relève du social se déroule dans le temps, s'épanouit avec le temps, et ne se montre identique à soi-même que reconduit dans le temps. Ce que nous observons aujourd'hui, nous ne pouvons le comprendre qu'à la condition de savoir à quoi il ressemblait hier et quelle voie il emprunte dans le présent. (De là, entre autres, les nombreux diagrammes et schémas scandant les trois grandes parties de ce livre.)

Cette inscription dans le temps est double : il convient de savoir d'un phénomène *quand* et *où* il advient[8]. Les événements, dans les sciences sociales, ne deviennent véritablement tels qu'à partir du moment où ils se voient pourvus d'un indice temporel et spatial. La crise dont il sera ici question est donc la crise du capitalisme dans le contexte des démocraties riches du monde occidental, telle qu'elle a pris forme à la suite des séquences suivantes : grande dépression ; instauration du capitalisme et de la démocratie libérale aux lendemains de la Seconde Guerre mondiale ; destruction, au cours des années 1970, de l'ordre instauré dans l'après-guerre ; « crise pétrolière » et inflation, etc. Certes, ce que nous savons sur les crises en général — sur le plan politique comme sur le plan économique — peut nous être d'un certain secours ; mais le caractère particulier de *cette* crise — le fait qu'elle soit sans précédent — doit être dégagé sur le mode interprétatif à partir de son contexte temporel et spatial. D'autant qu'elle a également pour d'autres sociétés, actuelles et à venir, des significations et des conséquences qu'il s'agira d'élucider à travers une analyse historiquement concrète, pratique, et au moyen d'une recherche empirique.

Prendre en compte le temps dans l'étude de la crise financière et fiscale actuelle s'avère à maints égards instructif. Soit, par exemple, l'importance accordée dans de nombreuses études transversales des sciences sociales aux différences observées entre les sociétés du capitalisme démocratique ayant adopté la forme constitutionnelle de l'État-nation, telles qu'elles ont été formalisées par la littérature des « Varieties-of-Capitalism[9] » afin de déterminer les caractéristiques catégorielles des différents « modèles »-de-capitalisme ; cette importance est avant tout relativisée dans un contexte historique[10]. Traiter la crise comme un stade intermédiaire au sein d'une séquence de développement longue révèle que les parallèles et les interactions entre les pays capitalistes l'emportent de loin sur les différences institutionnelles et économiques. La dynamique sous-jacente se montre, avec des modifications locales, la même pour des pays qui sont tenus pour très différents les uns des autres, par exemple, la Suède et les États-Unis. Le rôle dirigeant du plus grand et du plus capitaliste de tous les pays capitalistes, les États-Unis d'Amérique, est particulièrement net dans une étude prenant en compte le facteur temporel. Toutes les évolutions qui ont imposé la direction à suivre, direction dans laquelle s'est ensuite engagé le convoi des démocraties capitalistes, viennent des États-Unis : la cessation du système de Bretton Woods et l'inflation, la création des déficits budgétaires à travers la résistance à l'impôt et les allégements fiscaux, le financement de la dette de l'activité étatique de plus en plus important, la vague de consolidation des années 1990, la dérégulation des marchés financiers privés en tant que partie intégrante d'une politique de privatisation des missions étatiques et, naturellement, la crise financière et fiscale de 2008…

Les rapports et mécanismes de causalité, qui intéressent le sociologue, s'inscrivent dans le temps, mais l'on n'a rien dit si on omet de préciser qu'une adaptation et un changement des institutions sociales ou de sociétés entières ne se réalisent que sur un temps long. Si l'on pose trop tôt la question de l'exactitude d'une théorie sur le changement ou la fin d'une formation sociale, le danger est grand de la voir réfutée avant même qu'elle ait pu faire ses preuves. Un bon exemple en est la littérature consacrée à la globalisation dans la science politique comparative des années 1980 et 1990 : en s'appuyant sur des observations empiriques contemporaines, elle conclut que le décloisonnement des économies nationales n'aurait pas de répercussions préjudiciables sur l'État social. Nous savons aujourd'hui que le processus en question a été seulement plus lent — et qu'il était faux de supposer qu'une formation aussi solidement établie et peu souple que l'État providence européen ne tarderait pas à disparaître après quelques années d'internationalisation de l'économie, ou pourrait devenir quelque chose de radicalement autre. Un changement institutionnel se produit souvent, et sans doute le plus souvent, sur un mode plus progressif[11] : il est possible d'ignorer très longtemps ce changement en le tenant pour marginal, alors même que depuis un temps certain il affecte le cœur même de la chose au point d'en déterminer la dynamique de développement[12].

À côté des changements sociaux et institutionnels de longue durée et de nature incrémentielle — mais combien dure la longue durée ? —, les évolutions sociales débouchent sans cesse sur des *causes qui contrecarrent*, qui les ralentissent, les infléchissent, les modifient ou les arrêtent[13]. Les sociétés montrent dans le même temps une grande richesse d'invention qui excède de loin l'imagination du chercheur en sciences sociales, voire de ceux qui ont justement reconnu les tendances qui les traversent souterrainement et sont socialement contestées. La crise du capitalisme avancé des années 1970 devait également alarmer ceux qui n'avaient aucun intérêt à ce que celui-ci s'effondre ou creuse sa propre tombe. Ceux-là non seulement perçurent aussi les tensions qui avaient été diagnostiquées avec plus ou moins d'exactitude par la théorie des crises, mais ils réagirent. Envisagées aujourd'hui avec le recul, ces réactions semblent avoir pris la forme d'un *achat de temps à l'aide d'argent*, achat qui fut couronné de succès sur le moyen terme — quatre décennies durant, tout de même. « Acheter du temps » est la traduction littérale d'une tournure anglaise : *buying time*, gagner du temps en français — autant dire retarder un événement imminent afin de se donner la possibilité de tenter d'empêcher qu'il ne se produise. L'argent ne doit pas nécessairement être mobilisé pour cela. Dans le cas présent, il le fut toutefois, et à dire vrai à une échelle considérable : l'argent — l'institution la plus mystérieuse du capitalisme moderne — fut utilisé dans le but de désamorcer des conflits sociaux potentiellement déstabilisateurs, tout d'abord au moyen de l'inflation, ensuite à travers l'endettement étatique, ensuite encore à travers le développement des marchés du crédit privé, et enfin — aujourd'hui — à travers l'achat des dettes étatiques et des dettes bancaires par les banques centrales. Comme je vais le montrer, le fait que la crise du capitalisme démocratique de l'après-guerre ait été sans cesse différée et étirée dans le temps par le biais d'*achat de temps* est étroitement lié à ce processus de développement capitaliste, historiquement décisif, que nous désignons sous le terme de « financiarisation »[14].

Lorsqu'on choisit un cadre temporel suffisamment vaste, il devient possible de comprendre l'évolution de la crise actuelle comme un processus évolutif et dans le même temps dialectique[15]. À la condition de l'intégrer au sein d'une séquence de développement plus longue, il s'avère ceci : ce qui put faire l'effet, à première vue, d'une fin de crise — et dont on tira argument pour réfuter au nom des faits la théorie des crises telle qu'elle était développée à l'époque — ne constitue qu'un simple changement de manifestation des conflits sous-jacents et des déficits d'intégration afférents. Les solutions trouvées, ou ce que l'on tenait pour telles, ne mirent jamais plus d'une décennie pour se transformer en problèmes, quand ce n'était pas l'ancien problème qui adoptait une forme nouvelle. Toute victoire sur la crise devenait tôt ou tard prélude à une nouvelle crise, à travers des retournements complexes et imprévisibles qui faisaient oublier un certain temps que toutes les mesures de stabilisation ne peuvent qu'être provisoires tant que l'avancée du développement capitaliste — les « conquêtes » du marché [16] — se heurte à la logique du monde social vécu.

L'un de mes souvenirs les moins réjouissants de mes années d'études francfortoises est que les leçons et séminaires s'occupaient bien trop, en tout cas à mon goût, des « méthodes », et bien trop peu de ce qui devait être l'objet même de ces méthodes. L'espèce de mondialité abstraite que l'on peut trouver dans un livre comme *L'élite au pouvoir* de C. Wright Mills [17], je l'ai souvent, comme « écolier de Francfort », déplorée. La sociologie qui ne fait pas appel aux histoires, pour qui la couleur locale n'existe pas, et qui ne laisse aucune place à l'exotique et à l'absurde, c'est-à-dire à tout ce qui, souvent, fait la vie sociale et politique, m'est depuis toujours vite ennuyeuse. Pour cette raison, je voyage déjà léger sur le plan théorique. Mais, d'un autre côté, il est évident que mon sujet — la crise financière et fiscale des démocraties capitalistes riches — nécessite impérativement d'articuler les apports de la sociologie à la tradition de l'économie politique. Une théorie de la démocratie, telle que pratiquée en science politique et dans l'analyse des crises, qui a recours à la macrosociologie tout en ignorant que l'économie est une activité politico-sociale, passe tout bonnement à côté de son sujet. Et il en va exactement de même pour toute conception de l'économie, en politique et dans la société, qui ne tient pas compte de sa forme organisationnelle capitaliste actuelle. Personne, après ce qui s'est passé depuis 2008, ne peut comprendre la politique et les institutions politiques sans les relier étroitement aux marchés, aux intérêts économiques, et aux structures de classe et aux conflits qui en résultent. La question consistant à savoir si tout cela est « marxiste », ou « néomarxiste », et jusqu'à quel point, me paraît totalement inintéressante, et je n'entends pas m'attarder sur elle : il résulte d'ailleurs de l'évolution historique qu'on ne peut plus dire actuellement avec certitude où finissent les efforts du non-marxisme destinés à élucider les événements en cours, et où débute le marxisme. La science sociale moderne, de toute façon, surtout là où elle traite de sociétés entières et de leur évolution, ne travaille jamais sans recourir à des éléments centraux des théories « marxistes » — ne serait-ce que pour se définir par opposition[18]. Je suis en tout cas doublement convaincu et que l'on ne peut comprendre que de façon approximative l'évolution actuelle des sociétés modernes contemporaines sans recourir précisément à des concepts-clés remontant à Marx, et que ce sera le cas à proportion du rôle toujours plus moteur de l'économie de marché capitaliste.

Mes réflexions sur la crise du capitalisme démocratique sont délibérément exhaustives : le tableau qu'elles dressent est peint sur une toile de grand format au moyen de larges pinceaux. Le contexte et la séquence se tiennent au centre, les événements plutôt à la marge ; les points communs généraux supplantent les différences de détail ; les rapports entre les cas et les champs sont l'objet de plus d'attention que ces cas et ces champs en eux-mêmes ; la synthèse découle de l'analyse ; et les démarcations entre les disciplines sont constamment dédaignées. La démonstration est consacrée à des séquences diverses et de vaste ampleur : de la vague de grèves de la fin des années 1960 au lancement de l'euro ; de la fin de l'inflation, au début des années 1980, à l'augmentation rapide de l'inégalité des revenus dans les dernières années du XXe siècle ; de la politique du *containment,* de l'endiguement[19], du temps de l'eurocommunisme, aux crises fiscales actuelles des pays méditerranéens, et bon nombre d'autres encore. Cette démonstration ne pourra probablement pas résister sur tous les points à des recherches plus spécialisées ; c'est le risque que je prends, inhérent à toute étude synoptique portant sur des événements en cours. Mais j'ai naturellement bon espoir que la plus grande part de ce travail se verra à la fin confortée durablement par les faits.

La structure du livre suit, pour sa majeure partie, celle des trois conférences. Le lecteur y constatera certains chevauchements et un déroulement de la démonstration quelquefois surprenant, qui n'auraient pas eu leur place dans un ouvrage construit de façon plus systématique. Mais peut-être un tel ouvrage aurait-il été aussi d'une lecture moins aisée. Les faits et les dates, que j'utilise comme des pièces à conviction, et à titre d'illustration, sont tous plus ou moins connus, du moins dans la littérature spécialisée : si je dois contribuer à la compréhension de ce sujet, c'est par la mise en perspective de ces faits et de ces dates dans un contexte historico-théorique plus vaste. J'ai complété et développé chacune des trois leçons, afin d'être plus clair et plus concret. Dans le même temps, je me suis constamment servi de ce procédé d'écriture que sont les notes en fin de volume afin de ne pas trop entraver la fluidité de lecture — et souvent pour citer les enquêtes remarquables et impitoyables du *New York Times,* ou afin de mentionner des faits à ce point grotesques qu'on ne sait s'il faut en rire ou en pleurer, alors que dans l'intervalle ils sont devenus chose normale. J'utilise parfois aussi les notes pour développer des réflexions spéculatives plus audacieuses mais qui, peut-être justement pour cette raison, doivent être menées à une place qui demeure marginale.

Un dernier mot : *Du temps acheté* est, comme je l'ai dit, structuré en trois chapitres. Le premier débute par une courte présentation, entre-temps devenue un lieu commun, du rapport entre crise financière, crise fiscale et crise de la croissance, tel qu'il pose à la politique une énigme toujours renouvelée au point jusqu'à présent de s'être dérobé avec succès à cette gestion de crise. J'aborde ensuite les théories des années 1970 consacrées à la « crise de légitimation[20] » du « capitalisme avancé » qui se profilait alors, et cherche à comprendre pour quelles raisons ces théories n'annoncèrent que de façon très manifestement insuffisante ces évolutions sociétales, qui semblèrent réfuter leurs intuitions au cours des décennies qui suivirent. Le lent tournant ayant conduit du capitalisme social de l'après-guerre au néolibéralisme des débuts du XXIe siècle relève avant toute chose de ces évolutions. Je retrace en outre de quelle manière la crise diagnostiquée dans les années 1970 se déploya dans les faits, et comment elle a, au fil du temps, constamment adopté de nouvelles formes, jusqu'à revêtir en 2008 sa forme actuelle.

Le deuxième chapitre du livre est tout particulièrement dédié à la crise des finances étatiques, à ses causes et à ses conséquences. Ce chapitre s'ouvre sur une critique des théories de « l'économie des institutions », aujourd'hui bien connues, qui mettent l'explosion des dettes étatiques depuis les années 1970 sur le compte d'un excès de démocratie. Ce chapitre montre que l'endettement public exponentiel doit être véritablement envisagé en relation avec la transformation ou « involution[21] » néolibérale du capitalisme démocratique qui avait été instauré après 1945, et présente cet endettement comme un moment de cette transformation ou « involution » néolibérale. Cette évolution — c'est la thèse que je défends — a actualisé cette « crise de l'État fiscal » qui, dès l'époque de la Première Guerre mondiale, occupait une place centrale dans les débats théoriques[22]. J'analyse ensuite l'État débiteur en l'envisageant comme une véritable formation institutionnelle qui, au plus tard au cours des années 1980, a remplacé l'État fiscal classique. Je me penche à cette occasion, entre autres, sur le rapport existant entre l'État débiteur et la répartition des chances de réussite sociale, autrement dit sur le rapport entre l'État débiteur et la structure de classe, ainsi que sur les conflits et rapports de force qui se développent au sein de l'État débiteur entre citoyens et « marchés ». Je conclus ce deuxième chapitre par une analyse de la *dimension internationale,* systématiquement centrale, des États débiteurs, et du rôle joué par la diplomatie financière internationale dans leur gouvernement.

Dans le troisième chapitre, enfin, je me tourne vers cette forme d'organisation politique qui est destinée à remplacer l'État débiteur, et que je qualifie d'« État de consolidation ». La gestation de ce dernier en Europe est inséparablement liée, en raison de circonstances contingentes bien précises, au progrès de l'intégration européenne, qui fonctionne depuis longtemps comme une machine à libéraliser les économies nationales européennes. L'État de consolidation est un régime européen et multiniveaux ; le processus de consolidation fiscale, quant à lui, est la transformation fondamentale et effectivement complète des systèmes étatiques européens. Ce troisième chapitre se termine par des réflexions sur les possibilités et les limites d'une opposition politique à ces transformations.

Enfin, en conclusion, revenant sur les débats publics de l'été et de l'automne 2012 ayant, par exemple, porté sur l'Union monétaire européenne et l'avenir de l'euro, je mesure la possibilité d'une réponse à la crise susceptible de ralentir le processus d'expansion capitaliste — communément désigné sous le petit nom de « globalisation » —, et de ce fait susceptible de ménager l'option d'un contrôle démocratique des « marchés ».

Chapitre premier

DE LA CRISE DE LÉGITIMATION À LA CRISE FISCALE

Les théories des crises néomarxistes, qui circulaient à Francfort dans les années 1960 et 1970, furent par la suite considérées à tort comme réfutées par les faits. La transformation et le remplacement d'une grande formation sociale comme le capitalisme nécessitent, à n'en pas douter, une durée bien plus longue que celle postulée par l'impatience des théoriciens des crises, soucieux comme ils sont de vérifier de leur vivant le bien-fondé de leurs théories. Un changement social n'advient, apparemment, qu'en empruntant des voies détournées — ce qui exige un temps plus considérable que celui calculé par tout schéma théorique. En conséquence, il ne peut finalement être expliqué qu'après coup, et au cas par cas.

Je défendrai donc ici la thèse selon laquelle il n'est possible de comprendre la crise, tant économique que politique dans laquelle, en ce début de XXIe siècle, est encalminé le capitalisme, qu'à la condition de la concevoir comme le paroxysme — provisoire — d'une évolution qui débute à la traîne des longues années 1960, donc à peu près aux environs de 1975, et que les premières recherches prédictives des théories des crises de l'époque tentèrent d'analyser.

Avec le recul, les années 1970 apparaissent incontestablement comme une époque charnière[1] — avec la fin de la reconstruction de l'après-guerre, le commencement du démantèlement du système monétaire international, qui n'était rien de moins qu'un ordre politique mondial pour le capitalisme de l'après-guerre[2], et le retour des dysfonctionnements et des paralysies critiques de l'activité économique comme autant de moments du développement capitaliste… La sociologie élaborée à Francfort, et qui était inspirée de très diverses façons par le corpus marxiste, montra, comparée à d'autres écoles, une meilleure compréhension intuitive de la gravité de la situation politique et économique de cette époque. Pourtant, elle oublia d'inscrire les réactions de rejet contemporaines — des vagues de grèves de 1968[3] à ladite première « crise pétrolière » — dans le contexte historique plus large du développement du capitalisme moderne, ce qui décontextualisa d'autant ses intentions pratiques. Ce qui se passait était par trop déroutant. La théorie du capitalisme avancé[4] avait cherché à déterminer à nouveaux frais les tensions et ruptures à l'œuvre dans l'économie politique de l'époque. Mais l'évolution de ces tensions et ruptures, qui semblèrent dans un premier temps se dissiper, voire disparaître, se déroba à sa compréhension. Il est vrai que cette théorie semblait avoir fait fondamentalement sienne la description que l'économie capitaliste donnait d'elle-même comme d'un « âge d'or ». Celle-ci se présentait comme un organe de régulation technocratique des gouvernements et des grandes entreprises, instauré afin de garantir une croissance stable, et de surmonter définitivement l'état de crise économique chronique du capitalisme. La gouvernabilité politique du capitalisme modernisé ne semblait faire aucun doute aux yeux de la théorie, qui doutait en revanche de sa capacité à conquérir sa propre *légitimité* sociale et culturelle. Surestimant de cette manière, comme j'en fais l'hypothèse, la capacité d'action et de planification de la politique étatique, au lieu de considérer le capital comme un acteur politique, et comme une force sociale capable de stratégie, la théorie des crises remplaça une théorie de l'économie par une théorie de l'État et une théorie de la démocratie ; elle délaissait, ce faisant, et à son détriment, un point essentiel de l'héritage de l'économie politique marxienne.

Trois évolutions se produisirent avant tout, que la théorie des crises élaborée aux alentours de 1968 n'était pas préparée à affronter, et dont elle ne parvint pas à prendre la mesure.

La première fut le basculement vers les marchés « autorégulés », ou le retour à ces marchés. Ce processus presque stupéfiant fut entamé avec succès par le capitalisme moderne grâce à la grande tentative néolibérale de revitalisation, à l'échelle mondiale, de la dynamique d'accumulation capitaliste par la dérégulation, la privatisation et l'expansion du marché sous toutes les formes et dans toutes les directions possibles et imaginables. Quiconque assista aux premières loges à ce basculement, tout au long des décennies 1980 et 1990, se heurta très vite aux difficultés que posait la notion de capitalisme avancé[5].

Il en alla de même, en deuxième lieu, des attentes qui avaient pu être nourries d'une crise de légitimation et de motivation du capitalisme. Ces attentes furent contredites par la propagation rapide, déjà amorcée dans la décennie 1970, de formes de vie adaptées au marché et guidées par lui ; d'autant que ces formes de vie furent largement accueillies culturellement, par exemple à travers la demande enthousiaste, à l'initiative des femmes avant tout, d'un travail « aliéné » rémunéré, comme à travers une société de consommation qui s'épanouissait au-delà de toute espérance[6].

Enfin, troisièmement, les crises économiques qui accompagnèrent la mutation du capitalisme de l'après-guerre en capitalisme néolibéral, en particulier l'inflation des années 1970 et l'endettement public des années 1980, revêtirent une importance plutôt marginale aux yeux de la théorie de la crise de légitimation[7]. À l'encontre de cette dernière, l'explication d'inspiration durkheimienne de l'inflation, telle qu'elle fut élaborée par exemple par Goldthorpe et Hirsch, la présenta comme l'expression d'une anomie de la politique de répartition[8]. Quant à James O'Connor, dès la fin des années 1960, il avait prédit, en recourant toutefois à une vision du monde marxiste orthodoxe, une « crise fiscale de l'État », dont le résultat serait une alliance socialiste-révolutionnaire du personnel étatique syndicalement organisé et de certains contribuables jugés appartenir à des catégories excédentaires[9].

Il convient donc de reprendre le récit historique de l'évolution du capitalisme des années 1970 à aujourd'hui — récit qui établit un rapport entre, d'une part, ce que j'interprète comme une révolte du capital contre l'économie mixte de l'après-guerre et, d'autre part, le haut niveau de popularité qu'atteignirent les marchés du travail et les biens de consommation à la fin des courtes années 1970, sans oublier les manifestations de la crise économique tout au long de cette séquence. Cette dernière, à l'heure actuelle, a trouvé son paroxysme dans une triple crise : une crise bancaire, une crise des budgets des États et une crise de la croissance économique.

Nul doute pour moi que le « déchaînement[10] » du capitalisme global tout au long du dernier tiers du XXe siècle est le fruit de la résistance des propriétaires et des détenteurs du capital — la classe de tous « ceux qui dépendent du profit » — aux conditions très diverses que le capitalisme de l'après-1945 avait dû accepter pour devenir lui-même à nouveau acceptable politiquement dans un contexte de concurrence des systèmes politiques et idéologiques. Le succès de cette démarche ainsi que celui, inespéré, de la revitalisation du système capitaliste en tant qu'économie de marché s'expliquent selon moi doublement : les États eurent pour politique d'acheter du temps, avec de l'argent, au système capitaliste, tout en garantissant une sorte de loyauté de masse au projet néolibéral d'une société de consommation. Il advint dans un premier temps grâce à une politique inflationniste (l'augmentation de la masse monétaire), ensuite par un endettement public exponentiel, et enfin à travers un fort généreux octroi de crédits aux budgets privés — le type même de stratégie que la théorie du capitalisme avancé n'aurait pu concevoir. Dans le même temps, chacune de ces stratégies atteignit naturellement ses limites après un certain temps, mais d'une manière qui était, elle, tout à fait familière à la théorie néomarxiste des crises : le fonctionnement de l'économie capitaliste commença à en être miné, puisqu'en dernière instance cette économie dépend aussi du respect et de la satisfaction des attentes capitalistes d'un *just return*, d'un juste retour. Vint le tour de problèmes de légitimation, qui se posèrent par phases, et pour commencer vis-à-vis du capital. Des crises de la reproduction et de l'accumulation économiques compromirent à leur tour la légitimation du système aux yeux des populations démocratiques concernées. Ces crises ne purent être surmontées, comme je vais le montrer, qu'en exacerbant chaque fois un peu plus encore la libéralisation de l'économie politique et l'immunisation de la politique économique contre la pression démocratique exercée « d'en bas », à seule fin de restaurer la confiance des « marchés » dans le système.

Avec le recul, l'histoire des crises traversées par le capitalisme avancé depuis les années 1970 semble être celle du déploiement progressif de la tension très ancienne, et tout à fait fondamentale, existant entre capitalisme et démocratie. Cette histoire semble être celle de la dissolution progressive de ce dernier mariage forcé et arrangé aux lendemains de la Seconde Guerre mondiale. Les problèmes de légitimation du capitalisme démocratique vis-à-vis du capital devinrent des problèmes d'accumulation, réclamant, comme condition de leur résolution, que l'économie capitaliste soit sans cesse, et de plus en plus, délivrée de l'intervention démocratique. La sphère politique cessa d'être la garantie d'un socle puissant pour le capitalisme moderne. Ce fut le marché qui, désormais, joua ce rôle : mécanisme puissant de production des motifs capitalistes fondamentaux que sont *la cupidité* et *la peur*[11], il opère par une immunisation croissante de l'économie contre la démocratie de masse. Les systèmes institutionnels politico-économiques keynésiens de la phase de fondation du capitalisme de l'après-guerre se transformèrent en un régime économique néohayékien. Nous vivons, à présent, et contrairement aux années 1970, telle est ma conviction, la fin de la formation politico-économique de la période de l'après-guerre ; mais une fin fort différente de celle qui avait été anticipée, et même souhaitée, par les théories des crises d'alors. Nous sommes aujourd'hui les témoins, cela me semble incontestable, d'une fin de la *démocratie*, dans la mesure où la démocratie, telle que nous la connaissons, c'est-à-dire de masse et redistributive, est en voie de stérilisation et de réduction à une combinaison d'État de droit et de débats publics. Ce processus consistant à mettre un terme à *la dimension démocratique du capitalisme* en gommant *toute dimension économique de la démocratie* s'est, comme j'entends bien le montrer, considérablement accentué depuis la crise de 2008, notamment en Europe.

Est-ce toujours à dire que notre époque demeure aussi celle d'une ère tardive du *capitalisme*? L'exigence institutionnalisée, dans une démocratie néolibérale transformée, de s'en tenir à la justice des marchés est bien évidemment compatible avec le capitalisme. Les efforts de rééducation visant la population ne se relâchèrent pas toutefois, en raison des vagues espérances de justice sociale nourries par certaines parties de la population. Ces espérances, qui ne pouvaient plus être canalisées par une démocratie en revenant au laissez-faire de l'économie de marché, devinrent pour cette raison une force motrice des mouvements protestataires anarchistes. Une telle possibilité fut toujours, comme chacun le sait, le propos des anciennes théories des crises. Mais de telles protestations pourraient-elles un jour menacer la stabilité de la société qui se profile, cette société capitaliste dite (on verra pourquoi) des « deux tiers », voire menacer sa « ploutonomie [12] » globale ? Les diverses techniques élaborées et testées avant tout aux États-Unis visant à établir un contrôle social sur une classe inférieure qui a « décroché » semblent absolument exportables en Europe. Mais il est plus pertinent de se demander quelles sont les drogues de croissance alternatives à disposition pour que se poursuive l'accumulation de capital dans les pays riches, au cas où il faudrait à l'avenir renoncer au dopage par l'argent — pour autant qu'il soit encore possible de se prémunir contre ses risques et effets secondaires. On ne peut sur ce point que spéculer, comme je le fais dans les remarques conclusives de ce livre.

UNE CRISE D'UN NOUVEAU TYPE

La triple crise — une *crise bancaire*, une crise des *finances étatiques*, et une crise de l'*économie réelle* — que traverse le capitalisme des sociétés démocratiques riches dure depuis des années, sans qu'il soit possible d'en envisager la fin. Personne ne l'avait prévue tant il est vrai qu'il n'existe aucun précédent, ni dans les années 1970, ni non plus au cours des années 1990. En Allemagne, par exemple, pratiquement personne ne prit conscience de la crise, en raison de conditions fortuites et exceptionnelles[13] qui, envisagées de l'extérieur, procuraient une forte impression d'exotisme ; on y fut pour cette raison enclin à se dissuader soi-même, et à dissuader autrui, de succomber à l'« hystérie de crise ». En revanche, dans la plupart des autres démocraties riches, États-Unis compris, la crise avait, bien avant aujourd'hui, profondément taillé dans les vies et les plans de vie de générations entières, et bouleversait fondamentalement, de façon tout à fait visible, les conditions de vie sociales.

La *crise bancaire*, d'abord, est due au fait que, dans le capitalisme financiarisé du monde occidental, trop de banques ont accordé trop de crédits, publics comme privés, dont une part inconcevablement importante fut d'un seul coup frappée de pourrissement. Aucune banque ne pouvant être certaine que l'établissement avec lequel elle fait précisément affaire ne se sera pas écroulé le lendemain, plus aucune ne veut prêter à l'autre[14]. Par ailleurs, les autorités de contrôle attendant que ces mêmes banques augmentent leurs capitaux propres en rapport à leurs dettes actives, afin d'être moins sujettes aux risques, celles-ci s'incitent les unes les autres à la retenue dans l'attribution des crédits. Une prise en charge des actifs pourris, une garantie illimitée des dépôts et une recapitalisation des banques par l'État seraient d'un certain secours, et si possible simultanément. Mais les sommes nécessaires à un tel « sauvetage des banques » s'avéreraient astronomiquement élevées, et les États sont déjà surendettés. Toutefois, il semble tout aussi coûteux, sinon plus encore, que des banques s'effondrent en cascade. Mais, là encore, des estimations sont seulement possibles, et c'est bien le cœur du problème.

Pour ce qui est, en deuxième lieu, de la *crise fiscale*, celle-ci résulte de la progression des déficits publics, sur plusieurs décennies, et de l'endettement étatique correspondant, à partir des années 1970 (diagr. 1.1)[15] ; et elle résulte tout autant des emprunts devenus nécessaires, après 2008, au sauvetage non seulement de l'industrie financière, à travers une recapitalisation des institutions financières et une prise en charge des titres de créance devenus sans valeur, mais aussi de l'économie réelle, à travers une stimulation fiscale. Le risque croissant d'insolvabilité étatique qui en découle touche une série de pays ayant à supporter des frais de financement élevés pour des dettes anciennes et nouvelles. Afin de regagner la « confiance » des « marchés monétaires », les États se prescrivent, à eux et à leurs citoyens, de rudes mesures de compression budgétaire : en Europe, c'est au moyen d'une surveillance mutuelle allant jusqu'à interdire tout nouvel endettement étatique. Cela n'aide toutefois pas à contrecarrer la crise bancaire, et n'est absolument d'aucun secours contre la récession de l'économie réelle. Et il est douteux que l'austérité réduise au moins l'endettement, car non seulement elle n'encourage pas la croissance économique, mais elle lui est même probablement nuisible : la croissance provoque une diminution des dettes étatiques et elle est, de ce fait, au moins aussi importante que des budgets équilibrés.

Diagramme 1.1

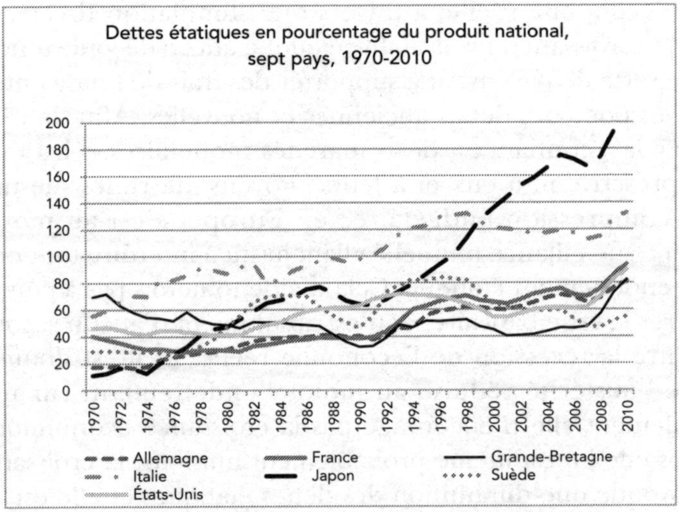

OECD Economic Outlook : Statistics and Projections, publications en cours

Enfin, en troisième lieu, la *crise de l'économie réelle*, qui se manifeste par un chômage élevé et une stagnation de l'activité économique (tabl. 1.2) [16], s'explique en partie par les difficultés des entreprises et des consommateurs à obtenir des crédits des banques. En effet, nombre d'entre eux sont déjà, aujourd'hui, extrêmement endettés. En outre, les banques fuient les risques et connaissent une situation de pénurie de capitaux. Enfin, les États ont l'obligation de couper dans leurs dépenses ou, lorsqu'ils ne peuvent faire autrement, d'augmenter les impôts. La stagnation de l'économie réelle amplifie la crise fiscale et, à travers les défaillances de paiement qu'elle entraîne, la crise du secteur bancaire.

Les trois crises sont de toute évidence en étroit rapport les unes avec les autres : la crise bancaire avec la crise étatique, avec pour problème la *monnaie* ; la crise bancaire avec la crise de l'économie réelle, avec pour problème le *crédit* ; et la crise des finances étatiques avec la crise de l'économie réelle, ce qui pose le problème des *dépenses* et des *recettes étatiques*. Elles se renforcent mutuellement en permanence, mais l'ampleur, la hiérarchisation et l'interdépendance des trois crises varient d'un pays à l'autre. Des interactions variées se constatent dans le même temps entre les pays : les banques qui se dirigent vers la faillite peuvent emporter dans leur chute les banques d'autres pays ; une hausse généralisée des taux d'intérêt des emprunts d'État, déclenchée par l'insolvabilité d'un pays, peut ruiner les finances étatiques de nombreux autres pays ; les conjonctures économiques nationales et les effondrements d'activités économiques nationales ont des répercussions à l'échelle internationale, etc. En Europe, les rapports et les interactions conservent (nous le verrons), à travers le système institutionnel de l'Union monétaire européenne, une forme et une dynamique particulières.

Tableau 1.2

Les répercussions de la crise de 2008 sur l'économie réelle, sept pays

		2005	2006	2007	2008	2009	2010	2011
Allemagne	PIB	100,0	103,9	107,4	108,3	102,8	106,4	109,7
	Emploi	65,5	67,2	69,0	70,1	70,3	71,1	72,5
	Chômage	11,2	10,3	8,7	7,5	7,7	7,1	5,9
France	PIB	100,0	102,7	105,0	104,7	102,0	103,4	105,2
	Emploi	63,7	63,6	64,3	64,9	64,0	63,8	63,8
	Chômage	8,9	8,8	8,0	7,4	9,1	9,4	9,3
Italie	PIB	100,0	102,3	103,9	102,6	97,0	98,7	99,2
	Emploi	57,6	58,4	58,7	58,8	57,5	56,9	57,0
	Chômage	7,7	6,8	6,1	6,7	7,8	8,4	8,4
Japon	PIB	100,0	101,7	103,9	102,8	97,1	101,4	100,7
	Emploi	69,4	70,1	70,9	71,1	70,5	70,6	71,2
	Chômage	4,4	4,1	3,8	4,0	5,1	5,1	4,6
Suède	PIB	100,0	104,6	108,1	107,3	102,0	107,9	112,2
	Emploi	72,3	73,1	74,2	74,3	72,2	72,7	74,1
	Chômage	7,5	7,1	6,2	6,2	8,3	8,4	7,5
Grande-Bretagne	PIB	100,0	102,6	106,2	105,0	100,4	102,5	103,2
	Emploi	71,8	71,6	71,5	71,5	69,9	69,5	69,5
	Chômage	4,8	5,4	5,3	5,6	7,6	7,8	8,0
États-Unis	PIB	100,0	102,7	104,6	104,3	100,6	103,7	105,5
	Emploi	71,5	72,0	71,8	70,9	67,6	66,7	66,6
	Chômage	5,1	4,6	4,6	5,8	9,3	9,6	9,0

Grèce	PIB	100,0	105,5	108,7	108,5	105,0	101,3	94,3
	Emploi	60,1	61,0	61,4	61,9	61,2	59,6	55,6
	Chômage	9,9	8,9	8,3	7,7	9,5	12,5	16,0
Espagne	PIB	100,0	104,1	107,7	108,7	104,6	104,5	105,3
	Emploi	64,3	65,7	66,6	65,3	60,6	59,4	58,5
	Chômage	9,2	8,5	8,3	11,3	18,0	20,1	20,3
Portugal	PIB	100,0	101,4	103,8	103,8	100,8	102,2	100,6
	Emploi	67,5	67,9	67,8	68,2	66,3	65,6	64,2
	Chômage	7,7	7,7	8,0	7,6	9,5	10,8	11,7
Irlande	PIB	100,0	105,3	110,8	107,5	100,0	99,5	100,2
	Emploi	67,5	68,5	69,2	68,1	62,5	60,4	59,6
	Chômage	4,8	4,7	4,7	5,8	12,2	13,9	14,6

Emploi et marchés du travail : données OCDE – ISSN 2075-2342 – © OCDE 2012 ; OECD Economic Outlook : Statistics and Projections, publications en cours

Cela fait plus de six ans déjà que dure la crise actuelle des démocraties capitalistes. Elle change continuellement d'apparence extérieure, sur le mode de l'imprévisibilité, faisant régulièrement passer au premier plan de nouveaux pays, de nouvelles crises, et de nouvelles combinaisons de crises. Personne ne sait ce que réserve l'avenir immédiat. Les sujets changent d'un mois à l'autre, parfois d'une semaine à l'autre, mais presque tous, à un moment ou un autre, reviennent à l'ordre du jour. Le champ d'action politique est miné par une multitude proprement incalculable d'imprévisibles effets secondaires. Chaque initiative politique destinée à résoudre un problème en fait naître tôt ou tard un nouveau ; ce qui met fin à une crise aggrave l'autre ; pour chaque tête coupée à l'Hydre, deux repoussent... De trop nombreux problèmes doivent être traités simultanément ; des solutions à court terme hypothèquent le long terme ; les solutions à long terme ne sont absolument pas recherchées en premier lieu, car les problèmes à court terme s'imposent comme prioritaires ; partout des brèches s'ouvrent, que l'on ne peut que colmater, tandis que de nouvelles s'ouvrent ailleurs. Jamais depuis la Seconde Guerre mondiale nous n'avions vu les gouvernements réunis de l'Occident capitaliste aussi désemparés, et jamais nous n'avions pu deviner autant qu'aujourd'hui, derrière le flegme confiant de façade, et derrière une prétendue maîtrise de la situation, rompue aux risques, de la panique à l'état pur.

DEUX SURPRISES POUR LA THÉORIE DES CRISES

Les banques et les marchés financiers n'apparaissent pas dans les théories des crises néomarxistes élaborées à Francfort autour de 1968[17]. Nul, il est vrai, à l'époque, ne pouvait prévoir la « financiarisation » du capitalisme moderne. Mais il y est également à peine question de cycles conjoncturels, de crises de croissance et de limites à la croissance, de sous-consommation et de surproduction. Leurs auteurs, très probablement, voulurent par là se distinguer d'un déterminisme économique qui fleurait massivement le marxisme soviétique orthodoxe. Mais dans cette théorie marxienne du capitalisme soufflait également un certain esprit du temps : il n'était alors pas jusqu'aux rangs de la gauche où ne soufflât la conviction que l'économie capitaliste était devenue une machine à fabriquer de la prospérité — une machine maîtrisable et technocratique, dont le bon fonctionnement était régulé aussi uniformément qu'aisément grâce aux panoplies des instruments keynésiens, dans une action conjuguée et ordonnée des États et des grandes entreprises. La reproduction matérielle de la société industrielle capitaliste semblait en conséquence assurée, et l'état de crise économique chronique du développement capitaliste surmonté. Quant à la « paupérisation » de la classe ouvrière, toujours annoncée par l'orthodoxie, elle n'était pas plus discernable, même à l'horizon le plus lointain.

L'expérience d'une croissance économique rapide, et pour ainsi dire ininterrompue deux décennies durant, nourrit incontestablement cette vision : ce fut le cas, par exemple, en Allemagne, avec l'expérience de la « crise » de

1966 qui, rétrospectivement, ne peut guère être désignée comme une crise, et de sa résolution par la politique économique « moderne », anticyclique, de la grande coalition[18]. Avec elle, la République fédérale d'Allemagne avait surmonté, de l'avis de nombreux contemporains, ses errements ordolibéraux, et rattrapé les autres États de l'Occident capitaliste, dont les économies nationales « mixtes » avaient pour noyaux les entreprises publiques, les services de la planification, les conseils de secteur, les comités de développement régionaux, les organes de négociation des politiques salariales, etc. — ce qu'Andrew Shonfield avait décrit en détail dans son ouvrage *Le capitalisme d'aujourd'hui* [1965] et que Karl Schiller rendit populaire en Allemagne[19]. Le même « optimisme régulateur » — une expression qui, pour le coup, fit florès alors que ce qu'elle désignait avait déjà disparu — régna aux États-Unis sous les présidences de Kennedy et de Johnson, de leurs équipes de conseillers, et de leurs économistes rompus au keynésianisme et à l'interventionnisme afférent. La planification était tout sauf un objet d'anathème. Et la possibilité d'une convergence entre capitalisme et communisme était même un thème légitime du débat politico-économique : le marché capitaliste avait besoin de plus de planification, et la planification communiste de plus de marché ; en conséquence, le capitalisme et le communisme pouvaient se rencontrer à mi-chemin[20]. Dans les théories de l'époque, l'économie en tant que mécanisme se substitua au capital en tant que classe. « La technique et la science comme "idéologie" », pour reprendre le titre de l'ouvrage de Jürgen Habermas[21], y prirent la place qui avait été réservée à une puissance et à des intérêts plus anciens. La croyance en le caractère désormais essentiellement technique de l'économie n'était pas moins répandue chez les sociologues que chez les économistes. Le livre, paru en 1968, d'Amitai Etzioni, *The Active Society* — la tentative de loin la plus ambitieuse de déterminer les conditions dans lesquelles des sociétés démocratiques modernes choisiraient librement la direction de leur évolution, et pourraient mettre pratiquement en œuvre leur choix — peut valoir comme exemple, parmi tant d'autres. Cet ouvrage n'évoque l'économie qu'une seule fois en 666 pages, et seulement pour constater que « les nations occidentales » pouvaient désormais se fier à leur aptitude « à conduire des processus sociaux de grande envergure en recourant pleinement à des instruments keynésiens et autres, et ce afin d'empêcher une inflation incontrôlée, des dépressions et de générer une croissance économique[22] ».

À Francfort, la réinterprétation du capitalisme moderne en un système d'administration économique technocratique — en un « capitalisme d'État » d'un nouveau genre — était avant tout le fait de Friedrich Pollock. Membre de l'Institut de recherche sociale, avant comme après l'exil[23], expert en économie, Pollock soutenait que le capitalisme était devenu, au cours de son évolution, l'objet d'un processus de planification étatique extrêmement avancé, « de sorte que l'essentiel du fonctionnement des lois du marché, ou autres "lois économiques" » n'était « plus de son ressort »[24]. Après la guerre et la fin du fascisme et de l'économie de guerre, Pollock, qui disparut en 1970, ne vit également aucune raison de changer son point de vue. Tant la création de grandes entreprises que les instruments toujours plus perfectionnés de la planification étatique avaient mis un terme au laissez-faire. Le capitalisme avancé s'était transformé en un système économique politiquement régulé et fondamentalement à l'abri des crises. Dans ces trois systèmes sociaux postcapitalistes qu'étaient le fascisme, le socialisme d'État et le New Deal, le primat n'était plus donné à l'économie mais à la politique, et l'état de crise chronique intrinsèque d'un capitalisme de la concurrence originel, désorganisé, chaotique, était surmonté. De l'avis d'Adorno et de Horkheimer, écrit Helmut Dubiel dans son introduction à un recueil d'essais de Pollock, « la théorie du capitalisme d'État de Pollock » constituait « la description détaillée d'un ordre social dans lequel d'énormes bureaucraties étatiques étaient venues à bout du processus économique, de sorte qu'il était permis de parler d'un primat de la politique sur l'économie dans des conditions non socialistes ». Et Dubiel de préciser : « La thèse de Pollock d'un pouvoir politique à nouveau sans conteste, d'un pouvoir qui n'était plus indirectement régi par l'économie, justifiait politiquement comme économiquement, aux yeux de Horkheimer et Adorno, leur refus de tenir désormais l'étude de l'économie politique comme particulièrement urgente[25]. »

Toutefois, les théories des crises élaborées à Francfort dans les années 1970 — bien qu'à l'instar des économistes keynésiens aux États-Unis elles n'escomptassent pas un effondrement économique du capitalisme — demeuraient des théories critiques du capitalisme. C'est que la faille du capitalisme ne résidait plus simplement à leurs yeux dans son économie, mais dans sa politique, et dans sa société : non pas du côté de l'économie, mais de la démocratie ; non pas du côté du capital, mais du travail ; et non pas dans l'intégration de systèmes, mais dans l'intégration sociale[26]. Le problème désormais n'était plus la production de plus-value — ses « contradictions » étaient devenues, pensait-on, maîtrisables —, mais bien la légitimité du capital — non plus ce qu'un capital transformé pourrait fournir à la société, mais s'il pourrait fournir assez pour inciter cette société à continuer de jouer le jeu. La crise du capitalisme, que les théories des crises des années 1960 et 1970 envisageaient comme imminente, n'était absolument pas, pour cette raison, une crise de la (sur- ou sous-) production, mais une *crise de légitimation.*

Avec le recul, les intuitions de l'époque évoquent de loin des concepts comme celui de la pyramide des besoins de Maslow[27] : dès que les besoins physiologiques et matériels sont satisfaits, les droits non matérialistes à l'épanouissement personnel, à l'émancipation, à la reconnaissance, à une communauté authentique, et autres, font leur apparition et exigent d'être satisfaits[28]. Il était présumé que la discipline répressive qu'exigeait le capitalisme en tant qu'organisation sociale de l'humanité ainsi que le caractère obligatoire du travail rémunéré aliéné ne seraient plus, dans les conditions historiques nouvelles d'une prospérité assurée, indéfiniment reproductibles. Si la disparition de la pénurie devenait possible au niveau des forces productives, l'organisation du pouvoir liée à cette même pénurie — pouvoir institutionnalisé entre autres dans des hiérarchies superflues sur le lieu de travail, et dans une politique de récompense différentielle selon un principe du rendement devenu économiquement obsolète — ne pourrait continuer à se reproduire[29]. C'est alors que la gestion paritaire et la démocratie, l'émancipation dans le travail, mais aussi par rapport au travail, deviendraient des visées réalisables[30]. La marchandisation de l'homme et la concurrence en lieu et place de la solidarité étaient des modes de vie dépassés et de plus en plus tenus pour tels. Les exigences d'une démocratisation de tous les domaines de la vie et d'une participation politique passeraient outre les limites posées par les institutions politiques existantes pour se confondre avec un rejet du capitalisme en tant que forme de vie, et faire éclater de l'intérieur l'organisation du travail et de la vie fondée sur la propriété individuelle, elle aussi devenue obsolète. Les recherches empiriques menées par l'école de Francfort ces années-là se concentrèrent pour cette raison, avant tout, sur la conscience politique des étudiants et des salariés, ainsi que sur les syndicats et leur capacité à être plus que de simples machines salariales. Les marchés, le capital et les capitalistes, en revanche, disparurent de ces recherches. La théorie de la démocratie et la théorie de la communication sinon remplacèrent l'économie politique, du moins la supplantèrent.

Dans les faits, il en alla exactement du contraire : ce ne furent pas les masses qui refusèrent de suivre le capitalisme de l'après-guerre, et qui donc y mirent fin, mais le capital, sous la forme de ses organisations, de ses organisateurs et de ses propriétaires. Quant à la légitimité dont jouissait la société du travail salarié et de la consommation capitaliste parmi de vastes couches de la population — les « citoyens vivant à travers tout le pays » —, elle connut, au cours des décennies qui suivirent la (longue) fin des années 1960, un élan que la théorie des crises n'annonça même pas approximativement. Si le combat contre la « terreur imposée par la consommation » rencontrait encore, chez les étudiants de 1968, quelque écho, une période faite de consumérisme et de mercantilisation s'ouvrit très peu de temps après seulement, comme le monde n'en avait pas vu jusqu'alors, avec une participation active de la grande majorité de cette même génération qui avait justement déploré et combattu la marchandisation des vies dans le capitalisme[31]. Les marchés dédiés aux biens de consommation tels que les automobiles, les vêtements, les soins de beauté, les denrées alimentaires et l'électronique grand public, et dédiés aux prestations de services relevant de l'hygiène corporelle, du tourisme et du divertissement, se développèrent, portés par une dynamique sans précédent. Ces marchés allaient devenir les moteurs les plus importants de la croissance capitaliste. Des innovations toujours plus rapides des processus et des produits, permises par l'extension accélérée de la microélectronique, réduisirent les cycles de vie de biens de consommation toujours plus nombreux, et permirent une différenciation des produits toujours plus avancée, à la demande insistante de groupes de clients toujours plus spécialisés[32]. L'économie monétaire faisait dans le même temps, et constamment, la conquête de nouveaux domaines de la vie sociale qui, jusqu'alors, avaient été laissés aux amateurs, et elle les ouvrit à la production et au prélèvement de plus-value. L'exemple illustratif, parmi d'autres, est le sport, qui devint dans les années 1980 un marché global pesant plusieurs milliards.

Le travail salarié — ou, pour recourir au langage de 1968, la dépendance au salaire — fut également l'objet d'une réhabilitation qui n'avait pas été prévue par la théorie de la crise de légitimation. À compter des années 1970, partout dans le monde occidental, les femmes affluèrent sur les marchés du travail, et vécurent comme une émancipation par rapport aux tâches domestiques, qui leur apparaissaient désormais être de l'esclavage non rémunéré, ce qui avait été encore peu de temps auparavant dénoncé comme de l'esclavage salarié, et présenté comme dépassé historiquement[33]. La popularité de l'activité professionnelle chez les femmes resta inentamée, et grandit même les années qui suivirent, malgré une détérioration, en règle générale, de la rémunération. Les femmes incitées à exercer une activité professionnelle deviendraient effectivement, très souvent, des alliées des employeurs soucieux de déréguler le marché du travail afin de permettre de cette manière à des « outsiders » de se montrer plus compétitives que les « insiders » — masculins. L'activité rémunérée des femmes, de plus en plus importante, était étroitement liée à un changement concomitant des structures familiales : le nombre des divorces augmentait, celui des mariages diminuait et, avec lui, la natalité, tandis que la part des enfants dans des relations familiales incertaines augmentait, ce que l'offre féminine de travail intensifiait plus encore[34].

Par la suite, une activité professionnelle devint également pour les femmes le vecteur le plus important d'intégration et de reconnaissance sociales. Une existence de « femme au foyer » est aujourd'hui stigmatisante. Dans le langage courant, « travail » est devenu synonyme d'activité professionnelle rémunérée et évaluée sur le marché, et cette activité est devenue synonyme d'emploi à temps plein. Les femmes tirent en particulier un prestige social du fait de parvenir à concilier « enfants et carrière », même si la « carrière » est une carrière de caissière de supermarché, employée naturellement, dans le meilleur des cas, à temps plein. Adorno, qui était bien plus pessimiste que les théoriciens de la crise de légitimation, aurait reconnu ici, tout autant que dans l'ivresse consumériste des trois ou quatre dernières décennies, ce « bien-être dans l'aliénation » dont il pensait que l'industrie culturelle était sans aucune difficulté capable de le générer et de l'instaurer pour une durée illimitée. Le néoprotestantisme, dont les adeptes se montrent fiers de leurs existences minutieusement mises au service de « la compatibilité de la famille et de la profession » et du grave surmenage que cette compatibilité provoque[35], ainsi que le fanatisme de l'autovalorisation en termes de capital humain — l'internalisation du calcul du rendement de la formation dans les projets de vie de générations entières — ont mis un terme à la « crise du travail salarié » et à celle du principe de rendement. Sans oublier la part qu'y prit le « nouvel esprit du capitalisme » exploré par Boltanski et Chiapello[36], et sa manière d'utiliser les marges de manœuvre nouvellement ouvertes à la créativité et à l'autonomie sur le lieu de travail pour une intégration plus approfondie dans l'entreprise et une identification de la personnalité entière à ses objectifs[37].

Si la loyauté des masses des travailleurs et consommateurs au capitalisme de l'après-guerre révélait sa solidité, il n'en allait absolument pas de même du côté du capital. Les théories des crises élaborées à Francfort durant les années 1970 étaient problématiques en ceci qu'elles n'accordaient absolument aucune intentionnalité et aucune aptitude stratégique au capital. En effet, elles traitaient le capital comme un appareil, et non pas comme une entité capable d'action, comme un moyen de production et non comme une classe[38]. Elles l'avaient omis dans leur calcul. « Le capital » avait encore été pour Schumpeter, et cela va sans dire pour Marx, une source continuelle de perturbations, un accident de la société économique moderne intervenu pour une durée indéterminée — le point de départ d'une « destruction créatrice[39] » continue que seul neutraliserait par la force l'inévitable socialisme de la bureaucratie. Weber également avait envisagé le capital comme un moyen de production, et prévu son évolution en conséquence — et peut-être l'inertie singulière du capital dans la théorie de la crise de légitimation s'explique-t-elle aussi par cette influence. Tout militait pour que les théories fussent aveugles à ce qui advint au cours des décennies qui suivirent la fin des longues années 1960 : le capital se révélant en effet être un joueur et non un jouet, un carnassier, et non un animal utile, la charpente institutionnelle de « l'économie sociale de marché » de l'après-1945 lui sembla une cage devenue trop exiguë, hors de laquelle il crut toujours plus urgemment devoir s'évader.

Les théories des crises néomarxistes élaborées à Francfort il y a quatre décennies de cela avaient compris, autrement et mieux que la plupart des autres théories du capitalisme social de ce temps-là, sa profonde fragilité. Mais elles en avaient estimé faussement les causes et par là même la direction et la dynamique du changement historique imminent. Leur approche excluait la possibilité que le refus de légitimer le capitalisme démocratique, tel qu'il s'était développé au cours des Trente Glorieuses[40], fût le fait du capital, et non du travail. L'histoire du capitalisme après les années 1970, y compris celle des crises économiques successives, est véritablement une histoire d'évasion : le capital s'évada de la régulation sociale qui lui avait été imposée après 1945, mais qu'il n'avait de lui-même jamais voulue. Le début de cette histoire d'évasion est marqué par les révoltes ouvrières qui éclatèrent aux environs de 1968, et par la confrontation entre les employeurs des sociétés industrielles parvenues à maturité et une nouvelle génération de salariés qui tenaient pour chose acquise les taux de croissance et le progrès social continu de la phase de reconstruction, et de façon générale la promesse politique des années de la fondation démocratico-capitaliste. Le capitalisme ne put et ne voulut jamais répondre à ces revendications.

Dans les années qui suivirent, les élites capitalistes et leurs alliés politiques cherchèrent des issues aux engagements sociaux auxquels elles avaient dû souscrire afin d'obtenir la paix sociale, et qu'elles avaient aussi pu honorer pour l'essentiel durant la phase de reconstruction. De nouvelles stratégies de produit destinées à surmonter une saturation du marché menaçante, la suroffre grandissante en main-d'œuvre, qui était une conséquence des changements structurels de la société, et dans une bonne mesure l'internationalisation des marchés et des systèmes de production fournirent des occasions de se débarrasser peu à peu des entraves institutionnelles qui avaient régi la politique salariale et la politique sociale des entreprises et qui, après 1968, menaçaient de livrer les entreprises à un *profit squeeze*, un resserrement du profit durable[41]. Un processus plus séculaire de libéralisation en découlerait au fil du temps : un retour radical, qu'aucune théorie n'avait prévu, de marchés plus libres, s'autorégulant, sur tous les fronts, sans modèle aucun dans l'histoire de l'économie politique du capitalisme moderne. La théorie des crises n'était pas préparée à cela. Elle n'était pas préparée à un État qui, pour soulager les attentes de la société auxquelles il ne peut plus répondre, dérégule et libéralise le capitalisme qu'il devait mettre au service de cette société. Et elle n'était pas plus préparée à un capitalisme se sentant désormais trop à l'étroit dans la forme d'organisation politique qui lui avait été imposée afin de lui épargner des crises[42]. Le processus de libéralisation, qui était simultanément technique de contrôle, délestage de l'État et libération du capital, progressa ensuite pas à pas, tant que le souvenir des secousses de 1968 resta vivace. Il s'accompagna de très divers troubles fonctionnels d'ordre politique et économique, jusqu'à atteindre, dans la crise actuelle du système financier mondial et des finances étatiques, son paroxysme provisoire.

L'AUTRE CRISE DE LÉGITIMATION ET LA FIN DE L'APAISEMENT SOCIAL DE L'APRÈS-GUERRE

À la lumière des événements des quatre décennies qui se sont écoulées depuis la grande époque de la théorie des crises, j'aimerais proposer un concept élargi de la crise de légitimation, qui ne connaisse pas seulement deux acteurs, l'État et son citoyen, mais trois : l'État, le capital et les « salariés »[43]. Les attentes vis-à-vis desquelles le système politique-économique doit se légitimer ne sont pas seulement celles d'un seul camp, celui de la population, mais sont également celles du capital, lequel ne se manifeste plus seulement en tant qu'appareil, mais en tant qu'acteur — plus exactement les attentes des propriétaires et des administrateurs de ce capital, qui dépendent du profit réalisé. Les attentes concernant la stabilité de ce système capitaliste devraient dans les faits prévaloir sur celles de la population *dépendant du capital* : en effet, ce n'est qu'à la condition que les premières soient satisfaites que les secondes peuvent également l'être, l'inverse ne valant pas forcément. Une crise de légitimation peut, pour cette raison, contrairement à ce que prévoyaient les théories des crises néomarxistes, résulter aussi d'une gêne « du capital » à l'égard de la démocratie, et des obligations que celle-ci lui impose. Autrement dit, une crise de légitimation peut se produire *sans* une évolution progressive, « transcendant le système », des revendications sociales, comme beaucoup l'analysèrent au cours des années 1970.

Une théorie de la crise de légitimation axée sur le camp du capital traite les entreprises et les entrepreneurs comme des adeptes de la maximisation des intérêts et des bénéfices au lieu de les traiter comme des machines à fabriquer de la prospérité, ou comme de dociles fonctionnaires œuvrant au service d'une politique économique et conjoncturelle étatique. « Le capital » y apparaît comme un acteur plus obstiné et plus guidé par son intérêt personnel, plus intéressé et plus stratégique, plus apte à la communication ; il n'apparaît comme un acteur collectif plus prévisible que de façon limitée : le capital peut être insatisfait et peut exprimer son mécontentement.

Que recouvre l'acception « capital » ? La réponse se fonde, dans une théorie des classes élaborée sur le modèle de l'économie politique classique, sur les types de revenus prédominants. Les intérêts du capital sont dictés par la dépendance des revenus concernés à l'égard du taux de rendement sur le capital investi. Les revenus du capital sont des revenus résiduels gagnés par les propriétaires et les administrateurs du capital qui leur appartient ou qui leur est confié et qui cherchent à en maximiser les bénéfices. En ce sens, « ceux qui dépendent du profit réalisé » font face aux « salariés », à « ceux qui dépendent d'un salaire » qui, au lieu du capital, disposent de la force de travail qu'ils mettent à disposition des propriétaires du capital fixe contre un prix déterminé contractuellement comme capital variable. Ce prix de la « force de travail en tant que marchandise » est indépendant du bénéfice obtenu ou non à la suite de son déploiement. La différence entre revenus du capital résiduel et revenus du travail fixés contractuellement — la différence entre bénéfice et salaire — est mise en relation, dans la vision psychologisante de la théorie économique du marché du travail, avec des « propensions au risque » différentes : des individus montrant une « aversion pour le risque » préfèrent être des salariés touchant des revenus du *travail* modestes, mais en revanche assurés ; les « adeptes du risque », par contre, deviennent des entrepreneurs touchant des revenus du *capital* incertains mais, en revanche, potentiellement élevés. Alors que les titulaires de revenus résiduels cherchent à maximiser le rendement d'un investissement de capital donné, les titulaires de revenus fixes se montrent soucieux de maintenir aussi modeste que possible l'engagement qu'il leur faut fournir afin de toucher ces revenus[44]. Les conflits de répartition résultent, entre autres, du fait que des revenus résiduels plus élevés pour ceux qui dépendent du profit réalisé exigent habituellement, dans les mêmes conditions, des salaires plus bas pour les salariés, et inversement[45].

Pour une économie politique envisageant le capital comme un acteur et non pas simplement comme un parc à machines, le « fonctionnement » de l'« économie » est en vérité le fruit de rapports de force politiques, en sorte que la croissance et le plein emploi ne sont techniques qu'en apparence. C'est ici que nous touchons le point de divergence entre cette économie politique et le concept technocratique de crise qui prévalut aux lendemains de la Seconde Guerre mondiale, tel que nous le trouvons aussi chez Pollock et dans la critique sociale élaborée à Francfort. Non seulement la croissance, mais également le plein emploi dépendent tous deux de la propension à investir du propriétaire du capital, qui dépend, à son tour, de ses exigences de rendement et des bénéfices qu'il escompte, tout autant que de l'analyse générale qu'il établit des rapports sociaux et de leur incidence, en termes de sécurité, sur le mode économique capitaliste. L'absence de crises économiques est synonyme de satisfaction du capital, leur apparition, au contraire, de mécontentement. Le *retour sur investissement* qu'exigent les propriétaires du capital et ceux qui en disposent, loin d'être donné une fois pour toutes, varie selon les configurations locales et temporelles. Les investisseurs peuvent faire montre de modestie s'ils n'ont aucune autre alternative, ou d'ambition si leurs bénéfices courants ne leur semblent comparativement plus assez élevés. Ils peuvent surtout percevoir leur environnement social comme un environnement hostile, et les exigences que ce dernier leur adresse comme exagérées, perdre alors « confiance » et faire de la rétention de capital, par exemple à travers la gestion de trésorerie (à travers une « préférence pour la liquidité[46] »), ou à travers la fuite de capitaux, jusqu'à ce que les conditions soient redevenues meilleures à leurs yeux.

Les crises économiques dans le capitalisme résultent de crises de confiance du côté du capital. Elles ne sont en rien des incidents techniques, mais *des crises de légitimation d'un genre bien particulier*. Une croissance en berne et le chômage sont les conséquences d'une « grève de l'investissement[47] » menée par ceux qui disposent du capital. L'engagement de ce capital serait à même d'apporter une solution, mais cette solution ne peut être apportée tant que la confiance fait défaut à ses propriétaires. Le capital de la société est, dans le capitalisme, propriété privée, ses propriétaires privés peuvent l'utiliser, ou ne pas l'utiliser, en principe à leur bon vouloir. Dans tous les cas, ils ne peuvent être obligés d'investir[48]. Il est à ce point difficile de calculer le moment où il sied aux entrepreneurs d'entreprendre quelque chose que les économistes se retrouvent ici, avec leur mathématique, totalement démunis, et, telle qu'ils la comprennent, ils concluent alors à une question de psychologie. La définition de solutions à une crise à travers une politique économique consiste de ce fait, entre les attentes en termes de rendement des propriétaires du capital et leurs exigences à l'égard de la société, d'un côté, et, d'un autre côté, les attentes en termes d'emploi et de salaire des salariés, à négocier quelque chose comme un équilibre, considéré suffisamment juste par le capital pour qu'il s'engage à l'avenir dans la production de prospérité. Qu'aucune solution qui le satisfasse ne soit trouvée, et l'inquiétude et les exigences insatisfaites du capital se manifestent alors sous la forme de dysfonctionnements « de l'économie » — au risque d'une crise de légitimation supplémentaire, qui en est la conséquence directe, dans les rangs des salariés. Aux yeux de ces derniers, le fonctionnement technique du système, et particulièrement sa façon de garantir la croissance et le plein emploi, est une condition sine qua non pour qu'ils entretiennent des relations pacifiées avec lui. Cette crise de légitimation du capitalisme chez les salariés advient du fait non pas de revendications *nouvelles*, mais simplement de la non-satisfaction des anciennes.

Le capitalisme suppose, autrement dit, un contrat social déterminant plus ou moins explicitement les attentes légitimes réciproques du capital et du travail, sous la forme d'une « Constitution » économique formelle ou informelle. Le capitalisme, contrairement à ce que voudraient faire croire la théorie et l'idéologie économiques, n'est pas un état de nature, mais un ordre social temporellement circonscrit, et ayant grand besoin d'être organisé et légitimé. Il est un ordre social spatialement et historiquement concrétisé dans des formes changeantes. Il est par principe constamment négociable à nouveaux frais, et à tout moment menacé d'explosion. Dans les années 1970, le *postwar settlement* du capitalisme démocratique — cet accord social issu de la situation propre à l'après-guerre qui posa les fondements d'une perpétuation du capitalisme sous une forme renouvelée — commença à tomber en désuétude. Après 1945, le capitalisme s'était retrouvé dans le monde entier sur la défensive, et avait dû s'efforcer dans tous les pays de l'Ouest en cours de coalisation, face à une classe ouvrière renforcée par la guerre et la concurrence des systèmes politiques et idéologiques, de continuer à donner des gages[49] en matière sociale. Il ne put y parvenir qu'à travers des concessions considérables, telles qu'elles avaient été prévues et permises par la théorie keynésienne. Sur le moyen terme, ces concessions prirent la forme d'une politique conjoncturelle étatique et d'une planification ayant pour visée de garantir la croissance, le plein emploi, une égalisation sociale et une protection sociale continuellement améliorée devant l'imprévisibilité des marchés. Sur le long terme, elles prirent la forme d'un « adoucissement » historique du capitalisme dans un monde de taux d'intérêt et de marges bénéficiaires en constante réduction. Ce ne fut que dans ces conditions, et donc au service et sous le primat d'objectifs sociaux politiquement définis, que fut instaurée, une fois l'économie de guerre mise au rebut, une économie du profit réanimée dans une démocratie libérale stabilisée, à l'abri des régressions fascistes et des tentations staliniennes, et que fut politiquement réalisable la réinstauration des droits de propriété et des pouvoirs de direction. C'est ainsi que fut instaurée la « formule de la paix » du capitalisme de l'après-guerre, pour citer une expression fréquemment utilisée à Francfort dans les débats théoriques. Elle fut maintenue grâce à un État interventionniste, imposant une discipline aux marchés, un État planificateur et redistributeur, qui avait à garantir les fondements contractuels du nouveau capitalisme sous peine de perdre sa légitimité.

Dans les années 1970, cet apaisement politico-économique de l'après-guerre commença à se fissurer. On invoque communément les premiers signes de faiblesse de la croissance qui se manifestèrent au cours de la seconde moitié des années 1960, et qui suggérèrent que le système économique capitaliste pouvait ne pas rester éternellement ce fournisseur aussi capable et prompt à la tâche qu'il l'avait été jusqu'alors. Les gouvernements des pays de l'Ouest s'efforcèrent de maintenir la paix sociale et la stabilité politique aussi longtemps que possible, en expérimentant, en guise de réponse, de toujours nouvelles techniques de planification et d'orientation économiques étatiques, tandis que les salariés, plus sûrs d'eux-mêmes que jamais, campaient sur ce qui, à leur sens, avait été convenu d'un mutuel accord dans les années de fondation du système : à quoi bon continuer de jouer le jeu du capitalisme, respecter ses règles, et laisser le capital toucher des dividendes, si aucune amélioration ne devait plus en résulter pour les salariés ? Le capital, pour sa part, craignait une révolution d'attentes élargies (*revolution of rising expectations*), lesquelles monteraient en puissance sans qu'il puisse les satisfaire à la longue, à moins que ce ne fût au prix de bénéfices toujours plus à la baisse et d'une transformation de l'économie privée en une infrastructure quasi publique, entièrement régulée et entièrement calculée par une politique étatique que dicterait la pression de l'électorat.

Dans l'ensemble, la situation commença, à la fin des années 1960, à ressembler à cette configuration que Michal Kalecki, dans un article frappé de presbytie paru en 1943, avait décrite comme ce moment où le modèle keynésien viendrait à échouer en raison de la résistance du capital[50]. Kalecki s'était demandé au départ ce qu'au juste les employeurs de son temps avaient à objecter à une politique économique keynésienne qui leur garantissait tout de même une croissance continue de leurs entreprises, à l'abri des fluctuations. Sa réponse fut qu'un plein emploi durable devait faire courir au capital un grand danger : celui que ses employés puissent gagner en insolence, une fois oubliée par eux la misère qui accompagne le chômage. La discipline sur le lieu de travail, ainsi qu'en politique, ne tarderait pas à s'effondrer. Pour cette raison, poursuivait Kalecki, le capital devait avoir à proprement parler intérêt à un chômage structurellement incompressible, en permanence, qui servirait d'avertissement aux employés, en préfigurant ce que serait leur avenir s'ils devenaient exigeants. Mais cela supposait que l'État ait renoncé à garantir le plein emploi au moyen d'instruments keynésiens…

La vague mondiale, en 1968 et 1969, des grèves sauvages fut interprétée, par les employeurs et de nombreux gouvernements du capitalisme démocratique, comme la conséquence d'une phase, devenue trop longue, de croissance exempte de crises mais assurée du plein emploi : n'était-ce pas l'expression d'une absence croissante de retenue d'une classe salariale qui avait été choyée par la prospérité et l'État providence[51] ? Or cette classe défendait simplement ce qu'elle tenait pour un droit civique et démocratique à des augmentations de salaires régulières et à une amélioration permanente de sa protection sociale. Les attentes respectives du travail et du capital étant devenues à ce point divergentes, le régime de l'après-guerre du capitalisme démocratique devait fatalement affronter une crise. La première moitié des années 1970 fut marquée par des vagues toujours nouvelles de grèves, salariés et syndicats campant sur leurs revendications, tandis que le capital voyait se réduire sa marge de manœuvre en termes de concessions. En guise de réaction, le capital commença à se préparer à abandonner le contrat social qui avait été adopté à l'après-guerre. Renonçant à la passivité qui avait été la sienne, retrouvant sa capacité d'action et d'organisation, il décida de se dérober au devenir planifié et programmé que lui réservait la politique démocratique. Il disposait d'un avantage : contrairement aux salariés et à leurs syndicats, il nourrissait une stratégie alternative à une perpétuation du capitalisme démocratique, qui consista à lui retirer progressivement sa « confiance » et, avec elle, les fonds d'investissement nécessaires à son fonctionnement.

LE GRAND TOURNANT : DU CAPITALISME DE L'APRÈS-GUERRE AU NÉOLIBÉRALISME

Vers le milieu des *roaring seventies*, des rugissantes années 1970, comme on les appellerait plus tard en raison des espoirs exagérés de prospérité et de liberté qui dominaient la politique et l'opinion publique d'alors, les propriétaires et les administrateurs du capital — eux, et non les vastes masses des « salariés », comme l'avait prévu et l'espérait la théorie de la crise de légitimation — entamèrent un long combat destiné à transformer fondamentalement l'économie politique du capitalisme de l'après-guerre. Sous le coup de 1968, et brutalement réveillés par un climat politique qui s'exprimait dans des déclarations d'intention politiques affirmant, par exemple, vouloir tester les « limites de la résistance » de l'économie[52] — un climat dont témoignèrent plus tard des titres d'ouvrages comme *The Democratic Class Struggle* de Korpi (« La lutte de classes démocratique », 1983), et *Politics against Markets* d'Esping-Andersen (« La politique contre les marchés », 1985) —, les propriétaires du capital et les dirigeants de l'économie commencèrent à se détourner d'un régime qui leur avait pourtant permis, après 1945, en dépit des expériences de l'entre-deux-guerres, de retrouver leurs positions sur les hauteurs dominantes de la société industrielle.

Par la suite, des entreprises, industries et groupements toujours plus nombreux devaient se convertir à un nouvel objectif commun : la libéralisation du capitalisme et l'expansion de ses marchés, à l'intérieur comme à l'extérieur. Les événements de la fin des années 1960 et la crise des matières premières de 1973 avaient rendu plus invraisemblable que jamais l'idée que « l'économie » puisse honorer sur le long terme, à des conditions pour elle acceptables, les engagements qu'elle avait contractés dans le régime précédent sous la pression politique. Il n'était plus possible de compter sur une croissance continuellement élevée et de considérer celle-ci comme synonyme d'une formule de paix démocratique-capitaliste. Le renoncement à des profits, afin de maintenir un plein emploi, ou un niveau élevé d'investissements dans la production, afin de garantir un emploi pour les hauts salaires et une échelle salariale progressive, signifiaient pour les entreprises et leurs actionnaires des sacrifices — devenus parfaitement inacceptables. L'État, passé, presque partout, entre des mains plus ou moins sociales-démocrates, ne pouvait en rien inspirer confiance à tous ceux qui dépendent du profit[53] ; la seule solution consistait désormais pour eux à se replier sur le marché — c'est-à-dire, au lieu d'avoir à supporter le danger que représentait une politique étatique plus sociale, à émanciper l'économie capitaliste des contrôles bureaucratico-politiques et corporatistes des années de la reconstruction, et à rétablir des marges bénéficiaires plus convenables à travers la libéralisation des marchés et une dérégulation[54]. La stratégie de libéralisation — soit l'affaiblissement de l'État interventionniste et le recours au marché envisagé comme le mécanisme d'allocation économique premier — rencontra, envisagée d'aujourd'hui, un succès vertigineux, et ne surprit pas seulement la théorie critique[55]. À compter du début des années 1980, des éléments centraux du contrat social qui avait été celui du capitalisme de l'après-guerre furent, dans les sociétés occidentales, peu à peu éliminés, ou mis en question : le plein emploi politiquement garanti ; la fixation des salaires généralisée, à travers des négociations avec les syndicats indépendants ; le paritarisme sur le lieu de travail, et dans l'entreprise ; le contrôle étatique des industries-clés ; l'extension du secteur public avec un emploi plus assuré servant de modèle à l'économie privée, afin d'éviter une concurrence entre droits sociaux protégés, à travers une politique salariale et une politique fiscale maintenant dans de strictes limites l'inégalité sociale ; et une politique économique et industrielle étatique destinée à faire barrage aux crises économiques... Dans toutes les démocraties occidentales, un rejet plus ou moins agressif des syndicats commença à se manifester vers 1979, année de la « deuxième crise pétrolière ». En parallèle, des réformes des marchés du travail et des systèmes de protection sociale étaient engagées dans le monde entier. Le plus souvent menées pas à pas, elles n'en furent pas moins décisives. Engagées au nom d'une « flexibilisation » d'institutions prétendument en retard, et d'une « activation » du potentiel de main-d'œuvre, elles se ramenaient en vérité à une révision fondamentale de l'État providence des décennies de l'après-guerre. Cette révision serait aussi constamment justifiée par l'expansion des marchés au-delà des frontières nationales, ladite « globalisation ». Firent partie de cette révision le détricotage des législations destinées à protéger le salarié contre les licenciements abusifs, le démembrement des marchés du travail en centres et marges aux droits de protection différents, l'autorisation et l'encouragement des emplois faiblement rémunérés, l'acceptation d'un chômage incompressible élevé, la privatisation des services publics, accompagnée d'une réduction de l'emploi public, ainsi que la décentralisation et, là où la chose s'avérait possible, une « désyndicalisation » du processus de fixation des salaires[56]... Cette évolution, en dépit des différences et des spécificités nationales, devait aboutir à un État providence « modernisé », s'adaptant toujours mieux au marché, « amaigri », mieux conçu pour une « re-marchandisation », un nouvel État dont la propension à soutenir l'emploi et ses coûts plus bas avait été obtenue grâce à un effondrement du niveau minimum de subsistance sociale garanti par les droits sociaux[57].

Les marchés du travail ne furent pas les seuls, à partir de la fin des années 1970, à être l'objet d'un processus de dérégulation : les marchés de biens de consommation, de services et de capitaux, le furent également en nombre toujours plus grand. Tandis que les gouvernements espéraient plus de croissance économique et, dans tous les cas, un allégement de leur responsabilité politique, l'expansion des marchés et la pression de la concurrence qu'elle intensifiait servaient aux employeurs de justification à une détérioration ou à une différenciation croissante des salaires et des conditions de travail[58]. Dans le même temps, les marchés de capitaux se transformaient pour se dédier à la prise de contrôle d'entreprises, et érigeaient l'augmentation de la *shareholder value*, de la valeur actionnariale, en maxime supérieure de la bonne gouvernance d'entreprise[59]. Un peu partout, y compris en Scandinavie, en guise de complément, voire d'alternative aux services publics étatiques, les citoyens furent renvoyés aux marchés de la formation et de l'assurance privés, possibilité leur étant donnée de contracter des crédits privés. Simultanément, l'inégalité des revenus s'aggrava avec une grande rapidité (tabl. 1.3)[60]. De cette façon, et d'autres manières, et plus ou moins au pas cadencé, sous la pression constante des propriétaires et des dirigeants de leur « économie », les États du capitalisme développé se défirent de la responsabilité qui avait été la leur au milieu du siècle, en matière de croissance, de plein emploi, de protection et de cohésion sociales, et abandonnèrent plus que jamais le bien-vivre de leurs citoyens au marché.

Ce long revirement vers le néolibéralisme dans les sociétés occidentales riches rencontra une résistance remarquablement faible. Le chômage incompressible élevé, devenu quasiment de l'ordre de la normalité, n'en fut qu'une raison parmi d'autres. La métamorphose de la distribution dans les marchés de la consommation et les arts du marketing toujours plus florissants garantissaient à la mercantilisation de domaines toujours plus nombreux de la vie sociale une loyauté prononcée de la population, dont ils stabilisaient la motivation au travail et au rendement[61]. À cela s'ajouta la cooptation des projets d'épanouissement personnel datant de 1968, décrite par Boltanski et Chiapello, à travers de nouvelles formes d'activité professionnelle et d'organisation du travail dans la « société du savoir » en cours de déploiement[62]. Les nouveaux marchés du travail avaient également leurs adeptes — parmi les

Tableau 1.3

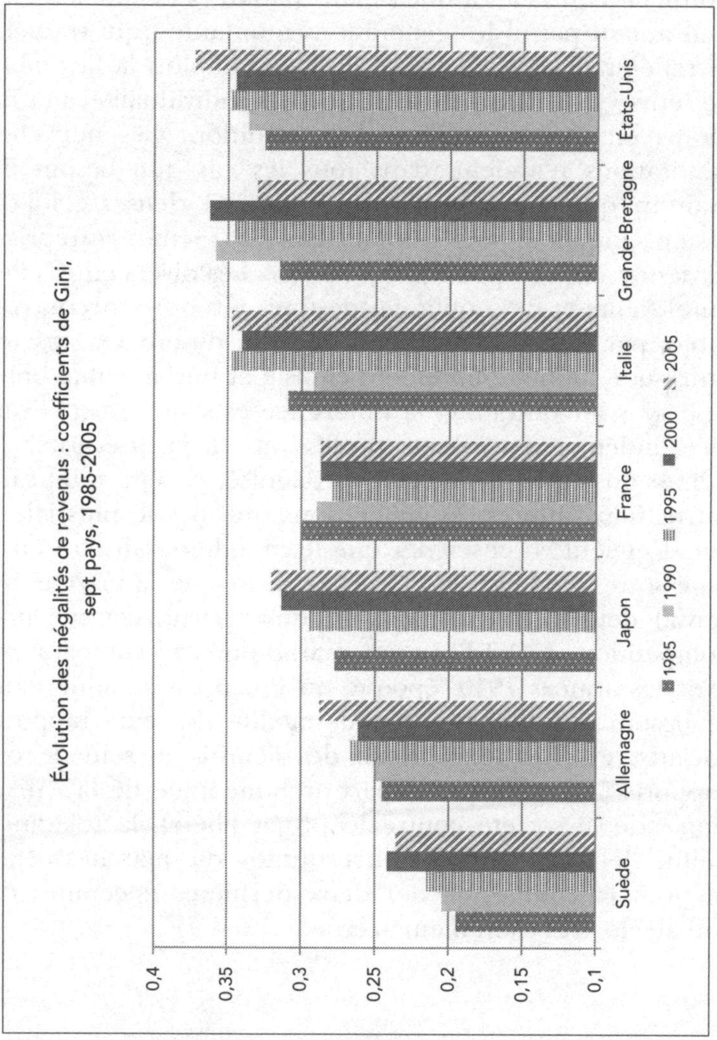

OECD Database on Household Income Distribution and Poverty ; OECD Factbook 2008 ; Economic, Environmental and Social Statistics 2008 ; OECD Factbook 2010 ; Country Indicators, OECD Factbook Statistics

femmes, nous l'avons dit, pour qui une activité professionnelle équivalait à une émancipation personnelle, mais tout autant parmi les générations montantes, qui voyaient se refléter dans la flexibilité de leurs emplois la flexibilité de leurs vies sociales de plus en plus individualisées et de moins en moins soumises à la tradition. Ces nouvelles générations n'avaient, dans tous les cas, nul besoin de craindre que le cauchemar des Trente Glorieuses, celui de rester cinquante ans durant dans la même entreprise, devienne un jour pour elles réalité... Les divers efforts des employeurs et des politiques destinés à rendre méconnaissable, par des moyens rhétoriques, la différence existant entre une mobilité librement choisie et une mobilité obtenue sous la contrainte, la différence existant entre l'exercice indépendant d'une profession et la précarité, la démission et le licenciement déguisé, furent tout sauf infructueux auprès de générations qui, dès le plus jeune âge, s'étaient vu enseigner que le monde devait être envisagé sous l'angle de la méritocratie, et que le marché du travail devait l'être comme un défi sportif, comme une compétition de VTT ou un marathon. Par comparaison avec les années 1940, époque où Polanyi avait situé dans le besoin des hommes d'une stabilité de leurs rapports sociaux, et dans leur besoin de sécurité au sein de ces rapports[63], le point de départ archimédique de la « réaction » de la société contre le projet libéral, la tolérance culturelle à l'égard des incertitudes du marché s'était en tout cas, au cours des deux dernières décennies du XXe siècle, très clairement accrue.

DU TEMPS ACHETÉ

La révolution néolibérale ne pouvait malgré tout se passer d'une protection politique. À la fin des longues années 1960, la formule de la paix capitaliste — une croissance économique élevée et continue générée en commun par le travail et le capital, qui avait pu être utilisée pour un emploi assuré, des salaires augmentés, des conditions de travail continuellement améliorées, et un progrès social entendu comme un renforcement permanent des droits de protection sociale — devint irréaliste. Au début des années 1970, les investissements productifs menacèrent de rester en deçà de ce qui aurait été nécessaire pour garantir un plein emploi dans les conditions d'une mobilisation salariale accrue et d'une politique sociale étatique en expansion. Mais le plein emploi, de l'avis général, constituait la pierre angulaire du contrat social du capitalisme de l'après-guerre. Une crise de légitimation, sinon de l'économie capitaliste, dans tous les cas de la démocratie parlementaire, s'annonçait désormais. Elle fut affrontée avec succès les années suivantes, mais différemment de la manière escomptée par la théorie critique des crises — par une politique monétaire, qui indexa des hausses de salaires artificielles sur la hausse de la productivité, avec pour conséquence des taux d'inflation plus élevés dans le monde entier, tout particulièrement au cours de la seconde moitié des années 1970[64].

La politique monétaire inflationniste de la décennie qui suivit la vague de grèves déclenchée autour de 1968 garantissait la paix sociale dans une société de consommation en rapide extension, en remplaçant la croissance économique, devenue insuffisante, et en prenant en charge le plein emploi[65]. En cela, elle répara provisoirement la formule de paix néocapitaliste devenue inutilisable. La « combine » consista à désamorcer le conflit de répartition qui se profilait entre travail et capital par un apport de ressources complémentaires. Ces ressources, toutefois, ne s'avéraient disponibles que sous forme monétaire : elles étaient non existantes, ou non encore existantes. L'inflation provoqua une hypertrophie apparente seulement, et non pas réelle, du « gâteau » à partager, ce qui, à court terme, ne faisait pas forcément une différence. Elle fit naître, chez les employés comme chez les employeurs, l'illusion — l'« illusion monétaire », pour citer Keynes — d'une progression de la prospérité rendue possible par le nouveau consumérisme. Celle-ci devait néanmoins s'user avec le temps, puis disparaître ensuite, lorsque le déclin de la valeur monétaire amènerait de nouveau les propriétaires du capital monétaire à faire de la rétention d'investissements, voire à opter pour une fuite dans d'autres monnaies[66].

Les États qui injectent dans leur économie nationale, à travers l'inflation monétaire, des ressources non existantes, ou non encore existantes, et qui cherchent de cette façon à pacifier les conflits de répartition, peuvent recourir à la magie de la *fiat money*, de la monnaie fiduciaire moderne, dont la politique, au titre de l'autorité de la chose publique, est à même de faire fluctuer la quantité. Le subterfuge consistant à remplacer une croissance réelle par une croissance nominale avait fait son temps avant même que ne débute la stagflation, au cours de la seconde moitié des années 1970 — date à laquelle intervint un recul de la croissance en dépit d'une accélération de l'inflation. Sous l'impulsion des États-Unis et de leur banque centrale, la Réserve fédérale, des mesures drastiques de stabilisation furent prises, parmi lesquelles une augmentation des taux directeurs américains allant par moments au-dessus des

20 %. Ces mesures mirent, dans les meilleurs délais, et jusqu'à aujourd'hui, un terme à l'inflation (diagr. 1.4). Avec la récession sévère et un chômage permanent (diagr. 1.5), que le déflationnisme des économies nationales capitalistes propageait tôt ou tard dans le monde entier, le problème de légitimation du capitalisme avancé revint sur le devant de la scène, et, avec lui, la tentation, du moins par intermittence, d'une nouvelle pacification à l'aide d'un argent créé comme par enchantement. C'est ainsi que commença ou se poursuivit un processus qui a trouvé son paroxysme provisoire dans la crise financière mondiale et la crise fiscale actuelles.

La stabilisation monétaire de l'économie mondiale au début des années 1980 était un *tour de force*[67] politique extraordinairement risqué. Seules purent s'y attaquer des administrations comme celles de Reagan et de Thatcher, qui étaient prêtes à courir le risque d'un chômage de masse afin de rétablir une monnaie saine, et à briser coûte que coûte la résistance syndicale attendue[68]. Le déflationnisme des économies nationales capitalistes, qu'accompagnèrent un chômage incompressible et permanent, et des réformes néolibérales des marchés du travail et du droit du travail, provoqua effectivement un recul, dans le monde entier, de l'organisation syndicale (diagr. 1.6), qui interdit pratiquement d'utiliser comme une arme la grève dans les conflits portant sur le travail et la répartition. En conséquence, les grèves disparurent quasiment les années suivantes (diagr. 1.7)[69]. Dans le même temps, le fossé s'élargissait davantage encore entre les promesses du capitalisme et les attentes de sa clientèle, et de ceux qui étaient disposés à prêter foi à la toute-puissance croissante des marchés. Pour le combler politiquement, de nouveaux moyens furent trouvés, provisoirement : *ce fut le commencement de l'ère de l'endettement étatique.*

Diagrammes 1.4 et 1.5

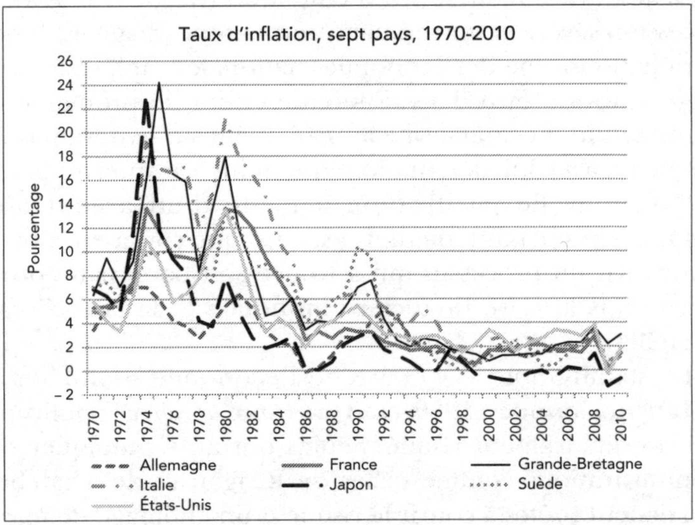

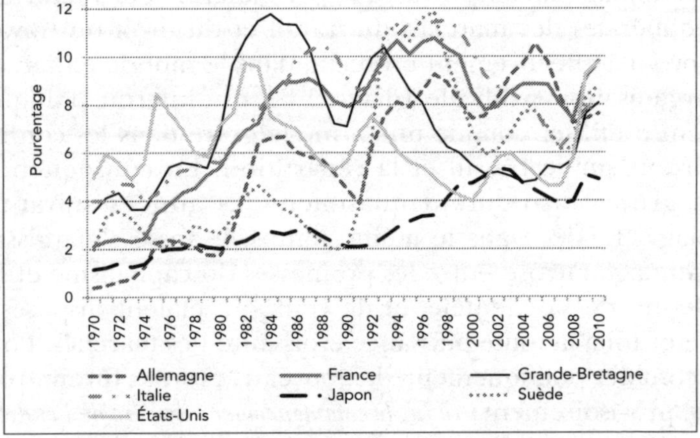

OECD Economic Outlook : Statistics and Projections, publications en cours

Diagrammes 1.6 et 1.7

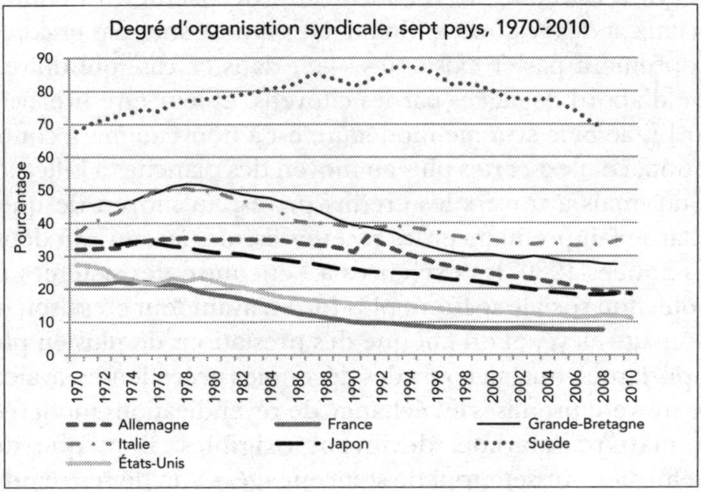

Amsterdam Institute for Advanced Labour Studies : ICTWSS Database 3, mai 2011

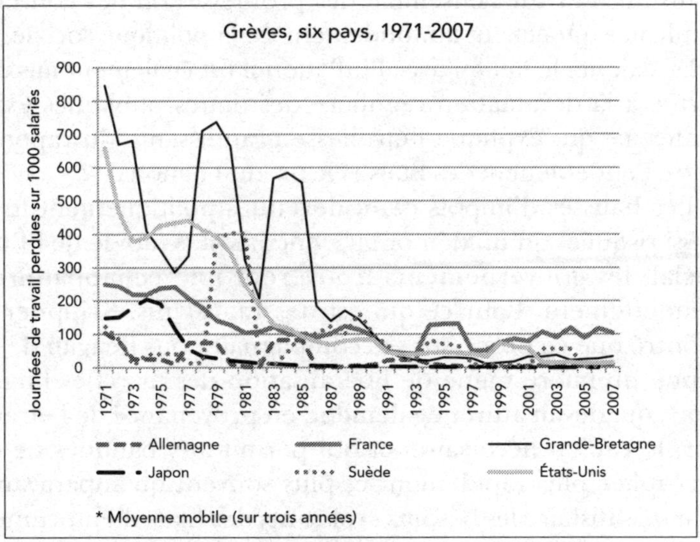

ILO Labour Statistics, US Bureau of Labor Statistics

Tout comme l'inflation, l'endettement étatique permet à un gouvernement de recourir, afin de pacifier les conflits sociaux, à des ressources financières qui ne sont pas encore à proprement parler existantes — et dans ce cas : qui doivent être d'abord dégagées par les citoyens, et leur être prélevées par l'État. Si le système monétaire est à nouveau mis à contribution, ce n'est certes plus au moyen des planches à billets de l'État, mais à travers les crédits privés, au moyen desquels l'État se fait préfinancer les recettes fiscales à venir. Au début des années 1980, les exigences à l'encontre des systèmes de protection sociale se firent plus fortes, avant tout en raison du chômage élevé, et du fait que des prestations de plus en plus importantes, qui, au cours des décennies précédentes, avaient été souvent promises en échange de revendications modérées en matière salariale, devinrent exigibles. Bien que des « réformes » fussent tout de suite engagées afin de restreindre les droits aux prestations, il fut impossible de tirer d'un seul coup un trait sur l'ensemble des promesses ou des contrats implicites qui étaient au fondement de la politique sociale. À cela, s'ajouta le fait qu'avec l'inflation il fut également mis un terme à la dévaluation régulière des dettes publiques existantes, ce qui explique l'étroitesse grandissante du rapport entre l'endettement des États et le produit national.

Les hausses d'impôts étant devenues politiquement tout aussi risquées qu'un démontage encore plus rapide de l'État social, les gouvernements trouvèrent une échappatoire : l'endettement. Pour ce qui est des États-Unis, Krippner a montré que ce processus s'accompagnait, sous Reagan déjà, d'une première vague de libéralisation des marchés financiers, qui devait attirer également, en provenance de l'étranger, le capital nécessaire, et qui permit aux banques de le multiplier plus rapidement et plus souvent qu'auparavant, afin de satisfaire les besoins croissants des États d'emprunter de l'argent[70].

Si la paix capitaliste put ainsi être prolongée, ce ne fut que pour une durée déterminée. Dans les années 1990, les gouvernements commencèrent à se soucier de la part grandissante du service de la dette dans leur budget, tandis que leurs créanciers commencèrent à douter de la capacité des États à rembourser leurs dettes. Ce furent de nouveau les États-Unis qui prirent l'initiative, et qui se mirent, sous l'administration Clinton, à équilibrer leurs finances publiques, avant tout à travers des diminutions des dépenses sociales[71]. La plupart des autres États du monde occidental, amenés à se conformer à la ligne préconisée par des organisations internationales comme l'OCDE, l'Organisation de coopération et de développement économiques, et le FMI, le Fonds monétaire international, la suivirent et firent avec[72][73]. Assurément deux décennies s'étaient écoulées depuis que le capitalisme était sorti de sa coquille de l'après-guerre, mais sa voie de développement néolibérale avait toujours besoin de conforter sa légitimité à travers une mobilisation de ressources supplémentaires destinées à apaiser les conflits — *à ceci près que, cette fois-ci, la nécessité politique pouvait idéalement coïncider avec le souhaitable néolibéral.* Aux États-Unis et en Grande-Bretagne avant tout, mais pourtant aussi en Scandinavie[74], la consolidation des finances publiques menaçait de provoquer un dangereux recul conjoncturel de la demande, ainsi que des pertes de revenus des budgets privés susceptibles d'entacher la légitimation à l'œuvre. La réponse consista en une injection supplémentaire de solvabilité anticipée à travers une deuxième vague de libéralisation des marchés de capitaux, qui permit et déclencha une augmentation rapide de l'endettement privé. Colin Crouch a désigné sous le terme de « keynésianisme privatisé » la phase de développement capitaliste ainsi amorcée[75].

Le keynésianisme privatisé remplace l'endettement étatique par un endettement privé envisagé comme un mécanisme d'accroissement des réserves de l'économie politique en ressources redistribuables[76]. Il représente la troisième et jusqu'ici dernière variante de la stratégie utilisée par le capitalisme avancé de l'après-guerre pour pallier, au moyen d'un pouvoir d'achat anticipé, les manquements de ses promesses. L'État, avec ce keynésianisme privatisé, se contenta, à travers une politique de régulation appropriée, de permettre aux budgets privés de s'endetter pour leur propre compte, et à leurs propres risques, afin de compenser les baisses des revenus provenant de leur activité rémunérée ainsi que les baisses des prestations sociales étatiques. Là encore, des parallèles peuvent se constater entre des pays qui sont habituellement considérés comme relevant de « variantes » différentes, voire opposées, de capitalisme. L'endettement des budgets privés augmenta fortement à partir des années 1990, non pas seulement aux États-Unis et en Grande-Bretagne, mais aussi en Suède (et dans d'autres pays scandinaves). Il augmenta même si fortement que le recul de l'endettement étatique, plus ou moins momentané, qu'avait provoqué la politique de consolidation, en fut contrecarré. Mais l'endettement total augmenta aussi brutalement, y compris là où il était resté jusqu'ici plutôt constant. Toutefois, il était désormais l'objet d'un transfert du secteur budgétaire étatique au secteur budgétaire privé (diagr. 1.8)[77].

Le remplacement de l'endettement étatique par l'endettement privé fut cautionné, dans le domaine des idées politiques, par une nouvelle théorie des marchés de capitaux affirmant que ceux-ci se régulent eux-mêmes, et n'ont besoin d'aucune régulation étatique, leurs acteurs disposant par définition de toutes les informations nécessaires pour exclure l'apparition de déséquilibres systémiques[78]. Une privatisation des services publics à travers des attributions de crédits semblait possible. Avec elle, l'État se

Diagramme 1.8

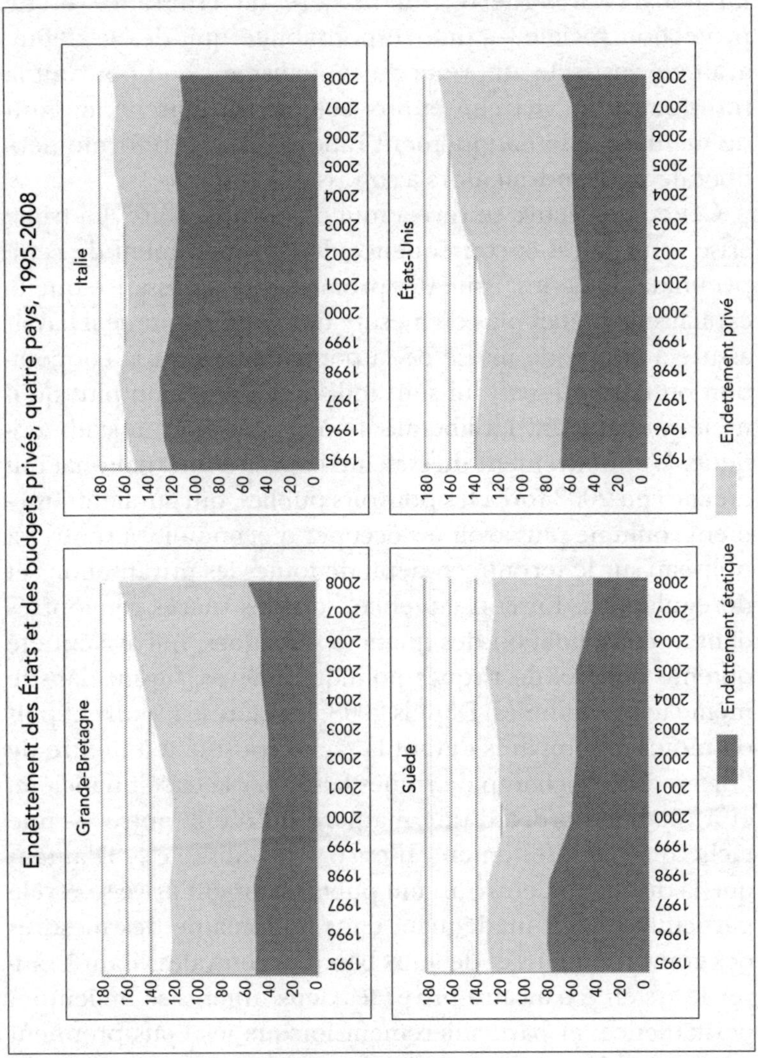

OECD National Accounts Statistics ; OECD Economic Outlook : Statistics and Projections, publications en cours

délesterait définitivement de sa responsabilité, assumée par lui dans l'après-guerre, en matière de croissance et de protection sociale — une responsabilité qui, dès le début, avait été suspecte aux yeux du capitalisme —, et pourrait la transmettre au marché et aux acteurs du marché agissant de manière axiomatiquement rationnelle. La réforme néolibérale parviendrait alors à son issue logique.

Cette perspective se révéla tout d'abord illusoire. La triple crise actuelle est la conséquence de l'effondrement de cette pyramide de dettes, issue des promesses de croissance que le capitalisme n'était plus en mesure de remplir comme il l'avait assuré à la grande masse de la population, dont la coopération ou l'assentiment lui sont indispensables, bien plus qu'il ne le souhaiterait. La libéralisation se trouve à un stade critique. L'effondrement du système bancaire international qui menaça en 2008 força les pouvoirs publics, qui auraient justement voulu ne plus avoir à s'occuper d'économie, à rentrer à nouveau sur le terrain, en dépit de toutes les privatisations et dérégulations. En conséquence, tous les succès rencontrés dans la consolidation des finances publiques, qui avaient été obtenus au prix de risques politiques élevés, furent dans le même temps annulés. Depuis 2008, les États se montrent plus ou moins désemparés devant la tâche consistant à mettre de l'ordre dans le champ de ruines laissé par la crise financière, et à rétablir l'ordre d'une manière ou d'une autre — une tâche qui, manifestement, n'est pas privatisable… D'autant que la distinction entre argent public et argent privé se révèle particulièrement inadéquate dans le domaine des mesures des gouvernements et de leurs banques centrales visant à sauver le système bancaire privé : les deux argents se mêlent en permanence, et particulièrement lorsque les États prennent en charge des actifs pourris. Il est aujourd'hui à peu près impossible de discerner ce qu'est l'État et ce qu'est le marché, et si les États ont nationalisé les banques, ou si les banques ont privatisé l'État[79]...

Du temps a donc été acheté sous trois formes, et au fil de phases successives. De ce point de vue, le déroulement paradigmatique de ce processus s'observe aux États-Unis (diagr. 1.9). Au début des années 1970, l'*inflation* augmenta considérablement, et frôla, en 1980, après avoir connu de fortes fluctuations, les 14 %. Le premier tournant était ainsi atteint : l'inflation fut maîtrisée, et remplacée par l'*endettement public* qui, jusqu'en 1993, connut une augmentation rapide. Avec la politique clintonienne de consolidation budgétaire, l'endettement public reflua ensuite, en peu d'années, de plus de dix points ; en contrepartie, l'augmentation de l'*endettement privé* s'accéléra. Puis, peu de temps avant que ne s'effondre l'industrie financière, un premier apurement des dettes des budgets privés fut entamé, provoqué avant tout par l'insolvabilité, et accompagné d'une nouvelle hausse des dettes étatiques, avec un taux d'inflation pratiquement nul.

En Allemagne, la séquence de la crise se déroula quelque peu différemment en raison de configurations institutionnelles particulières comme des événements historiques, mais elle suivit dans l'ensemble la même logique (diagr. 1.10). Nous l'avons déjà dit, l'Allemagne ne connut dans les années 1970 un taux d'inflation élevé que très brièvement. En 1974, année de la démission de Willy Brandt de sa fonction de chancelier, suite à l'enterrement d'un accord salarial à deux chiffres dans la fonction publique, l'inflation devait atteindre son niveau le plus haut avant de refluer. L'endettement étatique augmenta en revanche rapidement, si bien que les dettes publiques, qui toutefois ne dépassaient alors pas les 30 % du produit national, furent *le* sujet de la campagne législative de 1980. Après la réunification, au début des années 1990, ce même endettement augmenta à

Diagramme 1.9

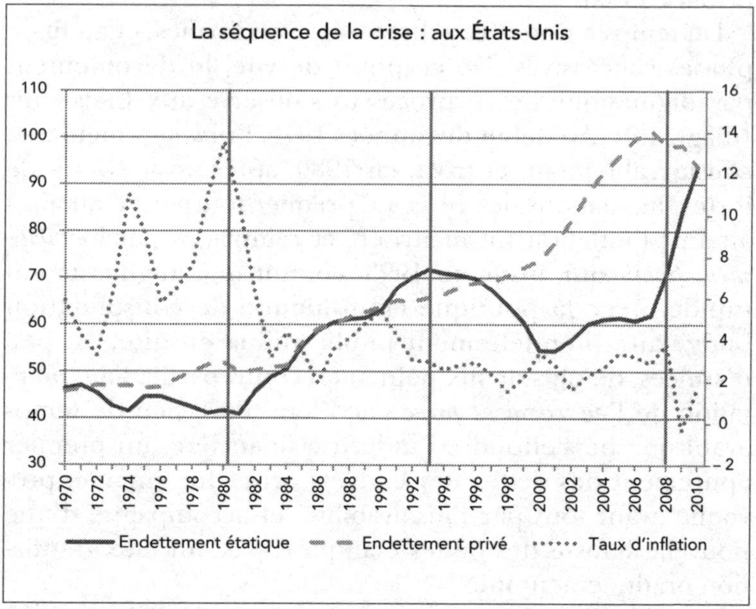

OECD National Accounts Statistics ; OECD Economic Outlook : Statistics and Projections, publications en cours

Diagrammes 1.10 et 1.11

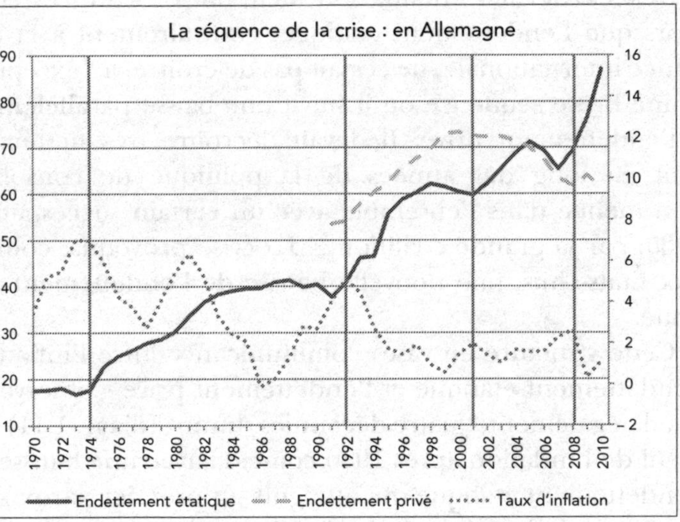

OECD National Accounts Statistics ; OECD Economic Outlook : Statistics and Projections, publications en cours

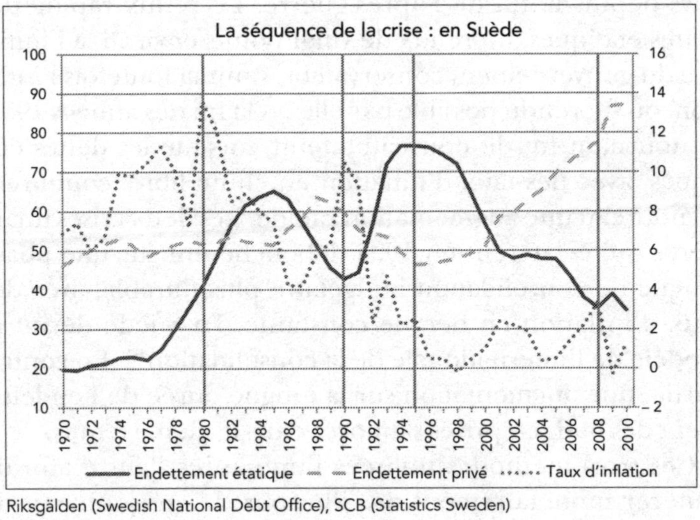

Riksgälden (Swedish National Debt Office), SCB (Statistics Sweden)

nouveau et, avec lui, désormais, l'endettement des budgets privés. Ce dernier entama son recul dans les années 2000, alors que l'endettement étatique, contrairement à la tendance internationale, ne cessait pas de croître, à l'exception d'une brève séquence où il suivit une baisse parallèlement à l'endettement privé. Il devait décroître très nettement tout au long des années de la politique de consolidation menée dans l'ensemble avec un certain succès, après 2005, par la grande coalition[80]. La crise provoqua, comme aux États-Unis, une nouvelle hausse de l'endettement étatique.

Cette structure en vases communicants entre l'inflation, l'endettement étatique et l'endettement privé s'observe en Suède également, quatre décennies durant (diagr. 1.11). Le recul de l'inflation après 1980 coïncida avec une hausse de l'endettement étatique qui atteignit un premier paroxysme au milieu de la décennie 1980, à l'occasion de la première des deux crises financières sérieuses que devait traverser le pays depuis la fin de l'après-guerre. Le reflux rapide des dettes étatiques, un reflux de vingt points environ, à l'initiative du gouvernement conservateur, ranima toutefois l'inflation, ou fut rendu possible par elle . À la fin des années 1980, un tournant fut de nouveau atteint, lorsque les dettes étatiques, avec des taux d'inflation en chute libre, connurent de nouveau une augmentation rapide. Les deux crises financières qui éclatèrent en 1994 débouchèrent sur une phase longue de consolidation budgétaire plus durable, avec des taux d'inflation en décrue constante. La Suède devint le modèle de l'internationale de la consolidation[81]. En contrepartie, une augmentation sur la longue durée de l'endettement des budgets privés s'amorça dans le même temps.

Ces trois méthodes utilisées l'une après l'autre afin de générer monétairement des illusions de croissance et de prospérité ne fonctionnèrent toutes chaque fois que pour un temps limité. Mais, en fin de compte, elles entravèrent le processus d'accumulation plus qu'elles ne l'appuyèrent[82]. La révolution néolibérale, pendant tout ce temps, poursuivait son offensive, et décidait des conditions qui présideraient à la nouvelle formule de paix capitaliste. À chaque fois, lorsqu'une telle tentative parviendrait à ses fins, les dégâts seraient considérables, et les mesures nécessaires à leur réparation plus contraignantes encore. Aujourd'hui, la résolution des crises financière et fiscale plus que jamais persistantes semble nécessiter, comme cela sera analysé un peu plus loin, rien de moins qu'une redéfinition fondamentale des rapports de la politique et de l'économie au moyen d'une transformation totale du système étatique. Et ce tout particulièrement en Europe, berceau de l'État providence moderne, où il n'est pas du tout assuré que des changements aussi profonds soient véritablement réalisables dans le court laps de temps disponible pour une résolution des crises.

Il est possible de se faire à peu près une idée de ce que sera l'étape suivante si l'on se remémore encore une fois la voie de développement empruntée par le capitalisme de l'après-guerre depuis la fin des Trente Glorieuses[83]. Chacune des trois transitions conduisant à un nouveau mode de légitimation fut liée aux échecs de la population salariée, qui permirent de pousser plus avant le processus de libéralisation : la fin de l'inflation fut accompagnée d'un affaiblissement continu des syndicats, de la cessation de leur capacité à initier des grèves, et du début d'un chômage de longue durée structurel, et qui s'est montré persistant jusqu'à aujourd'hui ; la consolidation des finances publiques dans les années 1990 s'accompagna de coupes profondes dans les droits sociaux des citoyens, de la privatisation des services publics, et des diverses formes de mercantilisation de ces services, en sorte que le rôle de garant de la protection sociale ne fut plus assuré par les partis politiques et les gouvernements, mais par les compagnies d'assurances privées ; enfin, la fin du « capitalisme à crédit[84] » s'accompagna, elle, d'une perte — dont l'ampleur n'avait pas même été approximativement prévue — de l'épargne et des rendements de capitaux programmés, ainsi que de chômage, de sous-emploi, et de diminutions supplémentaires des prestations étatiques au fil d'une nouvelle vague de consolidation des finances publiques. L'arène des conflits de répartition politico-économiques s'éloignait dans le même temps toujours plus du monde de l'expérience et des possibilités de la femme et de l'homme « de la rue » d'influer politiquement : des conflits salariaux annuels en cours aux élections périodiques des Parlements et des gouvernements, jusqu'aux marchés privés du crédit et de l'assurance, pour aboutir enfin à une diplomatie financière internationale totalement coupée de la vie quotidienne, tout devient, sauf pour ceux qui y sont immédiatement associés, et peut-être même pour ceux-là, un livre à sept sceaux.

La tentative de libération définitive de l'économie capitaliste et de ses marchés, non pas de l'État, dont ils restent dépendants en bien des façons lorsqu'il s'agit pour eux de se protéger, mais de la démocratie en tant que démocratie de masse, telle qu'elle était partie prenante du régime du capitalisme démocratique, se situe, comme je vais le montrer, dans le prolongement direct de la trajectoire des presque quarante dernières années. Les moyens visant à maîtriser les crises de légitimation à travers la production d'illusions de croissance semblent aujourd'hui épuisés. Le sortilège monétaire généré ces deux dernières décennies à l'aide d'une industrie financière déchaînée est en particulier définitivement trop dangereux pour que l'on puisse se risquer une nouvelle fois à y recourir pour acheter du temps. Si une croissance miracle ne se produit pas, le capitalisme à venir devra faire sans la formule de paix d'un consumérisme financé sur le crédit. L'utopie du management de crise actuel représente donc aussi le parachèvement, réalisé avec des moyens politiques, de la dépolitisation déjà très avancée de l'économie politique. Cette dépolitisation est cimentée dans des États-nations réorganisés sous le contrôle d'une diplomatie financière et gouvernementale internationale à l'écart de toute participation démocratique. Dans ces conditions, leur population devra suivre, de longues années durant, une rééducation, afin de finir par tenir pour justes ou sans alternative aucune les résultats de répartition dictés par les marchés livrés à eux-mêmes.

Chapitre II

LA RÉFORME NÉOLIBÉRALE : DE L'ÉTAT FISCAL À L'ÉTAT DÉBITEUR

La théorie économique standard de la politique, qu'il ne s'agit pas de confondre avec la théorie politique de l'économie qui se situe dans la tradition du marxisme, explique la crise des finances publiques par un échec de la démocratie. Elle représente une version plus ou moins formalisée des variantes conservatrices de la théorie de la crise de légitimation, des variantes axées sur l'idée de surexploitation ou sur celle d'ingouvernabilité. Sa fable préférée est celle du *common pool*, d'un bien commun qui serait mené à la ruine[1]. Ce concept est ancien, sans être vénérable. Il a été inventé au XIXe siècle afin de défendre la privatisation, alors menée en règle générale par la force, de la propriété commune, d'origine médiévale, au fil de la transition qui conduisit au capitalisme moderne. Ce processus fut décrit par Marx sous le nom d'« accumulation primitive[2] », et ce concept permit alors de justifier sur le plan théorique son efficience[3].

UNE CRISE FINANCIÈRE DUE À UNE DÉFAILLANCE DE LA DÉMOCRATIE ?

Les nombreuses versions de l'interminable histoire de ce qui sera également appelé la *tragedy of the commons*, la « tragédie des biens communs[4] », postulent qu'une ressource qui ne relève en rien de la propriété privée, et à laquelle tout membre d'une société accède librement, sera, pour cette raison même, très vite épuisée — car surexploitée, dépeuplée, pillée par les acteurs individuels rationnels du marché. Ceux-ci, en effet, ne peuvent résister à la tentation de retirer de la réserve commune plus que ce qu'ils y injectent, et plus que ce qu'elle peut donner sur la longue durée. Les finances publiques, envisagées sous cet angle, semblent être un *common pool*, un fonds commun, et la démocratie semble être ce permis délivré au citoyen d'exploiter à sa guise ce même fonds commun. Les hommes politiques parvenant à leurs fonctions grâce aux élections, et leurs électeurs commerçant de façon rationnelle, et donc égoïste, au sens de l'économie standard, les politiques ne peuvent que céder à la pression de la majorité, et répondre à ses exigences sans se préoccuper du caractère limité des ressources disponibles. En quête des suffrages, les hommes politiques préfèrent même entretenir l'illusion d'une inépuisabilité des réserves communes. Une fois entrés en fonctions, leur désir d'être réélus les incite à distribuer plus que ce que perçoit l'État, avec pour conséquences des déficits budgétaires chroniques, qui s'accumulent en montagnes de dettes toujours plus élevées.

Du point de vue de la théorie économique standard, la crise des finances publiques est un résultat de rapports de propriété, et donc de responsabilité, non élucidés. Ils doivent être attribués à un échec de la démocratie ; plus exactement : à l'extension des droits de décision démocratiques à des problèmes qui les dépassent. La résolution de la crise fiscale exigerait pour cette raison de protéger les finances publiques des revendications générées démocratiquement et, en fin de compte, de réduire les biens communs de la société générés par l'imposition. Telle est la doctrine régnante d'une force matérielle considérable, comme l'histoire l'a montré. Je lui opposerai un autre récit causal et alternatif de l'endettement étatique actuel, une histoire qui rendra, à mes yeux, justice à la réalité. Cette histoire que je vais proposer se ramène aussi, en définitive, à une sorte de théorie du *common pool*, du fonds commun, et à une sorte de théorie de l'échec de la démocratie, mais elle les retourne littéralement toutes deux, les mettant, pour ainsi dire, cul par-dessus tête.

Les finances publiques du capitalisme démocratique souffrent-elles d'un trop de démocratie ? Lorsqu'on retrace la genèse de la crise fiscale actuelle, on se rend compte que l'explosion la plus dramatique de l'endettement depuis la Seconde Guerre mondiale, celle de 2008 et des années qui suivirent (tabl. 2.1), n'a, de toute évidence, absolument rien à voir avec une prétendue inflation des revendications citoyennes démocratiquement autorisées. S'il y eut bien des revendications de plus en plus fortes, ce furent celles des grandes banques qui, se retrouvant en situation critique, parvinrent à se présenter comme étant « *too big to fail* », trop grosses pour faire faillite, et pour cette raison comme devant être politiquement sauvées, notamment avec le concours de leurs nombreux agents d'influence au sein des appareils d'État, tel l'ancien président de Goldman Sachs et secrétaire au Trésor de George W. Bush, Henry « Hank » Paulson[5]. Ces banques ont, à cette occasion, tiré parti de l'angoisse chez

Tableau 2.1

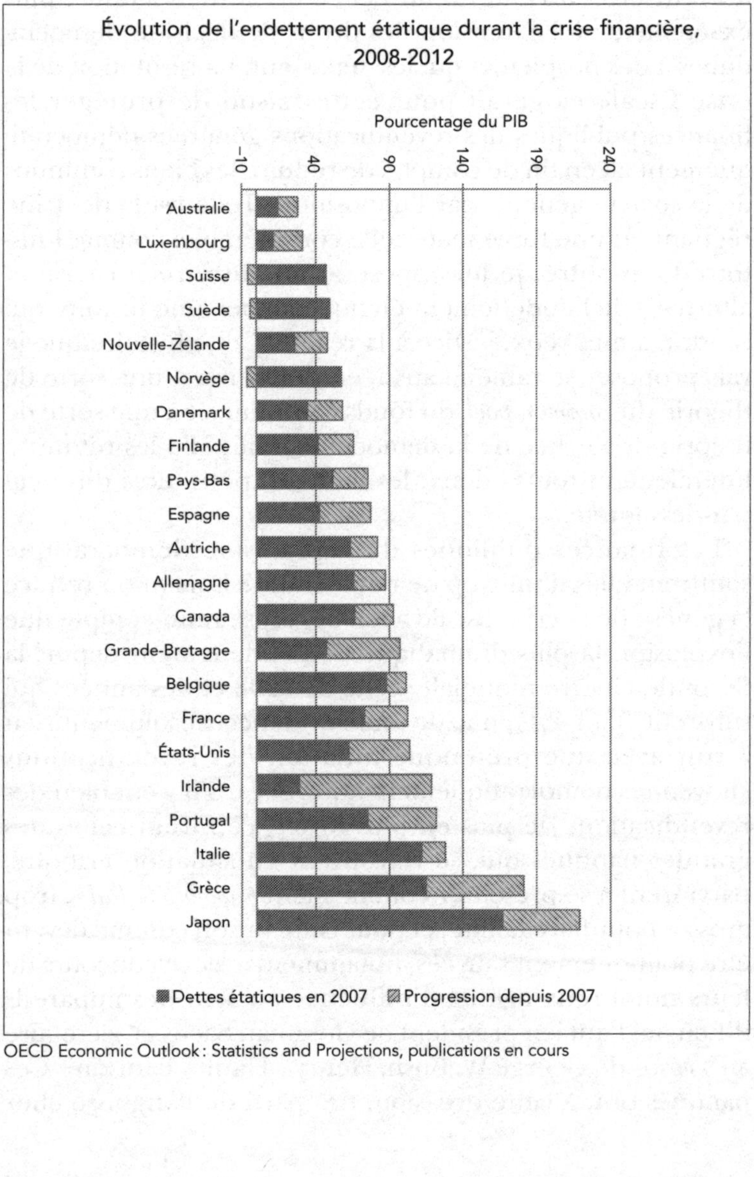

OECD Economic Outlook : Statistics and Projections, publications en cours

les citoyens et les gouvernements d'un effondrement de l'économie réelle. Cela ouvrit la voie à un keynésianisme de sauvetage, très coûteux, qui prévint un appauvrissement collectif ; en aucun cas, il ne s'est agi d'un enrichissement des masses d'électeurs aux dépens d'une prétendue propriété commune qui aurait été laissée sans surveillance... Les pertes de croissance intervenues malgré tout firent s'envoler le ratio de la dette de nombreux États, bien au-delà encore des dépenses supplémentaires occasionnées par les programmes économiques conjoncturels et par le sauvetage des banques. Des recherches quantitatives, qui ont établi un lien direct entre l'importance du secteur financier d'un pays et l'ampleur du nouvel endettement constatée après la crise, montrent d'ailleurs que l'aggravation de la crise fiscale après 2008 n'est pas due à un excès de démocratie, mais tout simplement à la crise financière [6].

Le néoplasme de l'économie financière fut absolument lié et de multiples façons, comme nous l'avons vu, tout au long du dernier tiers du XXe siècle, à la crise fiscale des démocraties riches. La dérégulation et l'hypertrophie du secteur financier aux États-Unis avaient commencé dans les années 1980, époque où l'administration Reagan dut compenser un recul de la croissance économique et les conséquences fiscales de ses allégements d'impôts [7]. Le déchaînement de l'industrie monétaire devait s'accompagner de celui des importations de capitaux en provenance de l'étranger, avec pour objectif de compenser le déficit de la balance courante des États-Unis, déjà chronique à l'époque, et de garantir ce faisant, en le finançant par le crédit, le niveau de vie de la population [8]. Il s'agissait d'autre part de permettre à l'État de financer ses propres déficits. Ceux-ci étaient liés de nouveau, en partie, au fait que l'inflation, au début des années 1980, avait cessé, suite à la politique des taux d'intérêt élevés pratiquée par la

Réserve fédérale américaine. Cette politique mit un terme à la dévaluation régulière des dettes publiques. Dans le même temps, conséquemment à la crise économique et à la crise de l'emploi afférente, le système de protection sociale fut soumis à des pressions grandissantes. La dérégulation de la branche financière était supposée jouer un rôle décisif, outre une croissance globale et des recettes fiscales élevées, dans le « changement structurel » menant à une « société de services » et à une « société du savoir ».

La financiarisation fut encouragée plus encore par l'administration Clinton dont les mesures destinées à consolider les finances publiques furent spectaculairement couronnées de succès[9]. Si le budget fédéral américain put effectivement prévoir pour la fin du XXe siècle, et pour une courte période, un excédent budgétaire, cela fut, entre autres raisons, rendu possible par d'importantes coupes dans les dépenses sociales. La dérégulation financière intensifiée permit de pallier les manquements de la politique de consolidation étatique en élargissant rapidement les possibilités d'endettement, tout particulièrement aux budgets privés. La baisse ou la stagnation des revenus du travail et des revenus de transfert, de même que l'augmentation des dépenses liées à la nécessité de contracter désormais à titre personnel une assurance « autoresponsable », auraient pu compromettre la libéralisation de l'économie par un éventuel refus de la part de la population. Ce tournant dans l'histoire économique du capitalisme démocratique trouva, sous la présidence de George Bush, son prolongement direct dans la politique de « l'argent facile » adoptée aux lendemains du 11-Septembre, et dans la stimulation de l'accès à la propriété immobilière, facilité pour les couches les plus modestes à travers l'octroi de prêts hypothécaires à risque (*subprime mortgages*), de crédits immobiliers à des personnes qui avaient toutes les chances de ne pas être en mesure de les rembourser.

LE CAPITALISME ET LA DÉMOCRATIE DANS LA RÉVOLUTION NÉOLIBÉRALE

Dans ces conditions, il est bien difficile de reconnaître dans l'endettement exponentiel des démocraties occidentales depuis la seconde moitié des années 1970 le résultat d'une pression démocratique qui se serait exercée sur les partis et les gouvernements, comme le suggère la théorie du fonds commun (*common pool*). En réalité, la construction, la déconstruction et la reconstruction de l'endettement public se révèlent étroitement associées au triomphe du néolibéralisme sur le capitalisme de l'après guerre : ce triomphe s'accompagna d'une *mise sur la touche* politique de la démocratie de masse. Les premiers déficits budgétaires sérieux, apparus dans les années 1980, succédèrent à la mise au pas du militantisme syndical en matière salariale et à l'apparition d'un chômage élevé. Il fut argué de ce dernier pour réformer radicalement les marchés du travail et les systèmes de protection sociale. Ces réformes, menées sous le signe d'une « flexibilisation » des institutions régulant le marché et qui n'auraient que trop attendu, équivalaient à une révision fondamentale du contrat social des décennies d'après guerre.

La manifestation la plus évidente du succès éclatant de la révolution néolibérale est l'aggravation continue de l'inégalité des revenus et des patrimoines dans les pays du capitalisme démocratique. Si l'accroissement de l'endettement étatique était un résultat d'un assentiment de masse résultant du fonctionnement démocratique, il se serait dans le même temps produit une redistribution radicale de la prospérité et des opportunités de prospérité selon un mouvement ascendant. Or la répartition des revenus est devenue, tout au long de ces années, sans cesse plus inégale, non pas simplement dans des pays se caractérisant par une inégalité relativement plus élevée, comme l'Italie, la Grande-Bretagne et les États-Unis, mais aussi dans des pays relativement égalitaires comme la Suède et l'Allemagne (voir, plus haut, le diagr. 1.3)[10]. En Allemagne, cette évolution fut étroitement liée à la désintégration progressive du système de fixation des salaires pour l'ensemble du secteur industriel et à la perte de pouvoir qui en découla pour les syndicats[11]. Bruce Western et Jake Rosenfeld ont démontré de leur côté avec une très grande précision le rapport de type négatif existant entre le pouvoir de négociation syndical et l'inégalité des revenus dans le cas des États-Unis[12].

Thomas Kochan, l'un des meilleurs spécialistes du marché du travail américain, parle, face à l'évolution des salaires aux États-Unis depuis la fin des années 1970, d'une dislocation du contrat social américain, et renvoie au fait que, jusqu'à cette date, la productivité, les revenus du ménage et les salaires horaires moyens avaient augmenté de concert (1945 = 100, 1975 = 200). Par la suite, la productivité poursuivit pourtant sa hausse continuelle et rectiligne, pour atteindre en 2010 les 400, alors que les salaires horaires moyens s'arrêtèrent aux alentours des 200, palier atteint de 1975 à 1980. Certes, les revenus du ménage augmentèrent, pour atteindre presque les 250, mais pour la seule raison que la participation de plus en plus importante des femmes au marché du travail et des horaires de travail plus longs firent augmenter le nombre d'heures passé par les membres de ces familles sur le marché du travail[13]. Les budgets des salariés aux États-Unis depuis les années 1980 n'ont, selon toutes les données chiffrées, quasiment pas bénéficié des progrès de la productivité, en dépit d'un investissement dans le travail constamment en hausse, d'un volume de travail accru, des demandes de plus en plus insistantes en faveur d'une flexibilité accrue, et d'une détérioration continuelle des conditions du marché de l'emploi.

La situation se présente tout à fait autrement pour les revenus résiduels des propriétaires et des gestionnaires de gros capitaux. Steven Rattner (dans le *New York Times* du 26 mars 2012) précisait que 93 % de la progression du produit national américain enregistrée pour l'année 2010 — soit 288 milliards de dollars US — avaient bénéficié au premier 1 % des contribuables, aux plus fortunés ; et que 37 % de cette progression avaient bénéficié au tout premier 0,1 % de ces contribuables, soit les plus fortunés des plus fortunés, dont les revenus avaient ainsi augmenté de presque 22 %... Par ailleurs, les nombreux dégrèvements fiscaux successifs contribuèrent aussi grandement, « au cours de cette phase d'essor économique des deux dernières décennies », à ce que ce premier 1 % se porte « toujours mieux » : « Au cours de la phase de croissance traversée par le pays sous l'administration Clinton, 45 % de la progression globale des revenus allèrent au tout premier 1 % ; au cours de l'ère Bush, ce chiffre passa à 65 % ; il est aujourd'hui de 93 %[14]. » Selon le *New York Times* du 12 juin de la même année, l'actif net corrigé par l'inflation de la famille américaine moyenne était, comparé à 2010, retombé à son niveau de 1990 suite à l'effondrement du marché immobilier.

Quels que soient les chiffres auxquels il est fait appel pour décrire cette distribution intervenue aux États-Unis au fil de la révolution libérale — une distribution, historiquement sans précédent, toujours plus favorable aux échelons les plus élevés et toujours plus défavorable aux échelons les plus bas —, tous montrent la seule et même chose. Comme l'a calculé Larry Mishel du Economic Policy Institute, 81,7 % de l'accroissement de la fortune aux États-Unis entre 1983 et 2009 sont allés aux tout premiers 5 %, tandis que les 60 % se situant au-dessous virent leurs patrimoines *fondre* pour l'équivalent de 7,5 % de cet accroissement de la fortune. Concernant la rémunération des chefs d'entreprise, le *New York Times* du 7 avril 2012 évaluait dans un article retentissant la « compensation » accordée en pleine crise, en 2011, à la centaine de dirigeants surpayés des États-Unis, à environ 14,4 millions de dollars en moyenne, soit 320 fois le revenu moyen américain. Il est difficile de se procurer des données permettant de comparer cette période récente avec les années 1970 ; mais il ne fait aucun doute que les revenus les plus élevés dans les entreprises ont, au cours des deux à trois dernières décennies, pour ainsi dire explosé, et pas seulement aux États-Unis[15].

Parallèlement aux avancées du capitalisme réformé néolibéral, la participation des citoyens aux scrutins démocratiques recula de façon continue et parfois dramatique, et avant tout parmi les couches sociales qui auraient dû être les plus intéressées par les prestations étatiques et la redistribution économique étatiquement imposée du haut vers le bas. Ce fait aide à prendre la mesure de la victoire, écrasante, du capitalisme réformé néolibéral sur le capitalisme qui avait été celui de l'État social démocratique des décennies 1960 et 1970[16]. Dans l'ensemble des démocraties occidentales, la participation électorale avait augmenté au cours des décennies 1950 et 1960, pour ensuite, et jusqu'à aujourd'hui, tomber rien de moins que de 12 points en moyenne (tabl. 2.2). La tendance est universelle, et aucun signe annonciateur d'un retournement à venir ne se laisse deviner. Depuis le début de ce siècle, la participation, pour plus de la moitié des scrutins nationaux, n'avait jamais été aussi basse depuis l'après-guerre. Plus une élection est récente, et plus la

Tableaux 2.2 et 2.3

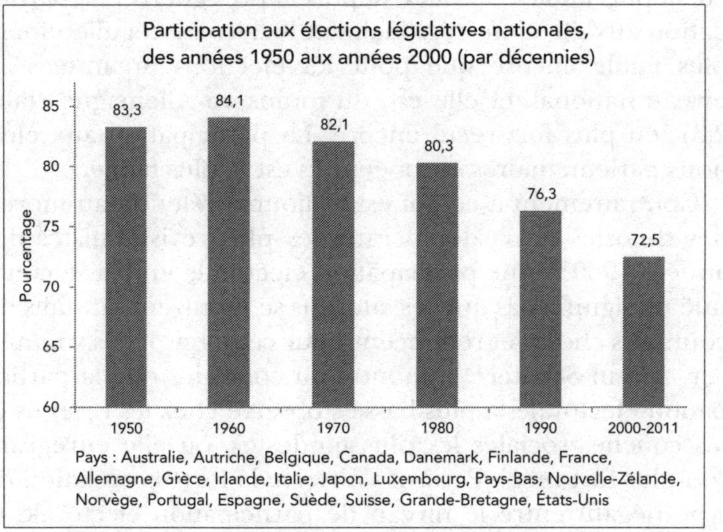

International Institute for Democracy and Electoral Assistance (IDEA), Voter Turnout Database

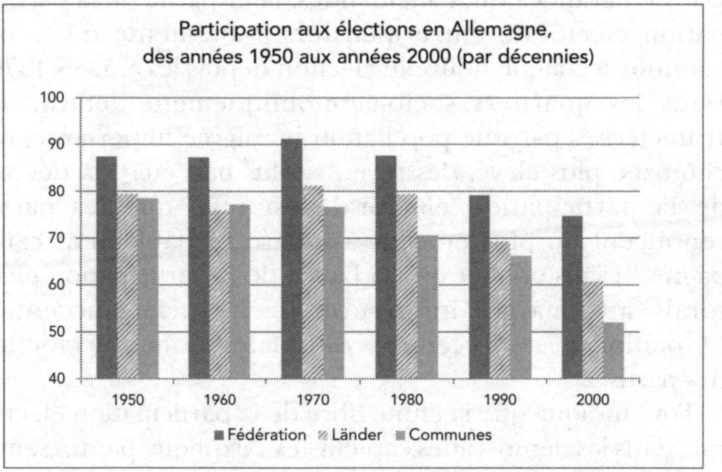

Armin Schäfer, La démocratie à l'époque de la libéralisation économique, www.mpifg.de/projects/demokratie/Daten/Wahldaten

probabilité augmente que la participation électorale y ait été la plus faible constatée depuis l'après-guerre. La participation aux élections régionales et locales est régulièrement plus faible encore que pour les élections organisées au niveau national, et elle est, du moins en Allemagne (tabl. 2.3), en plus fort recul encore. La participation aux élections parlementaires européennes est la plus faible.

Contrairement à ce qui est toujours prétendu au moyen des théories de la démocratie les plus révisionnistes des années 1960[17], une participation électorale en baisse continue ne signifie pas que les citoyens se montrent satisfaits du cours des choses et renoncent pour cette raison à s'y immiscer. Armin Schäfer[18] a montré au contraire que la participation électorale la plus basse s'observe chez les revenus et les couches sociales les plus modestes, où elle enregistre son plus fort recul. Partout s'observe la forte corrélation de type négatif entre le niveau de participation électorale et les taux de chômage et d'aide sociale au niveau régional. Dans les grandes villes allemandes, la disparité de la participation électorale entre quartiers a augmenté de façon continue à chaque nouvelle élection depuis les années 1970. Dans les quartiers socio-économiquement défavorisés (caractérisés par une population immigrée importante, un chômage plus élevé, des revenus plus bas, etc.), la décrue de la participation électorale est telle que les partis renoncent de plus en plus à y faire véritablement campagne[19] ; sans oublier que la baisse de la participation électorale aux marges inférieures de la société accentue l'évolution « vers le centre » des plates-formes électorales des partis…

Tout indique que la chute libre de la participation électorale dans les démocraties capitalistes s'explique par un sentiment non de satisfaction, mais de résignation. Les perdants du tournant néolibéral ne voient plus ce qu'ils devraient attendre d'un changement des partis de gouvernement. La politique de l'absence d'alternative, dite politique-TINA (« There Is No Alternative »), propre à la « globalisation », a depuis trop longtemps fait toucher le fond à la société : les élections ne font plus aucune différence, particulièrement aux yeux de ceux qui auraient le plus intérêt à des changements politiques. Moins les élections suscitent de l'espoir, moins se ressent la crainte d'être parasités par des interventions étatiques chez ceux qui placent leur espoir dans le marché. La résignation politique des classes inférieures protège le capitalisme de la démocratie et stabilise le tournant néolibéral dont elle est le fruit.

DIGRESSION : CAPITALISME ET DÉMOCRATIE

Il a souvent été montré que le néolibéralisme a besoin d'un État *fort*, d'un État en mesure de repousser les revendications de la société, et tout particulièrement des syndicats qui appellent à des interventions dans le libre jeu des forces du marché. Cela ressort de façon très nette au sujet, par exemple, du gouvernement Thatcher, dans l'ouvrage d'Andrew Gamble, « L'économie libre et l'État fort » (*The Free Economy and the Strong State*). Le néolibéralisme est en revanche incompatible avec un État *démocratique*, si par démocratie on entend un régime qui intervient, au nom de ses citoyens, avec l'autorité de la puissance publique, dans la répartition des biens économiques résultant des événements du marché. Un tel régime sera donc considéré sévèrement par la théorie du fonds commun, qui met l'accent sur les défaillances étatiques en matière fiscale.

En fin de compte, nous n'avons ici rien d'autre qu'un très ancien rapport de tension entre capitalisme et démocratie. Du temps de la guerre froide, un lieu commun du discours politique officiel consistait à affirmer que la démocratie ne serait pas possible sans le capitalisme — ou, ce qui revenait à la même chose, sans progrès économique —, pas plus que le capitalisme ne pouvait, dans ce discours, être possible sans la démocratie[20]. Durant l'entre-deux-guerres, une tout autre configuration avait pu s'observer : la bourgeoisie, en situation naturelle de minorité, avait auparavant vécu dans la peur d'être expropriée par un gouvernement de la majorité démocratiquement élu, qui ne pouvait être qu'un gouvernement de la classe ouvrière ; la gauche radicale, elle, s'était à tout moment attendue à un coup d'État antidémocratique du fait d'une coalition issue du capital, de l'armée et de l'aristocratie, et elle considérait les régimes fascistes des années 1920 et 1930 comme la preuve manifeste d'une incompatibilité fondamentale entre la politique démocratique et l'économie capitaliste. Il en résulta dans la pratique une situation en miroir : une résolution « bourgeoise » du problème sous la forme d'une dictature droitière, en miroir d'une démocratie des conseils ou des soviets, d'une « dictature du prolétariat », ou d'une « démocratie populaire », les terminologies théoriques et politiques ayant alors changé au gré des situations. Dans ces conditions, il semble tout sauf naturel que l'après-guerre ait été, à l'Ouest, le théâtre d'une alliance entre une économie capitaliste et un système politique démocratique, à savoir un système qui tirait sa légitimité de son intervention très volontariste, directe et permanente, dans le fonctionnement de l'économie de marché, à l'avantage de la majorité salariée de ses citoyens et avec pour ambition d'atteindre des objectifs collectifs démocratiquement adoptés.

Le capitalisme démocratique de l'après-guerre se distingua par l'institutionnalisation concomitante, dans son économie politique, de deux principes de répartition concurrents, le principe de la *justice du marché* et celui de la *justice sociale.* J'entends par *justice du marché* la répartition des résultats de la production en fonction de l'évaluation des prestations individuelles réalisées par les participants au marché, prestations exprimées par leurs prix relatifs. Un critère de récompense conforme aux conditions du marché est la productivité marginale, donc la valeur marchande de la dernière unité de rendement acquise dans les conditions de la concurrence[21]. La *justice sociale,* en revanche, se mesure à l'aune de normes culturelles et s'appuie sur le droit du travail et non sur le droit contractuel. Elle se conforme aux représentations collectives de l'impartialité, de l'équité et de la réciprocité. Elle admet la légitimité des revendications en faveur d'un niveau minimal de subsistance quotidienne qui soit indépendant du rendement et des performances économiques. Par ailleurs, elle reconnaît les droits civiques et humains : par exemple, à la santé, à la sécurité sociale, à la participation à la vie publique, à la protection de l'emploi, à l'organisation syndicale, etc.

Ni la justice du marché ni la justice sociale n'échappent à la controverse. Émile Durkheim s'était en son temps intéressé à la question des conditions préalables devant être remplies pour que la concurrence soit équitable et que son résultat puisse être considéré comme juste[22]. Dans la pratique, la théorie économique standard suppose toutefois que la plupart des marchés sont suffisamment « parfaits » pour que leur résultat puisse être considéré tout aussi juste qu'efficient. Les choses sont plus délicates pour la justice sociale, dont la substance, qui est l'objet d'une construction sociale, est historiquement changeante et peut donc être contestée dans les discours culturels et politiques. Le marché décide de ce qui est conforme aux conditions qu'il pose, et l'exprime dans les prix. Ce qui est conforme au social est décidé dans le cadre d'un processus politique, équilibré par le pouvoir ou par une mobilisation populaire, et trouve son expression dans des institutions formelles et informelles. Dans la mesure où une société nourrit une image d'elle-même au prisme de la théorie économique standard, elle peut accepter dans des cas limites que la justice du marché fasse office de justice sociale, et ainsi abroger la tension existant entre les deux[23]. Une variante de cette solution consiste, afin d'expliquer avec Friedrich von Hayek que la notion de justice sociale en tant que telle est inutilisable[24], et de configurer en conséquence les institutions politiques et économiques, à exclure d'emblée que la justice du marché puisse être atteinte par des revendications en faveur d'une justice sociale.

Dès lors que l'on adopte la perspective propre à la justice du marché, il existe un danger permanent que la puissance étatique soit mise au service des idées de justice sociale par une majorité démocratique et influe en permanence sur les événements du marché. La justice sociale est de nature matérielle, et non formelle ; elle peut donc pour cette raison n'apparaître, du point de vue de la rationalité formelle des marchés, que comme une justice irrationnelle, imprévisible et arbitraire — une idée qui se trouve déjà chez Max Weber[25]. La politique guidée par des exigences de justice sociale perturbe donc le processus du marché, pollue ses résultats, crée de fausses invites et des aléas moraux[26]. Elle mine de l'intérieur le principe du rendement, et se montre en général « sourde à l'économie ». D'un autre côté, envisagée au prisme de la justice sociale, la « lutte de classes démocratique[27] » représente un correctif indispensable pour un système qui repose sur des relations contractuelles inégales entre salariés et propriétaires des entreprises — qui, eux, dépendent des bénéfices —, et qui, pour cette raison, produit des intérêts continuellement cumulatifs en vertu dudit principe de Matthieu : « Car à tout homme qui a, l'on donnera et il aura du surplus ; mais à celui qui n'a pas, on enlèvera ce qu'il a[28]. » Dans la pratique capitalistique, les corrections apportées au marché conformément aux idées de justice du monde de la vie et de justice politique sont certes des sources de perturbation, mais elles sont inévitables, donc doivent être tolérées. D'autant que la possibilité existe que les perdants du marché refusent de jouer le jeu plus longtemps : sans perdant, il ne peut y avoir de vainqueur, et plus encore sur la longue durée[29].

Au demeurant, le capital a toujours pu recourir, comme nous l'avons vu, à des crises pour contrecarrer des interventions sociales dans le marché qui lui semblaient intolérables. Des crises se déclenchent lorsque ceux qui contrôlent les moyens de production indispensables craignent en définitive de ne pas être rétribués à hauteur des espérances qu'ils entretiennent — à l'aune des critères de leur justice du marché. À ce stade, leur « confiance » dans les conditions minimales requises pour investir s'effondre. Les capitaux s'en iront donc à l'étranger illégalement, ou bien seront placés dans l'économie monétaire, définitivement ou par intermittence, afin de sanctionner une juridiction politique qui ne se montre plus à leurs yeux digne de confiance — avec pour conséquences chômage et croissance en berne. Aujourd'hui, cela vaut plus que jamais dans les conditions de marchés de capitaux déchaînés.

La justice du marché se conforme également sur ce point à des critères normatifs, ceux du propriétaire et du gestionnaire du capital ; en un sens on peut même parler d'une justice sociale qui se présenterait, avec l'aide de la théorie économique standard, comme une logique juridique trouvant sa justification dans la nature et non dans la société. Le fait que la confiance *psychologique* du capital dans la situation politique soit la condition préalable *technique* la plus importante du bon fonctionnement d'une économie capitaliste limite d'emblée très fortement la possibilité de compléter la justice du marché par une justice sociale démocratiquement autorisée. L'asymétrie fondamentale de l'économie politique capitaliste réside dans le fait que les exigences en matière de rétribution exprimées par le « capital » valent comme conditions fonctionnelles empiriques du système entier, les revendications correspondantes du « travail » y étant considérées comme des facteurs de perturbation.

Max Weber, comme après lui Schumpeter, et d'autres, craignait qu'une justice matérielle, substantielle, mise en œuvre par « la bureaucratie » et ses acolytes politiques, les socialistes et les sociaux-démocrates, n'interfère de plus en plus avec la justice formelle des marchés. Le capitalisme finirait de cette façon par faire naufrage et, avec lui, la liberté de l'individu bourgeois[30]... Le tournant néolibéral auquel nous assistons depuis les années 1970 a fait disparaître ce danger à court et moyen terme. Aujourd'hui, la libéralisation du capitalisme moderne est suffisamment avancée pour que l'émancipation sur le long terme du principe de justice du marché par rapport au façonnage historique qui avait été le sien à travers la justice sociale soit désormais une perspective toujours plus concrète. D'autant que disparaît vraisemblablement la possibilité de simuler l'existence d'une justice sociale en perfusant des ressources fictives dans le conflit de répartition, tout en laissant dans le même temps régner la justice du marché.

Une immunisation des marchés contre des corrections démocratiques peut être mise en œuvre à travers une rééducation néolibérale du citoyen, ou à travers une abolition de la démocratie sur le modèle chilien tel qu'il fut appliqué dans les années 1970. La première sera tentée en permanence sous la forme d'un endoctrinement public de longue haleine recourant à la théorie économique standard. La seconde, pour l'instant, n'est pas à disposition. La dissipation de la tension consubstantielle aux rapports entre capitalisme et démocratie tout autant que l'instauration d'un primat permanent des marchés sur la politique doivent être en premier lieu mises en œuvre à travers des « réformes » incrémentielles des institutions politico-économiques[31] : à travers le passage à une politique économique fondée sur des règles, à des banques centrales indépendantes et à une politique fiscale immunisée contre les résultats électoraux ; à travers le transfert des décisions en matière de politique économique aux appareils de régulation et aux commissions de prétendus « experts » ; tout autant qu'à travers des règles d'or budgétaires formellement inscrites dans les Constitutions, et liant juridiquement les États et leurs politiques pour des décennies, sinon pour toujours.

Les États du capitalisme avancé doivent être transformés de façon radicale afin de gagner durablement la confiance des propriétaires et des gestionnaires du capital, mais dans le même temps ils doivent garantir de façon convaincante, à travers des programmes politiques très fermement encadrés par leurs institutions, qu'ils n'interviendront pas dans « l'économie », ou uniquement dans le but de satisfaire et défendre la justice du marché — à savoir un taux de rendement approprié pour les investissements de capitaux. La condition en est alors une neutralisation de la démocratie sociale du capitalisme démocratique de l'après-guerre. La libéralisation ne saurait être qu'une *libéralisation hayékienne*, c'est-à-dire une immunisation du capitalisme contre les interventions démocratiques de masse.

Les avocats de la justice du marché présentent la justice sociale comme une justice « politique », au sens d'une justice particulariste, qui ne serait pas juste, ou affirment encore qu'elle serait synonyme de corruption. En revanche, leur plaidoyer en faveur de la justice du marché exalte son impersonnalité apparente et son évaluabilité, que garantit la théorie des prix, au motif qu'elle fonctionne indépendamment de la politique, donc selon des principes universalistes et par conséquent « sains », au sens d'apolitiques. Cela fait bien longtemps que le langage courant est profondément imprégné de distinctions et de comparaisons de ce genre : lorsqu'il est annoncé que tel ou tel dilemme « politique » a été tranché, cela seul déjà suffit fréquemment à faire passer la décision en question pour synonyme d'un enrichissement de groupes d'intérêts — que, par ailleurs, on peine toujours à désigner[32]. Les marchés, comme l'allèguent inlassablement, et lourdement, les professionnels capitalistes de la communication, distribuent en fonction de règles d'ordre général ; la politique, en revanche, distribue en fonction du pouvoir et de rapports de force. Les marchés, dans leur évaluation du rendement et dans le dosage des récompenses, ignorent les configurations initiales inégales de leurs participants, et cette ignorance, parce qu'elle n'est pas le produit d'une décision, peut passer bien plus facilement inaperçue que les mesures d'une politique redistributrice, qui doivent être débattues contradictoirement et être mises en œuvre activement. Les *décisions politiques* sont également imputables à certains décideurs ou certaines institutions, à qui il est possible de demander des comptes, tandis que les *décisions du marché* tombent apparemment comme du ciel sans que quiconque y soit pour quelque chose — et tout particulièrement lorsque le marché est considéré comme un état de nature —, et sans aucun doute ces *décisions du marché* doivent-elles être acceptées comme relevant d'un destin derrière lequel se dissimule une signification plus élevée, accessible seulement aux experts…

AFFAMER LA BÊTE !

S'il existe une corrélation non pas entre l'accroissement de l'endettement public et une progression de la mobilisation démocratique de masse mais, au contraire, entre le tournant néolibéral et la régression de la participation politique, quelle en est alors la cause ? Je vois dans la crise financière étatique contemporaine l'expression moderne d'un problème fonctionnel propre aux États modernes, et qui avait déjà été diagnostiqué au début du XXe siècle : l'incapacité de l'État moderne à « arracher » au niveau nécessaire à une société de propriétaires les moyens dont il a besoin afin de mettre en œuvre les tâches — sans cesse plus lourdes — qui lui incombent. Les causes de l'endettement étatique ne sont pas, si l'on adopte cette perspective, des *dépenses trop élevées*, mais des *recettes trop basses*, dues au fait que l'économie et la société, organisées selon le principe de l'individualisme possessif privé, posent des limites à leur imposition propre, tout en exigeant, dans le même temps, toujours plus de l'État.

En effet, le commencement de l'endettement des démocraties riches, dans les années 1970, coïncide avec un fait bien précis : la hausse des recettes fiscales, à partir de cette décennie, resta en deçà des dépenses des États. Les recettes fiscales et les dépenses étatiques avaient jusque-là augmenté, en gros, de concert, mais le niveau général d'imposition resta pour l'essentiel constant à partir du milieu des années 1980, date à laquelle les dépenses étatiques se mirent à augmenter dans des proportions plus importantes (diagr. 2.4). Avec la progression du néolibéralisme, ce niveau d'imposition recula même vers la fin du siècle dans

Diagramme 2.4

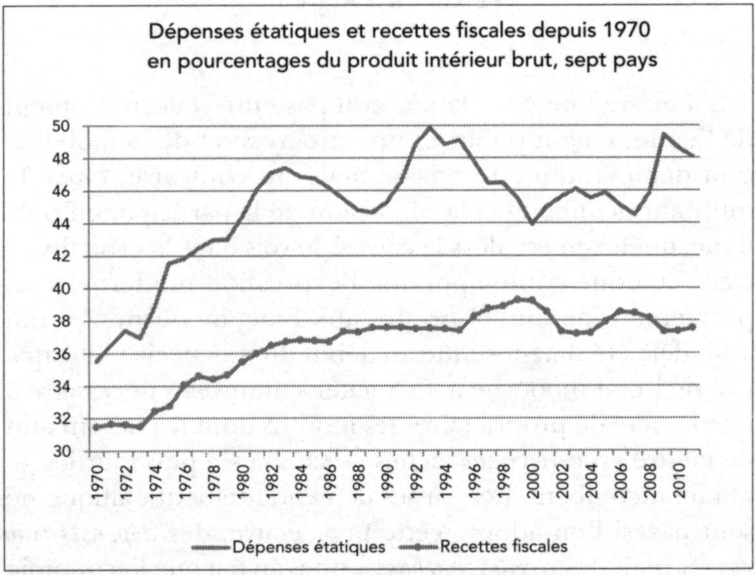

OECD Economic Outlook : Statistics and Projections, publications en cours

une série de pays comme la Suède, la France, l'Allemagne et les États-Unis (diagr. 2.5)[33]. Cette évolution fut uniforme. La fin de la phase de croissance mit un terme à ladite progression des taux d'imposition. Si, du point de vue des services fiscaux de l'État, il y eut compensation par l'inflation des années 1970, les pertes de revenus réelles occasionnées conduisirent très vite, et particulièrement chez les classes moyennes, à une opposition grandissante à l'impôt[34] tout autant qu'à l'expression de revendications en faveur de réformes fiscales, par exemple sous la forme d'une indexation des taux d'imposition. Par ailleurs, la stabilisation de la valeur monétaire fut couronnée de succès, en sorte que les recettes des États ne purent s'accroître qu'à travers des augmentations d'impôts visibles, en lieu et place d'augmentations d'impôts invisibles et politiquement moins risquées.

Dans les années 1990, d'autres facteurs vinrent s'ajouter. L'internationalisation de l'économie, rapide, et de plus en plus importante, ouvrit aux grandes entreprises des possibilités jusqu'alors insoupçonnées de transférer leur assujetissement à l'impôt dans des pays moins exigeants en la matière. Quand bien même les délocalisations de sites productifs ne se réalisaient finalement pas, les États-nations du capitalisme démocratique étaient également exposés à une concurrence fiscale aggravée, leurs gouvernements étant, dans le monde entier, incités à revenir sur les taux d'imposition les plus élevés des entreprises[35]. Certes, cela se produisit fréquemment en élargissant prétendument la base fiscale, à travers une suppression des exonérations d'impôts censées avoir des répercussions « neutres » en termes de revenus. Mais, dans ces conditions, une *hausse* de l'imposition n'était plus pensable. À cela s'ajouta la propagation de l'idéologie néolibérale, selon laquelle des « incitations au rendement » améliorées étaient nécessaires afin de ranimer la croissance économique — au bas de l'échelle des

Diagramme 2.5

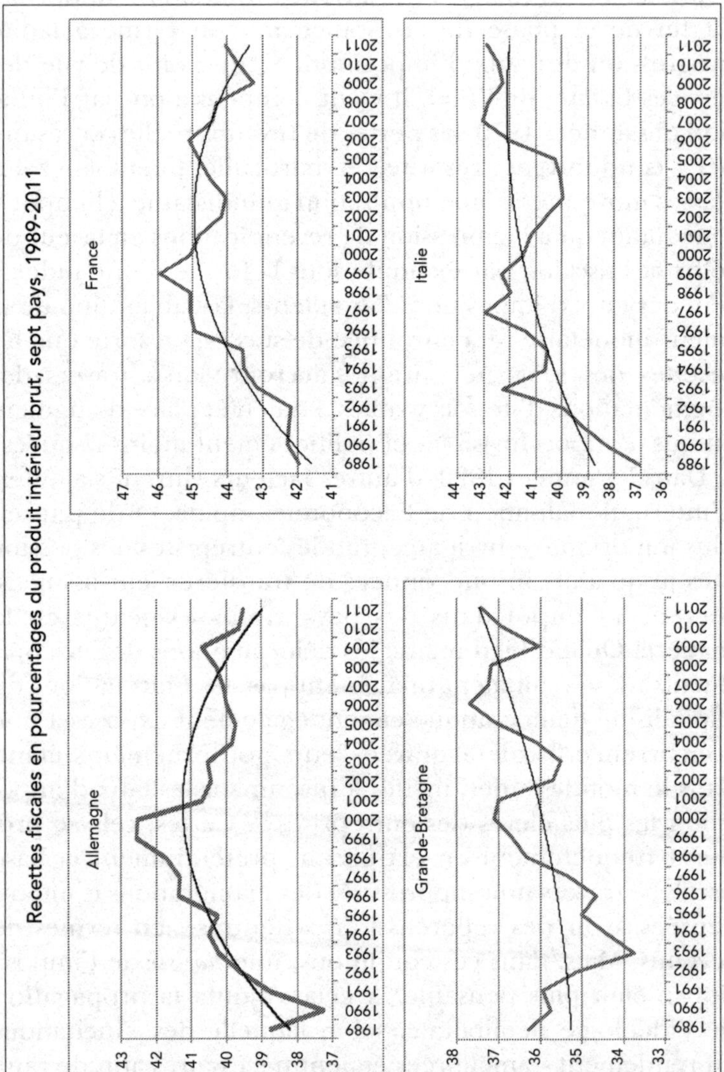

OECD Economic Outlook : Statistics and Projections, publications en cours

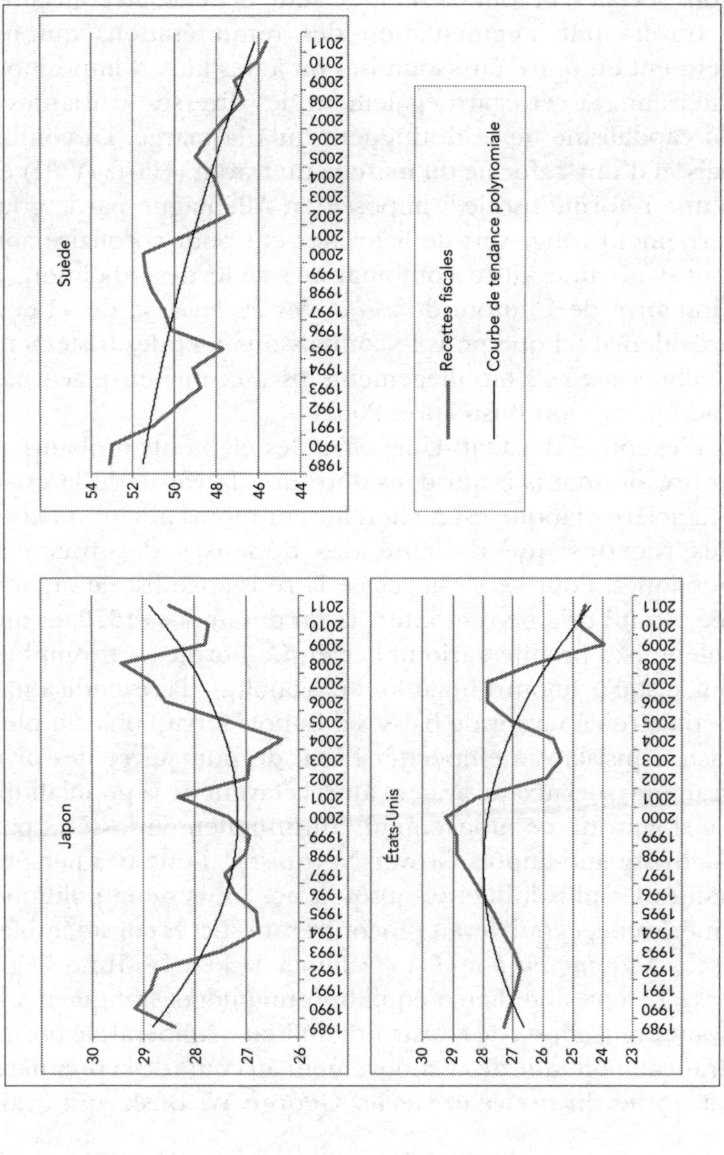
Japon
États-Unis
Suède
Recettes fiscales
Courbe de tendance polynomiale

revenus à travers un abaissement des salaires et des prestations sociales, et tout en haut de cette échelle, au contraire, à travers une augmentation des rémunérations qui ne devaient en outre être soumises qu'à des taux d'imposition inférieurs. À cet égard également, les diverses « variantes » du capitalisme ne se distinguent qu'à la marge. La combinaison d'une réforme du marché du travail (Hartz IV[36] !) et d'une réforme fiscale[37] imposée en Allemagne par le gouvernement rouge-vert de Schröder eut pour corollaire aux États-Unis une autre combinaison : celle de l'abolition, à l'initiative de Clinton, du *welfare as we know it*, de « l'État providence tel que nous le connaissons », et des tristement célèbres *tax cuts* ou allégements fiscaux mis en place par l'administration Bush après 2001[38].

L'exemple des États-Unis offre des éléments probants et impressionnants à qui considère que la cause de la crise financière étatique est à chercher au moins autant du côté des recettes que du côté des dépenses des finances publiques. Pour les stratèges de la résistance fiscale organisée, dont l'origine remonte à la fin des années 1970, et qui célébra ses premiers triomphes en Californie — triomphes qui, jusqu'à aujourd'hui, n'ont pas faibli —, la revendication populaire en faveur de baisses d'impôts servit l'objectif plus vaste consistant à empêcher l'État de poursuivre des programmes sociaux qui avaient aussi la faveur de la population. Le slogan de ce mouvement continuellement asséné par l'activiste anti-impôts Grover Norquist[39], l'une des personnalités les plus influentes jusqu'à nos jours de la politique américaine, et qui devait rencontrer un succès considérable, est : « *Starving the beast !* » : « Affamer la bête ! ». Il ne s'agit pas ici en premier lieu d'équilibrer un budget étatique mais, avant toute chose, de construire un État néolibéral : le porte-drapeau politique de ce mouvement au cours de la première décennie du nouveau siècle, George W. Bush, qui avait hérité de ses prédécesseurs une situation d'excédent budgétaire, n'eut rien de plus urgent à faire que de transformer à nouveau celui-ci en un déficit (record) à travers un allégement fiscal drastique qui bénéficia aux super-riches. Bush provoqua dans le même temps deux guerres qui creusèrent plus encore les gouffres budgétaires par les dépenses qu'elles impliquèrent[40]. L'augmentation continuelle, après les années 1970, des dépenses étatiques — alors même que les recettes des États commençaient à stagner —, jusqu'à ce que soit lancée, vers la fin du siècle, la première vague de consolidation néolibérale, ne doit pas être imputée à une demande collective d'insatiables électeurs démocratiquement autorisés à puiser sans fin dans les caisses. Bon nombre d'éléments incitent au contraire à penser que cette augmentation continuelle et fonctionnaliste des dépenses étatiques fut l'expression d'un besoin croissant, accompagnant le développement capitaliste progressif, de prestations publiques relevant tout autant du registre réparatif que du registre de l'investissement — de prestations destinées d'un côté à réparer les dégâts provoqués par l'accumulation de capital et de l'autre à créer les conditions nécessaires à une reprise de la croissance[41]. Ainsi, les charges de plus en plus lourdes correspondant aux allocations chômage et à l'aide sociale, liées au retour du chômage structurel, relèvent du registre réparatif[42], ainsi que les coûts de plus en plus lourds des soins médicaux, comme les dépenses liées aux réparations des dégâts environnementaux tout au long du dernier tiers du XXe siècle. Les charges étatiques liées à l'aménagement et à l'entretien de l'infrastructure physique, à la formation d'un capital humain et à la recherche scientifique-technique — considérées toutes comme des conditions sine qua non d'une accumulation de capital privée réussie — et qui, dans l'ensemble, sont également en augmentation, peuvent en revanche être considérées comme relevant du registre de l'investissement. Par extension, en relèvent également les dépenses publiques dédiées à l'utilisation dite pacifique de l'énergie atomique, sans lesquelles la production d'électricité privée au moyen de réacteurs nucléaires serait à l'évidence parfaitement non rentable, mais aussi l'ouverture de crèches publiques — une condition préalable au développement nécessaire et urgent, au nom de la croissance économique, de l'activité rémunérée des femmes ; l'exploitation de porte-avions, tout comme l'élaboration et l'utilisation de drones et de technologies similaires destinées à sécuriser un approvisionnement en pétrole abordable ; et aussi, comme il s'avéra plus tard, la dérégulation extrêmement dangereuse de l'économie financière privée, dernier moyen restant de générer une (apparence de) croissance économique par l'hypertrophie du volume des crédits[43].

LA CRISE DE L'ÉTAT FISCAL

Il est bien difficile de ne pas se souvenir, face à cette énumération, d'un thème classique de la science financière qui, depuis le remplacement de la *public finance* par le *public choice*, est tombé dans les oubliettes de la théorie économique au motif qu'il n'était pas suffisamment rigoureux. Je pense à la « loi » d'Adolph Wagner qui établit un lien direct entre l'augmentation des dépenses publiques et l'augmentation du revenu par habitant, loi qui fut formalisée dans les dernières décennies du XIXe siècle[44] et qui était encore une source d'inspiration importante, dans les années 1950, pour Richard Musgrave, par exemple[45]. Wagner, socialiste de la chaire et socialiste étatiste[46], recteur de l'université de Berlin, conseiller en politique économique et sociale de

Bismarck et, à partir de 1910, membre de la Chambre des seigneurs de Prusse, attendait de la participation des États à une économie moderne en plein développement une augmentation continue qui garantirait non seulement une hausse du niveau général de civilisation, mais également une compensation des effets de ce que l'on appellerait aujourd'hui les marchés externalisés, en pleine expansion, et de ceux du mode de production de l'économie privée[47]. Si les allusions de Wagner au concept marxien d'une socialisation croissante du mode de production capitaliste dans le cadre, et en dépit, d'une organisation privée des rapports de production ne doivent guère au hasard, il ne reprend toutefois pas l'idée, centrale pour Marx, de la nature intrinsèquement contradictoire du développement capitaliste et de son dépassement révolutionnaire, qui bouleverserait l'ordre du jour politique à travers un réajustement des rapports de production.

Cette démarche intellectuelle s'avéra extrêmement précieuse pour la *sociologie de la finance*, une discipline alors en développement, en pleine Première Guerre mondiale. Rudolf Goldscheid, un socialiste autrichien et un adversaire éminent de Max Weber aux premiers temps de la Société allemande de sociologie, envisageait l'évolution de l'État domanial féodal à l'« État fiscal » [*Steuerstaat*] moderne — un État qui tire ses ressources de la taxation d'une société de propriétaires privés — comme un effet secondaire du progrès capitaliste[48]. L'économie financière reformulant en quelque sorte le théorème marxien de la contradiction croissante entre mode de production et rapports de production, Goldscheid prévoyait que la capacité de l'État fiscal à « arracher » à ses citoyens — ou plus exactement : à une société civile dominée par la bourgeoisie possédante — les moyens dont il aurait besoin pour fournir les prestations qu'on exigerait de lui se révélerait tôt ou tard insuffisante.

Lorsque ce stade serait atteint, pensait-il, l'État fiscal toucherait alors ses limites : il ne pourrait plus, dans un ordre économique et social capitaliste, disposer, en tant qu'« État expropriateur », des ressources nécessaires à l'accomplissement de ses missions. À ce stade, une « recapitalisation » de l'État s'avérerait nécessaire afin de passer du financement des besoins généraux par les impôts à des recettes étatiques issues de l'activité entrepreneuriale. Un fonctionnement étatique mené au nom de l'intérêt général pourrait, comme le laisse penser le résumé des principaux enseignements de Goldscheid donné par Fritz et Mikl-Horke[49], « ne pas être obtenu à travers des moyens fiscaux » : en effet, les impôts ne bénéficient, outre l'État, qui n'est ici qu'un simple conduit de passage, qu'aux propriétaires du capital les plus puissants. Leur puissance augmenterait toujours plus, alors même que celle de l'État, en tant qu'administrateur des besoins de la société, n'aurait de cesse de s'affaiblir. Les puissants auraient des possibilités de se décharger de l'impôt, quand la grande masse du peuple aurait à en supporter la charge. L'imposition progressive des revenus elle-même aurait pour seule conséquence que l'État dissimulerait avoir intérêt au maintien des inégalités, et la concentration des bénéfices se développerait.

Goldscheid n'était pas le seul à afficher un certain pessimisme en matière de politique fiscale. La possibilité d'une « crise de l'État fiscal » fut avant tout l'objet de débats aux lendemains immédiats de la Première Guerre mondiale, comme d'une analyse particulièrement célèbre et influente du jeune Joseph Schumpeter, donnée à l'occasion d'une conférence devant la Société autrichienne de sociologie, qui devait faire date[50]. Schumpeter en arrivait à la conclusion que l'institution historique de l'État fiscal n'avait pas encore atteint ses limites, et qu'en particulier l'Autriche et l'Allemagne viendraient également à bout de leurs dettes de guerre sans devoir en passer par une socialisation générale. À plus long terme, il n'excluait pourtant pas *et attendait même* que l'État fiscal, et avec lui les rapports de production capitalistes, soient un jour entièrement dépassés[51]. Cette idée serait certes bannie les années qui suivirent, rejetée dans les catacombes de l'histoire des dogmes de la science économique, particulièrement après 1945, date à partir de laquelle un capitalisme plus domestiqué, étatico-social-keynésien, semblait inaugurer une nouvelle époque de l'histoire économique. Cette idée, pourtant, se ferait entendre de nouveau ici et là, formulée à chaque fois de façon plus ou moins nouvelle, notamment dans la théorie de la crise fiscale élaborée par le marxiste James O'Connor, et exposée en 1973[52], et très vite ensuite, au cours des années 1970, dans les réflexions pessimistes d'un Daniel Bell sur l'avenir du capitalisme[53].

DE L'ÉTAT FISCAL À L'ÉTAT DÉBITEUR

Lorsqu'on circonscrit la crise fiscale de l'État moderne qu'annoncèrent O'Connor et Bell à son versant recettes, et non à son versant dépenses — lorsqu'on la définit donc comme une crise de l'État fiscal au sens de Goldscheid et de Schumpeter —, deux évolutions intervenues au cours des dernières décennies, dont personne ne comprit l'importance, se révèlent rétrospectivement frappantes. La première évolution consista en la transformation de l'*État fiscal* en un *État débiteur* — c'est-à-dire un État qui finance une part importante et peut-être même toujours plus importante de ses dépenses par des emprunts, et non plus par l'impôt, et qui, en conséquence, accumule une montagne de dettes, au financement desquelles il doit consacrer une part toujours plus importante de ses recettes. La place extrêmement modeste dans les débats de l'époque qu'occupa *cette* réponse possible au problème du financement des États modernes — chez O'Connor, par exemple, elle n'est présente qu'à la marge du propos[54] — tient peut-être aussi au fait que priorité était alors donnée à la mise en place d'une économie financière suffisamment performante pour que les dettes des États puissent être financées de façon routinière, et qu'une « financiarisation » du capitalisme soit enclenchée à travers une dérégulation des marchés financiers. Ces derniers devaient être internationalement intégrés afin de pouvoir satisfaire les besoins de crédit gigantesques des sociétés industrielles riches, et tout particulièrement des États-Unis. Cette évolution, nous l'avons dit, put se constater dans le monde entier au plus tard à partir des années 1980.

L'apparition de l'État débiteur peut être comprise non seulement comme un intermède dans la crise de l'État fiscal, mais aussi comme l'origine d'une formation politique d'un genre inédit pourvue de ses propres dispositifs juridiques.

La genèse de l'État débiteur fut cependant inhibée par une *cause qui vint la contrecarrer* : la réforme néolibérale de l'État mise en œuvre dans les années 1990 et 2000 parvint en effet, à force d'efforts, à consolider les finances étatiques à travers une *privatisation* des missions de service public qui, conformément à la vision de Wagner, incombèrent à l'État au cours du XXe siècle. Cette autre évolution historique était encore inconcevable dans les années 1970, notamment pour les théories de la crise. Fondamentalement, cette évolution consista à transférer à la société, et en particulier à l'économie de marché, en tout ou en partie, des fonctions étatiques toujours plus nombreuses — de l'assurance vieillesse couvrant les soins de santé à la formation professionnelle en passant par la responsabilité que l'État avait jadis assumée concernant le niveau de l'emploi. Cela a déjà été évoqué, le fait que l'on accordât en même temps aux budgets privés des marges de manœuvre inédites en termes d'endettement personnel permit à cette mutation de se dérouler de la meilleure des façons. La *dénationalisation* de pans importants des services publics fut en partie permise et justifiée par les niveaux de prospérité et de consommation plus élevés des sociétés riches. La purge des droits sociaux instaurés dans l'après-guerre se déroula alors à travers une privatisation et une marchandisation générales menées en parallèle à la gestation d'une forme inédite de démocratie, que Colin Crouch appela « postdémocratie[55] ». Dans cette postdémocratie, la participation politique au dialogue est l'objet d'une redéfinition, déconnectée des décisions politiques et tout particulièrement politico-économiques[56]. Les efforts actuels fournis au niveau national et au niveau international afin de parvenir à une consolidation durable des finances étatiques à travers une diminution des dépenses de l'État ne sont au fond, de ce point de vue, rien d'autre qu'un prolongement des réformes néolibérales des années 1990 et 2000, un prolongement cette fois agrémenté d'une boîte à outils ingénieusement conçue.

L'anatomie politique de l'État débiteur de notre temps que je vais entreprendre de déployer résulte d'une démonstration dont, très brièvement, je rappelle les grandes articulations. Je propose en fait, non pas de rejeter, mais de renverser l'explication de l'endettement étatique donnée par la théorie dite du *common pool*, du fonds commun, qui veut que cet endettement étatique soit le résultat des défaillances de la démocratie. L'idée reçue voulant que la grande masse de la population, prétendument incitée à agir ainsi en raison d'un excès de démocratie, aurait puisé à son profit, et beaucoup trop, dans les caisses de l'État ne peut en rien expliquer la crise financière que celui-ci subit. Bien au contraire : ce sont ceux qui ont le plus profité de l'économie capitaliste qui ont trop peu versé aux caisses de l'État, et qui, en vérité, ont toujours moins versé à celles-ci. S'il y a eu une « inflation de revendications » faisant entrer les finances étatiques en déficit structurel, elle aura été le fait des classes supérieures dont les revenus et les patrimoines ont connu ces vingt dernières années une augmentation rapide, notamment en raison des allégements fiscaux décidés en leur faveur, alors que les salaires et les prestations sociales stagnaient ou s'effondraient totalement aux échelons inférieurs de la société. Cette évolution, nous l'avons expliqué, fut masquée par les illusions financières que permirent l'inflation, l'endettement étatique et le capitalisme à crédit, chacun étant à chaque fois légitimé pour un temps déterminé.

Où résidèrent les véritables *défaillances de la démocratie* au cours des décennies du tournant néolibéral, on le voit dès lors aisément. Si la démocratie et la politique démocratique ont échoué, c'est parce qu'elles ont omis de reconnaître pour ce qu'elle était la contre-révolution qui fut alors menée contre le capitalisme social de l'après-guerre, et qu'elles ont omis de s'y opposer ; c'est parce qu'elles ont renoncé, au cours du semblant de reprise des années 1990, à réguler le secteur financier, qui montrait une nette tendance à la prolifération ; c'est parce qu'elles ont acquiescé avec empressement aux boniments prônant le remplacement alors à l'œuvre d'un *government* « dur » par une *governance* « douce »[57]. Souvenons-nous que cette substitution nous fut présentée comme bienveillante à l'égard de la démocratie, et compatible avec les idées sociales. L'échec du capitalisme démocratique vient de ce que la démocratie et la politique démocratique ont renoncé à taxer les bénéficiaires de la croissance de l'économie capitaliste, alors que leurs bénéfices auraient dû contribuer à la prise en charge des coûts sociaux[58] ; et, enfin, c'est parce qu'elles ne se contentèrent pas seulement d'accepter l'inégalité grandissante entre les échelons supérieurs et inférieurs de la société, mais l'encouragèrent, au nom du progrès capitaliste, à travers des réformes fiscales et, en Allemagne notamment, des réformes de l'État social « compatibles avec les mesures d'incitation ». La politique démocratique, par son incapacité à stabiliser la participation politique de ces couches de la population qui auraient eu un intérêt à empêcher les allégements fiscaux en faveur des plus fortunés, fut responsable de la gestation de l'État débiteur. Alors que s'affaiblit la participation politique de ces couches populaires, la part toujours plus élevée des échelons supérieurs dans l'électorat rend plus difficile encore la mise en œuvre des augmentations d'impôts.

Je laisse ouverte la question de savoir si, et avec quels moyens, une politique démocratique organisée à l'échelle nationale dans une économie devenue toujours plus internationale aurait pu réussir entièrement à endiguer de telles évolutions. La mobilité internationale accrue des capitaux industriels et financiers a de toute évidence augmenté leur « bénéfice de réserve[59] », tout comme s'est accrue la dépendance des États à la « confiance » des investisseurs potentiels. La politique de libéralisation à laquelle tous les gouvernements du monde capitaliste, qu'ils soient conservateurs ou sociaux-démocrates, se sont ralliés, au plus tard dans les années 1990, nécessitait une réadaptation de grande envergure de la société aux nouvelles conditions de production encouragées par le capital pour tracer ce chemin commun vers une prospérité assurée sur le très long terme. Il fut ainsi oublié que la compatibilité du capitalisme avec la démocratie, considérée comme allant de soi, était en fait extrêmement limitée, et ne pouvait être envisagée que dans le seul cadre d'une régulation plus sévère et plus efficace de ce capitalisme. C'est ainsi que s'accumulèrent les erreurs structurelles et idéologiques de la démocratie. Le résultat peut, depuis 2008, être constaté par tous.

ÉTAT DÉBITEUR ET RÉPARTITION

La démocratie commit une autre erreur au cours de la phase de transition menant à l'État débiteur : personne ne s'inquiéta dans le débat public des conséquences de ce processus en termes de politique de répartition. Dans la présentation que l'on donne généralement de la vie politique au quotidien, les partis conservateurs et bourgeois passent pour être moins favorables à l'endettement que les partis sociaux-démocrates. Des analyses statistiques comparées ne confirment pas forcément cet a priori[60]. La valeur en termes de savoir de ces explications de la politique politicienne se révèle très faible, et pour de nombreuses raisons. L'affirmation voulant que la thématique de la critique de l'endettement occuperait traditionnellement une plus grande place chez les partis conservateurs que chez les partis de gauche pourrait bien être en vérité pure figure de rhétorique. Si les partis conservateurs ne se préoccupent pas autant que cela de la question de l'endettement, c'est que les partis bourgeois représentent des couches sociales aisées disposant de capitaux monétaires, dont le souci premier n'est pas un endettement le plus faible possible. Ces couches sociales se préoccupent en fait surtout de la capacité des États à servir au mieux et rembourser de façon certaine leurs dettes contractées auprès de leurs citoyens les mieux lotis — une préoccupation puissamment relayée par les « marchés » dans la crise des dettes actuelle.

Pour saisir le rapport de type politique existant entre l'endettement étatique et la répartition de la richesse, il faut en premier lieu comprendre que le financement des dettes de l'État à l'époque du tournant néolibéral résulte d'une faible imposition des classes possédantes. Moins le système fiscal prélève les biens des mieux lotis et de leurs héritiers au profit de la collectivité[61], et plus la répartition de la richesse se montre inégale — une inégalité qui se traduit entre autres par un taux d'épargne élevé chez les couches supérieures de la société. Mais comment ceux qui, en raison de la politique fiscale étatique, ont la possibilité de se constituer un capital privé excédentaire vont-ils placer ce capital ? C'est ainsi que le rentier de Keynes, qui aurait donc dû en principe être victime d'une euthanasie politique[62], fait puissamment son retour dans l'économie. En quête de placements sûrs, le rentier découvre que la pauvreté des États, qui dépendent du financement à crédit, notamment en raison de la résistance victorieuse qu'il aura opposée à l'impôt, ne fait pas simplement sa fortune, mais lui offre dans le même temps une occasion idéale de l'augmenter par un investissement des plus lucratifs.

Le seul économiste qui, à ma connaissance, a dégagé ce rapport de nature politique existant entre l'endettement étatique et la répartition de la richesse, est Carl Christian von Weizsäcker, même s'il envisage positivement ce rapport. Contrairement à presque tous les autres économistes allemands, Weizsäcker prend fait et cause pour une *augmentation* de l'endettement étatique, du moins dans les pays présentant une balance courante positive[63]. Il le justifie au motif que les sociétés riches comme l'Allemagne connaissent un excédent de capitaux séculaire, qu'il attribue au « besoin de prévoyance » grandissant d'une population démographiquement vieillissante. Afin que cette population ne se retrouve pas « en situation de pénurie de placements », l'État devrait être prêt, selon lui, à emprunter leurs économies sous la forme du crédit, d'autant que ce besoin de prévoyance exclut par définition des placements risqués. Or les possibilités de placement dans une économie réelle dont le développement est porté par une économie du savoir sont insuffisantes en raison même de la grande fluctuation des besoins en capitaux. Weizsäcker ne souscrit bien évidemment en rien à l'idée selon laquelle une transformation de l'épargne excédentaire en recettes étatiques régulières à travers une imposition plus élevée (une « confiscation ») résoudrait la pénurie de placements. Et il ne souscrit pas plus à l'idée selon laquelle le besoin d'aide sociale, au lieu d'être individualisé, pourrait être satisfait à travers une mise en réserve collective des économies privées, étape intermédiaire vers un système par répartition. C'est que ces deux solutions auraient des conséquences tendantiellement égalitaires[64]. Weizsäcker, toutefois, affirme sans ambiguïté qu'il privilégie sa solution non pas pour des raisons techniques, mais pour des raisons politiques : « La fortune privée explicite et implicite est une sorte de "paramètre structurel" [...] enraciné dans la notion de prévoyance et dans celle de transmission héréditaire, un paramètre qui ne peut être changé sans interventions massives dans [...] la structure sociale civile de notre société[65]. »

L'analyse de Weizsäcker met en évidence le fait qu'un financement partiel permanent de l'activité étatique à travers l'endettement s'avère absolument dans l'intérêt des propriétaires des capitaux monétaires, pour autant qu'il est possible de compter sur la solvabilité des États. Les vainqueurs du combat pour la répartition livré au cœur du marché et avec le fisc doivent, si leur victoire doit être totale, pouvoir investir de façon plus sûre et lucrative le capital que l'État et la société leur ont permis d'accumuler.

Pour cette raison, ils attachent de l'importance à un État qui ne laisse pas leur argent intouché, comme il le ferait d'une propriété, mais qui le leur prélève sous forme de crédit, qui le place pour eux en toute sécurité, qui leur calcule les intérêts de leur épargne consolidée et non pas confisquée, et leur donne en fin de compte la possibilité de le transmettre aux générations suivantes — pour des droits de succession devenus depuis longtemps anecdotiques[66]. L'État contribue ainsi durablement, en tant qu'État débiteur, à la perpétuation de la stratification sociale et de ses rapports, et de l'inégalité sociale qui leur est inhérente. Dans le même temps, cet État débiteur se soumet, et soumet son activité au contrôle de ses créanciers, qui se manifestent sous la forme des « marchés ». Le contrôle exercé par ces derniers vient se surajouter au contrôle démocratique exercé par ses citoyens, tout en ayant la possibilité d'interférer avec ce dernier, voire de les faire taire définitivement, comme cela semble être de plus en plus le cas à l'heure actuelle, dans la transition conduisant de l'État débiteur à l'État de consolidation.

LA POLITIQUE DE L'ÉTAT DÉBITEUR

La crise fiscale actuelle et le passage de l'État fiscal à l'État débiteur ont marqué le début d'une nouvelle phase dans les rapports entre capitalisme et démocratie, que les théories de la démocratie traditionnelles n'avaient pas prévue. La crise, après 2008, a fait s'envoler l'endettement des démocraties riches, à un niveau qui ne permet plus à leurs créanciers de pouvoir d'emblée escompter que les États seront à l'avenir disposés à honorer leurs obligations de paiement, voire en mesure de les honorer. En conséquence, les prêteurs s'efforcent de sécuriser leurs droits bien plus que par le passé afin d'influer sur la politique étatique. Une deuxième classe de porteurs de revendications et de donneurs d'autorisation vient ainsi, dans l'État débiteur, se surajouter aux citoyens, qui avaient constitué, dans l'État fiscal démocratique et dans la théorie de la démocratie officielle, le seul groupe de référence de l'État moderne.

De façon remarquable, cette ascension des créanciers — qui en sont arrivés à jouer le rôle d'une seconde *constituency* de l'État moderne, d'une seconde population à l'endroit de laquelle cet État moderne se considère tenu[67] — ressemble en bien des façons à l'irruption, dans les années 1980 et 1990, des actionnaires activistes dans l'univers des grandes entreprises capitalistes — une irruption qui se déroula sous les auspices de la doctrine de la *shareholder value*, de la valeur actionnariale[68]. Tout comme, à cette époque, les conseils d'administration des sociétés anonymes cotées en Bourse, qui durent faire face aux « marchés du contrôle des entreprises », les gouvernements des États débiteurs se voient aujourd'hui contraints, dans leurs rapports avec les « marchés financiers », de servir un complexe d'intérêts supplémentaire, dont les exigences se sont subitement renforcées en raison de sa capacité grandissante à s'imposer dans des marchés devenus liquides. De même que les marchés de capitaux repoussèrent les avances de la *corporate governance*, de la gouvernance d'entreprise, afin de mieux la transformer, les marchés du crédit doivent repousser les avances de la démocratie afin de mieux la transformer. Ils le font en engageant leur force de marché nouvellement gagnée, et ils le font tout particulièrement en utilisant la possibilité qui leur est donnée de tourner le dos, en vendant leurs parts, à l'influence des exigences concurrentes formulées à l'endroit de l'exécutif du moment — celles du personnel sur les conseils d'administration des entreprises dans un cas, et celles des citoyens sur les gouvernements élus par eux dans un autre. Nous avons là, dans les deux cas, un conflit de répartition. Ce conflit, quand il se déroule dans les entreprises, concerne la distribution des excédents — une distribution désormais faite aux actionnaires, et non plus au personnel, et qui n'est plus non plus l'objet d'une thésaurisation destinée à assurer un bon management. Ce conflit de répartition, quand il se déroule dans les États débiteurs, a trait à la préservation de ce que l'on pourrait appeler la *bondholder value*, la valeur obligataire des obligations étatiques. Exactement comme la hausse de la *shareholder value*, de la valeur actionnariale, exige des conseils d'administration des entreprises qu'ils maîtrisent leurs effectifs, ou bien — mieux encore — qu'ils impliquent leurs personnels dans des efforts communs destinés à augmenter la valeur du cours, de même la confiance des prêteurs, pour être assurée, nécessite que les gouvernements convainquent leurs citoyens de modérer toute revendication qui impacte le budget, voire procèdent d'eux-mêmes à cette révision à la baisse, pour complaire aux « marchés financiers ».

L'État débiteur de notre temps peut être présenté comme le destinataire et le mandataire de deux collectifs différemment constitués, système intermédiaire entre deux environnements en situation de conflit car fonctionnant selon des logiques tendanciellement inconciliables : la population, le *peuple national* [*Staatsvolk*] d'un côté, et les « marchés », les *gens de marché* [*Marktvolk*] de l'autre (tabl. 2.6)[69]. Un peuple est organisé au niveau national, il est composé de citoyens qui sont liés à un État, à l'endroit duquel ils peuvent faire valoir des droits de citoyenneté inaliénables. Parmi ces droits, figure au premier chef celui d'exprimer leurs volontés en tant qu'électeurs à l'occasion d'élections périodiquement

Tableau 2.6

L'État débiteur démocratique, son peuple national et ses gens de marché

Peuple national	**Gens de marché**
National	Internationaux
Citoyen	Investisseurs
Droit public	Créances
Électeurs	Créanciers
Élections (périodiques)	Ventes aux enchères (permanentes)
Opinion publique	Taux d'intérêt
Loyauté	Confiance
Missions de service public	Service de la dette

organisées. De temps à autre, ils influencent ainsi les décisions de leurs représentants élus, conformément à la Constitution, tout en participant, par la prise de la parole, à la formation d'une « opinion publique ». Pour être en mesure de le faire, ils doivent faire preuve de loyauté à l'égard de l'État démocratique, et cela passe aussi par le fait d'acquitter leurs impôts, dont l'utilisation relève pour le principal de la libre décision des organes étatiques compétents. La loyauté civique peut être considérée comme une contrepartie de la capacité de l'État à remplir ses obligations, et tout particulièrement celle de protection des droits sociaux, qui est un fondement de la démocratie. L'État démocratique régi par ses citoyens et, en tant qu'*État fiscal*, alimenté par eux, devient un *État débiteur* démocratique dès que sa subsistance en vient à dépendre non plus simplement des contributions de ses citoyens mais, dans des proportions considérables, de la confiance de ses créanciers. Contrairement au peuple national de l'État fiscal, les gens de marché de l'État débiteur sont intégrés sur le mode transnational : ils ne sont liés à un État national que par les règles du droit contractuel, en tant qu'investisseurs et non en tant que citoyens. Les règles de droit qui régissent leurs rapports avec l'État ne relèvent pas du droit public, mais du droit privé : elles ne résultent pas d'une Constitution, mais du droit civil. En lieu et place de droits civiques plus diffus et susceptibles d'être plus étendus politiquement, les gens de marché se prévalent, vis-à-vis de l'État, de créances spécifiques, fondamentalement recouvrables par voie de justice devant des juridictions civiles, et susceptibles d'être levées par une exécution du contrat. En tant que créanciers, ils ne peuvent se débarrasser d'un gouvernement qui leur déplaît ; mais ils peuvent très bien vendre leurs reconnaissances de dettes ou s'abstenir d'acheter de nouvelles reconnaissances de dettes. Les taux de rendement qui prennent forme sur les marchés, et reflètent le niveau des risques estimés par les investisseurs de ne pas récupérer partie ou totalité de leur apport, représentent l'« opinion publique » des gens de marché. Parce qu'elle se présente sous une forme plus quantifiée, cette « opinion publique » est formulée d'une manière bien plus précise et bien plus immédiatement décryptable que l'opinion du peuple. L'État débiteur peut attendre de sa population qu'elle fasse preuve à son égard, en guise de devoir civique, de loyauté ; en revanche, il doit, en face de ses gens de marché, veiller à gagner et conserver leur « confiance », en leur fournissant une estimation fiable de ses dettes et en leur assurant qu'il pourra et voudra à l'avenir agir de même.

Allons plus avant dans le mode de fonctionnement de l'État débiteur démocratique. Tout d'abord, je ferai part d'une certaine perplexité : personne ne semble savoir qui sont au juste ces « marchés », si importants pour cet État débiteur. Comment sont approuvés les prix que les États auront à acquitter pour les crédits qui leur sont accordés — voilà bien une question très peu abordée dans la littérature spécialisée, du moins pour ce qui est des sciences sociales, et moins encore dans la presse quotidienne et hebdomadaire[70]. Ce que l'on sait, c'est que tout État vend plusieurs fois dans l'année des dettes obligataires, la plupart du temps afin de refinancer ses dettes héritées du passé. Cela signifie qu'une vente aux enchères a lieu pratiquement à tout moment à un endroit ou un autre. La théorie économique semble supposer, comme si cela allait de soi, que le marché des dettes publiques est un marché parfait — en sorte qu'elle ne se met aucunement en position ni mesure d'interroger cette prétendue évidence. Il est donc très difficile de rassembler des données susceptibles de nous renseigner sur l'identité et la structure du camp de la demande. La chose est remarquable comparée à la plupart des autres secteurs économiques, où les statistiques sur les parts de marché et les taux de concentration sont, à l'échelon national comme global, d'un accès aisé. On sait que deux fonds importants du marché des dettes publiques ont pour noms Calpers et PIMCO[71]. Mais on ignore s'il existe aussi sur ce marché des dettes étatiques, comme c'est le cas sur d'autres marchés, quelque chose qui ressemblerait à une position dominante susceptible de dicter la fixation des prix et l'organisation de ce marché, rôle souvent joué par un petit groupe de très grandes entreprises. Il est notoire que les ministres des Finances de nombreux États sollicitent volontiers un rendez-vous chez PIMCO afin de consulter le président de son conseil d'administration au sujet de leur politique budgétaire[72]. Il n'existe pas à l'échelon international de législation sur les concentrations de sociétés interdisant les ententes entre acteurs dominants du marché ou les manœuvres consistant à rendre publiques des décisions planifiées d'achat ou de non-achat. Au contraire des ententes sur les prix entre fabricants de ciment ou de sous-vêtements, qui sont passibles de poursuites, les fonds les plus importants au niveau mondial dans le domaine qui nous occupe pourraient très bien convenir, par exemple en multiplex, de ne pas prendre part à des ventes aux enchères, par exemple d'emprunts d'État français, sans que cela soit le moins du monde répréhensible[73].

Les États débiteurs démocratiques doivent manœuvrer entre leurs deux parties prenantes, afin de les satisfaire toutes deux — afin que les citoyens ne leur retirent pas entièrement leur loyauté, ni les prêteurs leur confiance. Ces États doivent en même temps veiller à se tenir à égale distance des deux camps, car leur accaparement par l'un pourrait déclencher une crise dans les relations qu'ils entretiennent avec l'autre. Un État débiteur démocratique ne peut satisfaire ses créanciers qu'à la condition que ses citoyens coopèrent avec lui : que ces derniers aient le sentiment de ne plus avoir affaire qu'au bras armé de ses prêteurs, et le risque est alors réel qu'ils refusent de le suivre. Un tel État, dans le même temps, ne peut se prévaloir de sa légitimité vis-à-vis de ses citoyens — et tout particulièrement vis-à-vis des contribuables dont il dispose encore malgré l'internationalisation en cours — qu'à la condition que ses prêteurs se montrent disposés à financer et à refinancer ses dettes à des conditions jugées acceptables pour lui et pour ses citoyens. Ce même bon vouloir des prêteurs sera fonction inverse du souci que cet État manifestera à l'égard des desiderata de ses citoyens : s'en préoccupera-t-il trop et il manquera alors des ressources qui lui seront nécessaires plus tard pour rembourser ses dettes. C'est la force respective de chacun des deux camps qui décide avant tout du choix de l'État débiteur de se tourner vers l'un ou vers l'autre. Cette force se mesure à l'aune du degré de gravité des conséquences qu'entraînerait pour l'État et son gouvernement un retrait soit de confiance soit de loyauté brandi par l'un ou l'autre des deux camps.

Le conflit caractérisant la politique des États débiteurs démocratiques oppose donc deux grands blocs générateurs de revendications qui luttent chacun pour le contrôler. Ce conflit constitue un phénomène inédit, qui se développe encore et qui est par là même pratiquement inexploré. Bon nombre d'éléments laissent penser que l'apparition du capital financier se ramène à celle d'un deuxième « peuple », les gens de marché rivalisant désormais avec le peuple national. Nous avons là une nouvelle phase dans les rapports entre capitalisme et démocratie, où le capital n'exerce plus seulement son influence sur la politique de façon indirecte — à travers des investissements ou des non-investissements dans les économies nationales —, mais l'exerce aussi directement : à travers le financement ou le non-financement des États mêmes. La réflexion critique qui, dans les années 1960 et 1970, se consacra à l'idée de démocratie, telle qu'elle put se déployer plus ou moins correctement dans ces États démocratiques de l'après-guerre qui disposaient des moyens de production et d'investissement, avait pour préoccupation la légitimité démocratique de ces États, en dépit de la position faussement privilégiée de leurs citoyens. Mais le retour, à travers des conflits politiques de classe plus violents, d'une organisation et d'une participation démocratique au processus de libéralisation s'est heurté, dans la séquence de crise entamée depuis 2008, à une restriction progressive de la marge de manœuvre politique. Serait-ce à dire qu'une telle participation démocratique ne serait plus possible, après le passage de l'État fiscal à l'État débiteur ?

Du fait de l'atrophie actuelle de la recherche sur ce sujet, les observations qui suivent se révéleront probablement n'être guère plus que des impressions s'appuyant sur la lecture de la presse.

1. L'augmentation sur le long terme de l'endettement des démocraties riches avait commencé, il y a de cela déjà un certain temps, à entamer leur souveraineté factice, en soumettant toujours plus la politique des gouvernements à la discipline des marchés financiers. En avril 2000, déjà, le directeur de l'époque de la Deutsche Bank, Rolf Breuer, écrivait dans un article, paru dans l'hebdomadaire *Die Zeit*, qui fit beaucoup parler de lui, que la politique, au XXIe siècle, devait « plus que jamais être formulée en prenant en considération les marchés financiers » : « Les marchés financiers ont, si l'on peut dire, endossé, en tant qu'un quasi "cinquième pouvoir", aux côtés des médias, un véritable rôle de surveillance. » Cette évolution « n'était peut-être pas une si mauvaise chose ». Après tout,

> la politique […] a contribué elle-même […] aux contraintes qui, de temps à autre, lui sont douloureusement imposées. Les gouvernements et les Parlements ont servi à l'excès d'instruments de l'endettement étatique. Comme pour tout débiteur, pareille attitude implique une obligation de rendre des comptes aux créanciers. Plus l'endettement public est élevé, plus les États sont exposés au jugement des marchés financiers. Que les gouvernements et les Parlements se voient donc contraints aujourd'hui de tenir plus fortement compte des besoins et des préférences des marchés financiers internationaux est également imputable aux fautes commises dans le passé [74].

Quelques années plus tard à peine, il était possible d'exprimer sans détour aucun les mêmes idées. Le 19 septembre 2007, l'ancien président de la Réserve fédérale des États-Unis, Alan Greenspan, dans un entretien accordé au journal zurichois *Tages-Anzeiger*, répondait à la question de savoir lequel des candidats à la présidence américaine avait ses faveurs :

> Nous avons la chance suivante : les décisions politiques, aux États-Unis, grâce à la globalisation, ont été remplacées en grande partie par l'économie de marché mondiale. À l'exception de la thématique de la sécurité nationale, le prochain président n'aura à l'avenir aucun rôle significatif à jouer. Le monde sera régi par les forces du marché [75].

La restriction de la souveraineté des États-nations par les « forces du marché » équivaut à une restriction de la liberté de décision démocratique de leurs peuples et à un renforcement proportionnel de l'autorité des gens de marché, à tout instant indispensables à leur financement. La démocratie à l'échelon national suppose une souveraineté nationale-étatique, qui s'avère toujours moins à la portée d'États débiteurs dès lors qu'ils sont devenus dépendants des marchés financiers. L'avance en termes organisationnels de marchés financiers globalement intégrés en comparaison des sociétés organisées sur le mode national-étatique et la puissance politique qu'ils ont acquise se sont pour la première fois manifestées dans toute leur spectaculaire évidence lorsque le financier George Soros, au mois de septembre 1992, put lever les capitaux nécessaires à sa spéculation contre la Banque d'Angleterre et, ce faisant, fut en situation de faire littéralement sauter le système monétaire européen. Cette opération dut à l'époque lui rapporter environ un milliard de dollars.

2. Un objectif principal des créanciers des États est de garantir en toute certitude qu'en temps de crise leurs revendications auront la priorité sur celles des peuples — c'est-à-dire de garantir le caractère prioritaire du service de la dette par rapport aux missions étatiques de service public. Voilà qui entre directement en conflit avec les citoyens de ces États et leurs intérêts. Dans l'idéal, ces créanciers parviennent à leurs fins grâce à des mécanismes institutionnels inscrits dans les Constitutions, telles les « règles d'or budgétaires » qui restreignent la souveraineté des électeurs et des gouvernements sur les finances publiques. La création de tels mécanismes institutionnels peut être arrachée à travers la menace d'une hausse substantielle des primes de risque sur les emprunts d'État ou récompensée par la baisse de ces mêmes primes. Nous touchons là en principe un problème central du droit des faillites, appliqué à la politique financière étatique : à quelles créances donner, en cas de faillite, la priorité, et à quelles autres la refuser ? Du point de vue des prêteurs, il doit être fait en sorte que leurs créances ne soient pas l'objet d'une éventuelle décote, mais que celle-ci frappe plutôt les retraités et les assurés sociaux. De leur point de vue, les États ne doivent exercer leur souveraineté

qu'à l'encontre de leurs peuples, et non pas à l'encontre de leurs gens de marché. Les débats des dernières années tendent à prouver que ce principe est déjà considéré dans les faits comme allant de soi : l'idée qu'il faut éviter à tout prix[76] une « inquiétude des marchés » — des *rentiers* — est un lieu commun ânonné par la classe politique, toutes sensibilités confondues, au même titre d'ailleurs que l'idée voulant qu'une inquiétude possible des *retraités* serait chose acceptable au nom de l'intérêt général.

3. Afin de gagner de haute lutte la « confiance des marchés », les États débiteurs doivent montrer de façon convaincante qu'ils s'appliquent à être à tout moment en mesure de répondre à leurs obligations civiles et contractuelles. En temps de crise, ils s'emploient donc à imposer de manière très volontariste des mesures d'économie dirigées contre la population concernée, dans l'idéal avec la participation de l'opposition et à travers la création de mécanismes institutionnels permettant de plafonner les dépenses et d'assurer aux rentiers, au moyen de clauses constitutionnelles, une « garantie éternelle ». Tant que les électeurs ont en effet encore la possibilité de donner congé à un gouvernement servant les marchés financiers, les gens de marché ne peuvent jamais être tout à fait sûrs de leur affaire. L'existence d'une opposition potentiellement en mesure de gouverner, et qui développerait des idées moins compatibles avec les dogmes des marchés financiers, peut suffire déjà à coûter chèrement à un État la confiance de ces marchés. Le meilleur État débiteur est pour cette raison un État pourvu d'une grande coalition, au moins en matière de politique financière et fiscale, ainsi que de techniques éprouvées visant à déchoir les positions s'écartant de la « maison » commune de la Constitution nationale. La République fédérale d'Allemagne se rapproche déjà beaucoup de cette configuration.

4. « Les marchés » ont affaire à un problème délicat : la diminution des dépenses qui bénéficient à la population, lorsqu'elle est poussée trop loin, peut entraver la croissance de l'économie nationale… La croissance fait baisser les taux d'endettement et soulage les États du service de leurs dettes[77]. La stagnation, voire l'atrophie, de l'économie fait en revanche augmenter la probabilité d'une défaillance de paiement. La tâche consistant à raccorder austérité et croissance ressemble ainsi à la quadrature du cercle : personne ne sait réellement comment elle pourrait être menée à bien[78]… Une autre raison de cette perplexité générale est le différend interminable opposant diverses écoles de la science économique sur le juste chemin à emprunter pour apporter une solution à la crise financière étatique. Tandis que les unes misent sur le camp de l'offre, c'est-à-dire sur des allégements fiscaux et sur une limitation de l'activité étatique avec pour objectif de ranimer l'économie privée, les autres privilégient un renforcement de la demande publique et privée en l'envisageant comme la condition préalable à de nouveaux investissements dans l'économie réelle.

5. À cela s'ajoute le fait que les gens de marché font aussi partie de la population et, citoyens comme les autres, ils accordent de plus en plus d'importance non pas seulement au service des dettes étatiques et à sa sécurisation, mais aussi, et peut-être plus encore, au nécessaire maintien de l'intégrité des missions étatiques de service public. Cette fraction a gagné d'ailleurs en volume ces dernières années avec la privatisation de pans entiers du secteur de la protection sociale — privatisation qui se manifesta, par exemple, par la généralisation des retraites complémentaires et l'augmentation des avoirs sur livrets des classes moyennes. Elle doit déterminer ce qui d'une défaillance de paiement étatique au détriment « des marchés », qui réduirait leurs épargnes

placées, et d'une diminution des prestations sociales destinée à empêcher une telle défaillance de paiement leur serait le plus préjudiciable. Politiquement, cette catégorie de la population serait vraisemblablement favorable à une politique qui consisterait à tirer parti non seulement de l'austérité, qui protège son capital, mais encore du refus de l'austérité, qui protège l'État social. Cette catégorie pourrait sociologiquement être envisagée comme un groupe intermédiaire de type nouveau en proie à de pressants intérêts contradictoires.

6. On ignore encore largement la nature des rapports de force entre les peuples étatiques et les gens de marché, et comment ces rapports de force ont des répercussions sur la négociation permanente des *terms of trade,* des termes de l'échange. La puissance des investisseurs se nourrit avant tout de leur intégration internationale sans cesse plus avancée et de l'accessibilité de marchés globaux efficients : ce sont elles qui leur permettent de passer rapidement d'une implantation à l'autre lorsqu'ils perdent « confiance ». En outre, les agences de notation les aident, si besoin est, à se coordonner et, en gens de marché unis par de mêmes intérêts (« les marchés »), à exercer une pression conjointe sur les États dont les citoyens ou les gouvernements n'entendent pas exaucer leurs quatre volontés. D'un autre côté, les propriétaires de capitaux monétaires semblent, afin de protéger leurs portefeuilles, avoir la possibilité d'investir au moins une partie de leurs capitaux en emprunts d'État. Les États peuvent également obliger « les marchés », à travers des mesures de régulation, à investir dans les dettes étatiques, par exemple en relevant le niveau de la couverture des risques exigée par la loi pour les banques et les assurances[79]. En outre, ces mêmes États peuvent fondamentalement « restructurer » leurs dettes en toute partialité, en se fondant sur leur appréciation propre, dans la mesure où

ils ne sont soumis, jusqu'à présent, en tant que débiteurs « souverains », à aucun droit de la faillite[80]. Dans le même temps, ils peuvent imposer à leurs créanciers un effacement de la dette, et suspendre même, dans le pire des cas, dans sa totalité, le service de la dette. Il s'agit là en vérité d'un cauchemar permanent pour le camp des créanciers[81]. Une interruption de paiement entachant les perspectives de leur solvabilité, les États n'y ont plutôt recours qu'en dernière instance, lorsque aucune autre issue ne semble possible. Mais, en principe, l'apurement unilatéral des dettes est une arme efficace à laquelle recourent les États débiteurs lorsqu'il s'agit pour eux de défendre les revendications de leurs citoyens portant sur les missions étatiques de service public. Tant que cette arme est à la disposition d'un État débiteur, et qu'y recourir peut constituer une menace relativement crédible, ses créanciers peuvent se voir incités à modérer leurs exigences quant à la satisfaction de leurs intérêts[82].

7. « Les marchés » peuvent enrôler à leur service la « communauté internationale » et ses organisations afin de sécuriser leurs exigences à l'endroit des États débiteurs. Ils peuvent en même temps s'appuyer sur leur avance en termes organisationnels par rapport à des systèmes étatiques qui, s'ils sont intégrés dans des marchés globaux, ont un fonctionnement tributaire comme auparavant de leur caractère profondément national. Dans une configuration d'extrême intrication des marchés financiers au niveau international, l'effondrement d'un État débiteur génère une multitude d'effets externes sur les autres États, des effets parfaitement imprévisibles par leur nature et leur ampleur. Par exemple, des institutions financières étrangères pourraient, dans une telle situation, être à ce point lésées qu'il leur faudrait demander à « leurs » gouvernements de les sauver au moyen d'efforts fiscaux considérables[83]. Les pans privatisés du secteur de l'assurance vieillesse peuvent

également s'effondrer, ou les « marchés » perdre confiance dans les emprunts d'État en tant que tels, avec un effet d'entraînement sur les taux d'intérêt devant être acquittés par les autres États pour que leurs dettes soient refinancées. Un État en péril sera pour cette raison exposé à la pression des autres États et des organisations internationales, soucieux qu'il honore ses engagements vis-à-vis de ses créanciers, fût-ce au prix de la non-exécution des engagements pris par lui devant ses citoyens et à leur endroit. Dans le même temps, les autres États peuvent apporter leur aide, au nom de la « solidarité internationale », à l'État concerné, mis sous pression, afin d'empêcher une défaillance de paiement au moyen de crédits et de transferts de fonds. En principe, les États pourraient aussi s'allier contre les marchés, par exemple en refusant de concert les mesures d'austérité. Mais on retrouve alors le problème classique des réactions collectives, et des différences d'intérêts des pays associés et des situations spécifiques à chacun. Un pays comme la Grande-Bretagne, qui dépend comme aucun autre de la santé économique de son secteur financier, n'adhérerait que très difficilement à un accord entre États imposant collectivement aux « marchés financiers » une annulation de la dette, à moins d'obtenir des autres États des versements compensatoires.

LA POLITIQUE DE LA DETTE, UNE DIPLOMATIE FINANCIÈRE INTERNATIONALE

La politique des États débiteurs contemporains est compliquée, et rendue inapte à tout fonctionnement démocratique, par le fait qu'elle est pratiquée en très grande partie, et particulièrement en Europe, comme une politique internationale — sous la forme d'une diplomatie financière interétatique. Le conflit de répartition opposant les peuples nationaux et les gens de marché est lui-même, projeté à un niveau inédit, une version dérivée du conflit de répartition opposant ceux qui dépendent d'un salaire à ceux qui dépendent d'un profit. Il y semble à ce point déformé qu'il en est méconnaissable, et s'impose à vrai dire comme une scène idéalement complémentaire pour la représentation de la postdémocratie. Sur cette scène, les vies publiques des États-nations européens ont pu, depuis déjà quelques années, en s'y essoufflant, poursuivre un petit jeu fort trouble prenant les tournures les plus étonnantes, qui n'ont vraiment rien à envier en bizarrerie aux aventures de la petite Alice au pays des merveilles.

Il en va toutefois, avec la politique de la dette, de choses bien plus graves. Le fait de charger une gouvernance internationale de la supervision et de la régulation fiscales des gouvernements nationaux menace de trancher le conflit entre capitalisme et démocratie en faveur du premier, en expropriant sur le long terme, sinon une bonne fois pour toutes, les peuples nationaux des moyens de production politiques. Si les plans adoptés en 2012 afin de réorganiser les systèmes étatiques européens à l'aide d'un « pacte budgétaire » devaient atteindre leur objectif, le droit international aussi bien que leurs Constitutions nationales respectives lieront les États-nations et leur politique, sous la pression des marchés financiers et des organisations internationales, aux principes de la justice du marché. Ces États-nations devront alors, à peu de chose près, se priver de la possibilité de modifier ces principes au nom de la justice sociale[84]. À ce stade, la libéralisation du capitalisme moderne sera parvenue à son objectif en immunisant durablement ses marchés contre toute intervention politique jugée par eux arbitraire.

L'internationalisation de la crise fiscale et de la politique de la dette rend invisibles les acteurs politiques et économiques du capitalisme démocratique parce qu'elle fait passer au premier plan la construction d'un monde de nations aux intérêts uniformes mais se distinguant les uns des autres suffisamment pour entrer en conflit. Les États y sont au fond envisagés chacun comme une équipe de football qui participerait à un championnat, et viserait une place de premier plan dans un classement où il serait question de rendement économique, de compétitivité, d'ampleur de la corruption et du clientélisme politique, et ainsi de suite[85]... Ces États étant en même temps présentés comme des entités inter-agissantes, titulaires de droits et de devoirs collectifs, tel le droit à un soutien solidaire en cas d'urgence, il en résulte une reformulation étonnamment populaire de la politique de la dette en idées nationalistes à fort potentiel démagogique, mais aussi la renationalisation rapide et la moralisation nationaliste des discours politiques internationaux. Dans le même temps, le respect des droits de souveraineté étatique semble désormais dépendre de la bonne conduite d'un pays à l'égard des marchés financiers globaux et des organisations internationales, ou bien du respect des règles de conduite édictées par ceux-ci.

Dans la rhétorique de la politique de la dette internationale, les nations envisagées sur un mode moniste semblent être des acteurs essentiellement moraux, contraints de se montrer à la hauteur d'une responsabilité commune. Les rapports de classe et de domination intérieurs y restent chose négligeable. Tout cela permet d'opérer des distinctions d'ordre discursif entre les nations qui ont « leur maison en ordre » et celles qui ont omis de « répondre à leurs devoirs », et qui ne doivent pas, pour cette raison, se plaindre d'être « punies ». Les « mauvais » pays doivent mériter la solidarité des pays honnêtes en se réformant sur leur modèle ou en s'escrimant, dans tous les cas, à le faire autant que possible. À l'inverse, les pays en détresse attendent que leurs voisins plus favorisés par le sort, et de ce fait en meilleure situation financière, honorent un engagement moral d'aide solidaire à leur égard. Que les pays favorisés ne le fassent pas, ou qu'ils ne le fassent pas dans les proportions souhaitées, et ils sont alors accusés collectivement d'arrogance et d'insensibilité. Pour ce qui est de l'Allemagne, le livre de Thilo Sarrazin, *Europa braucht den Euro nicht* [« L'Europe n'a pas besoin de l'euro », 2012], égrène de façon paradigmatique tous les clichés de ce discours nationaliste. Dans des pays comme l'Italie et la Grèce, les clichés inverses se retrouvent dans des articles de presse présentant la chancelière allemande comme une digne héritière spirituelle d'Adolf Hitler[86].

La politique de la dette internationale semble en revanche, sur le plan politique et économique, reposer sur une coopération entre gouvernements nationaux destinée à épargner des pertes aux investisseurs financiers. Cette coopération a pour objectif de maintenir de façon générale à un bas niveau les primes de risque sur les emprunts étatiques, et de prémunir les gouvernements nationaux contre deux risques : celui de devoir dédommager pour les pertes subies leurs banques nationales respectives, et celui de devoir éviter une faillite de banque grâce à une recapitalisation. Les États protègent ainsi en même temps leurs citoyens les plus aisés, qui ont investi leurs économies dans des dettes étatiques et dans des instruments financiers de même nature. Les « marchés » comme les gouvernements s'efforcent par tous les moyens d'empêcher les États débiteurs en situation périlleuse de faire usage de leur souveraineté, et de suspendre les paiements auxquels ils sont astreints. La première priorité de la communauté internationale des États débiteurs est le service le plus complet possible des dettes autrefois contractées par chacun de leurs membres, y compris les plus modestes.

Les citoyens des pays en qui les marchés financiers ont encore confiance sont priés par leurs gouvernements et ceux d'autres pays, tout autant que par les organisations internationales et les investisseurs financiers eux-mêmes[87], de faire preuve de « solidarité » avec les pays menacés d'insolvabilité. Où l'on retrouve le conflit entre peuples nationaux et gens de marché. En vérité, dans la mesure où il s'agit de sauver, non pas les pays, mais les portefeuilles des créanciers eux-mêmes et, ce faisant, de stabiliser le marché global des dettes étatiques, il importe peu que le revenu par habitant d'un pays donateur soit inférieur à celui du pays destinataire des fonds de secours[88]. Pour cette même raison, il n'est par ailleurs en rien contradictoire que le soutien accordé ne soit absolument pas prodigué en premier lieu au pays concerné, mais bénéficie directement aux créanciers étrangers de ce dernier[89]. Les pays « sauvés » par d'autres doivent imposer malgré tout, ou plutôt pour cette raison même, à leurs citoyens de graves altérations de leur niveau de vie, afin de rétablir une relation de confiance sur le long terme avec les marchés financiers, mais aussi afin de rassurer les citoyens des États créditeurs. Après tout, ces derniers doivent, dans tous les cas, accepter des coupes dans leurs budgets publics et dans les prestations sociales dont ils bénéficient afin de financer la solidarité de la communauté étatique avec les « marchés »[90]... On parvient ainsi, des deux côtés, chez les « bailleurs de fonds », comme chez les « bénéficiaires » de ces fonds, à maquiller le tribut à acquitter en commun aux marchés financiers en une sorte de chantage mutuel que se feraient des pays ou des populations différemment « fortuné(e)s », ou plutôt différemment dignes d'être prospères.

La solidarité internationale, qui se ramène dans la pratique à une punition, à travers une politique d'austérité prescrite à l'échelon international, de l'extérieur et sur le mode vertical, considère que les citoyens d'un État débiteur devenu insolvable sont coresponsables de cette situation avec leurs gouvernements passés, au motif qu'ils les ont, après tout, élus démocratiquement. La démocratie est ainsi, par-dessus le marché, invoquée afin d'identifier les citoyens à leur gouvernement, d'identifier le peuple électeur, acteur principiel, au gouvernement, tenu pour son agent. Cette identification est suffisamment ancrée dans les esprits pour qu'il soit exigé des citoyens qu'ils remboursent de leurs poches les crédits contractés en leur nom — la question consistant à savoir pour qui ils avaient voté et s'ils bénéficièrent jamais de l'argent, n'étant ici d'aucune pertinence. Ce qu'il leur serait aisément possible de faire en tant que citoyens économiques, à savoir faire valoir une sorte de limitation de la saisie, s'appuyant par exemple sur la Convention européenne des droits de l'homme, leur reste proscrit en tant que citoyens étatiques.

Alors que les discours publics néonationalistes expliquent le surendettement national en accusant les citoyens de tel ou tel autre pays de s'être fait une vie confortable aux dépens des citoyens des pays voisins (comportement qui justifie ensuite de leur accorder une aide-en-tant-que-punition), les États débiteurs ont en vérité contracté des dettes afin de compenser l'absence de recettes provoquée par leur incapacité ou par leur refus d'imposer leurs citoyens, et en particulier les plus fortunés, et ce afin d'acheter la paix sociale. Les acteurs de l'aide financière internationale à un État débiteur se montrent pour cette raison solidaires non pas simplement de ses prêteurs, mais aussi de son élite, une élite peu imposée, et qui, dans le régime néolibéral, l'est toujours moins. La solidarité subventionne au bout du compte une répartition des revenus factice, et empêche les citoyens de l'État soutenu de s'organiser politiquement afin de corriger cette répartition au prix de conflits certains. Le fait que les « mieux lotis » échappent aujourd'hui à leurs obligations fiscales plus facilement que jamais, et sont de ce fait même en mesure de forcer leur pays à s'endetter, est au demeurant une conséquence de la libéralisation des marchés de capitaux de ces dernières décennies. Des pays comme les États-Unis, la France, la Grande-Bretagne et l'Allemagne ont profité en grande mesure d'une fuite massive de capitaux hors d'États fiscaux peu taxateurs et caractérisés par une répartition des revenus inégale — en ont profité tout particulièrement leurs citoyens fortunés, notamment sous la forme d'augmentations des prix dans le secteur de l'immobilier de luxe. L'addition est présentée aujourd'hui aux citoyens de ces États fiscaux, dont les gouvernements ont accordé au capital une pleine liberté de circulation sous les applaudissements des « marchés financiers », ou durent l'accorder sous la pression de la « communauté internationale ».

Dans notre monde à l'envers, la diplomatie financière et fiscale interétatique, insérée au cœur même des marchés financiers internationaux, incarne l'abandon de la souveraineté nationale à des institutions supranationales. L'assistance internationale comme la régulation transfrontalière sont désormais des instruments non pas simplement de garantie des dépôts et de recouvrement des dettes pour les investisseurs financiers, mais d'abrogation de la dimension démocratique du capitalisme : ces instruments protègent les « marchés » contre toute intervention politique menée au nom de la justice sociale. La souveraineté nationale — qui est un réquisit de la démocratie dans un cadre national — est délégitimée. Ainsi, l'endettement d'un pays aux dépens d'autres est présenté comme la conséquence directe de l'exercice de la souveraineté. La souveraineté fait l'objet de tentatives redoublées d'abolition, au prétexte d'une couverture des dettes mutualisée, voire sous les applaudissements des peuples nationaux eux-mêmes, mais au plus grand profit d'agences supranationales de mise au pas de la démocratie. Il n'est plus simplement question de refuser un fonctionnement démocratique aux États débiteurs surendettés, mais de propager partout des valeurs qui, telle la solidarité internationale, en appellent à un dépassement pacifié du nationalisme à travers l'intégration supranationale.

Chapitre III

LA POLITIQUE DE L'ÉTAT DE CONSOLIDATION : LE NÉOLIBÉRALISME EN EUROPE

L'État débiteur, qui a remplacé l'État fiscal, suite à la crise financière et à la crise fiscale, se transforme en un *État de consolidation.* Par là même, il tire une révérence néolibérale aux systèmes étatiques européens et à l'économie politique qui avaient caractérisé sa phase de fondation keynésienne. L'État de consolidation en gestation se constitue logiquement comme un régime international à plusieurs niveaux. L'opinion publique, particulièrement depuis les débats consacrés aux conséquences politiques de la « globalisation », a deviné l'existence d'un rapport entre une internationalisation et une dénationalisation d'un côté, et une libéralisation de l'autre. Ce rapport, nul mieux que Friedrich von Hayek ne l'avait aussi précocement et clairement posé, dans son essai « The Economic Conditions of Interstate Federalism » [« Les conditions économiques d'un fédéralisme interétatique »], paru au moment même où éclatait la Seconde Guerre mondiale, en septembre 1939, dans la revue *New Commonwealth Quarterly*[1].

INTÉGRATION ET LIBÉRALISATION

L'essai de Hayek — et les circonstances de sa genèse l'expliquent aisément — s'ouvre sur la question des conditions de possibilité d'un ordre international pacifié stable. Celui-ci, écrit Hayek, devrait être garanti pour une durée illimitée au seul moyen d'une fédération interétatique, suffisamment puissante pour régler des conflits internes entre ses États membres et garantir vis-à-vis de l'extérieur leur sécurité collective. La politique commune de défense et étrangère serait confiée à un gouvernement central. Mais, poursuit Hayek, il n'existe « aucun exemple historique de pays ayant en commun une politique de défense et une politique étrangère sans ordre économique commun[2] ». Si l'on permettait une différence au sein d'une fédération entre les politiques et les ordres économiques, ces derniers généreraient automatiquement une « solidarité d'intérêts » entre les membres de ces sous-ensembles, et auraient pour conséquence que les lignes de conflit économiques entre les citoyens de cette confédération épouseraient constamment les frontières de ces sous-ensembles[3]. Pour finir, ces groupes, dont la composition respective serait tout sauf instable, s'affronteraient en permanence. Afin de garantir l'unité de l'ensemble, il serait pour cette raison nécessaire

> que les groupes entre lesquels éclatent des conflits ne soient pas toujours les mêmes, et surtout que les différents regroupements d'intérêts se chevauchent territorialement, et qu'ils ne se recoupent jamais durablement avec les populations d'une région déterminée[4].

Quel serait le régime économique uniforme nécessaire à la cohésion d'une fédération, afin de délier la solidarité de son échelon national ? Hayek déploie sa réponse en deux temps. Tout d'abord une organisation économique commune dénuée de droit de douane intérieur et caractérisée par une liberté de circulation des hommes et du capital — une union s'accompagnant d'un marché unique (*single market*[5]) — doit limiter étroitement la portée et la capacité d'intervention de chacun de ses États membres dans la politique économique. Hayek explique ensuite que des interventions politiques jusqu'alors menées au cœur du marché devraient non seulement être exclues à l'échelon strictement national, mais également au niveau de la fédération : « Des compétences économiques déterminées, qui sont aujourd'hui exercées en règle générale par les États-nations, ne pourraient l'être ni par la fédération ni par les États à titre individuel. » Conclusion, « *pour qu'en pratique une fédération soit possible,* il faut qu'il y ait, dans l'ensemble, *moins de gouvernement*[6] ».

Concernant son premier point, Hayek renvoie au fait que, pour ce qui est de la liberté de circulation des « personnes, biens et capitaux[7] », des interventions étatiques menées isolément au cœur du marché et destinées par exemple à favoriser des produits du pays auraient trop de répercussions d'importance sur la fédération dans son ensemble pour être tolérées. Les États membres ne pourraient également pratiquer leur propre politique monétaire :

> La présence, dans une union pourvue d'un système monétaire uniforme, de banques centrales nationales encore indépendantes semble en réalité fort douteuse. Elles auraient vraisemblablement à être regroupées dans une sorte de réserve fédérale (*Federal-Reserve-System*)[8].

En outre, la concurrence veillerait à ce qu'aucun État ne puisse pénaliser son économie par des mesures régulatrices bien trop sévères :

> Même la restriction par voie légale du travail des mineurs ou la régulation du temps de travail ne pourront que difficilement incomber aux États[9].

La liberté de circulation à l'intérieur de l'Union compliquerait de surcroît singulièrement cette tâche propre aux États, la taxation de leurs citoyens : les personnes et les capitaux étrangers refuseraient des impôts directs élevés, et la disparition des contrôles aux frontières rendrait bien plus difficile l'imposition indirecte de nombreuses marchandises. Des restrictions semblables à celles appliquées individuellement aux États seraient imposées à leurs groupements économiques et à leurs syndicats :

> Lorsque, une fois pour toutes, les frontières sont ouvertes, et la liberté de mouvement assurée, toutes les organisations nationales de ce type, que ce soit les syndicats, les cartels ou les corporations, perdent leur position monopolistique et leur capacité, en tant qu'organisations nationales, de contrôler l'offre de leurs prestations de services ou de leurs produits[10].

Toutefois, pourquoi devrait-il être impossible de transférer à l'échelon international ce qu'il conviendrait d'abandonner à l'échelon national, au nom de la cohésion de la fédération ? La raison en est que dans une fédération d'États-nations, le sentiment d'une identité commune surmonterait les conflits d'intérêts et leur diversité plus difficilement que dans un État-nation. Des taxes douanières à l'importation sur des biens spécifiques, par exemple, réclament des sacrifices à la société économique dans son ensemble, sous la forme de prix plus élevés. La chose, susceptible d'être acceptée entre compatriotes, ne le serait plus au niveau d'une fédération :

> Croit-on vraiment que le paysan français soit disposé à payer pour ses engrais un prix plus élevé afin de venir en aide à l'industrie agrochimique britannique ? Le travailleur suédois paiera-t-il plus pour ses oranges afin de soutenir les producteurs d'oranges californiens ? L'employé du quartier des banques de Londres paiera-t-il plus pour ses chaussures ou son vélo par solidarité avec l'ouvrier américain ou belge ? Le mineur sud-africain paiera-t-il plus pour ses sardines afin d'être de quelque secours au pêcheur norvégien [11] ?

Il en est de même pour de nombreuses autres interventions en matière de politique économique :

> Même une législation visant à limiter le temps de travail, ou une assurance obligatoire contre le chômage, ou encore la garantie d'un autre acquis quelconque seront envisagées sous une lumière différente dans les régions pauvres et dans les régions riches. Elles pourraient même, dans les premières, nuire précisément, en suscitant sa résistance véhémente, à cette même catégorie de personnes qui, dans les régions riches, exigent de telles mesures, et en tirent profit [12].

Une homogénéité structurelle, due à une superficie modeste, et des traditions et identités nationales communes permettent des interventions en profondeur dans les vies sociales et économiques, qui ne seraient pas acceptées dans des unités politiques de plus grande envergure et — pour cette raison même — plus hétérogènes. *Pour cette raison, une fédération est synonyme de libéralisation inévitable*:

> On peut s'imaginer que les Anglais ou les Français puissent confier la protection de leurs existences, de leur liberté et de leurs biens — bref, les fonctions d'un État libéral — à une organisation supra-étatique. Mais il n'est ni vraisemblable, ni souhaitable qu'il leur faille être disposés à transférer le pouvoir au gouvernement d'une fédération, à voir régulées leurs vies économiques — à voir décidé par d'autres ce qu'ils doivent produire ou consommer. Il est pour cela nécessaire qu'aucune compétence de ce type ne puisse subsister dans une fédération d'États-nations. Il en découle ceci : une fédération signifie qu'aucun des deux échelons de gouvernement ne peut avoir le droit de planifier la vie économique sur le mode socialiste[13].

L'argumentation développée par Hayek débute comme un exposé des conditions économiques nécessaires à l'existence d'un ordre international pacifié, et se conclut en démontrant pour quelles raisons une fédération d'États, si elle doit faire preuve de cohésion, doit nécessairement être libérale en matière de politique économique[14]. Des États-nations qui aspirent à la paix doivent fusionner en une fédération ; mais cela exige d'eux non pas seulement qu'ils libéralisent leurs propres ordres économiques, mais aussi qu'ils conçoivent, dès le départ, la fédération comme étant un ordre libéral. En même temps que du nationalisme, il s'agit également ici de venir définitivement à bout du socialisme, et de leur rapport si menaçant pour la démocratie et l'État de droit[15]. Aussi, le seul type de démocratie susceptible d'être mis en œuvre sur ce mode ne peut-il être qu'une démocratie libérale entendue au sens strict du terme, c'est-à-dire respectant la liberté du marché. Elle seule est à même de préserver la liberté intérieure et extérieure à l'œuvre dans une fédération d'États :

> S'il devait s'avérer que la démocratie n'est ensuite possible qu'à l'échelon international, à la condition que les missions du gouvernement international soient circonscrites à un programme pour l'essentiel libéral, alors cela ne ferait que confirmer l'expérience faite à l'échelon national, où il est chaque jour manifeste que l'on ne peut mettre en œuvre la démocratie qu'à la condition de ne pas en abuser, et qu'à la condition que les majorités s'abstiennent de faire un usage abusif de leur capacité d'ingérence dans la liberté des individus. Mais si le prix qu'il nous faut payer pour avoir un gouvernement démocratique international réside dans la délimitation de son pouvoir et de sa portée, alors il n'est certainement pas trop élevé[16].

Cet essai de Hayek, paru, rappelons-le, en 1939, se lit comme un plan de construction pour l'Union européenne d'aujourd'hui, et pas simplement en raison de son usage rhétorique de la thématique de la paix. Assurément la politique d'intégration de l'après-guerre avait avant tout conçu le processus d'unification européen comme instaurant une économie mixte transnationale[17], en sorte que les arguments de Hayek en faveur d'une économie politique libérale intégrée au niveau supranational passaient alors pour tout à fait absurdes[18]. Mais, avec le temps, l'intégration européenne relégua loin dans les oubliettes les illusions keynésiennes et planificatrices. Plus le processus d'intégration avançait, jusqu'à devenir le cœur de l'économie politique européenne, plus il se conformait aux intuitions hayékiennes de 1939 sur la nécessité, dans une fédération, d'une neutralisation économique des institutions démocratiques, et sur celle d'un transfert des décisions allocatives aux marchés libres ; et plus il se conformait aux intuitions hayékiennes sur la nécessité d'interdire les interventions étatiques faussant le marché dans les États membres, une interdiction qui est allée jusqu'à la suppression des monnaies nationales. Pour ne rien dire des intuitions du même Hayek sur la nécessité de dresser des obstacles politiques à toute intégration qui entendrait aller au-delà de la création du marché et de sa libéralisation à l'échelon fédératif.

La fédération interétatique construite en Europe aux lendemains de la Seconde Guerre mondiale, avant tout au nom de la recherche de la paix, s'avéra dans les faits et sur le long terme — en raison de sa logique politique et économique intrinsèque, et qu'avait décrite Hayek par anticipation — l'élément moteur fiable, et au fil du temps toujours plus puissant, d'une transformation libérale des économies nationales, et d'une sape des différents projets nationaux d'une démocratie fondée sur une justice sociale plutôt que sur la justice des marchés. L'essai de Hayek donne le sentiment que son auteur devina les grandes orientations en fonction desquelles les institutions de l'Union européenne s'imposeraient avec le temps, alors même qu'elles avaient été planifiées tout à fait autrement à l'origine… Cela devint particulièrement évident avec le tournant néolibéral à la fin des années 1970, et plus encore avec l'institutionnalisation en cours de ce que j'appelle l'État de consolidation. Aujourd'hui, et plus que jamais depuis que le conflit de répartition capitalistico-démocratique a été transféré au niveau de la diplomatie financière internationale, les forces des « marchés », dont l'objectif est d'épargner aux processus d'accumulation capitalistes tout correctif politique, s'appuient avant toute chose sur la dynamique institutionnelle prévue par Hayek. La transformation de l'Union européenne en un instrument de libéralisation du capitalisme européen n'a pas débuté en 2008 : elle est la créature et le résultat d'un processus de transformation continu qui représente la variante et l'incarnation européennes du processus de libéralisation à l'œuvre à l'échelle de la planète depuis les années 1980. Dans la mesure où ce processus consistant à *mettre un terme à la dimension démocratique du capitalisme en gommant toute dimension économique de la démocratie* se poursuit très rapidement, avec pour objectif une *hégémonie institutionnalisée de la justice du marché sur la justice sociale*, il serait possible de le qualifier d'*hayékisation* du capitalisme européen[19]...

L'UNION EUROPÉENNE EN TANT QUE MACHINE À LIBÉRALISER

Très tôt, l'Union européenne s'est vu reprocher un « déficit démocratique », tandis que l'on pointait dans le même temps son absence de « dimension sociale »[20]. Pour ce qui est du déficit démocratique, il a certes été expliqué par les faibles compétences attribuées au Parlement européen, reflet politique de la non-existence ou de la « non-encore-existence » d'un peuple européen. Mais le renforcement des exécutifs nationaux est une raison plus importante encore de ce déficit : ce renforcement s'effectue, en effet, à travers un régime international à multiples niveaux qui est en voie d'achèvement, et dans le cadre duquel les gouvernements des États membres s'investissent à Bruxelles de mandats qui les engagent au niveau international, et rendent en retour parfaitement vaines les initiatives des opposants politiques « intérieurs », et tout particulièrement celles des intérêts organisés, comme ceux des salariés[21]. Ce contournement du jeu des forces démocratiques a également pu être mené à bien dans chaque État sur d'autres modes, telle la privatisation des entreprises publiques.

Avec le temps, il apparaît que la « dimension sociale » fut

l'objet, au niveau national, d'une dévalorisation sans compensation à travers les institutions internationales compétentes. Dans les années 1980, période où l'on ne s'était pas encore tout à fait remis des mouvements de contestation des travailleurs de 1968, l'objectif proclamé de la Communauté européenne d'alors était l'instauration d'un État social supranational, pour l'essentiel sur le modèle ouest-allemand de l'époque. Avec la fin de la domination sociale-démocrate dans les États membres, et les attaques du gouvernement britannique dirigé par Margaret Thatcher contre ce qui subsistait encore d'un programme social-démocrate — dont les organes communautaires bruxellois ne s'étaient pas encore définitivement détachés, mais qui était devenu dans la pratique depuis longtemps obsolète —, le processus d'intégration cessa de progresser. Les employeurs, de leur côté, s'étaient entre-temps organisés pour se mettre au service de la libéralisation et ne cachaient pas leur perte d'intérêt pour l'avenir de la Communauté. Il incomba aux deux commissions dirigées par Jacques Delors d'inverser la tendance. Cela fut mené à bien à travers le programme du marché intérieur, qui accorda aux entreprises l'expansion du marché désirée sous la forme des « quatre libertés[22] », tandis que les employés se virent très vaguement promettre un encadrement social-politique de ce marché intérieur comme s'il s'agissait d'une conséquence inévitable de sa réalisation. Il n'en fut pourtant rien en raison de la résistance acharnée des employeurs et du gouvernement britannique[23]. L'existence d'une « dimension sociale », au sein de ce marché intérieur, ne put être démontrée par la « recherche européenne » — une recherche désormais solidement établie en sous-discipline de la science politique et financée par la Commission à Bruxelles —, sinon au mépris de toutes les observations empiriques.

Ce qui prit alors forme, ce fut un modèle — qui s'est

avéré jusqu'à aujourd'hui solide — de rapports de force politiques « négatifs », dénués de toute intégration « positive » [24], dans une interférence et une suspension constante des ordres juridiques ; un modèle de neutralisation de la volonté démocratique des États-nations par les marchés transfrontaliers et les libertés du marché. L'acteur principal de cette *intégration à travers une libéralisation supranationale*, ou plutôt de cette *libéralisation à travers une intégration internationale*, fut la Cour de justice européenne, dont les décisions portant sur les États pris à titre individuel et leurs citoyens furent d'autant plus inattaquables qu'il n'était plus possible de trouver dans des États membres devenus toujours plus hétérogènes avec l'entrée dans l'Union de pays de l'Europe de l'Est des majorités exigeant des règles en matière de protection sociale [25]. Dans les années 1990, ce fut avant tout la Commission qui mena avec succès, au moyen du droit de la concurrence, la privatisation de pans importants du secteur public [26], tandis que la Cour de justice européenne remit en cause, dans différentes décisions, le droit de grève et de participation des salariés au nom du libre-échange des services et de la libre circulation des capitaux. Dans l'ensemble, l'Union européenne se transforma de cette façon en une machine à libéraliser le capitalisme européen. À l'aide de cette machine, les gouvernements purent imposer les réformes entrant en conformité avec les exigences les plus diverses du marché, contre la volonté de leurs citoyens — quand ils n'étaient pas contraints de les appliquer par les services européens.

L'Union monétaire européenne constitue le paroxysme provisoire de l'évolution entamée de longue date par la fédération européenne en gestation : c'est un mécanisme destiné à épargner à l'économie capitaliste les déformations infligées au marché par tout fonctionnement démocratique. Il est utile de se rappeler que l'Union monétaire fut adoptée à un moment où les démocraties riches occidentales cherchaient pour la première fois à consolider leurs finances publiques. Une discipline budgétaire à l'échelon national fut dès le début un élément de cette orientation plus globale : il fut en effet postulé, pour tous les États membres, comme règle à ne pas enfreindre, que leurs déficits budgétaires annuels ne devaient pas dépasser 3 % du produit national brut, et que leur niveau d'endettement ne devait pas dépasser 60 % de ce produit national brut. Dans le même temps, l'Union monétaire exclut par principe que, dans cet ordre concurrentiel du marché commun que l'on présente très euphémistiquement comme un *level playing field*[27], les économies nationales moins compétitives puissent désormais procéder, sur décision politique, à une dévaluation — par exemple afin d'éviter ou de pacifier des conflits de répartition liés à leur propre vie politique intérieure. Les pays plus productifs, plus dépendants des exportations, invoquèrent pour eux la justice du marché, qui devait à leurs yeux être ici protégée : aucun de ces pays ne devait souffrir de désavantages susceptibles d'être instaurés au nom d'une souveraineté nationale-étatique afin de défendre une justice sociale particulière. Les pays qui ne répondaient pas aux critères économiques nécessaires à une entrée dans l'Union monétaire durent ainsi se montrer ouverts, au seul motif de se conformer à ces critères, à une dite *dévaluation interne*, et donc à des baisses de salaires, à des coupes dans les prestations sociales entrant en compatibilité avec les « mesures incitatives » ainsi qu'à une « flexibilisation » du marché du travail — en d'autres termes : le parachèvement, en politique intérieure, et à grande échelle, du programme de libéralisation lié à la monnaie commune.

Aucun de ces objectifs ne fut atteint du premier coup. Les règles imposées par l'Union monétaire n'étaient ni suffisamment explicites ni suffisamment armées de sanctions pour imposer une politique budgétaire réglementairement encadrée. Les États-nations disposaient toujours d'une marge de manœuvre suffisante pour acquiescer aux revendications, iniques aux yeux des marchés, de leurs peuples respectifs. Les idées françaises visant à rendre applicable ce règlement, sur le mode de la flexibilité, à travers la formation d'un « gouvernement économique », et visant à ouvrir au niveau paneuropéen un nouvel espace permettant une intervention politique discrétionnaire, échouèrent avant tout en raison des intérêts et de la politique intérieure de l'Allemagne. Les règles, lorsque la France et l'Allemagne, entre autres, pensaient ne pouvoir faire autrement, furent enfreintes à plusieurs reprises en toute impunité. Dans le même temps, ces États qui ne pouvaient répondre à des contraintes monétaires très sévères et pour eux inédites[28] se révélèrent incapables de « moderniser », conformément aux exigences du marché, leurs sociétés et leurs revendications d'une justice sociale, ou montrèrent des réticences à le faire. Pour échapper à la dégradation de leur situation, les deux pays eurent alors recours aux sources de crédit qui, après la conversion monétaire, jaillissaient à grands flots, et à des conditions fort avantageuses, proposées avec grand empressement et grandes facilités par l'industrie monétaire internationale[29]. Une nouvelle fois, et peut-être une dernière fois, du temps fut acheté — jusqu'à ce que la crise financière et fiscale y mette un terme provisoire.

Les discussions actuelles portant sur un pacte de stabilité européen se situent dans la droite ligne de l'évolution en cours en Europe depuis les années 1990, et en constituent un prolongement. Elles peuvent être envisagées comme une tentative de renforcer les institutions politico-économiques nouvellement créées ou réformées, afin que celles-ci puissent aussi parachever et garantir durablement dans les faits la libéralisation du capitalisme européen. Le pacte budgétaire est certes dans l'immédiat motivé par la crise, mais il était programmé de fort longue date, et il appartient depuis longtemps déjà à l'outillage stratégique de base du tournant néolibéral en Europe. J'y vois la preuve que cette « solution politique » à la triple crise financière et fiscale ne vaut justement rien en tant que telle tant ses effets ne se feront sentir, dans le meilleur des cas, que sur le long terme.

Il est impossible et inutile d'aborder ici dans le détail les nombreux nouveaux réglements, institutions et instruments qui furent élaborés et adoptés à un rythme soutenu depuis le début de la crise par le Conseil européen. Entre l'entrée en vigueur, le 13 décembre 2011, du « Six-pack » — des six mesures législatives européennes destinées à réformer le pacte de stabilité et de croissance adopté à Maastricht — et la signature du pacte budgétaire européen, le 2 mars 2012, il s'écoula moins de trois mois. Des changements supplémentaires dans les règles, visant à délimiter toujours davantage les attributions des organes européens fixées par les traités[30], étaient à l'été 2012 en préparation. La tendance ici à l'œuvre est depuis longtemps toujours la même :

1. Les directives, auxquelles les politiques fiscales des États membres doivent se conformer, sont toujours plus détaillées. Ces pays sont fortement encouragés à les respecter en contrepartie d'éventuelles mesures de sauvetage à l'initiative de la « communauté des États » européenne, et tout particulièrement en contrepartie d'une meilleure disposition des « marchés » à leur endroit — meilleure disposition arrachée au forceps par les États, sous les promesses de communautariser les risques de crédit publics et privés.

2. Les gouvernements nationaux sont toujours davantage soumis à des obligations renforcées conduisant à des transformations toujours plus approfondies de leurs ordres économique, social et juridique respectifs. Ils doivent ainsi inscrire dans leurs Constitutions, sur le modèle allemand,

des règles d'or budgétaires. Ils doivent également trouver des solutions pour adapter leurs systèmes de fixation des salaires aux objectifs de stabilité macroéconomiques définis par l'Union européenne. À cette fin, ils doivent la relayer et intervenir à sa place, « en réformant » leurs propres institutions nationales concernées, si besoin est contre leur population, et au mépris non seulement de l'autonomie des partenaires sociaux, mais aussi de la répartition des compétences européennes.

3. Il est tout aussi important, là où les nouveaux règlements européens l'envisagent, de ne pas empiéter sur l'autonomie des États membres. De cette façon, il n'a été fixé aucun niveau minimum d'imposition, qui aurait permis d'endiguer la concurrence fiscale au sein du marché intérieur et de l'Union européenne[31]. L'Union monétaire européenne, dont les critères de convergence et d'entrée ne prévoyaient, par exemple, strictement aucun seuil maximum de tolérance au chômage ou à l'injustice sociale, fait ainsi en sorte de perpétuer cette tradition.

4. Les institutions européennes, qu'elles soient en ordre de marche ou qu'elles restent à concevoir afin de toujours servir à nouveaux frais cet objectif, peuvent se prévaloir de droits toujours plus importants. Ces droits leur permettent de superviser et d'expertiser les politiques économiques, sociales et budgétaires des États membres, avant même que ces États aient pris leurs décisions, y compris au niveau des Parlements nationaux. L'organe européen compétent est ici, la plupart du temps, la Commission. Le Conseil, en tant que représentant des États membres investi d'une légitimité démocratique, vient ensuite tout de suite en deuxième position, en raison de la sorte de droit de veto qu'il est en mesure d'exercer.

5. Au niveau européen, des sanctions toujours plus fortes peuvent être infligées aux États membres qui ne respectent

pas les règles imposées. Les procédures nécessaires pour ce faire adoptent de plus en plus un caractère juridictionnel, et sont ouvertes automatiquement, ce qui hypothèque toujours plus des décisions politiques discrétionnaires.

6. Les règlements nationaux et européens, qui doivent déterminer la politique économique et fiscale des États membres, sont à tel point instaurés qu'ils en arrivent à revêtir un caractère intemporel, et finissent donc aussi, fondamentalement, par ne plus être révisables par de nouvelles majorités politiques.

7. Enfin, des régulations sont toujours plus fréquemment exigées, qui permettent au siège bruxellois, de préférence la Commission ou la Cour de justice, en cas de non-respect des procédures par des États, pris à titre individuel, de se substituer à eux dans la voie des mesures à mettre en œuvre, et de prendre à leur place des décisions conformes aux exigences du marché.

Où mène tout cela, un discours tenu à Mannheim le 14 juin 2012 par Jens Weidmann, le président de la Banque fédérale d'Allemagne, le montre clairement. Weidmann, jusqu'à une date récente, était le plus proche conseiller en matière de politique économique de la chancelière. Voici un passage décisif de ce discours :

> Dans le cas où un pays ne respecterait pas les règles budgétaires, un transfert de souveraineté automatique se produirait de l'échelon national vers l'échelon européen, dans des proportions permettant de garantir le maintien des objectifs fixés [...]. Le droit de pouvoir procéder à des augmentations d'impôts ou à des réductions de dépenses proportionnelles — et pas simplement de les réclamer — serait par exemple concevable. [...] Dans une telle configuration, les chemins de la consolidation pourraient être sécurisés par l'échelon européen, même si aucune majorité s'y montrant

favorable ne devait se trouver dans le Parlement national concerné[32].

À la fin de l'été 2012, le pacte budgétaire, l'accord le plus important entre-temps conclu dans le cadre des négociations destinées à sauver la monnaie commune, n'était pas encore ratifié par tous les pays[33]. Dans la plupart des États membres, des protestations s'étaient en outre élevées contre une politique qui espère regagner la « confiance » des « marchés » à travers des engagements internationaux fermes visant à rééquilibrer sur le long terme les budgets nationaux, en premier lieu au moyen d'économies. Ni en Grèce ni en Italie, les chefs de gouvernement placés par Bruxelles à ces fonctions, tous deux en raison de leurs compétences de « technocrates », n'avaient été en mesure de briser la résistance de leurs populations contre les programmes économiques qu'ils leur imposaient. En Grèce, la possibilité était même réelle à court terme que les élections soient remportées par un parti de gauche qui menaçait les autres pays d'une banqueroute étatique et d'un retour à une monnaie nationale — une mesure qui, tout autant que l'exclusion d'un État membre, n'est pas prévue dans le traité sur l'Union monétaire européenne… Avec la défaite de Nicolas Sarkozy, et son remplacement par François Hollande, une discussion à l'échelle européenne sur les programmes de soutien à la « croissance » économique put ensuite être amorcée, particulièrement dans les pays débiteurs. L'imprécision et l'insignifiance sur le plan financier des propositions faites dans le cadre de ces discussions montrent avec évidence que ces professions de foi rhétoriques en faveur d'une nouvelle politique de la croissance — malgré leur propagation rapide — se résument à l'incantation d'un Deus ex machina dont l'entrée en scène satisferait de la même façon toutes les parties, de l'industrie financière qui réclame que ses crédits soient utilisés, aux classes moyennes grecques et espagnoles, en passant par les citoyens des États créanciers, qui craignent que leur niveau de vie ne s'effondre… On peut toutefois concevoir sans grande difficulté que ces nouveaux programmes de croissance, s'ils cessaient d'être simple rhétorique, se résumeraient à des aides financières accordées aux pays membres du Sud — en pure perte. C'est qu'un prix doit en effet être payé pour que ces pays, à l'avenir, en dépit de leur enlisement dans une économie de basse productivité, donnent des gages aux gagnants de l'élargissement du marché, tout en sachant qu'ils seront perdants sur le long terme. En ce cas, nous aurions là une sorte d'indemnisation compensatrice pour l'adoption d'un régime de marché hayékien, qu'il s'agirait de verser à ceux qui de cette mise en place du marché ne retirent rien.

UNE MUTATION INSTITUTIONNELLE : DE KEYNES À HAYEK

Pour mesurer la signification historique du passage d'une économie politique keynésienne à une économie politique hayékienne, permettons-nous un arrêt sur images dans les années 1970. Aujourd'hui les États, qui jadis étaient souverains, doivent s'engager auprès de banques centrales indépendantes, toutes frontières ouvertes, à conduire une politique économique soumise à des règles fondées sur des principes théoriques d'efficience ; à l'encontre, l'économie mixte keynésienne, à l'ère du « libéralisme intégré[34] » international des années 1950 et 1960, disposait d'une palette d'instruments institutionnels conçus pour opérer des interventions publiques discrétionnaires dans les économies nationales, et tout particulièrement dans la répartition des résultats de la production et dans celle des chances ; ils disposaient de leurs propres monnaies, qu'ils pouvaient dévaluer dans certaines limites lorsqu'il leur fallait compenser à l'extérieur des pertes en « compétitivité », et qui paraissaient inévitables pour des raisons de politique intérieure, telles les concessions faites à de puissants syndicats ainsi qu'aux partis communistes. Les États et les gouvernements pouvaient de cette façon influer sur le fonctionnement des marchés, et accéder, sur le terrain de la politique intérieure, aux revendications de justice sociale, sans être pénalisés pour cela en matière de commerce extérieur. La fuite de capitaux pouvait être empêchée par des contrôles sur leur circulation, ou pouvait au moins être jugulée. Une telle configuration affaiblissait la puissance de négociation d'investisseurs en quête de taux de rendement minimaux, qu'ils pouvaient exiger en contrepartie de l'engagement de leurs capitaux.

Les groupes de pression du travail et du capital, des groupes institutionnalisés sur le mode corporatif, ainsi que les systèmes de négociation qui avaient été instaurés entre ces deux parties, étaient les institutions centrales de l'économie politique de l'époque keynésienne[35]. Une politique publique s'appuyant sur ces systèmes essayait de garantir, à travers une politique des revenus, voire une politique des prix, négociées à trois, un plein emploi ainsi qu'une répartition des revenus et des patrimoines acceptable par les salariés. Une modération salariale fut atteinte à travers un « troc politique », auquel contribua un État fiscal efficace, au moyen d'une politique sociale active, en contrepartie d'une coopération des syndicats au niveau macroéconomique ; il s'agissait de protéger ceux qui dépendent de leurs salaires des incertitudes des marchés — traduit dans le vocabulaire de la théorie des crises : des sautes d'humeur de ceux qui dépendent des profits —, et de stabiliser dans le même temps la demande réelle. L'État keynésien avait besoin dans ce dessein de syndicats puissants, parfaitement organisés et auxquels il accordait de nombreuses aides appropriées en matière d'organisation. Les groupements d'employeurs et les groupements économiques structurés y trouvaient également leur place, raison pour laquelle ils étaient l'objet d'une pression syndicale et publique, afin qu'ils organisent leur représentation et leur capacité d'initiative collective. À leur tour, ils devaient participer, en l'aménageant, à la régulation de l'économie capitaliste dans les limites qui leur étaient fixées par la politique démocratique[36].

De tout cela, la révolution néolibérale n'a quasiment rien laissé. Il est vrai que son objectif était de tailler autant que possible dans le vif des États du capitalisme de l'après-guerre ; de les ravaler sur le plan fonctionnel à une activité d'autorisation et d'extension des marchés ; de les rendre institutionnellement incapables d'intervenir, au prétexte de la corriger, dans la mise en œuvre autorégulatrice d'une justice du marché. Celle-ci a, dans un premier temps, triomphé aisément, au fil de l'internationalisation de l'économie politique européenne, et de la transformation du système étatique européen en un régime multiniveaux : la démocratie y fut circonscrite au niveau national tandis que les marchés financiers et autorités de contrôle organisés s'activaient désormais à l'échelon multinational. Cette configuration a prouvé de longue date qu'elle était l'instrument idéal d'une neutralisation de la pression politique exercée d'en bas. Pour ce faire, il fut procédé à l'extension, mise en œuvre par le haut, de la liberté contractuelle privée vis-à-vis des contrôles étatiques. Le passage actuel de l'État débiteur national à l'État de consolidation international constitue la dernière phase, provisoire, de cette évolution. Avec ce passage, le projet hayékien d'une économie de marché capitaliste libéralisée et immunisée contre toute pression politique est sur la voie de sa concrétisation toujours plus complète [37].

L'ÉTAT DE CONSOLIDATION EN TANT QUE RÉGIME EUROPÉEN À PLUSIEURS NIVEAUX

La politique de consolidation des finances publiques et d'endiguement de l'endettement public doit procurer aux marchés financiers — qui représentent la nouvelle et seconde *constituency* des États modernes, la nouvelle et seconde entité à l'endroit de laquelle ces États modernes se considèrent tenus — la certitude que leurs exigences peuvent être et seront, en cas de litige, satisfaites en priorité par rapport à celles des citoyens. Un budget étatique structurellement sain est, du point de vue des « marchés », un budget qui présente suffisamment de réserves pour garantir que ces exigences seront satisfaites, et qui fait également preuve d'une flexibilité institutionnelle. Où et à partir de quand exactement ce stade est-il atteint ? La question reste ouverte. Si les marchés exigent de la part des États une grande transparence, ils se montrent bien moins disposés à leur rendre la pareille. La consolidation est un dressage politique, et en relèvent les efforts faits par les États pour assainir leurs finances dans le seul espoir d'en être récompensés un jour ou l'autre par des taux plus bas qui leur permettraient de refinancer leur endettement résiduel ou de contracter des emprunts destinés spécifiquement à certains projets. Les États ne peuvent ici se prévaloir d'aucun droit garanti, et il ne peut en être autrement dans le « libre-échange » [38].

Les *retraités*, qui font partie du peuple de l'État, ainsi que les employés de l'État, sont les principaux rivaux des *rentiers,* rattachés, eux, aux gens de marché. Une politique de consolidation digne de confiance aux yeux des marchés doit limiter le nombre de ces retraités et rogner leurs droits. Elle doit avant tout intervenir dans ce que l'on a appelé les *policy legacies,* ces héritages politiques des années 1960 et 1970, et donc aller à l'encontre des revendications historiques de droits sociaux qui outrepassent ce qui se révèle financièrement réalisable depuis l'échec de l'État fiscal[39]. Des démantèlements du secteur public marquent la poursuite des privatisations de ses services, au risque généralement observé d'effets de répartition antiégalitaires. Des coupes dans les dépenses sociales ont en premier lieu pour conséquences des baisses des pensions de retraite et un allongement de la durée de la vie active. Pour autant que les premières soient compensées par des assurances complémentaires privées, elles étendent comme souhaité, au même titre que la privatisation des services publics, le champ d'activité d'entreprises gérées sur le mode capitaliste.

De telles réformes sont des opérations politiquement délicates, même s'il est en partie question, dans les cas déjà évoqués de diminutions affectant les prestations publiques, de rémunérations du travail décalées dans le temps, lorsque les salariés et leurs syndicats ont consenti à des retenues salariales sur l'insistance de gouvernements sociaux-démocrates au nom de la stabilité macroéconomique. Une rupture de tels contrats implicites est considérée de longue date comme trop risquée pour des gouvernements démocratiquement élus et donc congédiables. Même Ronald Reagan et Margaret Thatcher se firent une raison des programmes publics sociaux qui avaient été engagés par leurs prédécesseurs : ils y virent des « objets immuables »[40]. Une raison de l'admiration éprouvée pour Gerhard Schröder, largement répandue chez les tenants actuels d'une politique de consolidation, est qu'il garda le cap de sa « politique réformiste », en dépit de toutes les résistances qui lui furent opposées et, en fin de compte, au prix même de sa fonction.

En dépit de tels exemples, les marchés considèrent qu'ils ne peuvent suffisamment compter sur la capacité des États démocratiques à garantir, dans leur politique intérieure, une consolidation structurelle. Étant donné qu'il n'est pas encore possible en Europe, au nom de la raison économique, d'abolir du jour au lendemain ce qui subsiste de la démocratie pratiquée à l'échelon de l'État-nation, et tout particulièrement la « révocabilité » des gouvernements nationaux, la méthode consiste à faire s'engager ces gouvernements dans un régime supranational non démocratique — dans une sorte de super-État international dénué de tout fonctionnement démocratique —, et à confier à celui-ci les tâches de régulation. L'Union européenne, depuis les années 1990, est devenue un tel régime. Aujourd'hui, l'intégration des États membres dans un système institutionnel supranational mis à l'abri de toute pression électorale comme, plus encore, leur attachement à une monnaie commune travaillent à l'abolition de la souveraineté politique nationale, qui demeure l'un des derniers bastions du libre agir politique dans une société de marché internationalement intégrée. L'abolition de la dévaluation, tout particulièrement, décidée dans le cadre de l'Union monétaire européenne, a dissipé une crainte majeure des investisseurs, et en particulier des investisseurs financiers. Les États qui ne peuvent plus suivre le rythme de la concurrence internationale n'ont plus la possibilité de procéder, en guise d'autodéfense, à de soudains réajustements des taux de change. La monnaie unique sert ainsi également la justice de marché[41].

Une politique multiniveaux menée dans le cadre de l'État de consolidation international a pour effet transversal de neutraliser les politiques intérieures des États-nations concernés en les intégrant à des accords et règlements supranationaux limitant leur souveraineté. Les rencontres au sommet régulières entre chefs de gouvernement, à l'issue desquelles, après de longues tractations, des accords sont conclus et rendus publics — accords qui comprennent un engagement des pays concernés à les imposer chez eux contre d'éventuelles résistances — sont un moyen éprouvé d'atteindre cet objectif de neutralisation. Les États qui échouent à imposer ces accords à leurs citoyens perdent alors la considération de la communauté internationale. Ces rencontres au sommet institutionnalisées renforcent les exécutifs nationaux contre leurs Parlements et les groupes d'intérêts à l'œuvre en politique intérieure, dans la mesure où ces exécutifs peuvent justement arguer de l'éventuelle perte de confiance extérieure devant leurs opinions publiques respectives, et faire facilement passer pour vaines de nouvelles négociations d'accords au sommet. Cet effet — qui se fit très tôt sentir au sein de l'Union européenne — est amplifié par le fait que ces sommets de crise sont organisés sous la pression des « marchés », dont la confiance est le schibboleth prévenant toute réaction en chaîne.

Les Parlements nationaux et partis d'opposition semblent toutefois ne pas être totalement vulnérables face à la pression exercée par ces accords au sommet. Les efforts réalisés ces dernières années dans les États membres, destinés à faire participer plus activement les Parlements nationaux aux décisions européennes, à la différence dudit Parlement européen, ne s'avérèrent pas tout à fait vains, à l'échelon européen comme à l'échelon national. Une résistance se manifeste dans un certain nombre de pays, Allemagne comprise, surtout depuis le début de la crise. Depuis, les Parlements des États membres exigent toujours plus souvent de ratifier des projets de décrets et projets de lois qui sont toujours l'objet d'accords conclus en quelques jours entre gouvernements dans des domaines très divers. La Cour constitutionnelle allemande s'efforce avant tout de réfuter une doctrine diffusée de concert par la technocratie bruxelloise comme par les « marchés » et les partisans d'un État fédéral européen, selon laquelle les institutions démocratiques nationales n'auraient pas d'autre choix, en face de la diplomatie des sommets internationaux, que d'obtempérer sans barguigner. S'ajoute à cela le fait que cette résistance peut conforter la position d'un gouvernement dans une négociation internationale lorsqu'il est à même de faire valoir vis-à-vis de ses homologues-partenaires que certaines décisions ne seraient pas exécutables dans le pays concerné[42]. La mise en garde de Mario Monti, alors président du Conseil des ministres italien, adressée au mois d'août 2012 à la chancelière allemande, lui signifiant qu'il serait du devoir des gouvernements d'envoyer un message à leurs Parlements respectifs pour leur faire comprendre que des accords conclus au niveau du gouvernement européen devaient être respectés[43], montre combien est prise au sérieux la résistance des jurisprudences et Parlements nationaux à l'accaparement de la politique intérieure par la politique européenne[44]. Savoir si cette résistance peut rencontrer un succès sur la durée, et surtout ralentir ou arrêter la marche de l'État de consolidation international, est une autre affaire.

L'État de consolidation européen de ce début de XXIe siècle, avons-nous dit, est une formation non pas nationale, mais internationale. Ce régime supra-étatique régule les États-nations qui lui sont rattachés, sans gouvernement démocratiquement responsable, mais au moyen de règles engageant les États concernés : au moyen d'une *governance*, d'une gouvernance, et non plus d'un *government*, d'un gouvernement. Cette gouvernance est le nom de la domestication de la démocratie par les marchés, et non plus l'inverse. Il s'agit d'une construction institutionnelle historiquement inédite destinée à assurer la conformité d'États-nations jadis souverains aux exigences du marché. Nous avons là une camisole de force enserrant la politique de chaque État pris à titre individuel, afin de la faire se conformer aux conditions du marché. Les attributions de cette construction institutionnelle évoquent les possibilités d'ingérence inédites, certes formellement différentes, que réserve aujourd'hui le droit international, à ceci près que nous n'avons pas affaire avec elles à un *duty to protect*, à un devoir de protéger, mais à un *duty to pay*, un devoir de payer. L'objectif de l'ensemble, qui semble en passe d'être atteint, est d'articuler une dépolitisation de l'économie et une dé-démocratisation simultanée de la politique.

LA CONSOLIDATION FISCALE EN TANT QUE TRANSFORMATION DE L'ÉTAT

La consolidation des finances publiques européennes élaborée en réponse à la crise fiscale se ramène à une transformation, coordonnée par les investisseurs financiers et l'Union européenne, des systèmes étatiques européens. Elle se ramène à une *néoconstitution* de la démocratie capitaliste en Europe, codification des résultats d'une libéralisation économique menée trois décennies durant. L'objectif est ici de lier institutionnellement la politique publique aux principes, propres à la raison économique, de conformité au marché à travers un *engagement unilatéral de volonté* prenant la forme de « règles d'or budgétaires » inscrites dans les Constitutions, mais également à travers un *engagement vis-à-vis de l'extérieur* au moyen d'accords internationaux ou d'engagements relevant du droit communautaire. Il s'agit bien de parvenir à un État doublement ravalé au rôle de garant des rapports de marché, et à une société se contentant de peu, n'attendant rien de l'État, si ce n'est des garanties portant sur la propriété des biens et la liberté — une société qui, en conséquence, ne peut plus se prévaloir de grand-chose.

L'avenir qui se profile aujourd'hui en Europe verra imploser le contrat social qui était celui de la démocratie capitaliste, contrepartie de la transition vers un État de consolidation international s'engageant à la discipline fiscale. Cet État de consolidation impose l'édification d'une grande muraille entre économie et politique — dans le jargon de l'économie financière : *a fire wall*, un pare-feu — afin que les marchés puissent promouvoir leur propre version de la justice sans être inquiétés par des interventions politiques discrétionnaires. La société indispensable à un tel État doit montrer une grande tolérance à l'égard de l'inégalité économique. Sa population surnuméraire, une population ayant définitivement « décroché », doit apprendre à envisager la politique comme s'occupant des classes moyennes, et à ne plus rien attendre d'elle ; d'ailleurs, cette population ne puise pas ses visions du monde et ses identifications propres dans la politique, mais dans les usines à rêves d'une industrie culturelle globale plus que rentable et dont les profits gigantesques servent également à légitimer les productions de plus-values sans cesse plus foudroyantes réalisées par les « vedettes » d'autres secteurs, et en particulier de l'industrie monétaire. Une classe moyenne acquise à une justice fondée sur le principe de rendement et le principe de la concurrence — une classe de détenteurs de capital humain montrant une bien meilleure volonté à s'investir personnellement dans leur ascension sociale individuelle et dans celle de leurs enfants, et entretenant également des normes de consommation si exigeantes que les biens collectifs ne peuvent quasiment rivaliser avec elles — offre, pour sa part, un socle massif à l'émancipation croissante du capitalisme par rapport aux interventions démocratiquement motivées[45].

Il est désormais possible de tirer un certain nombre de conclusions de la consolidation des finances étatiques dans les démocraties riches menée à bien depuis les années 1990. De même, les mesures de consolidation arrimées à l'heure actuelle au droit public et au droit européen présagent l'avenir et auront des répercussions. La première vague de consolidation fiscale s'accompagna d'une libéralisation des marchés de capitaux qui permit à de larges pans de la population de compenser, par des emprunts de natures très diverses, la stagnation, voire la baisse de leurs revenus, ainsi que les coupes effectuées dans les prestations sociales publiques et autres. Il s'agit ici d'une différence importante par rapport à aujourd'hui ! En effet, la crise financière a mis un terme à de telles possibilités de compensation que, par ailleurs, la nouvelle régulation de l'économie financière rend également inenvisageables. Pour cette raison, le passage imminent à un État de consolidation international ne se produira pas seulement sous une pression plus forte encore des « marchés » et des organisations internationales : il se produira aussi, d'une manière ou d'une autre, « sans anesthésie ».

Les processus de consolidation imminents contribueront avant tout, de trois façons, à former sur un mode inédit le système étatique européen et son rapport à l'économie capitaliste :

1. Si les expériences de l'avant-2008 signifient quelque chose, alors la consolidation des finances publiques ne se déroulera à travers des augmentations de recettes qu'à la marge, si tant est qu'elle le fasse sur ce mode : elle sera menée, dans l'ensemble, ou même exclusivement, à travers des réductions de dépenses[46]. Dans le discours officiel, la consolidation est de toute façon presque toujours synonyme, comme si cela allait de soi, de coupes budgétaires. La libéralisation globale, tout particulièrement des marchés de capitaux, fait passer pour tellement irréaliste une imposition plus élevée des hauts revenus et des bénéfices des entreprises internationalement mobiles qu'il n'est même pas question d'en débattre[47]. Des augmentations d'impôts devraient pourtant être imposées afin de contrecarrer la tendance à l'œuvre ces quinze dernières années (diagr. 3.1). Si elles étaient menées à bien, il faudrait cependant s'attendre qu'elles restent limitées pour l'essentiel aux ressources fiscales immobiles, avant tout les charges sociales et les taxes à la consommation ; mais cela signifie qu'elles ne suffiraient guère à financer les dépenses publiques, tant celles-ci sont actuellement élevées.

Dans le même temps, et malgré cela, elles contribueraient à rendre les systèmes fiscaux nationaux plus régressifs encore qu'ils ne le sont déjà.

2. Les réductions des dépenses publiques affectent avant tout ceux qui, en raison de leurs revenus modestes, bénéficient de prestations sociales étatiques. En outre, elles réduisent encore plus l'emploi dans le secteur public et renforcent la pression exercée sur les salaires qui y sont pratiqués. Tout cela s'accompagne de vagues de privatisation supplémentaires et d'une aggravation continuelle des écarts de salaires. L'accès à des prestations de service publiques auparavant égales pour tous, par exemple en matière de santé et de formation, se différencie sans cesse en fonction

Diagramme 3.1

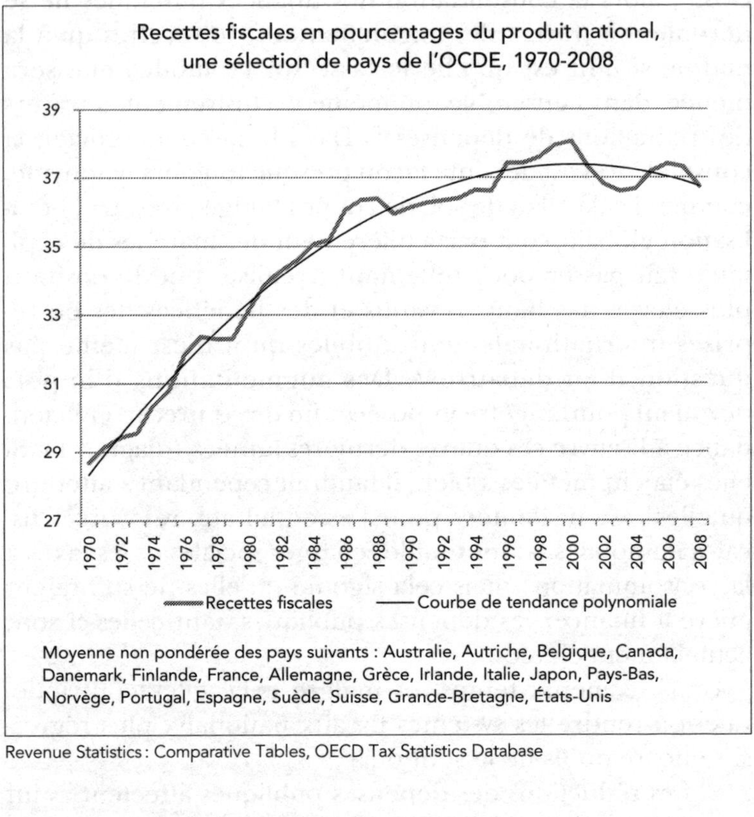

Moyenne non pondérée des pays suivants : Australie, Autriche, Belgique, Canada, Danemark, Finlande, France, Allemagne, Grèce, Irlande, Italie, Japon, Pays-Bas, Norvège, Portugal, Espagne, Suède, Suisse, Grande-Bretagne, États-Unis

Revenue Statistics : Comparative Tables, OECD Tax Statistics Database du pouvoir d'achat des différentes clientèles. Dans l'ensemble, la réduction du volume des dépenses publiques et, avec elles, de l'activité étatique renforce plus encore le marché dans son rôle de mécanisme le plus important de répartition des chances. Elle poursuivra et parachèvera sur ce point le programme néolibéral d'une transformation, ou plutôt d'un démantèlement de l'État providence de l'après-guerre.

3. La réduction des budgets publics aura pour conséquence qu'une partie de plus en plus importante des dépenses totales des États devra être affectée aux engagements de dépenses existants au détriment de dépenses discrétionnaires et de nouveaux programmes destinés à répondre à des situations sociales nouvelles[48]. Cela, quand bien même l'austérité fiscale s'accompagne le plus souvent d'une diminution des droits aux prestations. Dans la mesure où, dans une situation économique mauvaise, ou une situation de vieillissement de la population, le nombre des bénéficiaires de ces prestations augmente, une diminution des droits, douloureusement ressentie par les seuls bénéficiaires, ne signifie pas forcément une diminution correspondante du volume global des dépenses.

Les dépenses d'investissement dévolues à l'infrastructure physique ainsi qu'à la politique familiale, à la formation, à la recherche, et aux politiques actives du marché du travail, qui sont entièrement discrétionnaires, sont concernées de façon tout à fait disproportionnée par une réduction des finances publiques[49]. Ainsi a-t-on observé, aux États-Unis, en Suède et en Allemagne, qu'au cours de la première phase de consolidation budgétaire, dans les années 1990, les investissements publics virent leur part diminuer drastiquement, non seulement dans les budgets, mais aussi dans le produit national (diagr. 3.2). Dans la Grande-Bretagne gouvernée par le New Labour, les investissements publics

Diagramme 3.2

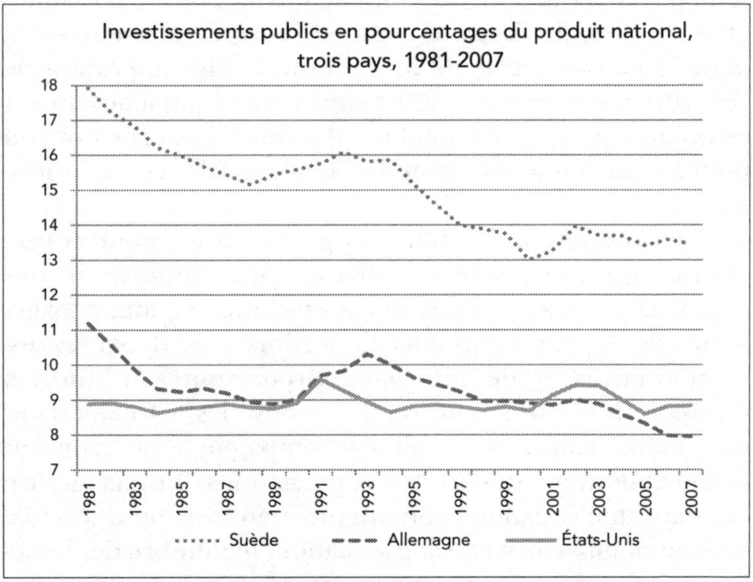

OECD Education at a Glance ; OECD R&D Database ; OECD Social Expenditure Database ; OECD Database on Labour Market Programmes ; OECD Public Educational Expenditure, Costs and Financing : An Analysis of Trends 1970-1988 ; National Accounts Statistics *augmentèrent.* En effet, l'endettement étatique, à cette époque, n'y connut pas de baisse, mais bien une augmentation régulière d'année en année. Le rapport de type positif entre les déficits étatiques, ou plutôt l'endettement étatique, et les investissements publics demeure pertinent même lorsqu'on ignore les dépenses consacrées à l'infrastructure physique et considère uniquement les investissements « sociaux » — les dépenses des États destinées à encourager le capital humain, le capital social et le capital de savoir de leurs sociétés. Cela vaut pour l'Allemagne, où ces dépenses sont tombées depuis 1981 d'un peu moins 8 % à 6,5 % (diagr. 3.3) comme pour la Suède, pays traditionnellement en tête pour ce qui est des investissements sociaux, mais où ces dépenses ont elles aussi reculé, passant de 13 à 10 % (diagr. 3.4) [50].

Le rapport ici mis en lumière ne relève pas d'une évidence impérieuse : au cours de la deuxième phase de consolidation budgétaire, désormais imminente, les États pourraient renoncer à la sclérotisation en cours de la structure des dépenses publiques [51] et maintenir, ou même augmenter leurs investissements sociaux en dépit de la dégradation des déficits. Mais les expériences de l'avant-2008 laissent deviner à quel point un tel projet serait astreignant. Elles incitent à penser qu'une consolidation fiscale équivaudra, avec une probabilité élevée, à une privatisation accélérée des systèmes de prévoyance, dans le sillage du tournant néolibéral, et en parallèle à une réduction sans cesse plus importante des dépenses publiques destinées à répondre aux droits historiques de cohortes de citoyens et d'électeurs retraités. Réduction qui n'aura de cesse que l'État providence traditionnel ne tire un trait sur sa *constituency*, cette population à l'endroit de laquelle il se considère tenu [52]. Cette disparition progressive des marges de manœuvre qui étaient jusqu'alors la source de la décision politique

Diagramme 3.3

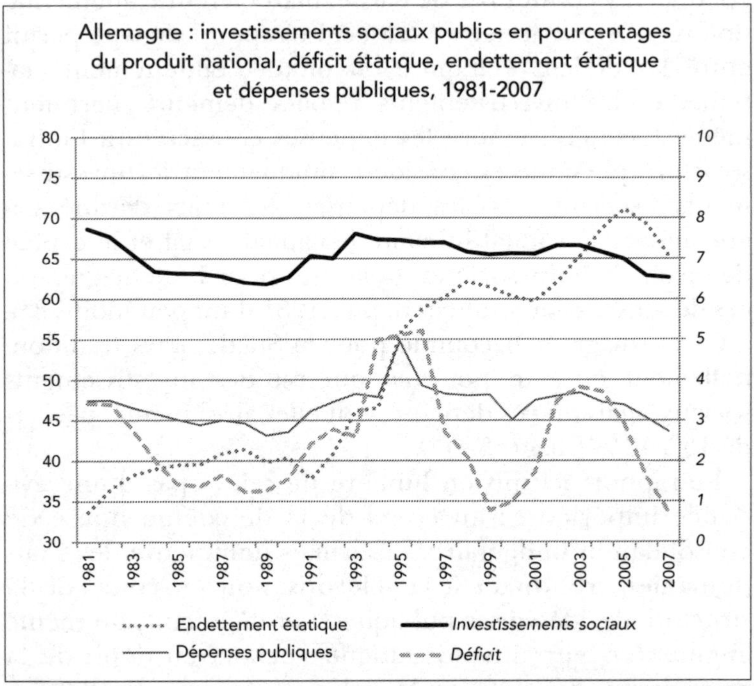

OECD Education at a Glance ; OECD R&D Database ; OECD Social Expenditure Database ; OECD Database on Labour Market Programmes ; OECD Public Educational Expenditure, Costs and Financing : An Analysis of Trends 1970-1988 ; OECD Economic Outlook : Statistics and Projections, publications en cours

Diagramme 3.4

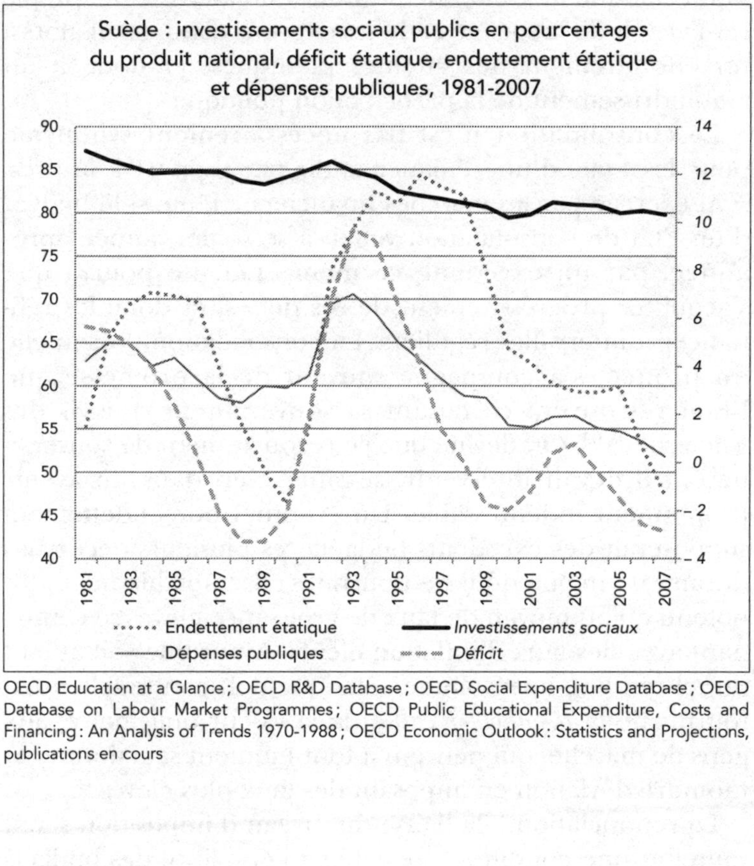

OECD Education at a Glance ; OECD R&D Database ; OECD Social Expenditure Database ; OECD Database on Labour Market Programmes ; OECD Public Educational Expenditure, Costs and Financing : An Analysis of Trends 1970-1988 ; OECD Economic Outlook : Statistics and Projections, publications en cours et la réduction progressive des possibilités pour une politique étatique de traiter de nouvelles situations et de préparer l'avenir de la société et de ses citoyens conduisent alors à un effondrement des attentes politiques, et donc à un amoindrissement de la participation politique.

La consolidation n'est pas nécessairement synonyme pour les États d'une émancipation par rapport à la pression exercée par les marchés financiers. Même si le budget d'un État de consolidation venait à se solder, année après année, par un excédent, ce même État ne pourra que s'acquitter progressivement de ses dettes, et donc les refinancer à intervalles réguliers. La consolidation, lorsqu'elle est prônée, s'accompagne souvent de la promesse que l'État retrouvera ce faisant sa souveraineté vis-à-vis des « marchés »[53]. On devine que ce recouvrement de souveraineté, s'il devait intervenir, se situe bien dans un avenir proprement indéfinissable. Un éventuel non-endettement supposerait des excédents budgétaires plusieurs décennies durant, de même qu'il ne pourrait vraisemblablement être obtenu qu'au moyen de taux de croissance élevés se combinant avec des taux d'inflation élevés. Avant que soit atteint un tel résultat, une politique étatique doit continuellement fournir de la *bondholder value*, de la valeur obligataire, aux gens de marché, qui peuvent à tout moment sanctionner la moindre déviation en imposant des taux plus élevés[54].

La renonciation à la baisse du niveau d'imposition serait toutefois une condition préalable à l'équilibre des budgets publics sur la longue durée. Mais on ne saurait attendre cela d'un État de consolidation. Comme le montre le passage, aux États-Unis, de la présidence Clinton à la présidence de George W. Bush, des excédents budgétaires peuvent servir de justification à des baisses d'impôts, donc au creusement de nouveaux déficits qui, ensuite, durent être comblés par des réductions supplémentaires de dépenses afin de retrouver une situation excédentaire[55]. D'une action conjuguée de réductions des dépenses et de baisses d'impôts, nous pouvons inférer que la consolidation des finances publiques dans l'État de consolidation n'est pas un objectif en soi, mais bien plutôt une étape vers le démantèlement général de l'État et de ses interventions dans le marché. Cette consolidation des finances étatiques est donc menée à bien en tant que partie intégrante d'un programme de dénationalisation et de privatisation néolibéral. Sous les augures d'un régime d'austérité, des excédents budgétaires donnent une raison de « rendre aux citoyens ce qui leur revient » (George W. Bush). De cette façon, une politique de consolidation se soutiendra d'elle-même — et les citoyens, qui ont toujours moins à attendre de l'État, et qui doivent pour cette raison toujours plus compter sur eux-mêmes, seront en conséquence toujours moins disposés à payer leurs impôts. Des dépenses publiques en forte baisse conduisent ainsi à des recettes en forte baisse, donc à des réductions de dépenses supplémentaires puisque l'endettement de l'État débiteur tend à s'aggraver. Cette atrophie continuelle de la participation de l'État à l'économie nationale sert les intérêts de ceux qui investissent dans les dettes étatiques résiduelles : plus basse est l'imposition d'une économie nationale, plus il devrait être facile pour l'État de garantir au besoin, à travers des augmentations d'impôts à court terme, le service de la dette vis-à-vis de ses créanciers[56].

CROISSANCE : BACK TO THE FUTURE

Depuis le début de la crise, en 2008, la politique européenne est le théâtre d'un déchaînement d'événements, tels que, par exemple, le remplacement de chefs de gouvernement démocratiquement élus comme Papandreou et Berlusconi par des représentants de l'économie financière mis en place par la « communauté des États » européenne — des événements qu'il aurait tout bonnement été impossible de se figurer jusqu'alors. Il est attendu de l'opinion publique, pour autant qu'il y en ait encore une, qu'elle oscille entre renoncement à comprendre et amnésie. Toutefois, après les élections grecques et françaises de 2012, il fut soudainement possible de parler de « programmes de croissance » européens, et d'affirmer que l'austérité, si elle doit conduire à la consolidation, devrait être complétée par lesdites « composantes de la croissance » financées au moyen de crédits publics ou privés.

La fin de la présidence Sarkozy ne fut pas la seule raison du tournant — un tournant qui ne fut cependant que de courte durée — de la politique de crise européenne en matière de croissance. Les autres raisons de ce tournant furent le renforcement temporaire des gauches radicales qu'autorisèrent les élections grecques, ainsi que les résistances de plus en plus importantes qui se manifestèrent en Italie contre la politique du gouvernement Monti. Même en Allemagne, un État de consolidation aux contours toujours mieux reconnaissables finit par susciter une certaine mauvaise humeur. Si la réitération des promesses de croissance datant des temps glorieux du capitalisme de l'après-guerre put y remédier à court terme, un facteur, apparu au mois de juin 2012 pour la première fois, se révéla décisif : la Grèce, l'un des pays débiteurs de la périphérie européenne, se dota d'un gouvernement qui ne se sentit en rien un obligé du noyau ouest-européen, et pouvait décider unilatéralement d'annuler les dettes étatiques. Dans un tel cas de figure, la France tout particulièrement, et l'Allemagne dans une moindre mesure seraient dans l'obligation de sauver de la faillite leurs systèmes bancaires privés, très exposés vis-à-vis de la Grèce, au moyen de perfusions supplémentaires de deniers publics. L'annonce d'un dit « train de mesures en faveur de la croissance » visait donc à faire comprendre à la Grèce qu'il lui fallait renoncer à une stratégie qui, d'un point de vue ouest-européen, avait tout d'un attentat-suicide financier[57].

La poussée de la gauche en Grèce ouvrant pour la première fois une possibilité réelle que le pays puisse se retirer de l'Union européenne, le prix que les Européens de l'Ouest étaient disposés à acquitter pour que la Grèce reste dans l'Union renchérit d'autant. On peut toutefois douter que les programmes de soutien budgétaire adoptés le 28 juin 2012 aient pour effet une croissance quelconque. La nouvelle politique de croissance alors promise semble en vérité, en tant que telle, aussi irréaliste que celle qui la précéda. Après tout, des programmes de croissance européens furent élaborés des décennies durant, et dans des proportions qui étaient tout sauf modestes, non seulement pour la Grèce, mais également pour l'Espagne et le Portugal, particulièrement lorsque ces trois pays sortirent de leurs régimes fascistes et optèrent pour une démocratie parlementaire sur le modèle de l'Europe de l'Ouest. Jusque dans les années 1990, l'Union européenne finança, au moyen de ses divers fonds structurels et fonds de cohésion, la part du lion des investissements infrastructurels publics de ces trois pays méditerranéens. Ces financements servirent également, dans une logique de donnant-donnant, à « récompenser » la décision de ces pays de renoncer à s'engager dans une voie de développement eurocommuniste qui, dans les années 1970, ne semblait pas entièrement irréaliste. Ces financements intervinrent aussi dans l'espoir commun de parvenir à une convergence économique et sociale rapide avec l'Allemagne, la France et l'Italie du Nord. Une telle convergence se fit pourtant attendre, et n'était toujours pas atteinte lorsque, dans les années 1990, les subventions en provenance d'Europe de l'Ouest furent toujours plus maigrement versées (diagr. 3.5)[58] — pas seulement parce qu'elles devaient être désormais partagées avec les jeunes démocraties est-européennes (diagr. 3.6), et parce que l'Allemagne était accaparée par sa « reconstruction de l'Est », mais aussi parce que les pays riches, à cette date-là, entraient, comme chacun sait, dans leur première phase de consolidation fiscale.

Que se passa-t-il ensuite ? Il fut mis en œuvre, en politique extérieure, une sorte d'équivalent du « keynésianisme privatisé[59] » qui l'avait été par les États-nations, dans leurs politiques intérieures, au cours des années 1990. Les transferts étatiques jusque-là pratiqués furent alors relayés par des possibilités améliorées de recours aux crédits, cette fois-ci en matière interétatique, et non plus simplement en matière de politique étatique intérieure. Lors de la préparation du lancement de l'euro, que l'Allemagne accepta en contrepartie de l'assentiment de la France à la réunification de 1990, il fut décidé très tôt que l'Union monétaire européenne ferait office, pour les trois pays membres méditerranéens économiquement en retard, d'une sorte de programme de croissance et de convergence dans le cadre duquel l'accès assuré aux marchés ouest-européens et l'exclusion des risques monétaires pour les investisseurs étrangers devaient présider à un développement rapide de leurs économies nationales. Dans un premier temps, les intérêts que les gouvernements des pays méditerranéens devaient acquitter pour le financement de leurs déficits budgétaires et le refinancement de leurs dettes étatiques qui allaient s'alourdissant baissèrent rapidement, avant même que ne soit instaurée l'Union monétaire. Mais, lorsque celle-ci fut officiellement lancée, ces intérêts avaient pratiquement atteint

Diagrammes 3.5 et 3.6

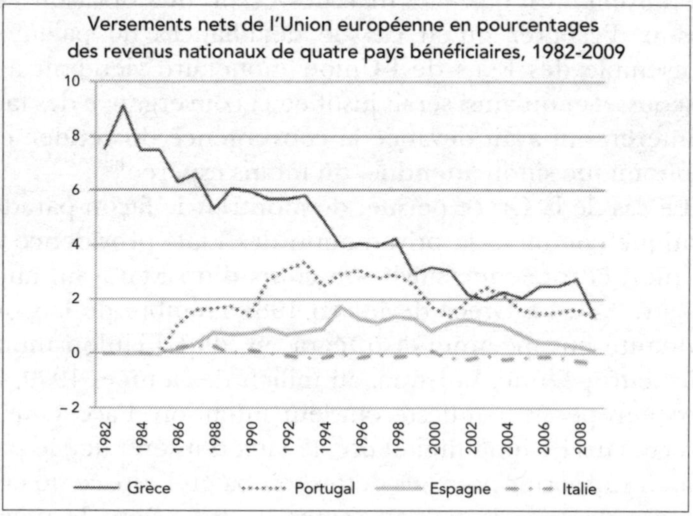

Commission européenne : rapport financier sur le budget de l'Union européenne ; OECD National Accounts Statistics

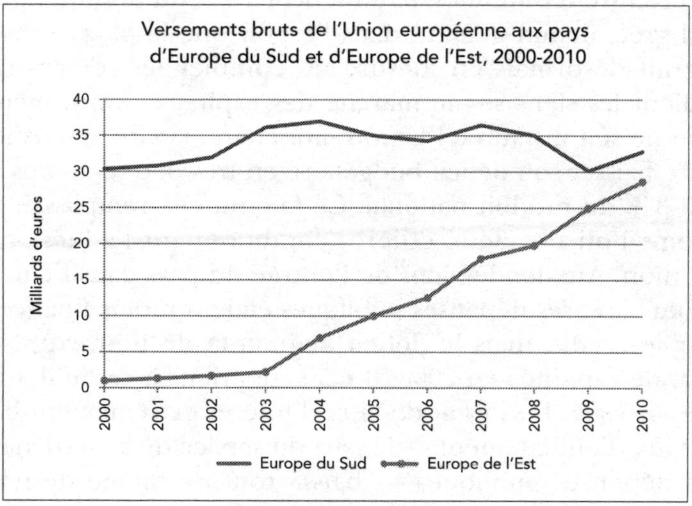

Commission européenne : budget 2010 de l'Union européenne – rapport financier

le niveau de ceux que l'Allemagne devait acquitter (diagr. 3.7). La raison en est que « les marchés » crurent alors avoir une raison d'espérer qu'en cas de défaillances de paiement l'ensemble des États de l'Union monétaire viendrait à la rescousse, et qu'ainsi serait justifiée la convergence des taux d'intérêt, qui avait devancé la convergence du rendement économique sinon attendue, du moins espérée[60].

Le cas de la Grèce permet de montrer de façon paradigmatique comment la privatisation des États providence de l'Union européenne suivit son cours d'un État à un autre (diagr. 3.8). La Grèce devint en 1981 membre de la Communauté européenne, et intégra en 2001 l'Union monétaire européenne. Lorsque, au milieu des années 1990, les pays européens manifestèrent leur intention d'accueillir la Grèce dans l'Union monétaire, le taux d'intérêt que le pays avait à supporter pour ses dettes tomba en l'espace de cinq années de 17 % à un peu moins de 6 %. Dans le même temps, les versements nets de l'Union européenne à la Grèce furent diminués, passant de 4 à 2 % du produit national grec, manifestement dans l'espoir que le pays se montrerait désormais en mesure de combler les retards qui étaient les siens sur le marché des capitaux. Avant même que ne soit instaurée l'Union monétaire, la Grèce réussit à faire baisser son déficit budgétaire en très peu de temps de 9 à 3 % du produit national. Ce faisant, elle remplissait au moins l'un des deux critères conditionnant l'adhésion à l'Union. Aux lendemains de l'entrée du pays dans l'Union monétaire, ses dépenses publiques étaient moins financées par le crédit, mais le déficit augmenta de nouveau avec grande rapidité : en 2008, il était supérieur à ce qu'il avait été en 1995. En raison de taux d'intérêt extrêmement bas, le taux d'endettement — la part du service de la dette dans les dépenses publiques — baissa tout de même de nouveau ; l'endettement public, qui s'était situé au moment de

Diagrammes 3.7 et 3.8

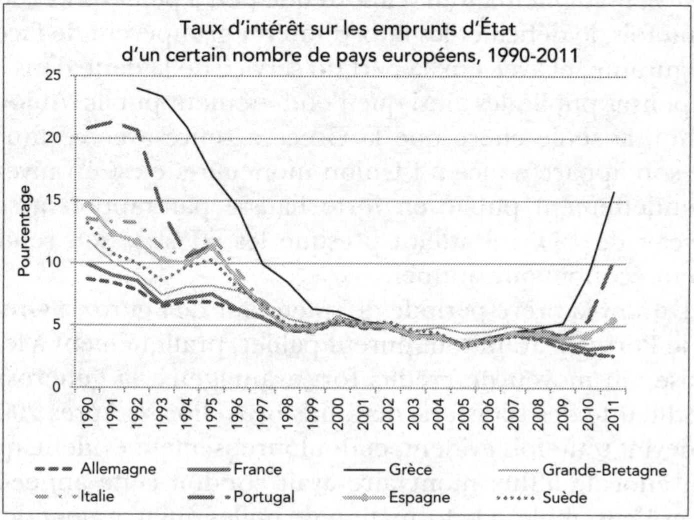

OECD Economic Outlook : Statistics and Projections, publications en cours

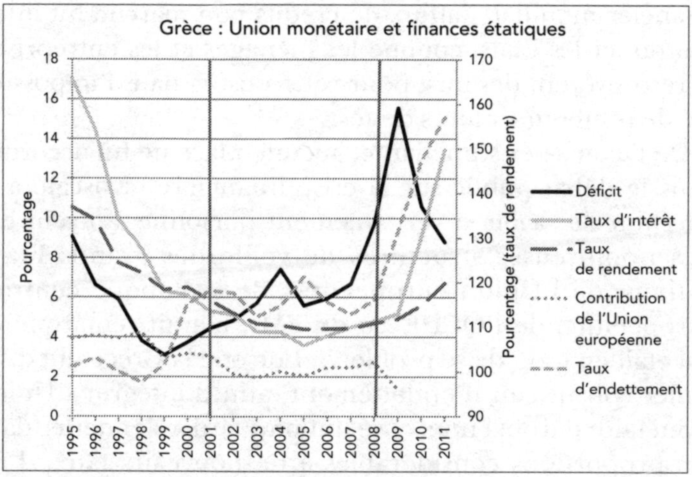

Commission européenne : rapport financier sur le budget de l'Union européenne ; OECD National Accounts Statistics ; OECD Economic Outlook : Statistics and Projections, publications en cours

l'entrée en vigueur de l'Union monétaire à un peu plus de 100 %, n'augmenta tout d'abord que peu à peu. Après 2008, toutefois, le déficit et les taux d'intérêt grimpèrent de façon fulgurante, et avec eux la part du service de la dette dans les dépenses publiques ainsi que l'endettement public. Aujourd'hui, la seule chose que la Grèce a retiré avec certitude de son appartenance à l'Union monétaire, c'est un niveau d'endettement public en forte hausse par rapport à son niveau de 1995 : il atteint presque les 60 % de son rendement économique annuel.

Durant la brève période de splendeur de l'euro, la Grèce et le Portugal avant tout purent pallier, pratiquement à leur guise, au moyen de crédits fort avantageux, la générosité déclinante des transferts de fonds bruxellois[61]. Après 2008, il devint toutefois évident, et douloureusement évident, que cet énorme afflux monétaire avait conduit cette année-là, dans l'ensemble, à la formation de bulles qui n'avaient de la croissance que l'apparence : en raison de la crise du système financier mondial, l'afflux de crédits bon marché fut interrompu, et les États, comme les ménages et les entreprises, se retrouvèrent dès lors, pour cette raison, dans l'impossibilité de rembourser leurs dettes.

De façon assez stupéfiante, aucune place ne fut accordée dans le débat public sur la crise financière et fiscale à la question de savoir si véritablement personne, au sein des très nombreuses structures de veille des grands États-nations, de l'Union européenne, de la Banque centrale européenne, de l'OCDE ou du FMI, n'avait remarqué ce qui était en train de se profiler… Lorsque la Grèce dut dissimuler son niveau d'endettement, afin d'intégrer l'Union monétaire européenne, et se mit plus tard à s'endetter dans des proportions considérables à de nouveaux taux, d'un niveau fort bas, ce fut la banque d'investissement américaine Goldman Sachs qui l'aida, comme chacun sait, à enjoliver ses comptes, moyennant — comme à l'habitude avec elle — des tarifs exorbitants[62]. Il ne semble guère croyable que personne, dans les rangs de la communauté financière internationale, extraordinairement « mise en réseau », n'ait pressenti la catastrophe à venir. Le gouverneur de la Banque de Grèce, la banque centrale grecque, était à ce moment-là l'économiste Loukás Papadímos. Après qu'il eut fait son travail, il fut nommé vice-président de la Banque centrale européenne (et, en 2011, comme chacun sait, Premier ministre de la Grèce, en tant qu'« expert » apolitique, venant de l'extérieur et ayant pour tâche de garantir par des « réformes » la solvabilité de son pays vis-à-vis de ses créanciers). Faut-il croire qu'après sa promotion à Francfort ses contacts avec son pays natal cessèrent tout à fait ? Doit-on croire qu'à partir de ce moment il ne fut plus en mesure de s'informer du niveau d'endettement réel de la Grèce ? À peu près à l'époque où Papadímos intégrait la Banque centrale européenne, Mario Draghi, vice-président de Goldman Sachs, en charge du marché européen, était nommé gouverneur de la Banque d'Italie, occupant donc dès lors à ce titre un siège au Conseil des gouverneurs de la Banque centrale européenne, son principal organe de décision. Il est peu probable que ce changement d'affectation ait été accompagné d'un accès d'amnésie… Il est en revanche plus certain que la classe politique et la *haute finance*[63] aient été toutes deux plus que satisfaites de voir les transferts interétatiques remplacés, avec l'aval de l'Union monétaire, par des crédits bénéficiant aux États pris à titre individuel : la classe politique parce que sa marge de manœuvre fiscale était plus que réduite, et l'industrie monétaire parce que de nouveaux marchés s'ouvrirent à elle, et parce qu'elle était autorisée à croire qu'en définitive, dans le pire des cas, les États membres riches prendraient en charge les dettes des États membres pauvres, et placeraient à l'abri de tout sinistre les établissements financiers d'Europe et d'Amérique.

À la lumière des expériences antérieures à la crise, la programmatique de la « croissance » momentanément entrée dans le jeu européen à la suite des élections grecques et françaises de 2012 peut sembler ne relever que du symbolique pur[64]. Nul n'ignore désormais que la marge de manœuvre fiscale des pays du noyau de l'Europe susceptibles de financer des « impulsions de croissance » est aujourd'hui bien plus étroite que celle dont ils bénéficiaient encore dans les années 1990, *et* que les crédits proposés par le marché des capitaux ne sont plus disponibles dans les proportions et aux conditions qui avaient alors été les leurs. Si les moyens étaient déjà à l'époque insuffisants pour amorcer, dans les pays de la périphérie européenne, un peu plus qu'une apparence de croissance, comment le pourraient-ils aujourd'hui ? Le seul effet des mesures d'encouragement de la croissance qu'on laissa entrevoir à l'été 2012 consista à aider le nouveau gouvernement français à sauver la face, et à donner aux gouvernements des États périphériques l'espoir que de l'argent frais leur serait versé, peu importe d'ailleurs dans quelles modestes proportions, afin de leur permettre d'entretenir leurs appareils et de passer telle ou telle commande à leurs clientèles[65].

Par ailleurs, seule vaut plus que jamais dans une Europe unifiée la conviction néolibérale que l'unique « politique de croissance » qui mérite ce nom consiste en l'élimination des organisations et institutions limitant le marché et la concurrence, qu'il s'agisse des cartels, des chambres de commerce, des syndicats et des compagnies de taxis[66], ou qu'il soit question de salaire minimum et de protection de l'emploi. De cela seul il était et demeure question lorsque les créanciers attendent aujourd'hui des États débiteurs des « réformes structurelles ». À cet égard, affirmer que des mesures d'encouragement de la croissance étaient dès le départ partie intégrante de la politique d'assainissement est fondé dans les faits. La dérégulation en tant que programme de croissance a pour avantage politique considérable que personne ne peut attendre sérieusement qu'elle fasse des miracles à court terme — et que, si des miracles ne se produisent pas non plus sur le long terme, l'explication en sera que, dans un monde qui n'est pas parfait, la dose n'était pas suffisante. Dans l'intervalle, et afin que le patient se tienne tranquille pendant qu'on lui administre la très amère potion, la démocratie devra être suspendue autant que possible, grâce, par exemple, à des désignations de « gouvernements d'experts ». Au besoin, il sera également possible de donner à la dérégulation un visage humain à travers des dons d'argent symboliques, et ce en fonction du type de programme de croissance. Dans les circonstances actuelles, l'imposition ostensible de la dérégulation à un État débiteur est déjà, en tant que telle, en bonne mesure, de grande valeur, qu'elle ait ou non des effets en termes de croissance, car elle contribue à générer de la confiance au sein des « marchés » tout en leur prouvant que l'État est capable de brider son peuple comme ils l'attendent de lui.

UNE DIGRESSION : LES PROGRAMMES DE CROISSANCE RÉGIONAUX

Pourquoi les moyens financiers, tout sauf insignifiants, que l'Union européenne a fait affluer jusque vers la fin des années 1990 dans les futurs États débiteurs de l'espace méditerranéen n'ont-ils pas amorcé une croissance économique durable ? Le discours technocratique de la « relance » d'une économie malade — quelles qu'en soient les raisons — ignore le fait que la croissance économique n'exige pas seulement des configurations institutionnelles, mais aussi des conditions socio structurelles et culturelles qui ne sont pas universellement données, et qui, tout particulièrement, ne sont pas instaurables par des conseils de ministres. Les États et les gouvernements qui avaient pour ambition de stimuler la croissance économique dans des régions en retard ont toujours plus misé sur des instruments du type subventions pour les coûts salariaux directs, subventions à la création d'entreprise, aides financières à l'investissement, amortissements exceptionnels, allégements fiscaux ou encore investissements publics dans l'infrastructure à l'échelon local… Dans tous les cas, de telles interventions se révélèrent extrêmement coûteuses et ne se montrèrent efficaces, à l'aune de leurs objectifs déclarés, que sur le long terme, voire en aucun cas… Le Mezzogiorno italien et les « nouveaux Länder » de l'après-1990 en sont des exemples.

Pour ce qui est de l'Italie : l'État central et les communautés européennes avaient investi à partir de l'après-guerre des sommes considérables afin de soutenir le développement économique de la moitié sud du pays, sans que l'écart entre le Nord et le Sud en ait été réduit durablement. Si le revenu par tête dans le Mezzogiorno[67] au début des années 1950 était inférieur de plus de la moitié aux revenus moyens italiens, cet écart, à la fin de la croissance de l'après-guerre, soit jusqu'à 1970 environ, se réduisit à 33 % à peu près (diagr. 3.9). Par la suite, cet écart s'élargit à nouveau jusqu'au milieu des années 1990, jusqu'à atteindre pratiquement 45 %, pour ensuite se réduire légèrement jusqu'à atteindre en 2008 les 41 %[68].

Diagramme 3.9

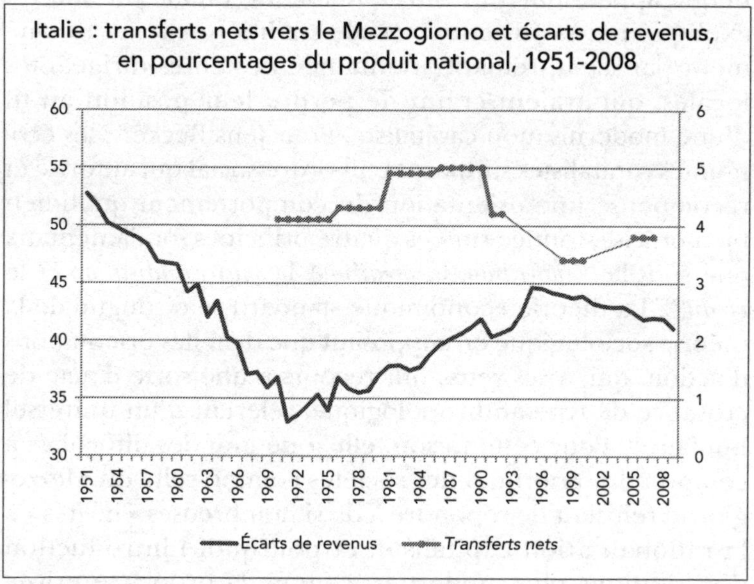

Vittorio Daniele, Paolo Malanima (2007) : « Il prodotto delle regioni e il divario Nord-Sud in Italia (1861-2004) », *Rivista di Politica Economica*, p. 267-316 ; Istat

Dans la littérature des sciences sociales, le retard économique apparemment insurmontable de l'Italie du Sud est expliqué par sa structure sociale traditionnelle, et notamment par la suprématie inentamée des élites dirigeantes locales, qui avaient craint de perdre leur position au fil d'une modernisation capitaliste. Pour Jens Beckert, les économies capitalistes supposent un ordre social qui autorise et récompense une orientation du comportement quotidien bien précise, fondée sur ces quatre principes fondamentaux que sont la *compétition*, la *créativité*, la *marchandisation* et le *crédit*[69]. La théorie économique standard se distingue de la théorie sociologique en supposant que de telles orientations d'action, qui, à ses yeux, ont recours à une sorte d'acte de croyance de type anthropologique, relèvent d'un universel humain[70]. Pour cette raison, elle a de grandes difficultés à comprendre pourquoi des sociétés comme celle du Mezzogiorno refusent de répondre à de si nombreuses « invites » à la rationalisation capitaliste, et pourquoi l'introduction d'institutions plus modernes, comme la propriété privée capitaliste, ne suffit pas à elle seule à amorcer dans ces sociétés une modernisation capitaliste.

Combien exactement l'État-nation italien et la communauté des États européenne ont déboursé afin d'encourager le développement régional dans le Mezzogiorno et la convergence nationale en Italie, même les spécialistes ne peuvent le dire, car les méthodes de calcul furent constamment modifiées, et parce que les institutions compétentes furent en permanence réformées[71]. La meilleure estimation disponible évalue à l'heure actuelle les transferts nets réalisés au profit du Mezzogiorno à environ 4 % du produit national italien. Cependant, un niveau maximum d'à peu près 5 % fut atteint à la fin des années 1980. Par la suite, au cours de la première phase de consolidation des finances publiques italiennes, ce montant baissa, à la fin du siècle, à

3,4 % (diagr. 3.9) [72]. Malgré ces moyens financiers considérables, l'exemple de l'Italie du Sud montra avec éclat que les programmes de développement régionaux peuvent être mis en échec par les configurations politiques et sociales. Aujourd'hui, tout le monde ou presque s'accorde pour dire que les aides au développement allouées par l'État central italien furent absorbées par les structures de pouvoir locales, et servirent à renforcer les rapports de domination locaux, des rapports de type traditionnel-clientéliste. Dans le même temps, les partis qui jouent un rôle de pilier de soutènement de l'État central, et tout particulièrement la *Democrazia Cristiana*, la démocratie chrétienne, apprirent à détourner les moyens étatiques qui étaient précisément affectés au développement économique régional, et ce afin d'acheter du soutien politique, notamment par l'achat de suffrages. Le fait que les transferts massifs vers le Sud aient été aussi longtemps tolérés par les électeurs du Nord ne fut possible que parce que les partis de gauche convinrent également que la création de conditions de vie quasiment similaires dans toute l'Italie constituait un impératif de solidarité nationale — et parce que la politique régionale italienne fut dès le départ soutenue massivement par l'Union européenne [73]. L'arrêt de ce soutien dans les années 1980 contribua à attirer l'attention de l'opinion publique sur le fait que les dépenses destinées au « développement » du Mezzogiorno n'avaient au bout du compte même pas pu empêcher l'écart entre les différentes parties du pays de s'élargir continûment depuis plus d'une décennie… La résistance contre des programmes d'aide supplémentaires grandit depuis. L'ascension de la Ligue du Nord, ce parti régional sécessionniste, en fut la manifestation la plus évidente.

Le cas italien montre qu'une politique de croissance et de développement régionale, telle qu'elle est aussi envisagée, sur le mode rhétorique, pour l'Union monétaire, doit apporter une solution à deux problèmes étroitement reliés. Le *premier* problème consiste à mettre en œuvre, dans une structure sociale traditionnelle, les moyens nécessaires au renforcement du développement économique, de sorte qu'ils mettent en branle une croissance qui se porte elle-même, rendant à terme l'attribution de ces moyens superflue. Pour le dire autrement, il s'agit de déployer les aides financières sur le mode de l'investissement et non sur le mode de la consommation, même si une distinction de la sorte pourrait être difficilement opérable au cas par cas. La probabilité que l'on réussisse un jour à apporter une solution aux *problèmes d'efficience* de la politique régionale dépend en conséquence de la bonne volonté en la matière des régions qui ont à mobiliser ces moyens, et de leur capacité à se comporter « solidairement » sur ce point. Le *second* problème qui se pose consiste à déterminer qui doit exercer le contrôle sur l'utilisation des aides à la croissance, ou plutôt consiste à décider comment ce contrôle doit être réparti entre les instances donatrices centrales et les instances destinatrices locales — autrement dit, entre le centre et la périphérie. Un contrôle excessivement local peut conduire à ce que les moyens engagés soient utilisés sur le mode de la consommation et non de l'investissement. Un contrôle excessivement centralisé encourt le risque de mécomprendre les configurations locales. Le problème à résoudre ici est un problème de *gouvernabilité*. Les facteurs entrant en ligne de compte sont, entre autres, la configuration politique et juridique des organismes étatiques décentralisés, le type de leur raccordement institutionnel avec le centre, la structure sociale régionale et le degré de dépendance politique du centre à un soutien par la périphérie.

Pour ce qui est de l'Allemagne, la crainte se fit fréquemment sentir après la réunification que les « nouveaux Länder » ayant auparavant composé la République démocratique allemande ne deviennent un « Mezzogiorno allemand ». Au cours des deux décennies qui suivirent, le gouvernement fédéral engagea des moyens considérables pour que les conditions de vie et la compétitivité à l'Est entrent en harmonisation avec celles en vigueur à l'Ouest. Là encore, on soupçonna peu à peu que l'aide accordée était utilisée pour la consommation plutôt que pour l'investissement. Au début de l'année 1994, les écarts de revenus entre les deux parties du pays étaient tombés d'un peu moins 60 % à 33 % du produit national (diagr. 3.10). Puis ils se stabilisèrent une décennie et demie durant, jusqu'à ce que l'écart s'amenuise à nouveau de six points. Cela s'accompagna de transferts nets annuels qui, entre 1995 et 2003, augmentèrent, pour passer de 2,8 % du produit national à environ 4 %, et qui ensuite baissèrent de nouveau, jusqu'à passer sous les 3 %. En 2012, ces transferts nets étaient d'à peu près 3,3 % du produit national, se situant donc à un demi-point environ au-dessous du niveau de l'Italie. Étant donné que la population des « nouveaux Länder » ne représente qu'un peu plus de 20 % de la population totale de la République fédérale, alors que celle du Mezzogiorno italien représente depuis des décennies à peu près 35 % de la population italienne totale, les moyens mis en œuvre en Allemagne ne furent pas simplement plus facilement mobilisables : la population qui en bénéficia était aussi relativement moins nombreuse. Approximativement calculé, entre 6 et 7 % du produit national auraient été en Italie nécessaires pour atteindre un niveau de transfert effectif correspondant à celui atteint en Allemagne.

Mais, contrairement à l'Italie, l'écart entre la partie riche de l'Allemagne et sa partie pauvre était véritablement sans conteste moins important (en Italie, cet écart se situait, au moment du déclenchement de la crise, à peu près au

Diagramme 3.10

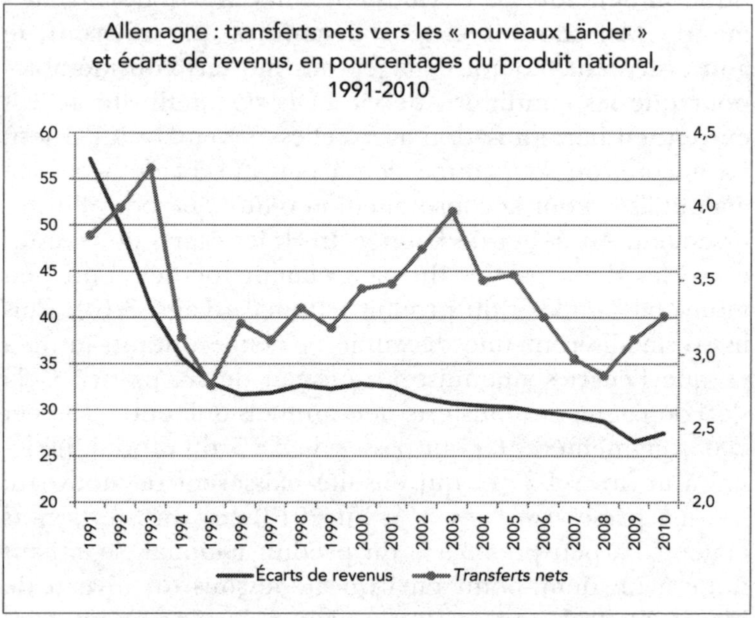

Groupe de travail VGR der Länder [Calculs globaux de l'économie nationale] : produit intérieur brut, création de valeur brute dans les Länder et grandes régions Est-Ouest de l'Allemagne de 1991 à 2010 ; ifo Dresde, communication à l'auteur niveau de ce qu'il avait été en 1990, soit 41 %, c'est-à-dire une fois et demie plus important qu'en Allemagne) ; pour autant, il est impossible d'affirmer que cet écart s'est réduit jusqu'à aujourd'hui. Le gouvernement fédéral devra donc s'accrocher encore dans un avenir proche à un « devoir de solidarité » qui avait été instauré après la réunification sous la forme d'une majoration à l'impôt sur le revenu, en dépit du rapport démographique entre la partie pauvre du pays et sa partie riche, un rapport plus propice comparé à celui que l'on trouve en Italie[74]. Le retard économique des Länder de l'ancienne RDA, qui se maintient avec entêtement en dépit de transferts de fonds énormes[75], est d'autant plus notable qu'il n'y existait pas au moment de la réunification, contrairement à l'Italie du Sud, de structures de pouvoir établies qui auraient pu s'opposer à une modernisation capitaliste, et avec lesquelles l'État national aurait été obligé de composer. Ce n'était pas seulement que la classe dirigeante communiste était parfaitement discréditée. S'ajoutait à cela, lorsqu'on élargit un peu plus la focale historique, le fait que l'ancienne aristocratie terrienne qui avait régné sur de grandes parties de l'Est allemand — et qui partageait beaucoup dans sa structure avec les rapports constatables en Sicile et en Calabre — avait été d'abord démantelée par les nationaux-socialistes après le complot du 20 juillet 1944[76], puis continué de l'être par l'occupation soviétique et le Parti socialiste unifié d'Allemagne, le SED. En effet, il ne pouvait alors être question qu'un héritage des temps féodaux[77] vienne faire obstacle au progrès économique.

La question consistant à savoir dans quelle mesure la lenteur du rapprochement des Länder de l'Est avec ceux de l'Ouest après 1995 doit être attribuée à l'Union monétaire, au taux de change initial de la monnaie de RDA, qui était de 1 pour 1, et à l'extension de l'État social ouest-allemand à l'Est, est encore sujette à controverses. Beaucoup, à l'Est, considérèrent, et considèrent aujourd'hui encore, que les mesures prises alors se résumèrent à de l'achat de voix par le gouvernement Kohl. En cela, ces mesures seraient tout à fait comparables aux pratiques italiennes en vigueur dans le Mezzogiorno. Nombre d'éléments incitent à penser que l'ampleur considérable des transferts de fonds devenus nécessaires les années qui suivirent doit être expliquée en grande partie par le choc provoqué par l'unification monétaire et sociale. Il est certain que le soutien financier extrêmement onéreux apporté aux « nouveaux Länder », auquel l'électorat n'avait pas été préparé[78], ne put être politiquement poursuivi — en dépit de la promulgation, dans la Constitution, que des « conditions de vie équivalentes » devaient être instaurées dans toutes les parties du pays — que parce que apparut un sentiment d'union et d'engagement national fort, auquel personne ne s'était attendu.

Les leçons apprises du cas italien et du cas allemand ne sont pas encourageantes pour les « programmes de croissance » de l'Union européenne adoptés à l'été 2012 et destinés aux États débiteurs du Sud. La Grèce, le Portugal, l'Espagne et d'autres pays susceptibles d'avoir besoin d'une aide financière sont des États-nations, et non des Länder ou des provinces d'un État central... Leurs gouvernements et leurs partis sont, pour la Commission européenne ou pour le Parlement européen, moins encore contournables que ne le sont les dirigeants régionaux pour les gouvernements des États-nations[79]. La Commission européenne a toujours cherché à ce que les mesures prises en matière de politique régionale échappent aux États-nations ; elle n'y a cependant jamais réussi. Tout ce qui vaut pour l'Italie vaut pour cette raison aux échelons supérieurs et, par analogie, vaut aussi, dans une mesure plus grande encore, pour l'Union européenne. S'ajoute à cela le fait que, contrairement à l'Italie et à l'Allemagne, l'Union européenne manque d'un sentiment communautaire historiquement ancré qui permettrait d'instaurer un minimum de complicité entre les États bailleurs de fonds et les États bénéficiaires. Bien au contraire, les identifications nationales peuvent être à tout moment mobilisées pour, d'un côté, délégitimer les prestations « solidaires » exigées en les présentant comme imméritées, et, de l'autre, pour délégitimer les cahiers des charges imposés aux « bénéficiaires » en les faisant passer pour des ingérences impérialistes.

Afin d'évaluer quels travaux d'Hercule en matière de politique régionale devraient être menés à bien pour venir en aide aux pays en crise de l'espace méditerranéen, sans les faire pour autant retomber à nouveau dans une Union monétaire avec l'Allemagne, il semble approprié de garder en permanence à l'esprit les échelles différentes existant entre les pays et l'ampleur des écarts économiques constatable dans l'Union monétaire européenne (tabl. 3.11). L'Espagne, la Grèce et le Portugal — les trois pays les plus pauvres de la zone en crise de l'espace méditerranéen — comptent à eux trois 68,1 millions d'habitants. Les trois plus grands pays membres de l'Union monétaire européenne, seuls pays à être solvables de façon conséquente — l'Allemagne, la France et les Pays-Bas —, comptent à eux trois 163,5 millions d'habitants, soit un rapport de 41 à 100. Le rapport correspondant de l'ancienne Allemagne de l'Est par rapport à l'ancienne Allemagne de l'Ouest est de 27 à 100. Le revenu par tête estimé de ces trois pays de l'espace méditerranéen se situait en 2011 à environ 21 000 euros, tandis que les trois pays susceptibles de se voir demander un soutien financier voyaient la même année leur revenu par tête se situer à 31 700 euros, soit un écart de revenu de 34 %… C'est-à-dire 7 points de plus que l'écart existant en Allemagne entre les deux anciennes parties du pays — un

Tableau 3.11

Échelles et écarts de revenus entre un certain nombre d'États membres de l'Union monétaire européenne, 2011

	Habitants	% D, F, PB	Revenus	Écarts de revenus
Italie	60,1	36,8	26 000	18,0
Espagne	46,2	28,3	23 300	26,5
Grèce	11,3	6,9	19 000	40,1
Portugal	10,6	6,5	16 000	49,5
I, Esp, G, P	128,2	78,4	23 594	25,6
Danemark, France, Pays-Bas	163,5	100	31 711	--

pays où environ 4 % du produit national s'avèrent encore, pour un temps indéterminé, nécessaires afin d'empêcher que l'ancienne Allemagne de l'Est ne *retombe* en deçà du niveau aujourd'hui atteint. Lorsqu'on intègre l'Italie au groupe des pays de l'espace méditerranéen, l'écart de revenus constatable entre ces derniers et les pays du Nord se réduit ; mais en revanche le rapport démographique se dégrade, passant d'un peu moins 80 à 100. Même si la France se tenait à ses côtés, et même si sa situation économique tout à fait bonne en 2011 et en 2012 devait le rester, l'Allemagne n'aurait manifestement pas les moyens de financer une politique régionale pour l'espace méditerranéen en mesure de parvenir à ses objectifs[80].

Plus sont élevés les coûts des interventions en matière de politique régionale, et plus est faible l'imposabilité ou fiscabilité de cette politique lorsqu'elle est menée de l'extérieur et sur le mode vertical. Si le gouvernement central italien ne se montre pas à même de contrôler l'utilisation des sommes qu'il verse à la Sicile et, de façon générale, les « logiques » fiscales de son administration régionale, on est en droit de se demander comment, dans ces conditions, la Commission de Bruxelles, voire le gouvernement fédéral allemand, pourrait bien contrôler le gouvernement grec, le gouvernement espagnol, le gouvernement portugais, ou encore le gouvernement italien… Et si même en Allemagne, en dépit de l'État fédéral et de moyens engagés considérables, il n'est toujours pas envisageable, vingt ans après la réunification, de mettre un terme à la politique de soutien financier régional aux « nouveaux Länder », quand donc faudra-t-il escompter, dans le cadre d'une union monétaire d'États souverains, un arrêt des subventions en matière de politique régionale pour cause de succès — compte tenu également de l'efficience durable du principe des intérêts continuellement cumulatifs à l'œuvre dans la concurrence capitaliste ?

Ce serait demander aux électeurs des États payeurs de faire preuve d'une bien grande patience à un moment où les finances publiques sont en difficulté et où les prestations sociales se font de moins en moins généreuses... Mais pour quelle raison les Finlandais et les Néerlandais devraient-ils montrer à l'endroit des Grecs et des Espagnols plus de patience que les citoyens du Piémont, de Lombardie et de Vénétie n'en montrent à l'endroit des habitants de Palerme et de Naples ?

Tout laisse penser que les moyens limités que l'Europe de l'Ouest pourra mobiliser, en pleine crise fiscale, afin de les transférer au Sud suffiront dans le meilleur des cas à acheter la loyauté vis-à-vis du noyau dur de l'Europe des corps d'État et des partis centristes des pays concernés — un arrangement qui ressemble de façon tout à fait remarquable au clientélisme national multiniveaux propre à la démocratie italienne de l'après-guerre... Ce ne serait de toute façon pas une première pour l'Union européenne. Lorsque le Portugal, l'Espagne et la Grèce, dans les années 1970, sortirent du fascisme et de la dictature militaire, une option eurocommuniste semblait s'offrir à ces trois pays, alors qu'au même moment un compromis historique se profilait en Italie[81] : elle supposait, il est vrai, que les comptes politiques soient soldés avec les classes supérieures, qu'il y eût aussi la possibilité d'une modernisation révolutionnaire de la structure de classes. Une telle perspective ne correspondait en rien aux intérêts des Européens de l'Ouest et des États-Unis qui, pour des raisons géopolitiques, avaient besoin d'alliés fiables et de stabilité à leur périphérie méditerranéenne.

L'admission des trois pays dans l'Union européenne — et presque dans le même temps au sein de l'OTAN — ne se produisit pas non plus pour des raisons économiques, mais pour des raisons politiques : elle devait récompenser la décision prise par ces pays d'adhérer à une ligne pro-occidentale, « européenne », en leur donnant une chance de prendre part à la prospérité du noyau dur de l'Europe occidentale. La croissance et la prospérité résulteraient non pas de révolutions sociales mais des subventions issues des fonds structurels de l'Union européenne. Et il devait en aller de même de la reconstruction des appareils d'État, financée par Bruxelles afin qu'ils soient modernisés sur le modèle ouest-européen. L'objectif était un eurocapitalisme adouci par des mesures sociales-démocrates, qui devait permettre aux pays nouvellement convertis à la démocratie de parvenir à une réconciliation nationale à travers une prospérité grandissante : une modernisation sans effusion de sang... Les nouvelles classes moyennes de ces pays, qui étaient tournées vers l'Europe de l'Ouest, avaient espoir de s'imposer pacifiquement et sur le long terme comme la force politique intérieure hégémonique, au fil d'un changement économique structurel progressif, sur le modèle ouest-européen — et ce malgré tous les compromis qu'il leur fallut, dans un premier temps, passer avec les vieilles oligarchies, telles que les symbolisait, par exemple, en Espagne, la monarchie. En Grèce, ces compromis se virent formalisés dans la Constitution même, qui grava pour ainsi dire dans le marbre les privilèges de l'église orthodoxe, y compris les allégements fiscaux considérables dont celle-ci bénéficiait pour ses immenses propriétés foncières et ses activités commerciales[82].

La crise financière et fiscale mit un terme au projet d'une convergence économique et sociale subventionnée. Mais il est probable que l'effondrement du bloc de l'Est après 1989, et ses conséquences pour l'Union européenne, qui se retrouva dans l'obligation de s'ouvrir à une périphérie supplémentaire, avaient déjà porté un coup fatal à la convergence. Dans aucun des trois pays membres méditerranéens

— et comme il s'avéra, pas même en Italie —, le processus de rattrapage n'avait jusqu'en 2008 suffisamment progressé pour faire d'eux des pays en mesure d'affronter la crise. Avec le recul, on voit avec évidence que l'Union européenne s'était évertuée dès les années 1980 à projeter une pacification de l'espace méditerranéen à travers une modernisation eurocapitaliste, et que les promesses d'une convergence sociale et politique à travers une croissance économique, qui étaient partie intégrante du programme d'élargissement et d'approfondissement simultanés de l'Union européenne, ne pouvaient être tenues. La contrainte de l'austérité, qui se mit également à peser sur le noyau dur ouest-européen, ainsi que la conscience accrue des risques encourus, nourrie par les marchés de capitaux, firent s'envoler toute chance de voir des subventions extérieures être versées de façon conséquente aux nouveaux pays entrants. Celles-ci n'égalèrent pas une seule fois le niveau des fonds structurels des années 1980 et 1990. Un « plan Marshall » allemand pour l'Europe[83], qui ne serait pas que symbolique, serait déjà impensable en raison de ses échelles, sans même évoquer la question de savoir s'il aurait la moindre chance de déclencher une croissance. En outre, les mêmes avantages accordés à la Grèce seraient également tout de suite exigés par le Portugal, l'Espagne, et peut-être l'Italie, sans oublier la Hongrie, même si elle ne fait pas encore partie de l'Union monétaire, ainsi que par des pays comme la Serbie, le Kosovo, la Bosnie et l'Albanie — en fin de compte par les Balkans entiers qui, depuis 1989, forment un autre glacis de la zone de prospérité ouest-européenne, un glacis instable et dont la reconstruction se révèle plus que nécessaire.

La crise fiscale des systèmes étatiques européens se laisse également décrire, dans le langage de la politique internationale, comme une conséquence de l'extrême propagation de l'ancienne « force de paix » de l'Union européenne, ayant adopté la forme d'un empire fondé sur l'économie de marché et sur une économie en constante expansion. Dans la mesure où les moyens financiers se sont spectaculairement réduits, la cohésion du bloc des États représentés à Bruxelles ne dépend plus que de l'espoir placé dans ces « réformes structurelles » néolibérales que nous avons identifiées comme suit : neutralisation des démocraties nationales par des institutions supranationales, et grand soin apporté à soutenir au niveau local et de façon ciblée les classes moyennes « modernes » et corps d'État attachés au mode de vie ouest-européen. Les programmes structurels, économiques et de soutien à la croissance mis en œuvre au-delà du noyau dur de l'Union ont donc surtout une valeur symbolique : ils sont des os à ronger lancés à l'opinion publique, des mises en scène des décisions prises à l'occasion des sommets, et des moyens de résorber les résidus sociaux-démocrates subsistants dans la vie et dans la rhétorique politiques[84]. Au-delà, ces programmes sont autant de primes de fidélité et de « pensions alimentaires » versées aux soutiens locaux, plus ou moins insignifiantes d'un point de vue financier. Ils font office d'instruments d'une cooptation entre élites fondée sur une logique d'octroi d'avantages dans le cadre d'un processus bien précis : celui de la transformation, conformément à la doctrine hayékienne, du capitalisme européen et de son système étatique.

DE LA CAPACITÉ STRATÉGIQUE DE L'ÉTAT DE CONSOLIDATION EUROPÉEN

Les tout premiers cercles de l'État de consolidation sont seuls à savoir s'il existe bien, derrière le théâtre ininterrompu des rencontres au sommet et des consultations entre gouvernements, un centre stratégique où des objectifs communs, quels qu'ils soient, seraient fixés et poursuivis sur le long terme, avec circonspection et compétence. Qui a cherché à comprendre les jeux d'intrigue interprétés en coulisses depuis des années en doutera. Ce que put observer le spectateur en quête d'informations, ce furent des mises en scène toujours nouvelles d'une force et d'une puissance de décision, présentées par des virtuoses ès mesures génératrices de confiance, et qu'accompagnait une cacophonie d'« experts » de toutes sortes vantant des remèdes miracles, mais aux dates de péremption toujours plus courtes. Est-ce tout ? Ou bien existe-t-il tout de même, derrière la confusion, quelque chose comme une continuité, voire une capacité stratégique — à la Banque centrale européenne, à la Commission européenne, au Fonds monétaire international, dans les appareils gouvernementaux nationaux, voire au sein des « marchés » et dans leurs arrière-salles, à New York et à Francfort ?

Si l'on cherche des constantes dans le jeu très mobile des crises et des politiques de crise, on découvre que toutes les personnes impliquées ayant occupé des postes à responsabilité avaient accepté dès le début, en guise de postulat, que l'euro, une fois instauré, devait être maintenu par tous les moyens, sans considération aucune pour les effets ou les non-effets qui devaient être les siens jusqu'à aujourd'hui. Les « marchés » font naturellement partie de la coalition qui entend maintenir l'euro, pour autant que cela est synonyme d'investissements et de garantie du remboursement complet des crédits qu'ils ont accordés en euros. Toutefois, ces marchés auraient également la possibilité de réaliser des bénéfices en pariant sur un effondrement de la monnaie commune s'ils réagissaient en temps voulu — et, ce faisant, l'accéléreraient. Les gouvernements de tous les États membres de l'Union monétaire européenne, y compris ceux des pays déficitaires, s'efforcent de les en dissuader. L'Union européenne, pour qui l'Union monétaire constitue le parachèvement véritable du marché intérieur « réalisé » en 1992, vient en aide aux marchés. La capacité que les États européens avaient auparavant de dévaluer leur monnaie afin de défendre la compétitivité de leurs économies nationales est en contradiction avec l'esprit et l'intention du programme néolibéral du marché intérieur. La possibilité, à travers une intervention politique discrétionnaire, de dévaluer, et donc de corriger des résultats de répartition issus de l'application de la justice du marché, devait être éliminée pour que le marché rentre dans son bon droit. L'abolition des monnaies nationales et leur remplacement par une monnaie unique valant dans le meilleur des cas pour le marché intérieur dans son ensemble étaient autant d'éléments de la logique du tournant néolibéral visant à libérer l'économie et les marchés des interventions politiques. Le remplacement des monnaies nationales par une monnaie unique constitua le véritable sacre du programme du marché intérieur[85].

La coalition qui porte l'euro et qui, jusqu'à aujourd'hui, écrit le scénario de la politique de crise européenne a formalisé sa propre économie politique. Celle-ci commence par les industries d'exportation des pays excédentaires, et en particulier de l'Allemagne — et, sur ce point, industriels comme syndicats se montrent d'accord. L'euro garantit à ces pays que leurs produits, à l'intérieur de l'Union européenne, ne peuvent être l'objet de majorations de prix artificielles dans le cadre de mesures de rétorsion arbitraires prises par des gouvernements étrangers. Ces pays, dans le contexte de crise actuel, ont une raison supplémentaire de défendre l'euro : en effet, les problèmes économiques des pays déficitaires pèsent sur le taux de change de l'euro par rapport aux autres monnaies, ce qui améliore aussi, à l'extérieur de l'Europe, les chances des pans compétitifs de l'industrie européenne. Défendre à tout prix l'euro est pour cette raison unanimement considéré en Allemagne, par la CDU, l'Union chrétienne-démocrate d'Allemagne, qui est proche du secteur industriel, tout autant que par le SPD, le parti social-démocrate d'Allemagne, qui, lui, est proche des syndicats, comme une question d'intérêt national. La défense irréductible de l'euro, en tant que fondement commun de la politique allemande, n'est pas remise en cause.

Tour de force remarquable, les esprits ont été amenés à confondre l'Union monétaire avec l'« idée européenne », voire avec « l'Europe », alors même que l'Union monétaire est un projet de rationalisation de l'expansion du marché, et, plus encore, que dix des vingt-sept États membres de l'Union européenne et du marché intérieur n'ont pas adopté l'euro, dont la Grande-Bretagne, le Danemark et la Suède — alors même qu'ils remplissent les conditions d'une adhésion. Jusqu'avant la crise, il fut considéré, du moins en Allemagne, que tout cela n'était que petits défauts auxquels il serait remédié dans les meilleurs délais. Aujourd'hui, il est très clair qu'un élargissement de l'Union monétaire européenne, que les traités appellent toujours, ne sera à concevoir dans le meilleur des cas que dans un avenir très lointain, lorsque la crise actuelle sera d'une manière ou d'une autre résolue — à la condition que l'Union monétaire européenne ne se soit pas ruinée elle-même, ou n'ait pas ruiné l'Union européenne… Malgré cela, la déclaration d'Angela Merkel, parfaitement énigmatique, selon laquelle « Si l'euro échoue, c'est l'Europe qui échoue[86] », vaut toujours en Allemagne comme une formule de consensus national pour tous les partis, à l'exception de Die Linke, « La Gauche ». Dans la mesure où il ne peut y avoir en

Allemagne de débat sur l'impératif pour la politique allemande d'être « européenne », la défense de l'euro à tout prix devient ainsi une règle non pas simplement d'utilité économique, mais de raison d'État politico-morale. Qui ne s'y rallie pas, ou considère simplement que l'« Europe » pourrait encore exister sans l'euro, doit savoir qu'il se situe, aux yeux de tous les acteurs responsables, à l'extérieur de ce que les Italiens ont appelé il y a déjà longtemps l'*arco costituzionale*: l'arc constitutionnel[87].

Il est, à première vue, plus difficile d'expliquer pourquoi les gouvernements de ces pays, qui, jusqu'à présent, ne doivent à l'euro que des dettes, tiennent mordicus à cette monnaie[88]. Pour le dire de façon simplifiée : la politique de ces pays est dominée par une alliance entre leurs corps d'État et une classe moyenne citadine qui est tournée vers l'Europe de l'Ouest. Celle-ci attache du prix aux chances de mobilité qu'offre à ses yeux, pour elle-même et pour les économies, l'appartenance à l'Union européenne, pour ne rien dire de la stabilité des changes nécessaire à la stabilité du prix des biens de consommation importés. Des modernisateurs d'un genre différent viennent se joindre à cette classe moyenne citadine, qui agissent au sein des organismes étatiques et dans l'économie : leurs motivations, souvent nationalistes, les conduisent à soutenir que le comblement du « retard » de leur pays, comme l'évitement d'un appauvrissement national, passe par l'imposition par l'Union monétaire d'une dite dévaluation interne — et donc par l'adoption de « réformes » néolibérales dirigées contre ces forces de la stagnation que sont les syndicats et les modes de vie traditionnels.

Dans les quatre pays méditerranéens actuellement en grande détresse, cette alliance des élites modernisatrices et des classes moyennes citadines n'est pas parvenue à elle seule à se débarrasser du legs prémoderne-féodal qui persiste à entraver leur avancée vers l'eurocapitalisme. Leur espoir était et reste de trouver à Bruxelles des alliés et complices qui puissent les aider à mener à bien les « réformes structurelles » qu'elles ne peuvent à elles seules imposer. Des engagements politiques dictés de l'extérieur peuvent à cet effet leur être tout aussi utiles que des aides financières. L'espoir qu'une répartition serait menée à bien à l'intérieur de l'Union monétaire dans le cadre de négociations interétatiques — qui peuvent relier les intérêts des pays du noyau dur de l'Union à une demande durable à sa périphérie — ne semble pas, de ce point de vue, irréaliste. Des transferts de fonds du Nord vers le Sud peuvent être utilisés par les États qui en bénéficient à deux fins : aguerrir leurs propres économies nationales, au moyen de programmes de rationalisation et de modernisation destinés à améliorer la compétitivité nationale ; acheter un soutien de la classe politique nationale sur le modèle de l'Italie du Sud[89]. La difficulté de distinguer dans la pratique ces deux modalités d'utilisation de ces fonds, en raison de l'horizon temporel long inhérent au développement capitaliste, sert tout à fait les intérêts de leurs bénéficiaires.

L'alliance entre le Nord et le Sud destinée à sauvegarder l'Union monétaire soulève des problèmes majeurs, tant entre les pays qui en sont membres qu'à l'intérieur même de ces pays. Pour les pays du Nord, la question qui se pose est celle du coût du maintien dans l'Union monétaire des pays du Sud, en termes de compensation ou d'aide au développement. Ces mêmes pays du Nord doivent décider qui, au sein de leur population, aura à supporter les coûts du maintien de l'Union monétaire. En Allemagne, les secteurs de l'exportation ne participent pas plus à ces coûts que des secteurs d'activité qui ne profitent guère ou absolument pas des excédents d'exportation. Le gouvernement a donc la tâche difficile de rendre autant que possible inaperçus par la grande masse des contribuables, des consommateurs et des bénéficiaires de prestations sociales, les prélèvements qui les touchent alors qu'il devrait en principe être question d'un impôt sur la compétitivité des industries nationales d'exportation. Le gouvernement dispose naturellement de diverses possibilités pour ce faire, et peut également recourir à la Banque centrale européenne.

Quant aux pays du Sud, il s'agit pour eux de vendre au plus cher leur participation ou maintien à venir au sein de l'Union monétaire en contrepartie d'un soutien financier par les pays du Nord, mais également de minimiser le sacrifice exigé de pans entiers de leur souveraineté — à travers des possibilités de supervision et de mainmise institutionnalisées. Leur vie politique intérieure voit s'affronter, d'un côté, les tenants d'une résistance à un « euro-impérialisme » menaçant et, de l'autre, les partisans d'une collaboration zélée avec les pays excédentaires dans l'espoir de versements compensatoires élevés ou d'une convergence progressive avec le noyau dur de la prospérité ouest-européenne (autrement dit, une « européanisation »). Pour éviter tout désordre, on procédera donc à une habile neutralisation des institutions démocratiques : au Nord en camouflant les transferts de fonds réels à l'aide de combines d'ordre technique, ou en adoptant un mutisme imbu de ses propres responsabilités ; et au Sud en invoquant les engagements internationaux et leur respect absolu, mais aussi en recourant à l'achat de voix clientéliste.

Il demeure, cependant, diverses incertitudes. Qu'adviendra-t-il de l'Union monétaire européenne avec l'adhésion, contractuellement prévue, de membres de l'Union européenne comme la Bulgarie, la Pologne, la Roumanie, la Tchéquie, la Hongrie et d'autres encore ? Comment l'Union européenne et l'Union monétaire européenne devront-elles à l'avenir se comporter véritablement l'une par rapport à l'autre ? Comment le pacte budgétaire conclu selon le droit international entre-t-il en conformité avec le droit européen ? Comment poursuivre sur la même voie une fois les États des Balkans admis dans l'Union européenne[90] ? Ces États-là devront-ils également recevoir des « aides à la croissance » et, si oui, qui devra les verser ? Tout le monde pressent bien que l'Union européenne, dans peu d'années, s'il lui en est encore donné, et avec elle le système étatique européen sembleront dans l'ensemble tout à fait différents de l'idée que l'on s'était faite d'eux encore récemment ; mais le sujet paraît tabou… Il est vrai que le retour de la croissance, dont tous espèrent qu'il rendra la situation à nouveau tout à fait maîtrisable, semble devoir être rejeté aux calendes grecques.

Malgré tout, en dépit de nombreuses confusions, il est possible d'observer, en matière tactique, quatre grandes continuités sur le long terme dans l'attitude, depuis le début de la crise, de l'Union européenne et de ses États membres de premier plan :

1. Une participation aux coûts du « sauvetage » des États insolvables doit être autant que possible épargnée aux « marchés », qui tiennent à ce que ce soit toujours le cas. On s'accorde aujourd'hui pour dire que les appels insistants de la chancelière allemande à réaliser, y compris de façon modérée, un « haircut », une restructuration de la dette, aux dépens des créanciers privés, lorsqu'il fut question d'un premier apurement des dettes grecques, furent une faute à ne répéter en aucun cas : le soutien que les appels de Merkel purent lui gagner chez ses compatriotes pourrait être très loin de compenser la perte de confiance générée depuis dans les rangs des marchés financiers. Les banques centrales et plusieurs banques étatiques nationales semblent toutefois, avant l'événement, avoir disposé de suffisamment de temps pour acheter aux banques privées et autres établisse-

ments de crédit la plupart de leurs emprunts d'État grecs à des conditions acceptables pour leurs propriétaires, de sorte que ce furent les caisses étatiques qui subirent ensuite dans les faits la majeure partie des pertes — en attendant celles que générerait un deuxième effacement de la dette.

2. Les banques en difficulté ne doivent pas être nationalisées, mais sauvées au moyen des deniers publics, et le plus discrètement possible, afin d'éviter que la colère n'enfle parmi la population. Les ingénieurs de la finance qui s'activent dans les salles des machines des États de consolidation s'ingénient à ne pas faire apparaître les transactions nécessaires dans les livres de comptes des États. Un exemple plutôt transparent ? L'un des premiers actes administratifs de Mario Draghi lorsqu'il devint président de la Banque centrale européenne consista à débloquer pour les banques 1000 milliards d'euros au global à un taux d'intérêt de 1 % sur trois ans... En contrepartie les banques semblent s'être alors déclarées disposées, sans s'y engager, à acheter dans des proportions qu'elles seules détermineraient des reconnaissances de dettes d'euro-États en détresse afin d'aider à réduire leurs primes de risque. On peut en inférer que la Banque centrale européenne sait comment mettre les banques à l'abri des éventuelles conséquences néfastes de ces transactions tenant lieu de subsides destinés à contourner l'interdiction faite en principe à la Banque centrale européenne de financer les États[91].

3. L'issue, pour les États insolvables, réside dans la faillite étatique ou dans un rééchelonnement de la dette. Dans les cas critiques, permission doit leur être accordée, à travers des aides fiscales non utilisées jusqu'alors, d'honorer leurs engagements vis-à-vis de leurs créanciers, pour que ceux-ci se retrouvent en situation de fournir à nouveau et à l'avenir des crédits accessibles aux États débiteurs consolidés. Ces transferts doivent également être protégés, à travers des

dispositifs techniques conçus à cet effet, de toute curiosité des opinions publiques. L'application d'une compensation ou d'une non-compensation auxdits soldes Target-2[92] des banques centrales nationales au sein de l'Union monétaire européenne est un exemple de camouflage réussi de transferts interétatiques massifs ou encore potentiels[93].

4. Pour autant qu'une solution à la crise financière et fiscale ne soit possible qu'à travers une dépréciation générale des dettes étatiques — avant tout, mais pas seulement, dans le cadre d'une attente perpétuelle d'un retour de la croissance —, cette dépréciation doit se dérouler en douceur et autant que possible sur la longue durée. L'idée est également de permettre aux investisseurs importants et disposant d'un pouvoir de sanction de protéger en temps voulu leurs portefeuilles, à travers une répartition, d'éventuelles pertes. Il incomberait aux experts travaillant au sein des banques centrales et des organisations internationales d'imaginer pour les gouvernements des mesures destinées à diminuer les dettes étatiques, rendues non acquittables par l'absence de croissance, en empruntant le chemin d'une « répression financière » menée aux dépens des épargnants — de préférence aux dépens des petits patrimoines ne relevant pas du secteur financier. De telles mesures combineraient augmentation de l'inflation et maintien à un bas niveau des taux d'intérêt, tout en obligeant les banques à s'engager à investir en emprunts d'État[94]. Un certain nombre d'indices laissent penser que les préparatifs sont à peu de chose près achevés, et qu'une telle politique pourra débuter dès que les crises actuelles auront été surmontées, et dès que le secteur financier aura mis son magot à l'abri.

Ces quatre continuités de l'action n'impliquent cependant pas l'existence de centres de décision agissants et disposant d'une capacité stratégique élevée sur le long terme. En réalité, on ne peut qu'être frappé par l'ampleur de la confusion lorsqu'il est par exemple question de l'horizon temporel de la lutte contre la crise et de la transformation de l'État. L'instauration d'une « union bancaire » sera ainsi décidée en guise de solution à court terme à la crise, une solution passant par un assainissement des banques en détresse du Sud. Mais pour que cette « union » prenne consistance, il lui faudra plusieurs années. Afin d'empêcher à court terme une faillite étatique en Grèce ou en Italie, la Banque centrale subventionne les coûts de refinancement de ces pays, au risque que se forment sur le long terme des bulles sur le modèle américain, et qu'un terme soit alors mis à la rationalisation néolibérale des pays en crise[95]. Ce que l'on pourrait prendre, dans l'ensemble, pour une séquence d'action néolibérale cohérente, en dépit de tout le chaos à l'œuvre à l'avant-scène, n'est en vérité rien de plus qu'une chaîne de réactions à court terme du sens commun aux « conditions restrictives » réelles en vigueur dans le capitalisme, qu'incarne le potentiel d'intimidation des investisseurs privés[96]. Ce sens commun, cristallisé dans les institutions, doit cependant réagir continûment de la bonne manière au sein de cette communauté épistémique que forment des organisations comme Goldman Sachs, et autour d'elle. Dans la mesure où il n'existe pour cette communauté aucune alternative à la satisfaction des exigences des gens de marché, elle ne connaît aucun problème stratégique, mais seulement des problèmes d'ordre tactique — et tout particulièrement dans ses rapports avec les peuples nationaux qui lui semblent avoir perdu tout sens de la retenue en raison des promesses exagérées de la démocratie...

Une composante permanente de la compréhension du monde propre à la classe politico-économique, et le fil d'Ariane de son attitude, est la croyance inébranlable en la gouvernabilité transgouvernementale de l'Europe — ou du moins une détermination inébranlable à professer en permanence une telle croyance, afin de s'appuyer sur elle et afin que d'autres puissent faire de même. Tout le monde est ici concerné : en Allemagne, non pas seulement le gouvernement fédéral et l'opposition, mais aussi la gauche intellectuelle aux tendances intégrationnistes[97] ; en Europe, la Commission de Bruxelles et la Banque centrale européenne ; et, dans le monde entier, la majorité des « experts » économiques. Que l'on ait besoin d'un État central fort afin de pratiquer une gouvernance sur le mode transgouvernemental, est, aux yeux des démocrates, une idée juste, d'autant qu'ils espèrent pouvoir un jour démocratiser cet État. C'est un point qui indiffère les libéraux tant que l'objectif consiste, conformément aux schémas hayékiens, à émanciper les marchés de toutes les sortes de correctifs politiques — et donc à utiliser la puissance des États forts afin qu'ils cessent d'eux-mêmes d'être des États interventionnistes.

Ainsi le Conseil allemand des experts économiques recommanda-t-il, dans son rapport d'expertise annuel 2011/2012, la création d'un fonds d'amortissement des dettes, qui demanderait à un pays comme l'Italie de dégager, année après année, pour ce qui est de ses finances publiques, un « excédent primaire constant » de 4,2 %, et ce 25 années durant (Conseil allemand des experts économiques, rapport d'expertise sur l'évolution économique générale, 2011, p. 115). Peter Bofinger et consorts en appelèrent, eux, à une « stricte discipline budgétaire » à venir en contrepartie d'une mutualisation des dettes en Europe. Et la Banque centrale européenne, de son côté, peut conditionner l'achat d'emprunts contractés par les États en détresse à leur accord pour mener à l'avenir des « réformes » prenant par exemple la forme de diminutions des pensions ou de ventes d'entreprises publiques. L'idée d'une maîtrisabilité technocratique de la politique et de sociétés entières fait en outre office d'hypothèse de travail étonnamment satisfaisante, voire d'idéologie, entendue ici comme illusion nécessaire. Aucune leçon n'est tirée des expériences faites, que ce soit par l'Allemagne avec le Land de Brême — dont l'endettement, suite à un pacte d'apurement des dettes conclu avec la fédération au début des années 1990, a spectaculairement *explosé* au lieu de fondre[98] —, ou que ce soit par la Banque centrale européenne avec son premier programme d'achat d'emprunts étatiques italiens en 2011[99].

Les fantasmes de maîtrisabilité nourris par les prétendus sauveteurs de l'Union monétaire sont-ils réalistes ? Sans doute ne sont-ils rien d'autre qu'une expression de la détermination à déployer tous les moyens disponibles afin de leur donner réalité — et de la confiance dans l'idée selon laquelle la dissimulation, l'intimidation et la marginalisation morale d'une opposition naissante, mais surtout des mesures énergiques de toutes sortes destinées à suspendre la démocratie parlementaire et à institutionnaliser formellement une oligarchie et une expertocratie à l'échelon national, puis à l'échelon européen, permettront, à la condition de les pratiquer suffisamment longtemps, d'atteindre leur objectif.

LA RÉSISTANCE À L'ÉTAT DE CONSOLIDATION INTERNATIONAL

L'État de consolidation international doit déprécier les ressources politiques des citoyens de l'État-nation démocratique. Dans la nouvelle arène, dominant la politique nationale, où se déroule le conflit de répartition entre capital et démocratie — dans les marchés financiers globaux et les salles de réunion de la diplomatie financière interétatique —, ces ressources comptent toujours moins. Coincée à l'intérieur des frontières des démocraties nationales qui sont l'objet de médiations internationales, l'opposition aux diktats de l'austérité supranationaux se révèle difficile ; elle n'est toutefois pas impossible. L'exemple grec montre ainsi que des élections nationales, en dépit de toutes les manœuvres d'intimidation et de toutes les pressions propagandistes de la communauté des États, peuvent toujours produire, lorsque les exigences de ces États vont trop loin, de nouveaux rapports de force qui contraignent en retour les États créanciers à acquitter un prix plus fort afin que l'État débiteur renonce à sortir du jeu.

Les événements de l'été 2012 en Grèce et en Italie d'un côté, et en Allemagne de l'autre, sont à cet égard révélateurs. En Allemagne, l'opposition soutient l'attachement absolu du gouvernement à l'euro, et exige, dans son ensemble, qu'une sévère discipline budgétaire, supervisée par Bruxelles, soit imposée aux pays débiteurs[100]. La seule chose qui distingue l'opposition de la majorité, c'est qu'elle se montre disposée à acquitter un prix plus élevé au nom de la paix européenne, par exemple sous la forme d'une mutualisation des dettes anciennes ou nouvelles, ou sous la forme de « programmes de croissance » supplémentaires — supposant probablement que de telles issues sont de toute façon inévitables, et parce qu'elle espéra profiter électoralement en 2013 de la gêne grandissante ressentie par certaines parties de la population devant l'hostilité européenne croissante à l'encontre de l'Allemagne. Mais les tentatives du gouvernement de préjuger, avec l'assentiment tacite de l'opposition, de cette question fondamentale qu'est l'avenir de l'intégration européenne et de l'État-nation allemand dans des affaires courantes internationales menées sans alternative aucune se heurtent à la résistance des parlementaires et même de membres des partis de gouvernement hostiles à ce qui leur paraît être une minoration des Parlements, et qui trouvent appui auprès du Tribunal constitutionnel fédéral et de sa jurisprudence actuelle sur le rapport entre démocratie et souveraineté.

Concernant la Grèce et l'Italie, les partis, les scrutins électoraux et les Parlements y font également office d'éléments retardateurs de cette marche vers l'État de consolidation international. En Grèce, le retour des partis au gouvernement suite à l'échec des « technocrates » de Papadímos a amené la communauté des États de Bruxelles à relâcher la pression exercée sur la population grecque au nom de l'austérité, et à relever les récompenses promises pour l'application des mesures de consolidation exigées. En Italie, le gouvernement Monti se vit obligé, très peu de temps après son entrée en fonctions, de faire des concessions aux partis de gauche et aux syndicats, bien au-delà de la limite considérée par Bruxelles comme infranchissable. Monti se mit également très vite à cultiver des opinions nationalistes, tout particulièrement vis-à-vis de l'Allemagne, afin d'obtenir un adoucissement des mesures d'assainissement qui lui étaient demandées. Ce fut aussi à cet égard un retour à la *politics as usual*, aux jeux politiques routiniers, avec pour conséquence un retard dans la mise en œuvre de la politique de consolidation à laquelle il s'agissait de se conformer.

D'un autre côté, il est utile de se rappeler, exemple des États-Unis à l'appui, que rien ne garantit qu'une résistance contre une « transformation de la démocratie[101] » hayékienne soit couronnée de succès. Aux États-Unis, la prise de contrôle de l'appareil gouvernemental par les géants de la finance de Wall Street est aujourd'hui presque parachevée, en dépit de l'élection en 2008 d'un président démocrate au comportement frisant le populisme. Malgré l'inégalité sociale et économique qui, en deux décennies, augmenta jusqu'à atteindre un niveau proprement obscène[102], et malgré un chômage de longue durée élevé, seule la moitié des citoyens, à peu près, y participe aux élections nationales. À l'automne 2012, ces citoyens eurent à choisir entre un ancien dirigeant, richissime, de *hedge funds,* de fonds de couverture, et un président qui, après avoir sauvé, à un coût extraordinairement élevé, les marchés financiers et leur économie, n'était pas à même de réguler leur activité et d'amputer leur puissance d'absorption économique et de noyautage politique[103]. On observa, à cette occasion, comment une société au plus haut point divisée et désorganisée, affaiblie par une répression étatique, et abrutie par les produits d'une industrie culturelle qu'Adorno n'aurait pas même pu concevoir dans ses moments les plus pessimistes, fut tenue en respect par une ploutocratie organisée en entreprises d'envergure planétaire, pour qui il est apparemment aisé de s'offrir non pas simplement des politiques, des partis et des Parlements, mais aussi l'opinion publique.

Que faire dans une Europe qui se conforme bien volontiers aux schémas hayékiens si les canaux traditionnels d'articulation démocratique des intérêts se révèlent bouchés par des engagements interétatiques et relevant du droit des contrats ? Le modèle social-démocrate d'une opposition responsable consistait, comme chacun sait, à imposer des projets de réforme au capital qui s'avéraient être à l'avantage non pas simplement des travailleurs et de leurs organisations, mais qui aidaient aussi, en même temps, le capitalisme à résoudre des problèmes de production et de reproduction qu'il n'était pas à même d'affronter seul au moyen de ses propres institutions. Le *locus classicus,* le texte de référence, est ici le chapitre que Marx consacra à la lutte pour la journée de travail normale[104] ; et l'exemple historique le plus puissant est, dans le fordisme, la sécurisation du pouvoir d'achat de masse nécessaire à une production de masse susceptible de dégager du profit, à travers notamment des augmentations de salaires obtenues de haute lutte par les syndicats. Aujourd'hui, en revanche, on peine à voir ce que la grande masse de la population pourrait offrir ou plutôt arracher au capital à l'avantage de ce dernier ainsi qu'au sien propre... Tout ce que celle-ci attend encore de lui, c'est qu'il lui restitue ses droits sociaux, historiquement arrachés de haute lutte au marché — peut-être pas en une seule fois, mais, en tout cas, pas à pas, et point trop lentement. Mais, en ce début de XXIe siècle, le capital escompte pouvoir s'organiser lui-même, à son idée, en tant qu'industrie financière dérégulée[105]. La seule chose qu'il attende encore de la politique, c'est qu'elle capitule devant le marché à travers une élimination de la démocratie sociale en tant que force économique.

Lorsqu'une opposition constructive est impossible, une opposition destructive apparaît comme la seule solution envisageable pour ceux qui n'entendent pas se contenter de rembourser leur vie durant des dettes que d'autres ont contractées pour eux. Cette résistance est nécessaire pour renforcer l'effet de retardement que peuvent avoir les résidus de démocratie existant encore dans les États-nations. Lorsque des peuples démocratiquement organisés ne se comportent plus que de façon « responsable » en renonçant à user de leur souveraineté nationale, et se contentent sur des générations de garantir leur solvabilité vis-à-vis de leurs créanciers, il pourrait sembler responsable de tenter, au moins une fois, l'irresponsabilité... Lorsque la raison consiste à partir du principe que les exigences des « marchés » doivent être satisfaites par la société, c'est-à-dire aux frais de la majorité de cette société qui, après des décennies d'expansion du marché néolibérale, ne subsiste plus qu'à l'état de pertes, alors l'unique raisonnable pourrait bien être en vérité le déraisonnable. La chose peut toutefois mettre encore longtemps avant de s'imposer... L'accusation constante de « populisme » est de longue date devenue une technique de domination éprouvée. En Allemagne, une telle accusation sert à présenter, de façon presque parfaitement réussie sur le plan de la conceptualisation politique, les critiques de l'Union monétaire et du déroulement du processus de l'intégration européenne comme des critiques de « l'Europe », suspectés de « petit-étatisme » [*Kleinstaaterei*][106], ou coupables de vouloir retourner au nationalisme impérialiste de l'entre-deux-guerres.

Mais, en dépit de tout le labeur propagandiste, le sentiment de ne pas être pris au sérieux par leurs gouvernements se renforce chez toujours plus de citoyens de l'Europe — par exemple lorsqu'il leur est ressassé qu'une libéralisation sans cesse plus avancée de l'ordre économique capitaliste, incluant des coupes budgétaires, un démontage de l'État social, du chômage et une précarité de l'emploi, sert la croissance, de même que la serviraient des rémunérations croissantes pour les « experts » des bureaux de direction, que compensent des baisses constantes des salaires et des prestations sociales aux échelons inférieurs de la société... Les intellectuels critiques devraient considérer que leur tâche consiste à intensifier autant que possible ce sentiment. Ils devraient cesser de se soucier de leur réputation, de donner des gages à tous ceux dont la position hégémonique dépend d'un seul fait : du fait que tout un chacun reconnaisse l'absence de toute autre option. L'exigence insupportable de devoir croire à l'absurde, lorsqu'elle est le fait d'autres mortels, porte rapidement atteinte à la dignité humaine. De façon caractéristique, les protestataires mobilisés contre le récit dominant de l'austérité qui leur est imposée se donnent le nom, en Espagne et au Portugal, d'« *indignados* », d'« indignés », un terme qui signifie littéralement : ceux qui sont traités par le mépris et blessés dans leur dignité [107].

Dans le langage de la théorie sociologique, les accès de rage sont d'une nature expressive et non pas instrumentale, comme il convient en matière économique. Au lieu de courir le risque de s'empêtrer, en formulant des propositions « rationnelles », constructives, dans la logique d'exécution de la diplomatie financière internationale qui postule que les peuples nationaux ont à donner en premier lieu aux gens de marché ce qui leur revient, un mouvement social s'opposant à l'État de consolidation devrait manifester publiquement sa rage à l'encontre des exigences insupportables du capitalisme postdémocratique. L'« unidimensionnalité » politique et culturelle perçue peut déclencher une explosion de protestations apparemment « irrationnelles », « irréalistes » et « purement émotionnelles » qui, ensuite, pour la raison précise qu'elles sont ce qu'elles sont, ne restent pas sans effet — les années 1960 et 1970 nous le rappellent encore à notre bon souvenir. En Allemagne, cette colère eut à l'époque pour raisons immédiates la législation d'état d'urgence [108] et la grande coalition, ainsi que la manière qu'eurent la politique et la société de se fermer, par peur, à toute alternative à l'« idéologie » de la modernisation technocratique [109]. Peut-être le diagnostic fut-il à l'époque exagéré, ou peut-être simplement prématuré... Dans tous les cas, ce dont il était alors question n'était rien comparé au passage, intervenu aujourd'hui, plus de quarante ans après, à l'échelon européen, à une postdémocratie économiquement dépossédée.

La première chose, et la plus importante, qu'aurait à contester un mouvement se montrant à la hauteur de son adversaire, et travaillant à contrer le rôle transversal joué par les « marchés financiers » dans le fonctionnement de la démocratie, serait la légitimité des revendications des usines à argent portant sur la satisfaction de leurs exigences, et qui visent à mieux vampiriser les vies des petites gens pour des reconnaissances de dettes dont elles sont elles-mêmes à l'origine. Sur ce point, David Graeber a réalisé, avec son ouvrage *Dette. 5000 ans d'histoire*[110], un travail de défrichement inestimablement précieux. L'idée selon laquelle il ne serait que juste et raisonnable que tous les débiteurs remboursent toujours leurs dettes est un mythe qui sert à moraliser les marchés financiers globaux en mettant à contribution la moralité de la vie quotidienne et à faire passer pour immorale toute opposition à leurs exigences. Mais le fait que les États, contrairement aux personnes privées, puissent imposer à leurs créanciers un rééchelonnement de la dette, voire suspendre entièrement leurs paiements, résulte tout bonnement de leur souveraineté. Nulle part il n'est écrit qu'ils ne peuvent recourir à celle-ci que dans le seul but de remplir leurs obligations de paiement vis-à-vis des marchés financiers, à travers une imposition plus élevée ou des prestations plus basses pour leurs citoyens. Les démocraties s'engagent en premier lieu à l'égard de leurs citoyens. Elles peuvent voter des lois annulant des traités. Qui prête son argent doit et peut le savoir. De toute façon, tout un chacun, et de longue date, est loin d'avoir à régler lui-même toutes ses dettes, comme le prévoit le droit civil propre à chaque État. Les débiteurs peuvent opter pour une procédure de faillite, ou se ménager la possibilité d'un nouveau départ. Ce sont justement les amis du capitalisme qui évoquent toujours avec admiration le fait qu'il n'y aurait aux États-Unis absolument aucune honte pour un entrepreneur à être amené à faire faillite, à une ou plusieurs reprises.

Pour ce qui est d'un pays comme la Grèce, mais à vrai dire aussi pour toute autre démocratie représentative, il est permis de douter sérieusement que ses citoyens puissent être véritablement mis en priorité à contribution afin de régler les dettes que ses gouvernements successifs, en tant que mandataires de sa population, ont contractées en son nom. Et d'autant plus si elles le furent surtout par nécessité de combler les vides béants de ses caisses publiques, causés par un refus des classes fortunées — toléré pour des raisons politiques — de répondre à leurs obligations fiscales. Il est également permis de douter que la classe politique grecque ait informé son électorat des risques et des effets secondaires des crédits contractés en son nom, comme devrait pourtant le faire, selon la loi, tout gestionnaire de patrimoine vis-à-vis de ses clients. À utiliser les critères propres au droit civil, il se pourrait tout à fait qu'ait été pratiquée ici dans des proportions considérables, et avec la participation active des grandes usines à argent internationales, ce que l'on désigne dans tout code civil comme une escroquerie au placement financier. Aujourd'hui, les citoyens grecs des petite et moyenne bourgeoisies doivent payer, avec leurs couvertures santé et leurs retraites, pour des « affaires » qui leur furent imposées par une communauté fort solidaire de politiciens nationaux, de gouvernements d'autres États, d'organisations internationales et d'institutions financières d'envergure planétaire, et ce sans que personne ne s'en formalise ni ne leur explique les implications, sinon de façon approximative. Il serait probablement facile pour le peuple grec de s'absoudre, devant une juridiction civile internationale — s'il en existait une —, de toute obligation de paiement vis-à-vis des « marchés » ; et ceux qui brandissent la menace, à titre de punition pour son insolvabilité, d'une remise en cause des acquis sociaux obtenus depuis plusieurs décennies devraient en assumer l'entière responsabilité…

La science politique professionnelle est encline à sous-estimer la force productive politique de la révolte morale.

Elle se complaît dans une indifférence étudiée, qu'elle tient pour de l'impartialité, elle chérit les théories aux yeux desquelles rien de nouveau ne se produit jamais sous le soleil, et dispose pour cela de ce qu'elle appelle le « populisme », qui n'est que le reste d'un mépris élitaire qu'elle partage avec les élites du pouvoir, dont elle aimerait être proche. Que la crise puisse conduire à des « troubles sociaux » est le cauchemar des hommes et des femmes œuvrant sur les passerelles de commandement — un cauchemar qui, toutefois, est disproportionné au regard de ce qui s'est réellement passé jusqu'à présent dans la rue. Mais, apparemment, le Paris et le Turin de 1968 ne sont pas encore tout à fait sortis de la mémoire des classes dirigeantes… Les combats de rue occasionnels à Athènes et le mouvement global Occupy des « 99 % »[111] furent de cette façon envisagés comme le début de quelque chose… La surestimation de ce péril par les banques et les gouvernements et la peur que ces réactions ont propagée sont en bien des points instructives.

L'idée selon laquelle « les marchés » doivent s'adapter aux hommes et non l'inverse passe aujourd'hui pour être tout simplement folle, et, lorsqu'on prend la réalité comme elle l'est, cette idée l'est bien, folle. Mais peut-être pourrait-elle gagner en réalisme si elle était toujours avancée, tout au long des canaux obstrués de la démocratie institutionnalisée, avec une ténacité inébranlable — de sorte que les calculateurs auraient à compter avec elle, ainsi qu'avec le refus insistant, incorrigiblement romantique, de nombreuses petites gens de servir pour le restant de leurs vies les attentes en termes de rendement de quelconques virtuoses de la reconnaissance de dettes et de leurs experts en recouvrement. L'opposition à l'État de consolidation ne s'en tient pas à l'heure actuelle, loin de là, à répandre du sable dans les rouages des cours et discours capitalistes sur l'austérité. Mais une irritabilité et une imprévisibilité croissantes des peuples — un sentiment, en cours de propagation, de profonde absurdité devant la culture du marché et de l'argent, et devant la grotesque hypertrophie de leurs revendications à l'encontre du monde de la vie — constitueraient tout de même un fait socialement opérant. Elles pourraient contribuer à ce que la « psychologie » des citoyens se rapproche de celle des marchés, et qu'ils exigent comme ces derniers d'être pris en considération. Il se pourrait même que les citoyens succombent également à la « panique » et, à l'instar des investisseurs financiers, réagissent « irrationnellement » — à la condition de ne pas se laisser contraindre à plus de « raison » que ces derniers —, bien qu'ils ne disposent pas, en guise d'arguments, de billets de banque, mais seulement de mots et, peut-être, de pavés…

Conclusion

QU'ATTENDRE DE LA SUITE ?

Je l'ai montré : la crise financière, fiscale et économique actuelle est l'issue provisoire de la longue transformation néolibérale du capitalisme de l'après-guerre. L'inflation, l'endettement public et l'endettement privé furent des pis-aller temporaires au moyen desquels la politique démocratique put entretenir l'illusion d'un capitalisme de la croissance offrant les mêmes opportunités à tous, de mêmes progrès matériels pour tous, voire une répartition progressive et équitable des chances. Ces trois pis-aller s'épuisèrent l'un après l'autre dès lors que les bénéficiaires et les gestionnaires du capital les jugèrent pour finir trop coûteux : au terme d'une longue décennie d'application extensive pour chacun d'eux, il fallut trouver d'autres solutions.

ET MAINTENANT ?

Des achats de temps réalisés à l'aide de la magie de l'argent moderne — autrement dit, la prolongation contrefactuelle périodique des vieilles promesses d'un capitalisme socialement pacifié mais depuis déjà longtemps dénué de tout fondement dans la réalité — peuvent-ils se poursuivre alors que la grande crise de ce début de XXIe siècle est toujours en cours ? Et pourront-ils se poursuivre une fois celle-ci résolue ? Le seul argent qui se révèle encore disponible pour cela est celui, parfaitement virtuel, des banques centrales. Et l'autorité la plus importante seule à même d'assurer la gouvernance de l'ancien capitalisme démocratique, définitivement entré dans sa phase hayékienne, est celle des présidents de banque centrale. Les usines à argent privées tournent plus qu'au ralenti depuis que leurs emprunteurs potentiels se découvrent surendettés et dans l'ignorance de la solidité de leurs dettes actives... Quant aux gouvernements, ils se heurtent à leurs Parlements et à ce qui reste de leurs Constitutions démocratiques : aux États-Unis, le Congrès est de plus en plus divisé entre deux grands blocs qui se servent peu ou prou de l'endettement public comme d'un prétexte pour se débarrasser de l'État ; et, en Europe, les électeurs opposent une résistance grandissante aux tentatives insupportables de leur faire payer les dettes d'un régime de croissance néolibéral qui n'a strictement rien apporté à la grande majorité d'entre eux.

Le pouvoir se déplace donc, du moins dans un avenir immédiat, vers les Mario Draghi et les Bern Bernanke (ancien président de la Réserve fédérale américaine), vers ces technocrates qui sont en mesure de revitaliser les banques et vers tous ceux qui vivent de leurs bénéfices afin de procéder à des injections constamment plus raffinées d'argent de leur propre fabrication pour permettre aux États, accablés ou pas de dettes, de se refinancer. Des combines toujours nouvelles sont trouvées afin d'offrir une seconde jeunesse au capitalisme à crédit dont l'année 2008 marqua l'échec. Peu importe d'ailleurs la brièveté de leur effet... En Europe, Mario Draghi, ancien directeur de

Goldman Sachs érigé en président de la Banque centrale européenne, veille à permettre simultanément aux acheteurs et vendeurs d'emprunts d'État de poursuivre ensemble leur florissant commerce. Un plan présenté comme l'innovation la plus avancée, et qui recueillit les suffrages des experts à l'automne 2012, visait à acheter avec de l'argent frais de la Banque centrale, sans limites et à prix fixes, des emprunts d'État aux États débiteurs. Toutefois, ces achats furent réservés aux seules banques qui en avaient acquis auparavant, à quelque date que ce fût. L'interdiction d'un financement direct des États par la Banque centrale étant maintenue, même si elle n'est pas respectée, ce plan a permis aux « marchés » d'acheter à l'un des États concernés des reconnaissances de dettes en quantités illimitées pour, disons, 96 % de leur valeur nominale, afin de les transmettre séance tenante à la Banque centrale européenne pour, mettons, 96,5 % garantis…

Il est toutefois permis de douter que de telles « solutions » mettent un terme à la crise de légitimation actuelle du capitalisme : le temps qui est acheté de cette façon ne peut être qu'un temps court. L'engagement sans réserve de l'argent de la Banque centrale européenne constitue le dernier moyen de générer de la confiance face aux montagnes de dettes amassées. Mais l'État court ici un risque. En effet, ce moyen peut aussi échouer… Cet autofinancement public — une tentative à la Münchhausen de s'extraire soi-même du cloaque en se tirant par les cheveux — peut être perçu pour ce qu'il est : une *opération passée avec soi-même*, et la Banque centrale se tranformer alors en une gigantesque *banque pourrie* avec ses planches à billets électroniques. De fait, la Banque centrale européenne endosse le rôle d'un gouvernement du dernier recours, ce qui tombe quoi qu'il en soit à point nommé pour des gouvernements comme celui d'Angela Merkel, qui se heurtent à des résistances nationales : les tâches gouvernementales sont dès lors transférées à la Banque centrale — ce qui épargne en effet à ces gouvernements le sale travail de légitimation. Mais la confiance et le sérieux professionnel normalement attachés aux banques centrales ne peuvent que pâtir du fait que leur politique dégénère en un management de crise improvisé et dépourvu de principes, dégénère en contournements de la loi du fait de juristes chicaniers[1] et en récompenses clientélistes distribuées à des banques en détresse acceptant d'acheter des emprunts d'État en échange de garanties de bénéfices. Et, de fait, la Banque centrale européenne semble de son côté craindre grandement de perdre son aura d'apolitisme en raison de changements trop manifestes de sa politique monétaire en matière de financement des États. Si la Banque centrale était considérée comme un gouvernement, elle se retrouverait alors en situation de devoir justifier politiquement, et non simplement techniquement, ses décisions[2]. Un tel devoir démocratique de se justifier excéderait ses capacités dans la mesure où elle est une institution située à la périphérie des processus démocratiques, et dans la mesure où ses moyens financiers ne suffiraient pas à eux seuls à acheter une apparence de justice sociale à l'ordre économique néolibéral. D'un autre côté, on a pu voir des banques centrales, en temps de crises politiques, devenir de facto des gouvernements. Citons comme exemple tout à fait intéressant l'Italie des années 1990, époque où les gouverneurs de la Banque d'Italie, Guido Carli et Carlo Azeglio Ciampi, furent temporairement nommés ministre du Trésor pour le premier, et président du Conseil des ministres puis président de la République pour le second, après qu'en 1993, au cours de l'« année de la boue » (*anno di fango*), le système partisan du pays se fut effondré sous le poids des affaires de corruption. Le pays passa ainsi sous les ordres d'une banque centrale forte, conformément à la tradition italienne — que Mario Draghi, après avoir été gouverneur de la Banque d'Italie, de 2006 jusqu'à sa nomination à la tête de la Banque centrale européenne, perpétue aujourd'hui à l'échelon européen[3]. La chose fut rendue politiquement possible parce qu'à l'époque la nation italienne considéra qu'il était de son intérêt national, et non partisan, de satisfaire aux conditions d'adhésion à l'Union monétaire européenne, des conditions relevant de la politique de consolidation.

Comme aux États-Unis, une thérapie de crise recourant à de la monnaie artificielle pourrait s'avérer couronnée de succès à court terme en Europe : les bonus des banquiers et les dividendes de leurs actionnaires seraient rétablis, et les primes de risque, que les « marchés » exigent pour l'achat d'emprunts d'État, seraient, une fois les risques pris en charge par la Banque centrale, à nouveau accessibles. Toutefois, rien d'indique qu'une telle thérapie puisse aussi soutenir et obtenir sur le long terme une nouvelle croissance, et tout particulièrement une croissance à même de prolonger à nouveaux frais la formule de paix démocratico-capitaliste en aidant à réduire, voire dissimuler, le fossé entre riches et pauvres et, en Europe, entre le Nord et le Sud — tout en conciliant d'une manière ou d'une autre justice de marché et justice sociale. Il est frappant de constater à quel point le président de la Banque centrale européenne tient toujours plus à ce que l'institution qu'il dirige n'épargne aux gouvernements aucune des « réformes structurelles » à mener dès lors qu'il est question pour eux d'obtenir les aides qu'elle se montre disposée à verser en temps de crise bien au-delà de son mandat juridique. Une politique néolibérale, en vérité, n'a rien d'autre à offrir lorsqu'un nouveau régime de croissance est recherché que d'empêcher qu'une nouvelle hypertrophie des volumes d'argent et de dettes, pourtant le fait de la Banque centrale elle-même, ne conduise une nouvelle fois à des surchauffes des marchés de capitaux suivies d'un effondrement immédiat, ou ne conduise à une réédition de l'inflation d'envergure mondiale des années 1970.

Pour que le management de crise ne devienne pas le prélude de la crise suivante et ne passe pas d'une crise à une autre, il faut une poussée de croissance qui, au regard de la situation politique, ne pourrait se produire que sous des augures néolibéraux, voire comme le résultat de « réformes » se situant dans le droit fil du démantèlement de l'État mené ces dernières décennies. C'est pourquoi la Banque centrale régnante relie ses bienfaits à de sévères conditions politiques. Savoir si elle peut les imposer est toutefois une autre affaire — les États aussi, et justement eux, peuvent être tentés de jouer sur la corde sensible de l'« importance systémique »[4]... Et personne ne peut garantir qu'une politique de l'offre « fonctionnerait » véritablement, comme en témoigne la stagnation persistante depuis quatre ans des États-Unis. Dans ce dernier pays, une combinaison d'argent dispensé en toute facilité par la Banque centrale et de « flexibilisation » néolibérale à l'œuvre depuis des décennies — combinaison qui se profile en Europe — n'a enregistré qu'une apparence de croissance destinée à imploser en crises périodiques. Et quand bien même une nouvelle croissance se produirait-elle encore d'une manière ou d'une autre, au contraire de l'État providence keynésien du passé, elle ne soulèverait plus tous les bateaux[5]... Dès lors qu'une politique de redistribution disparaît de la boîte à outils à l'instigation des « marchés » — et peu importe combien ses méthodes avaient pu être à la fin fallacieuses... —, et dès lors que des États ont été contraints au forceps de se cantonner à un rôle de protection de la liberté du marché et de la propriété, et tout particulièrement de la propriété des emprunts d'État, une croissance n'est définitivement plus en mesure de pacifier le conflit de répartition inhérent à une société de marché capitaliste. Bien au contraire, le danger grandit dès lors en permanence que les perdants sur la longue durée du « régime-de-Matthieu » des intérêts continuellement cumulatifs puissent un jour comprendre de quel jeu ils sont les dupes.

Une nouvelle croissance, si elle venait à se produire et devoir assumer à nouveau son ancienne fonction de pacification, devrait être quantitativement comme qualitativement tout autre que l'apparence de croissance des deux, trois dernières décennies. Depuis la seconde moitié des années 1980, le taux de croissance des pays industriels, sur une moyenne mobile de cinq années, a chuté de façon continue. Ce cycle connut son apogée en 1988, année où cette moyenne se situa au-dessus des 4 %. En 2000, elle n'atteignait plus que les 3,4 % et, en 2007, l'année qui précéda le début de la crise, n'alla pas au-delà des 2,7 %. Au cours des trois années qui s'écoulèrent entre le début de l'année 2009 et la fin de l'année 2011, la croissance moyenne en resta à 1 % (diagr. 4.1). Une nouvelle croissance garantissant une stabilité démocratico-capitaliste nécessiterait un retournement fondamental de cette tendance dont on ne voit tout bonnement pas comment il devrait se produire[6]. Depuis les années 1990, il a fallu s'endetter toujours plus pour générer un retour de la croissance des temps d'avant la crise, de sorte que les taux d'endettement se sont envolés. Ainsi, l'endettement global aux États-Unis — budgets privés, entreprises privées et publiques, économie financière et État — se situait encore en 1980 à moins de cinq fois le produit national brut ; il doubla ensuite de façon continue jusqu'à se situer en 2008 à neuf fois et demi le produit national brut... Il en alla en Allemagne de façon étonnamment parallèle, très certainement en partie sous l'effet de la réunification (diagr. 4.2). Tout cela incite à penser que cette fois-ci aussi il

Diagramme 4.1

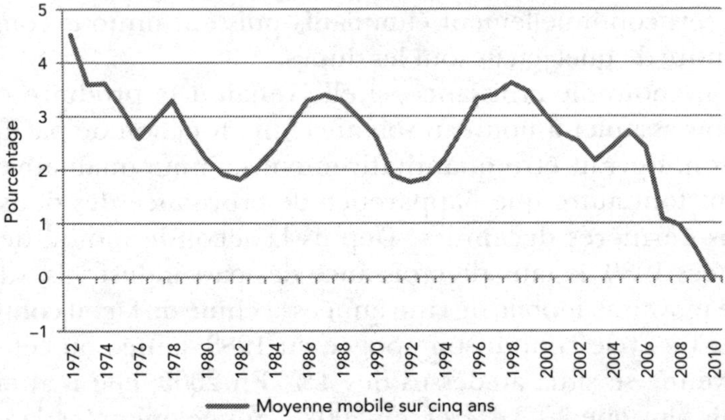

Pays pris en compte, en moyenne non pondérée : Allemagne, Australie, Autriche, Belgique, Canada, Danemark, Espagne, États-Unis, Finlande, France, Grande-Bretagne, Grèce, Irlande, Italie, Japon, Norvège, Pays-Bas, Portugal, Suède

OECD Economic Outlook : Statistics and Projections, publications en cours

Diagramme 4.2

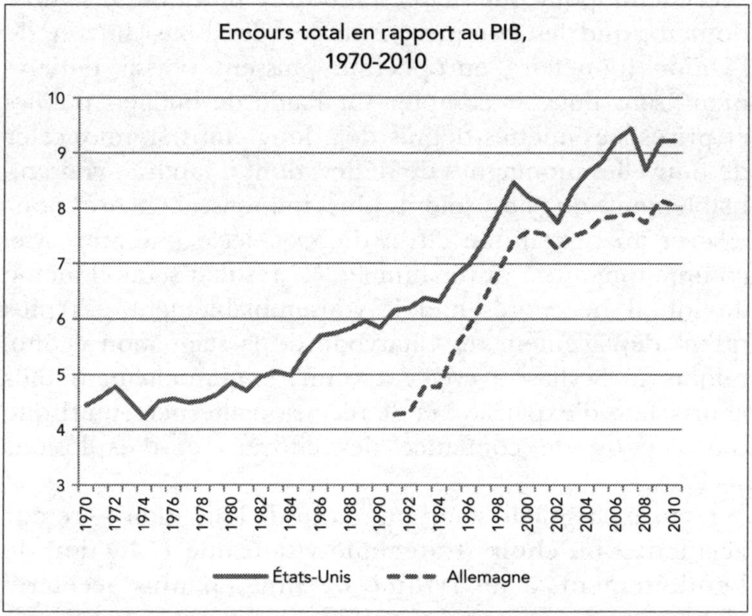

OECD National Accounts Statistics ; OECD Economic Outlook : Statistics and Projections, publications en cours

devra s'agir d'injecter toujours plus de dettes que la fois précédente pour que l'effet attendu se produise. Il semble douteux que les banques centrales des États-Unis et de l'Union monétaire européenne puissent réussir entièrement, sans pouvoir compter sur l'aide de budgets publics et privés surendettés depuis déjà longtemps, à amonceler de nouvelles montagnes de dettes, dont il faudrait vraisemblablement qu'elles soient plus immenses encore pour assurer au capitalisme tardif du XXe siècle une autre vie, comme toujours à durée limitée. Ce résultat serait-il même atteint, il ne représenterait vraisemblablement pas plus qu'un déplacement du Charybde de la stagnation économique au Scylla de cycles à venir, continuellement plus courts, faits d'expansion et de récession alternées, au risque d'une perte de confiance des citoyens et d'explosions sociales.

L'autre possibilité serait un retour de l'inflation — retour accidentel ou choix stratégique visant une réduction de l'endettement, à un rythme de plus en plus accéléré. Contrairement aux années 1970, l'inflation ne serait pas aujourd'hui déclenchée par le marché du travail, mais par les banques centrales et leurs efforts destinés à sauver les créanciers en sauvant les débiteurs. Pour cette raison, l'inflation ne pourrait se voir simplement mettre un terme comme jadis. Et elle affecterait en premier lieu les retraités et les bénéficiaires des aides sociales, devenus beaucoup plus nombreux, plutôt que les propriétaires de capitaux monétaires — qui, dans un monde ayant renoncé à tout contrôle de la circulation des capitaux, pourraient bien plus facilement sauter d'une monnaie à une autre. Les salariés, qui, contrairement aux années 1970, ne disposent quasiment plus de représentation syndicale susceptible de veiller à ce que leurs salaires soient indexés sur l'inflation, seraient eux aussi affectés. L'inflation, dans son rôle d'instrument de pacification de la démocratie de masse, s'userait pour cette raison aujourd'hui bien plus rapidement qu'autrefois. Et le risque qu'elle entraîne bien au contraire mécontentement et instabilité politique serait immense.

CAPITALISME OU DÉMOCRATIE

Lorsque le capitalisme de l'État de consolidation n'est plus à même de générer l'illusion d'une croissance partagée en vertu du principe de la justice sociale, le moment vient où les chemins du capitalisme et de la démocratie doivent se séparer. L'issue la plus vraisemblable aujourd'hui me semble devoir résider dans le parachèvement du modèle social hayékien, celui de la dictature d'une économie de marché capitaliste immunisée contre tout correctif démocratique. Pour que ce modèle social devienne légitime, il faudrait que la population concernée, anciennement peuple national, ait appris à tenir justice du marché et justice sociale pour une seule et même justice, et ait appris à se considérer comme faisant partie intégrante des gens de marché dans leur ensemble. Sa stabilité exigerait en outre des instruments efficaces permettant de marginaliser idéologiquement, de désorganiser politiquement et de tenir en respect physiquement ceux qui n'accepteraient pas ce scénario. Ceux qui ne voudraient pas se soumettre à la justice du marché ne disposeraient plus, dans une situation de neutralisation économique des institutions de la formation de la volonté politique, que de ce qui fut décrit à la fin des années 1990 comme une forme de protestation extraparlementaire : une protestation émotionnelle, irrationnelle, fragmentée, irresponsable… mais qui demeure la seule issue lorsque les voies démocratiques de l'articulation des intérêts et du défrichement des alternatives s'avèrent barrées. En effet, aucune d'elles ne débouche plus sur quoi que ce soit de neuf, ni n'aboutit plus à quoi que ce soit qui fasse véritablement la différence pour « les marchés ».

L'alternative à un capitalisme sans démocratie serait une démocratie sans capitalisme, du moins sans le capitalisme que nous connaissons. Telle serait l'autre utopie, à opposer à l'utopie hayékienne concurrente. Mais, à la différence de celle-là, elle ne se situerait pas dans une logique de projection historique, mais nécessiterait au contraire un mouvement de demi-tour. Pour cette raison, et à cause de l'énorme avance prise par la rupture néolibérale en termes d'organisations et de réalisations, et du fait également de l'angoisse devant l'incertitude inévitablement liée à chaque tournant radical, cette utopie d'une démocratie sans capitalisme semble aujourd'hui parfaitement irréaliste[7]. Elle trouverait aussi son point de départ dans l'expérience d'un échec, celui du capitalisme démocratique, qui n'a pas tenu ses promesses — dont elle n'attribuerait pas la responsabilité à la démocratie mais au capitalisme[8]. Elle se soucierait non pas de garantir une paix sociale à travers une croissance économique en dépit d'une inégalité croissante, mais d'améliorer la situation des exclus de la croissance néolibérale, et si nécessaire *au prix* de la paix sociale et de la croissance.

Si la démocratie signifie que la justice sociale ne saurait découler de la justice du marché, alors il devrait être question avant toute chose — pour autant que l'idée de politique démocratique ait encore un sens — de mettre un terme aux ravages institutionnels causés par quatre décennies de progrès néolibéraux, de défendre et de réparer autant que possible ce qui reste de ces institutions politiques au moyen desquelles il serait peut-être possible d'infléchir la justice du marché par la justice sociale, voire de remplacer la première par la seconde. Seule la prise en compte de ce contexte matériel autorise à parler de façon sensée de démocratie : seule cette manière de faire peut éviter de se voir renvoyé à la « démocratisation » d'institutions qui n'ont pas à décider. La démocratisation devrait aujourd'hui être synonyme d'une instauration d'institutions au moyen desquelles les marchés pourraient être à nouveau l'objet d'un contrôle par la société : les marchés du travail, l'espace réservé à la vie sociale, les marchés des biens de consommation qui ne détruisent pas l'environnement, les marchés du crédit qui n'incitent pas à la production en masse de promesses vaines… Avant que quoi que ce soit puisse être sérieusement inscrit à l'ordre du jour, il faudrait au moins une mobilisation politique de longue haleine, et des perturbations durables de l'ordre social actuellement en cours de formation.

L'EURO, UNE EXPÉRIENCE IRRÉFLÉCHIE

Le lancement de l'euro en tant que parachèvement du marché intérieur européen donna avec la zone euro une juridiction politique qui s'approchait de l'idéal d'une économie de marché libérée de la politique par la politique : une économie politique sans Parlement ni gouvernement, composée certes d'États-nations formellement indépendants, comme auparavant, mais qui avaient renoncé définitivement à disposer de leur monnaie propre, ainsi que de la possibilité de recourir à l'outil de la dévaluation dans le but d'améliorer la situation économique de leurs citoyens. L'euro élimina ainsi de la Constitution du marché commun, de façon parfaitement conforme au programme néolibéral, une variante importante du libre arbitre politique, et contraignit les gouvernements des États membres, aux yeux desquels l'emploi, la prospérité et la sécurité sociale de leurs populations n'étaient pas choses négligeables, à recourir à cet instrument néolibéral qu'est la *dévaluation interne*: il les contraignit à améliorer productivité et compétitivité en rendant plus flexibles les marchés du travail, en baissant les salaires, en allongeant le temps de travail, en augmentant la participation au marché du travail et en faisant passer l'État providence à la remarchandisation.

Aujourd'hui, le lancement de l'euro peut valoir d'exemple montrant comment une société — en l'espèce la société extrêmement hétérogène, transnationale, de la zone euro — doit, dans le cadre d'une « expérience irréfléchie », pour citer Polanyi, dans l'esprit d'une idéologie politico-économique devenue religion, être transformée en une société de marché conformément aux plans de l'économie standard, sans que soit tenu le moindre compte des très diverses structures, institutions et traditions la constituant. L'élimination de la dévaluation en tant qu'instrument de politique économique nationale n'équivaut, au bout du compte, à rien d'autre qu'à la greffe d'un modèle économique et social uniforme sur tous les pays ayant adopté la monnaie unique. Elle postule qu'une convergence rapide de leurs ordres sociaux et de leurs modes de vie est possible, et elle la met en œuvre. Dans le même temps, elle agit comme force motrice supplémentaire de cette expansion universelle des marchés et rapports de marché qui a été décrite comme une colonisation capitaliste, tout en cherchant — sur le mode de ce que Karl Polanyi a décrit comme un « laissez-faire planifié[9] » — à remplacer, plus ou moins de force, les États et leur politique par les marchés et leur automatisme autorégulateur. Sur ce point, l'élimination de la dévaluation partage beaucoup avec l'étalon-or du XIXe siècle, dont Polanyi a analysé de façon si saisissante l'effet dévastateur sur la capacité des États-nations jadis existants à protéger leurs peuples des incertitudes des marchés libres, ainsi que ses répercussions sur la stabilité des relations internationales.

Avec le recul, il s'avère assez simple de discerner dans les manifestations européennes des crises économique, financière et fiscale actuelles les manifestations d'un contre-mouvement politique[10] venant faire obstacle au fanatisme du marché institutionnalisé dans la monnaie commune. Jusque tout récemment encore — jusqu'à la désignation des commissaires Loukás Papadímos et Mario Monti à l'automne 2011 —, l'Union monétaire européenne se composait exclusivement d'États démocratiques dont les gouvernements ne pouvaient pas, ou ne voulaient pas déclarer la guerre à leurs peuples respectifs, qui, dans la réalité, se distinguent encore fondamentalement des populations modèles imaginaires de la théorie pure du capitalisme de marché ; et ils ne pouvaient, ou ne voulaient pas non plus les passer au laminoir des « réformes » dictées par les technocrates de Bruxelles et par les économistes « globaux » et déracinés. À l'instar des contre-mouvements d'autrefois, les États-nations réunis sous la bannière de l'euro ne s'en tinrent donc pas toujours au canon du politiquement correct et de ladite rationalité économique. Contrairement au laissez-faire, la résistance de la société au marché se forme, comme le savait Polanyi, spontanément et de façon non coordonnée. Et ce fut de cette façon que surgirent les déficits budgétaires, l'endettement étatique et les bulles des crédits et des prix dans ces pays qui ne suivaient pas, ou ne voulaient pas suivre le rythme qui leur était imposé de la rationalisation capitaliste de leurs modes de vie et de leurs mondes de la vie. Les boîtes à outils politiques réduites de ces pays, se limitant à un outillage d'autodéfense, ne leur permirent rien de plus qu'un amoncellement progressif de ces dysfonctionnements systémiques qui menacent depuis des années déjà de casser le système étatique européen et d'enterrer la longue paix instaurée depuis l'après-guerre entre les nations européennes.

Ce qui se produit actuellement semble sortir d'un livre d'images qu'aurait dessinées Karl Polanyi. La résistance des peuples représentés par leurs États-nations à l'asservissement de leurs vies aux lois du marché internationales est envisagée par l'*ecclesia militans*, l'Église militante de la religion du marché, comme un problème d'ingouvernabilité qui doit être et peut être résolu par de nouvelles réformes du même type et imposables *de façon plus soutenue encore*: à travers de nouvelles institutions retirant encore au système étatico-national ce qui lui resterait d'une capacité d'articulation nationale et d'une possibilité de libre arbitre politique, afin de les remplacer par des incitations rationnelles, y compris d'un type plus négatif, par exemple des amendes, à acquiescer en silence au destin décrété par le marché. De cette manière, l'austérité instaurée sur des décennies resterait bien une réalité quotidienne pour les petites gens des pays abandonnés par le marché pour cause de non-compétitivité, et l'expérience irréfléchie d'une monnaie unique imposée à une société multinationale hétérogène parviendrait à ses fins. En définitive, une fois les réformes réalisées, les nations finiraient par accepter leur expropriation politique, soit parce qu'elles n'auraient pas le choix, soit parce qu'elles finiraient un jour, au fil d'une convergence néolibérale au service du marché, par se rendre à la raison du marché: après l'avoir suffisamment éprouvée, elles commenceraient à l'entendre…

Il est toutefois encore difficile de discerner ce à travers quoi il faudra bien passer. Ce que l'on voit, ce sont des conflits grandissants entre les peuples d'Europe et, parmi ces mêmes peuples, des conflits portant sur la question de savoir combien les uns doivent aux autres — en termes de « réformes » d'un côté et de paiements compensatoires de l'autre —, des conflits portant sur la question de savoir qui, des petites gens et des gens bien plus aisés, doit en supporter les coûts, et dans quelles proportions, et qui pourrait en tirer avantage. Le fervent croyant, membre de l'*ecclesia militans*, peut espérer que les peuples nationaux d'Europe qui existent dans la réalité s'uniront un jour — et dans les modèles de l'économie standard, où la dimension temporelle est inexistante, un jour signifie toujours tout de suite — en un peuple modèle unifié dans le cadre d'une justice de marché et se conformant au principe de libre-échange. Mais qui ne fait pas partie de l'Église militante, celui-là passe de l'étonnement, devant la force de l'illusion, à la colère, face aux dégâts qu'une théorie peut causer du fait qu'elle n'est pas de ce monde.

LA DÉMOCRATIE EXISTE-T-ELLE DANS LA ZONE EURO ?

Les conflits qui, aujourd'hui, risquent de déchirer la zone euro pourraient-ils être pacifiés à travers leur démocratisation ? La démocratie pourrait-elle mettre à l'arrêt les forces centrifuges mises en branle par la décision de contraindre des sociétés différentes dans le corset d'un marché commun et d'une monnaie unique, et de les priver de ce fait de leur capacité d'action ? Pourrait-elle neutraliser les lignes de fracture nationales au sein de la zone euro en activant les lignes de fracture sociales et économiques qui leur sont transversales ? Bon nombre de ceux qui espèrent que les problèmes actuels du système étatique et économique européen seront résolus par sa démocratisation semblent se représenter celle-ci comme un tour de force qui surmonterait d'un seul coup, et durablement, les obstacles particularistes qui ont empêché jusqu'à présent une politique des salaires transnationale, une politique sociale européenne, un droit du travail et un régime de participation uniformes, ou encore une politique de développement régional commune[11].

Des spéculations sur le possible peuvent facilement déboucher sur le néant, surtout lorsqu'elles se combinent avec des espoirs ou des engagements auto-imposés à faire montre d'optimisme constructif. Un projet démocratique pour l'Europe digne de ce nom devrait trancher de façon catégorique avec les projets d'« union politique » tels qu'ils sont poursuivis par des stratèges néolibéraux autoritaires comme Wolfgang Schäuble, pour qui il s'agit d'élaborer dans les meilleures conditions possibles une centrale hayékienne organisant une gouvernance néolibérale pratiquée sur le mode transgouvernemental. La question de savoir si les présidents de la Commission et du Parlement sont élus ou non « par le peuple » ne soulève aucun véritable enjeu démocratique tant que leurs discours s'avèrent de peu de signification comparés aux présidents de la Banque centrale européenne et à la Cour européenne de justice — sans même parler des présidents de Goldman Sachs… Rien ne convient mieux à un système politique dont la Constitution écrite ou effective le contraint à se tenir à l'écart du fonctionnement autonome des « marchés » que le concept de « démocratie de façade[12] »… Un projet démocratique devant permettre la désignation d'un « ministre des Finances européen », dont la tâche consisterait à garantir encore et toujours le fonctionnement autonome des « marchés » et, ce faisant, à rétablir la « confiance » dans leurs rangs — un projet démocratique qui s'abstiendrait donc de relier la question de la démocratie à celle du néolibéralisme, voire à celle du capitalisme —, n'aurait pas besoin que les démocrates s'épuisent pour lui. De tous, il est celui qui a toutes les faveurs des néolibéraux.

Deuxièmement, un projet démocratique pour l'Europe devrait être moins utopique que ne l'était le projet du marché qui se balance depuis 2008 sur la corde raide. Il devrait donc éviter de réitérer la faute commise par ce dernier, qui consista à traiter, en les envisageant comme étant indépendants les uns des autres, l'économie et la société, les modes économiques et les modes de vie. En vérité, l'économie et la société s'entrelacent de la manière la plus intriquée qui soit. De même qu'un mode économique uniforme ne peut être imposé sans recours à la force à des modes de vie différents, des modes économiques et des modes de vie différents ne se laissent pas intégrer sans résistance à un ordre social et politique commun[13]. La démocratie en Europe ne peut consister en un projet d'homogénéisation institutionnelle. Contrairement au néolibéralisme, elle ne devrait pas, et ne pourrait pas se dérober à la tâche difficile consistant à articuler dans son ordre propre les différences nationales, des différences de nature historique, existant entre les peuples nationaux européens, mais aussi au sein même de ces peuples[14]. En Belgique, un État-nation instauré de longue date, composé seulement de deux sociétés, et qui menace pourtant de se disloquer en raison d'une contamination de conflits identitaires et de conflits de répartition tels qu'ils sont actualisés par la version, propre à la zone euro, de la crise financière et fiscale, en Belgique, donc, il a fallu récemment un an et demi pour qu'un gouvernement national puisse être formé… Le rédacteur d'une Constitution pour l'Europe aurait à se colleter à cette même sorte de conflits afin de parvenir à un résultat bien plus multiple et complexe, à savoir en traitant de tous ces conflits d'un seul tenant, non pas *à l'intérieur* d'une Constitution démocratique déjà existante, mais comme une contribution préalable à sa réalisation.

Dans une Europe telle qu'elle existe réellement, une Constitution unitaire-jacobine ne saurait être concevable pour un État européen démocratique. Aucune démocratie européenne ne pourrait se constituer sans subdivision fédérale, sans de très substantiels droits à l'autonomie et droits de réserve particularistes, sans droits des minorités destinés à éviter une marginalisation sur le long terme aux nombreuses et très diverses communautés composant l'Europe et ayant leur économie et leur identité propres, fondées sur la proximité spatiale — pas seulement en Belgique, mais aussi en Espagne et en Italie, ainsi qu'en Finlande et en Grèce, au Danemark et en Allemagne[15]. Qui voudrait rédiger une Constitution pour l'Europe devrait trouver non pas seulement des moyens de concilier les différents intérêts européens de pays comme la Bulgarie et les Pays-Bas, mais devrait se confronter également aux problèmes non encore résolus d'États-nations inachevés comme l'Espagne ou l'Italie. Leur diversité interne d'identités et d'intérêts demanderait à être représentée dans toute Constituante européenne imaginable[16]. Aboutir à une Constitution acceptable par tous est une tâche politique herculéenne qui devrait être menée à bien, et, pour commencer, exigerait un optimisme constructif n'ayant rien à envier à celui des technocrates-du-marché du néolibéralisme[17].

Troisièmement, la re-démocratisation de l'Europe aurait besoin de temps, tout autant que le projet de marché néolibéral eut besoin de décennies pour être concrétisé avant de traverser la plus grande crise qu'il ait jamais connue, et dont il espère sortir grâce à une nouvelle fuite en avant. Les institutions d'une démocratie européenne supranationale ne pourraient venir au monde comme une création de l'esprit volontariste. Les modèles historiques manquent, et il s'agirait de travailler avec le matériau que l'histoire a donné. Une assemblée qui aurait à rédiger la Constitution d'une Europe démocratique ne pourrait se composer que des visages connus des personnalités politiques d'aujourd'hui. Les représentants de tous les États de l'Union européenne en feraient partie, et non pas seulement les membres de l'Union monétaire. Et il lui faudrait travailler tandis qu'autour d'elle les conflits actuels portant sur la consolidation budgétaire, l'endettement, la supervision et les « réformes » enfiévreraient l'opinion, augmenteraient la méfiance mutuelle et affecteraient les résultats des délibérations… Des années devraient s'écouler avant que n'existe une Constitution unifiant l'Europe et qui — peut-être — démocratiserait la zone euro en domestiquant de façon inédite le capitalisme de marché. Elle arriverait beaucoup trop tard pour s'opposer à une solution néolibérale à la triple crise actuelle.

Parler de l'hétérogénéité sociale en Europe, c'est dire que subsistera à l'avenir une grande diversité de modes de vie et de modes économiques locaux, régionaux et nationaux. Une Constitution démocratique pour une Europe unie ne peut se forger que dans une reconnaissance des différences existant entre ceux-là, et elle devra se traduire dans des droits à l'autonomie. Le refus de ces différences ne peut avoir pour conséquence qu'un séparatisme qui aurait à être ou bien racheté ou bien réprimé par la force. Plus un peuple national est hétérogène, plus l'histoire des tentatives, réussies ou ratées, de l'uniformiser est sanglante, comme le montrent les exemples de la France, de l'Espagne sous Franco, ou encore, et notamment, des États-Unis. Toute société étatique hétérogène accorde une place centrale à sa « constitution » financière, à l'organisation de ses finances publiques, qui détermine quels pans de la société *en tant que communauté*, et dans quelles circonstances, doivent avoir droit à la solidarité collective des autres pans. Cela vaut aussi pour les États-nations. Plus l'autonomie régionale est grande, moins le droit et l'engagement à une solidarité entre régions sont importants. Il en résulte des conflits, y compris dans une société nationale aussi homogène que l'Allemagne, où le différend portant sur la péréquation des ressources entre Länder ne veut pas finir, comme chacun sait. Dans la zone euro, de tels conflits, causés par son extrême hétérogénéité, sont déjà, après peu d'années, monnaie courante. Ils ont pris trop d'ampleur pour être réglés au moyen de décisions votées à la majorité — tout particulièrement à un moment où l'uniformisation institutionnelle de l'utopisme néolibéral fait naître, dans la mesure où l'option de la sécession demeure fermée, des revendications en faveur de correctifs sociaux de la justice du marché qui revêtent la forme de versements compensatoires entre les sociétés. Il ne faudrait pas s'attendre à ce que le particularisme régional et national, ainsi que les conflits d'intérêts et d'identités provoqués par lui, disparaissent, si la société de la zone euro, une société trop hétérogène pour se permettre une monnaie commune, venait subitement à se donner une Constitution démocratique uniforme[18].

Hayek, dans son projet d'une fédération internationale s'imposant à elle-même le libéralisme, commit une erreur de raisonnement : il pensa que toutes les sociétés nationales concernées se conformeraient et voudraient se conformer au marché libre et universel et à son régime concurrentiel — aménagés par leur gouvernement central au nom de la paix tant chérie —, et qu'elles pourraient pour cette raison être amenées à laisser ce régime s'occuper de leurs intérêts particuliers collectifs et de leurs identités particulières collectives. Il ne put prévoir qu'elles tenteraient de défendre leurs modes de vie et leurs modes économiques sur la base de leurs particularités culturelles, grâce à ce qui leur resterait d'institutions politiques. La possibilité démocratique d'une réaction collective contre la justice du marché n'était tout bonnement pas envisageable dans son univers mental.

PETIT ÉLOGE DE LA DÉVALUATION

Nous avons vu comment la politique néolibérale parachève l'Union monétaire à travers des « réformes » destinées à immuniser définitivement le marché contre des corrections politiques, et à stabiliser le système étatique européen en tant qu'État de consolidation international. Rappelons-nous ce que fut l'institution de la dévaluation des monnaies nationales. Le droit à la dévaluation n'est après tout rien d'autre qu'une expression institutionnelle du respect des nations représentées par leurs États en tant que communautés de vies et de destins économiques chaque fois singulières. La dévaluation agit comme un frein à la pression expansionniste et rationalisatrice exercée par le centre sur la périphérie, et elle apporte aux intérêts et aux identités qui s'opposent à cette pression — et qui seraient taxés de populisme et de nationalisme dans le monde du libre-échange du grand marché intérieur — une alternative collective réaliste à l'automarchandisation à laquelle le marché entend bien qu'ils se prêtent avec docilité. Les pays qui ont la possibilité de recourir à la dévaluation peuvent décider eux-mêmes de se débarrasser ou non de leur héritage précapitaliste, ou anticapitaliste, décider de la cadence à laquelle le faire et dans quelle direction transformer cet héritage. Pour cette raison avant tout, la possibilité d'une dévaluation est une offense permanente faite au totalitarisme d'un marché unique.

La dévaluation d'une monnaie nationale corrige — approximativement, et pour un temps limité — les rapports de répartition dans un système asymétrique d'échanges économiques internationaux qui fonctionne, comme tout système capitaliste, selon le principe des intérêts cumulatifs. La dévaluation est un instrument approximatif — relevant de la *rough justice,* de la justice sommaire — mais, envisagée depuis la perspective propre à la justice sociale, il est toujours préférable d'y recourir plutôt que de ne rien faire. Lorsqu'un pays qui, économiquement, ou bien ne suit plus, ou bien ne veut pas suivre, dévalue sa monnaie, les perspectives à l'exportation des producteurs étrangers se voient amoindries, et celles des producteurs nationaux améliorées. Avec cela, les perspectives en matière d'emploi de la population du pays qui a dévalué s'améliorent au détriment des populations des autres pays. Dans la mesure où un pays qui dévalue sa monnaie fait augmenter les prix des produits qui y sont importés, il rend plus difficile pour ses citoyens aisés l'achat de produits étrangers. Dans le même temps, il permet à ses citoyens dépendant de leurs salaires de voir ces derniers rehaussés sans que leurs produits deviennent nécessairement plus chers à l'étranger, et sans que, de ce fait, leurs emplois soient menacés. Autrement dit, la possibilité de la dévaluation empêche que des pays « plus compétitifs » obligent de « moins compétitifs » à diminuer les pensions de retraite de leurs citoyens aux revenus modestes, afin que leurs citoyens les plus aisés puissent en toute sérénité acheter à un prix fixe leurs biens de luxe aux producteurs de ces mêmes pays « plus compétitifs ».

La dévaluation en tant qu'institution fonctionne, dans un système économique international, comme le handicap dans des disciplines sportives comme le golf ou la course hippique, où les différences entre participants sont si importantes que ceux-ci, si aucun système de rééquilibrage n'était instauré, se départageraient en un petit nombre de gagnants sur la longue durée et un grand nombre de perdants sur ce même long terme. Pour que les plus faibles soient malgré tout disposés à participer à la compétition, les plus forts sont au préalable désavantagés : dans le golf, en accordant aux joueurs plus faibles, en fonction de leur niveau, un certain nombre de coups reçus et, dans la course hippique, en faisant porter un poids supplémentaire aux potentiels vainqueurs à long terme. Dans l'économie politique des sociétés économiques nationales, une imposition sur le mode de la progressivité produit un résultat semblable ou, en tout cas, le devrait[19]. En l'espèce, supprimer la dévaluation dans l'Union monétaire européenne revenait à abolir l'imposition sur le mode de la progressivité, autrement dit, tout simplement, à abolir le handicap dans la course hippique.

Un système économique international qui autorise les dévaluations n'a pas à supporter qu'un pays ou des organisations internationales s'arrogent le droit d'intervenir dans les modes économiques et les modes de vie de ses États membres. Il tolère la diversité et permet une coexistence entre ses membres, soucieuse de l'autonomie de chacun, ainsi qu'une coordination précautionneuse entre le centre et la périphérie. Il n'y est pas supposé que des pays « de premier plan » sont en situation de réformer selon leur image des pays « d'arrière-garde », et on n'y exige pas plus que ces derniers délivrent aux premiers, moyennant finances, une licence pour le faire. La suppression de l'euro dans sa forme actuelle se ramènerait de cette façon à celle de l'étalon-or dans les années 1920 qui, aux yeux de Polanyi, rendit en tout cas possible pour la première fois

> [...] de tolérer de bon gré que d'autres nations donnent à leurs institutions internes une forme convenant à leurs inclinations, transcendant ainsi le dogme pernicieux du XIXe siècle, celui de la nécessaire uniformité des régimes intérieurs dans l'orbite de l'économie mondiale[20].

Une possibilité qui, indéniablement, était réapparue au moment même où Polanyi écrivait ces lignes, en 1944 — alors même que se constituait l'ordre de l'après-guerre :

> Des ruines du Vieux Monde, on peut voir émerger les pierres angulaires du Nouveau : la collaboration économique entre des États et la liberté d'organiser à son gré la vie nationale[21].

Un régime monétaire flexible, tel qu'il pourrait se constituer une fois l'euro supprimé, reconnaît que la politique ne se résume pas à la mise en œuvre professionnelle de mesures de rationalisation, et lui accorde une place centrale dans son organisation, par respect pour les identités et traditions collectives qui sont représentées à travers la politique. Un système économique international qui autorise la dévaluation pourrait être présenté comme un système d'intelligence distributive sachant se passer, tout à fait au sens de Hayek, de toute « prétention du savoir[22] ». Hayek a insisté à juste titre sur l'idée que de tels systèmes sont supérieurs aux systèmes centralement planifiés. Ce que l'économiste Hayek fut incapable de saisir, c'était l'idée formulée par Polanyi, contre lui : l'effrayant monde transnational-capitaliste, régi par la justice du marché, et d'une parfaite docilité au marché, que Hayek prenait pour cet état de nature que sa fédération libérale, destinée à garantir la paix à l'échelle du monde, rétablissait à ses yeux dans ses droits, ce monde-là ne pourrait précisément être instauré qu'à travers une planification. En effet, il supposait au préalable la destruction par la force des structures particularistes de la cohabitation et de la solidarité sociales.

Un régime de dévaluation épargne aux pays qui l'adoptent de devoir mener des négociations portant sur des réformes structurelles et des versements compensatoires. Une ingérence dans les affaires intérieures des pays moins compétitifs par des pays plus compétitifs est dans un tel régime tout aussi superflue que des « trains de mesures en faveur de la croissance », qui risquent en permanence d'être mécompris par leurs bénéficiaires comme des droits d'entrée dans le marché qu'il leur faudrait acquitter, ou comme une forme d'imposition interétatique de la « compétitivité », qu'ils peuvent rejeter. Des conflits internationaux n'interviennent qu'à la condition qu'un pays dévalue sa monnaie trop souvent et par intervalles trop courts. Toutefois, un pays se comportant ainsi perdrait ce faisant très vite, en dilapidant son capital-confiance, bien plus que ce qu'il gagnerait en restaurant périodiquement sa capacité d'exportation. Rien que pour cette raison, il n'existe aucun risque pour que des pays fassent un usage inconsidéré de la possibilité d'améliorer leur position sur le marché à travers une dévaluation[23].

POUR UN BRETTON WOODS EUROPÉEN

L'Union monétaire européenne fut une faute politique car, en dépit de l'hétérogénéité plus que considérable des pays de la zone euro, elle a éliminé toute possibilité de dévaluation sans, dans le même temps, supprimer également avec elle les États-nations et la démocratie à l'échelon national[24]. Au lieu d'aggraver cette faute originaire en doublant cette Union monétaire par une « Union politique », qui ne pourrait être rien d'autre que l'intronisation définitive de l'État de consolidation, une alternative serait, tant que la crise réserve encore une possibilité de sortie, d'en annuler ses effets par le retour, en Europe, à un système réglementé de taux de change flexibles[25].

Un tel système, qui reconnaîtrait les différences existant entre les sociétés européennes, au lieu de tenter de les réformer conformément aux schémas néolibéraux, serait sur le plan politique comme sur le plan économique bien moins astreignant que l'Union monétaire. Il se passerait fort bien de l'hubris du planificateur unique, du *One-size-fits-all*, de la-même-taille-pour-tous, et il se contenterait d'un léger raccordement entre les pays concernés en lieu et place de leur fusion. L'envie et la haine grandissantes entre les peuples européens deviendraient de cette façon, de facto, sans objet. Politiquement, flexibiliser le régime monétaire européen équivaudrait à mettre un terme à la coalition des industries exportatrices du Nord, et particulièrement de l'Allemagne, et des corps d'État et classes moyennes du Sud. Cette coalition travaille, à l'heure actuelle, à diminuer les retraites et les salaires des gagne-petit de l'espace méditerranéen afin que les classes moyennes citadines de cette partie Sud continuent à s'acheter à prix fixe des biens de luxe, allemands par exemple, et que les producteurs de ces mêmes biens soient en mesure de réaliser sur le long terme des estimations fiables en bénéficiant d'un taux de change stable. C'est dans le cadre de cette coalition que les modernisateurs néolibéraux des pays débiteurs du Sud soumettent leurs citoyens à la justice de la loi du marché internationale, en contrepartie du soutien financier et « moral » apporté par le Nord, et au moyen de la puissance pure des « marchés » et des organisations internationales. Le régime monétaire de Bretton

Woods inspiré par Keynes, qui prévoyait des taux de change stables adaptables sur le mode de la flexibilité, pourrait être un modèle pour un nouveau système monétaire européen. Il servit à l'époque à intégrer durablement dans le système du libre-échange occidental des pays comme la France et l'Italie, qui avaient des syndicats et des partis communistes puissants, sans les forcer à des « réformes » qui auraient menacé leur cohésion sociale et leur paix intérieure. La sagesse de ce système résidait dans son renoncement à obtenir par la contrainte une convergence des ordres intérieurs respectifs des États concernés, ainsi que dans son refus de toute immixtion des plus forts, sur le mode de la gouvernance transgouvernementale, dans les pays plus faibles[26]. Ce faisant, il respectait, au moins sur le plan formel, la souveraineté de ses pays membres et, avec elle, leur politique intérieure[27]. Les pays qui, en raison de concessions en matière salariale, ou en raison d'une politique sociale étatique généreuse, perdaient en compétitivité, pouvaient, de temps en temps, compenser cette perte à travers une dévaluation, et ce au détriment des pays plus solides et plus compétitifs[28]. Toutefois, les dévaluations ne pouvaient pas, comme cela a déjà été dit, intervenir aussi souvent que souhaité, car cela aurait porté atteinte aux intérêts et au besoin de sécurité des pays exportateurs, des industries et des entreprises exportatrices. Pour cette raison, des dévaluations devaient être approuvées au préalable par les autres membres du groupement concerné, comme une *ultima ratio*, un dernier recours.

Une question, qui mériterait tous les efforts des économistes les plus raffinés, consisterait à déterminer à quoi pourrait ressembler un système moderne, pour l'Europe, fait de taux de change dans le même temps plus stables et plus flexibles, et qui serait en mesure de remplacer l'Union monétaire européenne[29]. Des modèles de ce type permirent de réaliser des expériences différentes comme les

« serpents monétaires » européens mis en œuvre dans les années 1970 et 1980[30]. Dans tous les cas, il serait ici question, en lieu et place d'une monnaie unique pour tous, d'un raccordement souple des monnaies nationales destiné à sécuriser la démocratie nationale-étatique et les possibilités d'évolution démocratiques à travers la souveraineté nationale. En outre, l'euro n'aurait pas à être supprimé, mais pourrait continuer d'exister, aux côtés des monnaies nationales, comme une monnaie de réserve et d'ancrage dénationalisée, jouant le rôle de cette monnaie artificielle que proposa en son temps Keynes sous le nom de Bancor, et que les États-Unis refusèrent finalement parce qu'ils revendiquaient cette fonction pour leur dollar. Ces experts auraient également à trouver des moyens permettant aux monnaies nationales réinstaurées de se protéger des attaques spéculatives, ce qui exigerait probablement un retour, de toute façon souhaitable et nécessaire, à des formes de contrôle de la circulation du capital[31]. Il s'agirait pareillement de clarifier quel serait le coût d'un renoncement à l'euro en tant que monnaie unique. Tout laisse penser que les coûts à court terme et les frais consécutifs à long terme d'un sauvetage de l'euro, de toute façon vraisemblablement condamné à l'échec dans les cas de la Grèce et de l'Espagne, seraient plutôt plus élevés[32].

Sortir de la monnaie unique européenne, ce serait adopter une politique de réinstauration des frontières contre ladite « globalisation ». Qui refuse une « globalisation » soumettant le monde à une loi du marché unique forçant à la convergence ne peut vouloir en rester à l'euro, qui agit semblablement en Europe. L'euro était et reste une créature du climat d'euphorie qui entoura le processus de globalisation tout au long des années 1990, un processus dont les thuriféraires considéraient que la capacité d'action étatique était non seulement obsolète, mais aussi superflue. La demande d'un Bretton Woods européen serait alors comparable, dans le contexte actuel de parachèvement du tournant néolibéral, à ce qui, dans les années 1970, avait fait son apparition en tant que programme de réforme susceptible de faire éclater le système : elle constituerait une réponse stratégique à une crise systémique, elle viserait un au-delà du système dont elle entreprendrait de résoudre la crise, elle montrerait qu'une démocratie sociale n'est pas envisageable en ce monde sans souveraineté étatique[33].

GAGNER DU TEMPS

La nécessité d'un démantèlement de l'Union monétaire est la réponse plausible sur le plan démocratique à la crise de légitimation d'une politique néolibérale de consolidation et de rationalisation qui se considère comme sans alternative aucune. Elle se distingue fondamentalement des revendications nationalistes appelant à une exclusion de la zone euro des pays débiteurs. Son objectif n'est pas la punition, mais la libération et la réhabilitation des pays qui courent aujourd'hui le risque d'être définitivement pris dans les rets d'un système de marché affranchi de toute intervention politique et qui leur réserverait le rôle des éternels perdants et pétitionnaires. Il s'agit de rendre possible une égalisation politique, qui est l'unique voie susceptible de conduire à l'unification du peuple européen — aux antipodes de celle invoquée par ceux qui visent à une unification du marché, dont l'euro est un instrument de mise au pas.

La proposition d'un Bretton Woods européen peut, à l'échelon du discours politique public, compléter la résistance de « la rue » — une résistance qu'il faut espérer — contre la gouvernance sur le mode transgouvernemental du technocratisme de marché des euro-fanatiques, et contre l'institutionnalisation définitive de l'État de consolidation. Mais comme cette résistance de « la rue », une telle proposition ne peut en fin de compte servir qu'à gagner du temps pour instaurer une nouvelle capacité d'action politique dans le combat à mener contre la poursuite du projet néolibéral de dé-démocratisation. En outre, parce que le contexte actuel est celui d'une expansion redoutablement rapide du marché capitaliste, il s'agirait de partir du principe qu'il ne saurait être question — s'il s'agit bien de défendre une perspective de développement démocratique — de venir à bout de l'État-nation, et ce en dépit du caractère tout à fait douteux de l'organisation nationale-étatique des sociétés modernes. Il doit plutôt être question de réparer provisoirement les composantes restantes de cet État-nation de telle façon qu'elles puissent être utilisées pour ralentir les avancées foudroyantes de la conquête capitaliste advenues dans le cadre d'une démocratie postnationale et d'un marché qui, prétendument, s'auto-régulerait : quoi qu'en aient les spécialistes en ingénierie sociale, nous avons eu un avant-goût de leurs ravages avec la crise de 2008.

Dans l'Europe occidentale d'aujourd'hui, le plus grand péril n'est plus le nationalisme, et moins encore le nationalisme allemand, mais le libéralisme de marché hayékien. Le parachèvement de l'Union monétaire scellerait la fin de la démocratie nationale en Europe — et, de cette façon, la fin de la seule institution encore susceptible d'être utilisée pour une défense des citoyens contre l'État de consolidation. Si les différences historiquement accentuées entre les peuples européens sont trop importantes pour être intégrées dans un avenir proche au sein d'une démocratie commune, les institutions qui représentent ces différences peuvent être cependant utilisées, en guise de deuxième meilleure solution, comme sabot de frein sur le chemin escarpé qui traverse la société du marché unique, cette société qui se passe de la démocratie. Faute de première meilleure solution, la deuxième sera à utiliser…

Postface

UN « PETIT-ÉTATISME » NOSTALGIQUE ?

Une réponse à Jürgen Habermas[1]

LE BAYERN DE MUNICH ET L'EUROPE

En Allemagne, toute prise de position sur la politique européenne se doit de commencer en préambule par une « profession de foi européenne »[2]. J'illustrerai donc mon européité positive par l'exemple d'un club de football, dont je confesse, en toute franchise, être un ardent supporteur de très longue date : le Bayern de Munich.

Quelle est la composition de cette équipe[3] ? Le défenseur gauche est un Autrichien âgé de vingt ans parlant un allemand viennois et dont les parents sont d'origines philippine et nigériane. L'un des défenseurs centraux est un Allemand parlant un allemand allemand, et d'ascendance ghanéenne. L'un des deux « numéro 6 » est un Espagnol, qui se présente comme l'Espagnol le plus allemand d'Espagne. Le poste d'ailier gauche est occupé par un Français ayant auparavant joué à Marseille, qui se revendique de confession musulmane et assure vouloir vivre jusqu'à la fin de ses jours à Munich. (De temps à autre, il est remplacé par un Suisse allemand, encore très jeune, d'origine albanaise.) Son homologue côté droit est un Hollandais qui a déjà remporté des championnats nationaux dans quatre pays européens — en Hollande, en Angleterre, en Espagne et en Allemagne. Un Allemand qui pourrait être aussi un Espagnol occupe parfois le poste d'avant-centre. Rajoutons trois, parfois quatre natifs de Bavière, des « régionaux » qui, avec l'allemand, parlent également le bavarois, ainsi qu'un même nombre de remplaçants qui, presque tous, comme il se doit pour des joueurs du Bayern de Munich, jouent dans les équipes « nationales » de leurs « pays » respectifs.

L'équipe du Bayern fut entraînée et coachée jusqu'au milieu de l'année 2013 par un Allemand, également surnommé Don Jupp, pour avoir passé, après sa première carrière en Allemagne, quatre ans en Espagne, et y avoir, entre autres, remporté la Ligue des champions en tant qu'entraîneur avec le Real Madrid — à cette époque-là, la référence ultime. Son prédécesseur au poste d'entraîneur du Bayern était un Hollandais, joueur de grande expérience, puis entraîneur au FC Barcelone à l'époque où ce club était la référence ultime. Sa feuille de route consista à inculquer au Bayern le football dit tiki-taka du FC Barcelone — pour le dire de façon plus limpide, un style de jeu fait de passes très courtes et de mouvements extrêmement rapides. Avec Don Jupp, l'équipe alla en effet très vite de succès en succès lorsque celui-ci parvint, notamment à l'aide de l'Espagnol « allemand » susmentionné, à amalgamer au tiki-taka ce que les journalistes sportifs appellent les « vertus allemandes » : une excellente condition physique, un grand volontarisme sur le terrain, et ce jusqu'à la dernière minute de jeu, tout en renonçant aujourd'hui presque totalement au jeu irrégulier, car celui-ci coûte trop de temps.

Je ne traite certes pas ici uniquement de football, de ce plaisir unique en son genre que partagent les peuples européens, mais de ces peuples européens eux-mêmes, et de l'Europe qu'ils composent. Le Bayern est un modèle du nouveau fonctionnement de cette Europe des peuples, en tant qu'une totalité réellement existante — une société mélangée et ayant dépassé les schémas nationalistes, dont les membres se reconnaîtront encore longtemps comme étant tout à fait différents les uns des autres, mais, précisément pour cette raison, peuvent apprendre les uns des autres — des membres qui, loin de renier ou de minorer leurs différences, les combinent de façon productive et toujours nouvelle ; ils se révèlent en mesure de s'emprunter mutuellement leurs identités et de se compléter mutuellement à travers leurs différences.

Telle est donc ma « profession de foi européenne » — dans sa phase historique, une coopération et une fusion réellement existantes, une manière de ne plus faire qu'un, de la façon la plus pacifique qui soit ; je n'ignore pas que chaque peuple d'Europe se différencie par une vision du monde et un mode de vie issus d'un passé ou d'une combinaison de passés qui lui sont propres, mais reconnaissables par les autres comme apparenté au sien, jamais entièrement étranger à l'autre — des conceptions du monde et modes de vie dans le cadre desquels, aujourd'hui, après la fin de la guerre (ouest-)européenne, nous sommes en mesure de reconnaître, respecter et associer les unes aux autres, dans la vie quotidienne et la vie professionnelle de chacun, les manifestations locales différentes d'une *conditio europeae* commune, sinon *humana.* Cette Europe où je me sens chez moi de la plus heureuse des façons n'a strictement rien à voir avec l'Europe en faveur de laquelle Mme Merkel se prononça sous les applaudissements de l'opposition rouge-verte — en l'occurrence cette « Europe » qui serait « mise en échec » si l'Union monétaire échouait (!) [4]. L'Europe où je me sens chez moi n'est pas seulement apparue avant celle de Mme Merkel, et même sans elle, *mais est menacée par cette dernière dans son existence.* Et cela parce que l'Union monétaire n'est rien d'autre qu'un brutal *programme de convergence*[5]. Ce programme doit contraindre les parties de l'Europe qui n'ont pas encore été l'objet du processus de rationalisation actuellement mené à l'aune des critères de la justice du marché — ces parties de l'Europe dont la « subsomption » à la logique de l'accumulation de capital compétitive est donc encore attendue — à s'engager, sous peine d'un appauvrissement progressif, sur la voie desdites « réformes structurelles », réformes présentées comme un progrès, lequel n'est que celui de l'économie de marché globale…

LA POLITIQUE DE L'UNION MONÉTAIRE

J'aimerais amener mon lecteur, et peut-être même mes critiques, à tirer un trait, dès maintenant, et une bonne fois pour toutes, sur cette manière — enracinée de façon étonnamment profonde en Allemagne — de mettre en équivalence l'Union monétaire européenne et l'« Europe », et même l'« idée européenne », au risque d'être traité de nostalgique nationaliste, de partisan du « petit-étatisme », par les nombreux officiants du culte européen[6]. D'abord, l'Union monétaire, contrairement à ce qui avait été contractuellement prévu par ses fondateurs, apparaît, jusqu'à présent, n'être en rien le vecteur d'une « union toujours plus étroite entre les peuples d'Europe[7] ». En réalité, l'« Europe unie » il y a un demi-siècle n'était pas aussi désunie qu'aujourd'hui. Les accusations mutuelles et ciblées échangées de nos jours entre États et gouvernements peuvent s'accompagner d'une hostilité émotionnelle souvent effrayante entre leurs citoyens respectifs. À l'échelon des appareils d'État, le processus d'adhésion est immobilisé : la Grande-Bretagne travaille à l'assouplissement des modalités de son appartenance à l'Union, pour ne pas dire à la cessation de cette appartenance. Quant au Danemark et à la Suède, ils peuvent désormais, et de façon définitive, être considérés comme des non-membres à vie de l'Union monétaire. Au niveau des mondes de la vie citoyens, les clichés nationalistes et les identifications nationales ont opéré un retour en force. Ils se ramènent, à nouveau comme auparavant, à un éloignement très net et à un dédain mutuels ; ils menacent de mettre un terme aux formes de vie européennes qui s'étaient développées en s'entrelaçant les unes aux autres et auxquelles nous pûmes si longtemps nous associer.

On ne peut nier que ces clichés visent avant tout les Allemands, qui constatent avec horreur que cette même Union monétaire qui leur fut proposée avec insistance par leurs gouvernements successifs, toutes couleurs politiques confondues, comme la clé de voûte de leur « occidentalisation[8] », menace désormais de les isoler de leurs voisins[9]. Il est donc d'autant plus étonnant qu'en Allemagne le gouvernement et l'opposition, en accord total avec l'industrie et les syndicats, aient érigé le maintien de l'Union monétaire en un sacro-saint intérêt national, et s'efforcent avec un certain fanatisme d'expulser de l'arc constitutionnel allemand toutes les idées prônant une rédhibition de l'euro, à gauche comme à droite. Tout cela s'accompagne de promesses plus ou moins explicites assurant que le nouvel isolement allemand cessera lorsque « les Allemands » auront sauvé les autres — dans un premier temps au moyen des « programmes de croissance », des eurobonds, des mesures, sponsorisées par « les Allemands », destinées à contrecarrer le chômage des jeunes, et autres remèdes miracles — de ce qui, paraît-il, n'est rien de plus qu'une

« crise » passagère, déclenchée par une circonstance malheureuse, unique, le simple fruit d'une coïncidence.

Tout cela pourtant n'est qu'illusion, parce que les conflits actuels, que j'ai exposés dans ce livre, ainsi que dans un article plus récent encore[10], trouvent leur origine dans les différences de structure et de modes de fonction que l'on peut constater entre les économies nationales « embringuées » dans l'Union monétaire. Ces différences ne sont pas seulement de nature technique, mais découlent des différences existant entre les structures sociales et les modes de vie collectifs de ces pays très divers. Elles se sont accentuées de longue date, et politiquement ne sont que circonscrites ; rien n'indique qu'à court terme elles soient susceptibles d'être atténuées[11]. L'Union monétaire — et ma thèse ne se résume en rien à cela — a imposé aux différents modes économiques coexistant en Europe un ordre monétaire uniforme *avec lequel ceux-ci ne peuvent composer de la même façon*[12]. Le grand mensonge de l'Union monétaire européenne, dont les risques qu'il fait encourir à la cohabitation pacifique-amicale des peuples européens sont proprement incalculables, a consisté à affirmer que tous les pays pourraient s'y conformer, sinon tout de suite, du moins à moyen terme. Il s'agit de mettre fin à ce mensonge.

Deux analyses d'ordre technique sont ici à vrai dire inévitables, même si elles ne viennent pour l'essentiel que répéter ce qui a déjà été évoqué dans ces pages. L'Union monétaire européenne n'est pas l'« Europe » — quoi qu'en disent Merkel, Steinbrück et Habermas —, mais un accord interétatique sur une monnaie commune et sur sa gestion. Pour autant qu'elle « unifie » l'Europe, elle le fait en supprimant la possibilité qui avait été donnée auparavant, de la même façon, aux États qui en sont désormais partie prenante, de poursuivre leurs propres politiques monétaires, des politiques adaptées à leurs situations particulières respectives. Elle leur interdit tout particulièrement toute possibilité de réévaluation ou de dévaluation. Sur ce point, l'Union monétaire se ramène presque exactement au retour d'un étalon-or international, tel qu'il fut mis en place, du moins sur le papier, jusque dans les années 1920, entre les pays plus ou moins industrialisés d'alors.

Un étalon-or international ou une union monétaire deviennent fort problématiques lorsque les pays concernés se révèlent différemment « compétitifs ». Dans un marché commun, un pays se caractérisant par une « compétitivité » plus faible se retrouve en situation périlleuse : il risque en effet toujours plus d'être systématiquement distancé par les pays « locomotives », faute de pouvoir recourir, en guise de mesure d'urgence, à une dévaluation de sa monnaie nationale afin d'améliorer sa position. Au lieu de cela, il doit, s'il veut éviter un appauvrissement progressif, augmenter sa capacité de rendement économique à travers une politique de réduction des coûts — touchant par exemple les salaires et les retraites, ou les dépenses publiques — et, à plus long terme, en adaptant ses institutions économiques et ses structures sociales aux exigences de la concurrence internationale. Comme on l'a vu, on parle alors de dévaluation interne, présentée comme la seule alternative restante à une dévaluation externe, que l'Union monétaire exclut. Les gouvernements qui s'essaient aux « réformes » de ce genre courent toutefois le risque d'être perçus par leurs citoyens non pas comme leurs représentants, mais comme les agents d'intérêts étrangers, et d'être rejetés comme tels. Karl Polanyi[13] l'a montré, il faut voir là l'une des raisons principales de l'échec des États démocratiques durant l'entre-deux-guerres et du renoncement à l'étalon-or international dans les années 1920[14].

Non pas que les problèmes posés par une monnaie commune à des économies nationales différemment compétitives aient été méconnus lors de l'instauration de l'Union monétaire européenne[15]. Le souhait de la France et des pays méditerranéens de substituer à la Banque fédérale d'Allemagne et à sa politique de la monnaie forte — que les autres gouvernements européens, lorsqu'ils ne voulaient pas se retrouver marginalisés sur les marchés de capitaux, devaient plus ou moins mécaniquement suivre en acceptant de courir des risques politiques plus élevés — une Banque centrale européenne commune, dont la politique monétaire devait mieux prendre en compte les besoins de leurs économies nationales, relève des nombreux motifs, en partie contradictoires, qui débouchèrent sur les compromis formels du traité de l'Union économique et monétaire européenne. Ces pays y attachaient une telle importance qu'ils se montrèrent disposés à contresigner les dispositions du traité qui avaient été dictées par la Banque fédérale d'Allemagne, manifestement dans l'espoir de ne pas avoir à s'en tenir à elles à la lettre lors des décisions majoritaires ultérieures. Pour l'Allemagne et les autres pays tournés vers l'exportation et bénéficiant d'une situation excédentaire, il s'agissait en revanche pour l'essentiel de garantir définitivement leurs *terms of trade*, leurs termes de l'échange, contre toute éventuelle détérioration provoquée par une décision politique de leurs partenaires étatiques, telle une dévaluation, au sein du marché intérieur européen élargi. Pour atteindre cet objectif, le gouvernement allemand se montra disposé à intégrer la Banque fédérale d'Allemagne dans le système des banques centrales européennes et, de cette façon, à « communautariser », pour ainsi dire, son hégémonie en matière de politique monétaire. Il est vrai qu'il avait fini par se persuader que les pays moins « compétitifs » « feraient leurs devoirs » sous la pression de la monnaie unique, et garantiraient ainsi eux-mêmes la cohésion de l'Union monétaire à des conditions avantageuses pour l'Allemagne.

La question des intérêts des pays moins puissants en matière d'exportation se révéla plus complexe. Les espoirs que ces pays laissaient transparaître étaient très disparates. Ils tablaient sur une politique monétaire et fiscale plus permissive, une espérance qui fut au début justifiée par l'interprétation créative des règlements de Maastricht par le gouvernement Schröder et la présidence Chirac. Et ils comptaient également se voir verser par Bruxelles des aides à l'adaptation en matière de politique structurelle, voire des paiements compensatoires. Les projets de réforme anciens et nouveaux menés à l'initiative d'élites nationales bien décidées à moderniser leurs pays jouèrent pareillement leur rôle. Aux yeux de ces élites, l'idée même de dévaluation externe, en tant que pis-aller destiné à éviter une détérioration de la position nationale en matière de compétitivité internationale, était par principe une offense permanente, car elle épargnait aux sociétés concernées, et en particulier aux syndicats, des « réformes douloureuses ». En Italie, ce courant a été représenté depuis la fin de la guerre par la Banque d'Italie, la banque centrale italienne, et par l'université Bocconi, à Milan[16]. Ce courant travaillait et travaille toujours à une rationalisation radicale, sur le mode vertical, du haut vers le bas, de l'économie politique italienne, autrement dit à sa « flexibilisation », menée en conformité totale avec les diktats du marché. Cette rationalisation radicale est intrinsèquement liée sur le long terme à une mise au pas de la politique par la logique des marchés, et à une adaptation de la structure sociale aux impératifs fonctionnels d'un capitalisme de marché libéral. Ce courant travaille, en gros, à un nettoyage approfondi des ultimes nids de résistance, qu'ils soient prémodernes ou modernes, luttant contre l'avancée de la rationalité de marché et de la justice de marché. Tout cela est également rangé aujourd'hui sous la rubrique « européanisation ». Mais, au lieu de cela, il est plutôt ici question d'une intégration et d'une fusion horizontales ayant pour objectif une uniformisation hégémonique : de l'imposition autoritaire d'une monoculture capitaliste, telle que l'un des représentants les plus éminents de ce courant, l'économiste, ancien étudiant de l'université Bocconi, le commissaire européen venu de chez Goldman Sachs, Mario Monti, la confond justement avec le « modèle allemand »[17].

Les conflits d'intérêts liés à l'Union monétaire restent pour le moment à l'état latent dans les États membres du Sud. Ils furent masqués par la convergence des taux d'intérêt nominaux mise en œuvre au début des années 2000. Cette convergence ouvrit aux économies nationales de l'espace méditerranéen un accès plus avantageux que jamais aux marchés financiers internationaux, rendu plus propice encore par des taux d'augmentation des prix nationaux relativement élevés. L'Allemagne, en revanche, eut alors à lutter, en raison de sa faible inflation[18], contre des taux d'intérêt réels relativement élevés, liés à une croissance faible et à un chômage élevé, et passa pour cette raison, des années durant, pour « l'homme malade » de l'Europe. Pour le coup, la crise de 2008 changea la donne. Tandis qu'au Sud, la pyramide des dettes s'effondrait en raison du tarissement des sources de crédit, et que, contrairement à ce qu'avaient discrètement attendu les « marchés » de la part de l'Union monétaire, une communautarisation des dettes se faisait toujours attendre[19], l'économie nationale allemande, elle, prospérait en raison de sa structure « surindustrialisée », telle qu'elle avait été si pertinemment estimée, peu de temps encore auparavant, par les « experts » de toutes sortes — et en raison aussi d'un taux de change trop bas pour l'Allemagne, provoqué par l'Union monétaire européenne[20]. Dans des pays comme l'Italie et la Grèce, en revanche, le programme de convergence néolibéral semble avoir été provisoirement mis à l'arrêt à la suite d'un contre-mouvement massif de sociétés qui se sentaient attaquées par la convergence et lui opposèrent des résultats électoraux perçus comme inconvenants à Bruxelles et Berlin.

L'UNION MONÉTAIRE ET LES INTÉRÊTS ALLEMANDS

Comment expliquer que tant le gouvernement que l'opposition se cramponnent en Allemagne à l'Union monétaire en faisant preuve à son égard d'une loyauté radicalement non critique ? Comment interpréter la polémique entre économistes, qui éclata à l'extérieur du Parlement, sur la poursuite de cette politique ? Et pourquoi Jürgen Habermas peut-il se faire le défenseur d'une institution dont la contribution à une unification pacifique des peuples européens a jusqu'à présent consisté à leur nuire ? Pour la CDU et le SPD, pour la BDI, la Fédération allemande de l'industrie, et pour l'IG Metall, le syndicat des métallurgistes, l'exportation de l'industrie manufacturière allemande, ses perspectives et ses intérêts représentent manifestement la priorité des priorités. Mais la chose doit être publiquement tue, car tous les citoyens et contribuables ne travaillent pas dans ce secteur où l'on observe d'ailleurs, chez Mercedes ou chez Bayer, que les employés y sont toujours moins nombreux. Pour cette raison, les coûts incertains d'un démantèlement de l'Union doivent servir de justification principale au maintien de celle-ci — pour « les Allemands », ou plutôt pour les banques « allemandes », ou bien, sur un mode plus altruiste, pour les économies des couches moyennes et supérieures des pays qui, dans une tout autre configuration, auraient volontiers opté pour une dévaluation. Se retirer de l'Union monétaire, pour citer les stratèges de l'intégration par l'argent, serait plus coûteux qu'une fuite en avant, dont les coûts, soit dit en passant, ne seront certainement pas insignifiants... Un calcul à deux inconnues, en somme, mais dont le résultat est toutefois chose assurée pour la grande coalition des amis de l'Union monétaire...

Le différend « de suppléance » opposant, à l'extérieur du Parlement allemand, les économistes allemands *mainstream*, proches du camp « citoyen » regroupant gouvernement comme opposition, ne manque pas d'intérêt, puisque, comme à l'habitude en Allemagne, il n'y a pas de différend au sein du Parlement[21]. Normalement, des économistes libéraux devraient considérer qu'un étalon-or international est en principe une bonne chose, car il bannit du libre-échange toute politique venant apporter un correctif au marché, et oblige les gouvernements concernés à respecter les « lois du marché » postulées par la théorie. Dans le cas de l'Union monétaire, toutefois, on douta très tôt en Allemagne — à commencer dans les rangs mêmes de la Banque fédérale d'Allemagne — de pouvoir véritablement parvenir à discipliner la politique démocratique d'autres pays, afin qu'ils acceptent sans barguigner les conséquences sociales d'un marché intérieur pourvu d'une monnaie plus forte. Les sceptiques furent tout d'abord soulagés par l'adoption de mesures préventives de type institutionnel comme les clauses de « *no bail-out* », de « non-renflouement »[22]. Celles-ci, pourtant, avec la crise, se révèlent être de la poudre aux yeux. Malgré tout, la majorité des économistes allemands entend, à l'évidence de façon tout à fait sérieuse, prendre en compte le climat général et les intérêts de ceux qui se montrent décidés, à l'intérieur du centre politique de l'Union, à se battre pour l'Union monétaire. Mais ces économistes font d'un renforcement supplémentaire des contrôles internationaux sur la politique fiscale des pays déficitaires une condition préalable à la défense de l'Union, bien au-delà de ce qui avait déjà été ajouté aux traités originaires dans ce qu'il est convenu d'appeler le « six-pack »[23]. Leurs adversaires, dont beaucoup se retrouvent dans les rangs d'Alternative pour l'Allemagne [AfD], un parti créé par des économistes, se distinguent d'eux uniquement par le fait qu'ils considèrent qu'une telle solution est — de leur point de vue — politiquement impraticable. Ils se distinguent également de cette majorité d'économistes par leur crainte que les États excédentaires ne se retrouvent en permanence, pour cette raison même, dans l'obligation d'effectuer des versements compensatoires aux États de l'espace méditerranéen, au risque que leur prospérité en pâtisse. Sitôt que le néolibéralisme revient cher, c'est qu'il a raté son objectif[24].

Dans la mesure où un certain nombre de mes critiques crurent devoir confondre avec le programme de l'AfD ma proposition ultra-keynésienne — soutenue sans grand espoir de la voir se concrétiser — d'introduire dans l'Union monétaire, sur le modèle du système de Bretton Woods, un minimum de flexibilité des taux de change, je me permets ici un petit éclaircissement. Je tiens pour réalistes les doutes exprimés par l'AfD quant à la faisabilité des réformes structurelles et institutionnelles nationales et internationales que les partisans néolibéraux de l'Union monétaire tiennent, aujourd'hui du moins, pour indispensables. Mais, contrairement aux membres de l'AfD, cette infaisabilité, je ne la déplore pas, je l'appelle au contraire de tous mes vœux et l'espère, car je souhaite tous les maux possibles et imaginables au programme de convergence néolibéral d'une Europe unie par le marché et régie par une justice de marché. Mais, dans le même temps, je pense que les versements compensatoires réguliers, de très diverses natures, effectués par le Nord vers le Sud, qui sont devenus entre-temps nécessaires, vont excéder la bonne volonté des pays du Nord à remplir leurs devoirs de « solidarité » — sinon la bonne volonté de leurs élites, du moins, dans tous les cas, celle de leur électorat, qui doit régler l'addition[25]. Pour cette raison, il me semble que la perspective la plus vraisemblable qui s'offre à la politique et à la société, dans une Union monétaire ne permettant aucune flexibilité à sa monnaie, est un conflit interétatique chronique. Ce dernier portera sur deux paramètres : l'ampleur du renoncement des pays du Sud à leur souveraineté (un renoncement leur étant littéralement arraché), et l'ampleur du renoncement des pays du Nord à une péréquation financière.

Le renoncement à leur souveraineté imposé aux pays du Sud sera toujours jugé excessif par le Sud, et trop peu important par le Nord. Quant à la péréquation financière dont les pays du Nord voudront se débarrasser, elle sera toujours jugée excessive par le Nord, et trop peu importante par le Sud[26]... Au grand préjudice de la paix européenne, il semblera toujours aux deux parties que la contribution de l'autre à l'Union monétaire est problématique. L'Union monétaire telle qu'elle existe dans les faits sera déstabilisée en permanence, en tant qu'ordre économique néolibéral, par la politique démocratique des pays du Sud, et, en tant qu'un « État providence » international, par la politique démocratique menée dans les pays du Nord. Il ne peut qu'en découler une déseuropéanisation de la politique européenne, les pays membres de l'Union européenne se répartissant dès lors, sur le mode impérialiste, entre dominants et dominés — une répartition épousant les frontières qui séparent les différentes structures sociales et cultures économiques.

HABERMAS, L'ALLEMAGNE ET LA DÉMOCRATIE EUROPÉENNE

Je résume le propos tenu jusqu'ici. L'Union monétaire est un programme d'uniformisation obligatoire des modes économiques et des modes de vie des peuples européens, qui dresse ces derniers les uns contre les autres, et les divise politiquement en États-nations de première et deuxième classe. Elle représente l'apogée de la variante européenne du processus d'immunisation néolibérale des marchés capitalistes en voie d'expansion contre toute politique démocratique égalitaire-interventionniste. Cette immunisation est devenue, une fois révolu l'ordre de l'après-guerre du capitalisme démocratique, la tendance dominante à l'échelle planétaire. Les « réformes » institutionnelles imposées à l'heure actuelle à l'échelon national comme à l'échelon européen sous le prétexte d'un « management de crise » menacent d'instaurer, comme sortie d'un chapeau, une Constitution économique dictée par les analyses de Hayek, qui condamnerait toute issue alternative possible.

Comment, dans ces circonstances, se peut-il que quelqu'un comme Jürgen Habermas nous conseille de nous accrocher à une formation si monstrueuse, dont même les partisans les plus fervents doutent de la survie si elle devenait plus monstrueuse encore à force de « réformes » ? Je suppose qu'Habermas part du principe qu'une évolution du type que j'ai prédit pour les États-nations et leurs citoyens sera sur la durée si douloureuse que les uns comme les autres ne sauraient faire autrement qu'y mettre un terme en transférant des compétences démocratiques nationales « vers le haut », vers un échelon supérieur, supranational, dans le cadre d'une démocratisation simultanée des institutions européennes. Ainsi Habermas envisage-t-il cette option comme réalisable en pratique, ici et maintenant, dans l'espace temporel séparant le présent d'un futur proche (disons : dans les quatre années qui suivront l'élection fédérale de 2013). Il est vrai que les faits, tels que je les ai présentés dans ce livre, et tels que je les évoquerai à nouveau un peu plus loin dans cette postface, sont, au regard de la grandeur de certaines visions, typiquement triviaux, sinon péniblement triviaux, de sorte que, rien qu'à les évoquer, on se sent comme médiocre… Peut-être le visionnaire a-t-il raison d'ignorer les faits qui parlent contre sa vision. Colorier le souhaitable en possible peut encore parfois permettre au possible d'advenir en tablant sur une mobilisation politique provoquée par le charme des couleurs. Cela viendrait-il à ne pas fonctionner qu'une rhétorique visionnaire présente toujours l'avantage tactique de faire pareillement passer d'éventuelles références au potentiel de résistance du monde pour rhétoriques, voire frileuses ou malveillantes, car déployées seulement pour faire obstruction au souhaitable et à sa possibilité. Le diagnostic de « nostalgie » est avant tout une stratégie de dénonciation à utiliser contre quiconque préfère un tiens à deux tu l'auras[27].

La théorie de l'intégration néofonctionnaliste, qui date des années 1960, et qui, comme auparavant, rôde dans de nombreuses têtes, quoique souvent seulement à l'arrière-plan, fournit aujourd'hui l'argument le plus systématique : il conviendrait de s'accrocher à l'Union monétaire au nom de la démocratisation de l'Europe. Cette théorie suppose — pour le formuler de façon simplifiée — que, par le biais de rapports fonctionnels objectifs, l'européanisation d'un secteur ou d'un domaine politique doit inévitablement conduire avec le temps à une européanisation d'autres secteurs ou d'autres domaines politiques déterminés[28]. La question de savoir si cela pourrait se révéler fondé, et à quels égards, voire depuis quand cela n'est peut-être plus le cas, a souvent été débattue. Un bel exemple récent de promesse néofonctionnaliste illusoire fut le « parachèvement du marché intérieur » dont Jacques Delors fit le projet central de son second mandat de président de la Commission européenne. Les sceptiques dans le camp social-démocrate-syndicaliste, qui étaient un certain nombre, se firent tirer les oreilles par Delors : un marché sans « dimension sociale » ne pouvait pas fonctionner sur le long terme, étant donné qu'il avait besoin d'être légitimé, et que l'on ne pouvait pas, affirmait Delors, « aimer » un marché, au contraire d'un État social. Pour cette raison, il était permis, aux yeux de Delors, d'entamer le processus de l'intégration européenne sans se préoccuper d'imposer cette dimension sociale aux marchés libres : ils ne tarderaient pas à lui ménager une place. Mais, comme il s'avéra très vite, un marché, contrairement à la plupart des hommes, peut fort bien fonctionner sans être aimé... Et, dans les faits, aujourd'hui, à Bruxelles, après l'échec complet de toutes les tentatives d'instaurer à l'échelon européen une politique sociale commune encadrant et modifiant un marché intérieur commun, la notion de « dimension sociale » est évitée comme la peste.

Les experts de la théorie de l'intégration néofonctionnaliste ont souvent affaire dans leurs discussions à un problème qu'ils connaissent bien : si la profondeur de pénétration du processus d'intégration dans les systèmes nationaux est jusqu'à un certain point certaine, il arrive un stade où les contraintes matérielles ne suffisent plus à la poursuite de l'européanisation. En lieu et place, il se produit une « politisation » : des contre-mouvements politiques, qui font dépendre les nouvelles mesures d'intégration de rapports de consensus et de rapports de force favorables. Une Union monétaire encore si exposée au risque de démantèlement ne pourrait donc pas vraiment progresser « toute seule » en direction d'une Union politique. Naturellement, Habermas a reconnu qu'une théorie de l'intégration néofonctionnaliste qui se voudrait en prise sérieuse avec la réalité ne pouvait que faire une place dans ses schémas à des *agencies*, à des initiatives d'agents individuels ou collectifs. Sa solution consiste à faire croire à la classe politique allemande que l'Allemagne a *un intérêt national à la démocratisation européenne*, puisqu'il part du principe qu'il existe une autre voie : que l'Allemagne, si elle avait la volonté d'une politique européenne éclairée et guidée par son intérêt propre, pourrait également l'imposer[29]. Le « grand récit » auquel il est fait appel ici est celui — fort classiquement républicain-fédéral, dans sa version qui fut en vigueur de Helmut Schmidt à Helmut Kohl — d'une Allemagne trop petite pour être crainte par ses voisins, et trop grosse pour être aimée par eux, et qui doit, pour cette raison, s'intégrer dans une Europe plus grande, dans son propre intérêt, et se réaliser en elle. Ce serait donc en renonçant à ses intérêts propres qu'elle les défendrait le mieux — de l'utilité de l'oubli de soi, pour ainsi dire… Autrement dit : l'Allemagne a besoin de l'Union monétaire, ou, en tout cas, ne peut plus revenir sur elle, sans pouvoir pourtant la gouverner ni assurer à elle seule sa cohésion. Mais cette Union doit être gouvernée, sinon par l'Allemagne, du moins se gouverner par elle-même… L'important pour l'Allemagne est que « l'Europe », pour citer Angela Merkel, n'« échoue » pas, quitte à ce que d'autres intérêts allemands en pâtissent, car, en cas d'échec, les atermoiements européens antiallemands ne cesseraient plus, et tous les vieux tracas referaient surface… Tout cela ne constituerait-il pas le seul programme possible pour la grande coalition à l'œuvre depuis les élections fédérales de 2013 ?

Désordonné et capricieux comme l'est le monde, les

occasions sont peu nombreuses pour que s'y produise ce qui passe aux yeux de l'observateur engagé pour nécessaire en pratique, voire nécessaire en logique. Le projet d'une démocratie européenne supranationale peut-il faire le voyage sur le marchepied de l'Union monétaire, en assurant stratégiquement son irréversibilité, dans l'espoir que le gouvernement allemand se verra un jour contraint de lui confier le commandement ? Cela supposerait que ce gouvernement allemand se montre disposé à laisser les électeurs décider, au Parlement européen, du prix qui aurait à être acquitté pour le maintien de l'Union monétaire, et ce grâce à une majorité sur le long terme de députés issus des pays bénéficiaires — ce même gouvernement renonçant donc par là même à la possibilité de marchander ce prix dans le dos des électeurs… Mais qui exigera d'un électorat des paiements compensatoires plus élevés que ceux déjà effectués et convenus ? Ceux-là mêmes dont on a déjà exigé diverses « réformes structurelles » néolibérales, et à qui l'on veut en imposer plus encore, en sus d'une consolidation budgétaire gravée dans le marbre de la Constitution ? Un gouvernement qui voudrait sérieusement passer d'une démocratie allemande à une démocratie européenne devrait, dans quatre ans au plus tard, avoir atteint son but, et avoir remplacé les scrutins allemands par des scrutins européens, s'il s'agit d'empêcher ou de priver de tout effet ce qu'Habermas appelait déjà de ses vœux pour le 22 septembre 2013 : à savoir une progression spectaculaire de voix pour des partis comme « L'Alternative pour l'Allemagne »[30].

Ce qu'Habermas et d'autres, qui tablent sur une solution à la crise européenne passant par un tournant démocratique européen, ont à l'esprit ne constituerait, me semble-t-il, rien de moins qu'un nouvel acte fondateur européen, une nouvelle création, plus ou moins ab ovo, plus ou moins inédite du tout au tout : un saut hors de l'histoire, qui chamboulerait fondamentalement les institutions supranationales qui se sont développées en Europe depuis les années 1970, et ce à travers une décision révolutionnaire prise de l'intérieur même de ces institutions — comme si ce qui est, et ce qui a été, ne devait absolument en rien avoir son mot à dire au sujet de ce qui devrait découler de lui à l'avenir... Habermas minimise cette difficulté. Il semble qu'à ses yeux l'Union monétaire — qui, à l'heure actuelle, ne sert précisément rien d'autre que l'abolition de toute capacité politique à corriger la justice du marché, et qu'Habermas espère voir rénovée par sa démocratisation supranationale — doive juste être « aménagée[31] », avec sa Banque centrale européenne, élargie à l'occasion à la troïka[32], et ses divers instruments de coordination et de « gouvernance sur le mode transgouvernemental » en matière de politique économique et financière, à travers un dualisme équilibré du Conseil et du Parlement, s'accompagnant d'une transformation de la Commission en un exécutif supranational[33].

Comment parvenir à ce qui ne serait rien de moins qu'une révolution à travers des réformes menées dans le cadre d'une continuité institutionnelle ? Qui composerait dans ces conditions la Convention qui aurait à décider de la sortie de la configuration présente, et de l'entrée dans un avenir meilleur, sinon les sempiternels Giscard, Van Rompuy, Barroso, Junker, *e tutti quanti* — les représentants de cette même classe politique qui a déjà conduit dans le mur la dernière Convention dédiée à l'élaboration d'une « Constitution », après que des « visionnaires » comme Joschka Fischer eurent en temps voulu perdu tout intérêt pour elle ? Est-ce seulement faire preuve de frilosité que de rappeler que, dans l'état de choses actuel et dans les traités, toute refondation ou nouvelle fondation de l'Union européenne devra être ratifiée par chaque État membre, et donc aussi par la Grande-Bretagne, la France, le Danemark et les Pays-Bas, dont au moins deux de ces pays travaillent à la formulation de demandes en faveur d'une renationalisation de compétences transmises dans le passé à l'échelon européen ? Est-ce seulement faire preuve d'un manque d'imagination que de souligner que, au regard de l'hétérogénéité fondamentale des sociétés européennes et de leurs économies, toute démocratie européenne négociée par toute Convention aujourd'hui concevable ne pourrait être qu'une démocratie du consensus, du consociativisme [*consociational democracy*], une démocratie qui comprendrait une multitude et une multiplicité de droits des minorités et de clauses de sauvegarde que seuls des experts pourraient être en mesure d'envisager dans leur ensemble — et avant tout dans sa « constitution » financière, dans l'organisation de ses finances publiques, à supposer qu'elle en ait une[34] ? Est-il permis de se demander s'il existe aujourd'hui en Europe ne serait-ce qu'un seul gouvernement qui aurait la volonté, voire le mandat, de se défaire de son rôle de « seigneur des traités », et d'en défaire les autres gouvernements[35], et d'agréer une Constitution qui serait plus qu'un énième « traité constitutionnel » ?

En vérité, c'est là le problème simplement le moins délicat de tous. Une démocratie supranationale-européenne encore démocratique serait en effet sans valeur aucune si le rapport entre ses institutions et les marchés, et tout particulièrement les marchés financiers et les marchés du travail, si le rapport entre la politique et l'économie, entre la démocratie et le capitalisme, restait tel qu'il l'a été ces dernières décennies, et, entre autres, tel que je l'ai décrit. Si un peuple européen devait choisir entre, mettons, un Martin Schulz et un José Manuel Durão Barroso, directement, d'une manière ou d'une autre, sans que, dans le même temps, une transformation fondamentale de l'architecture institutionnelle de l'Union monétaire n'ait été menée à bien au cœur de ce pentagone formé par le Conseil, le Parlement, la Commission, la Banque centrale européenne et la Cour de justice, il serait impossible de parler de la moindre avancée. Ce qui ferait ensuite office de « démocratie européenne », avec le Parlement, le gouvernement, la vie publique et que sais-je encore, ne serait rien d'autre qu'un énième vernis postdémocratique paralysant appliqué d'en haut aux postdémocraties nationales. M. Draghi et ses technocrates de la finance gouverneraient comme auparavant, avec leurs amis de toute une vie de l'industrie monétaire privée, qu'ils ravitailleraient abondamment en argent public — une camarilla qui, dans les faits comme en droit, ne pourrait pas tolérer et ne tolérerait pas la moindre ingérence d'une politique populaire-démocratique dans les affaires. Son « programme de réformes » — pour le Sud : le remplacement du clientélisme archaïque propre à la Sicile ou à la Grèce par le clientélisme postmoderne du nouveau capital financier — se poursuivrait en toute constance[36]...

Des élections stérilisées sur le mode postdémocratique ne valent pas le papier sur lequel sont imprimés les bulletins de vote. Dans ce livre, j'ai décrit le compromis hayékien inédit qui se profile entre capitalisme et démocratie, et qui consiste en l'immunisation du premier contre la seconde. Un capitalisme néolibéral et une démocratie électorale peuvent en effet cohabiter pacifiquement dès lors que la démocratie a perdu sa capacité à opérer toute intervention politique égalitariste dans le « libre jeu des forces du marché ». Ladite « globalisation » semblait, dans le passé récent, et pour des raisons politiques, requérir de vider la politique — entendue dans son acception hayékienne — de son contenu : l'incorporation des marchés dans les États devait être remplacée par l'incorporation des États dans les marchés[37]. Le débat politique et le débat interne à la science politique actuels, quand ils sont consacrés à l'incompatibilité de la globalisation et de la démocratie[38] — entendue naturellement ici dans la seule acception de sa variante non stérilisée —, font en partie entendre un *cantus firmus*, une mélodie préexistante à leur polyphonie, qui chante les divers effets externes auxquels sont exposées les communautés politiques dont les frontières n'arrêtent pas les marchés. Habermas et d'autres, qui diagnostiquent chez moi un penchant nostalgique pour le « petit-étatisme » — pour une retraite à l'intérieur du « cercle de chariots » national-étatique des années 1960 et 1970, ou encore pour une retraite à l'abri d'une « ligne Maginot » politico-économique —, semblent croire qu'un grand État européen pourrait l'être suffisamment pour résister à la pression des marchés lui enjoignant de s'adapter à eux, et instaurer une démocratie égalitaire. Je ne parviens pas à comprendre sur quoi s'appuient les attentes optimistes de ce que l'on est en droit d'appeler, en guise de retour à l'envoyeur, un très confiant « grand-étatisme » [*Groß-staaterei*]. Les États-Unis, le Japon, la Chine, ainsi que le groupe de pays réunis récemment sous l'acronyme BRICS, sans parler du Bangladesh et du Myanmar, sont vraiment de taille à produire à foison des effets externes générés par le néolibéralisme et affectant non moins une Europe disposant de l'euro et de présidents du Conseil et de Commission qui seraient élus par les peuples qu'une Europe n'ayant ni l'un ni les autres. Et pour s'apercevoir qu'un grand-État [*Groß-staat*] plus grand encore peut aussi en appeler avec succès à des obligations d'adaptation au marché afin d'exproprier démocratiquement comme économiquement la majorité de sa population, il suffit de se rendre aux États-Unis.

ENCORE ET TOUJOURS : DÉMOCRATIE ET CAPITALISME

Contrairement à Habermas, je crois que nous ne pouvons parler de façon sensée de l'avenir de la démocratie, en Europe et ailleurs, sans dans le même temps parler de celui du capitalisme — autrement dit, je crois que *nous ne pouvons pas travailler à une théorie de la démocratie sans recourir à l'économie politique.* Le social-démocrate raisonnable que j'étais de longue date reconnaît avec un étonnement effaré que les questions véritablement importantes sont aujourd'hui encore le mieux posées à la marge de mouvements contre le commerce mondial et la globalisation : comment affaiblir la globalisation, de sorte qu'elle puisse — *horribile dictu* — être rendue compatible avec une politique démocratique-égalitaire ? Plutôt que de se demander si et comment la démocratie devrait être elle-même globalisée ou bien dé-démocratisée, afin de satisfaire aux « contraintes matérielles » issues des « marchés » globaux… En face des problèmes de l'humanité qui se laissent discerner derrière les questions de cette sorte, et des devoirs qui en résultent, le renoncement à un « petit-étatisme » européen[39] et la rééducation des citoyens des États européens en citoyens européens font plutôt figure de jeu d'enfant, et, qui plus est, de jeu d'enfant d'un temps (celui de Kohl) qui commence à dater. Aujourd'hui, notre tâche doit consister à rien de moins que neutraliser les marchés financiers globaux en coupant, à titre préventif, les voies de contamination épidémique transnationales et, dans l'ensemble, domestiquer un mode économique qui doit élever toujours plus haut des montagnes de dettes afin d'engendrer une croissance économique toujours plus faible et procéder à une répartition toujours plus inégale.

Le débat qui a éclaté en Allemagne autour de ce livre m'a, au moins en partie, conduit à réaliser que l'intégration européenne, telle qu'elle fut menée au plus tard à partir de la présidence Delors, constitue un projet de modernisation devenu au fil du temps de plus en plus démodé, un projet qui a depuis longtemps raté ce dernier coche qui aurait encore pu lui permettre de tenter d'amorcer un processus de démocratisation. Devrions-nous vraiment vouloir, alors que les coûts en sont élevés, maintenir avec l'euro un grand système monétaire centralisé de la *fiat money*, de la monnaie fiduciaire, qui élimine de l'économie politique européenne les États-nations européens — qui, des institutions européennes, sont toujours les plus politiques —, et expose leurs sociétés à l'uniformisation ? Devons-nous, en outre, compter sur l'irruption en dernière minute d'une politique européenne-démocratique venant apporter des correctifs aux marchés, qui interviendrait subitement, comme un dieu déboulant des coulisses sur scène, pour que les choses prennent enfin un tour favorable ? Même en faisant preuve de la meilleure volonté, je n'aperçois ni la théorie ni l'expérience historique où puiser l'optimisme nécessaire.

Ce que je vois, en revanche, c'est combien les institutions nationales qui demeurent encore dans les pays européens ont montré, et de façon étonnamment convaincante, lors de la guerre éclair déclenchée en 2008 par la technocratie et la monétocratie contre les peuples européens, qu'elles jouaient efficacement leur rôle de ligne de défense[40]. Les élections démocratiques ont permis de relever de leurs fonctions les agents de recouvrement qu'étaient Monti et Papadímos, tous deux en quelque sorte nommés par les marchés financiers et l'Empire européen auxquels ils étaient tout dévouement. La Cour constitutionnelle allemande a fait en sorte qu'au moins un député du Parlement allemand ait la possibilité de vérifier les documents relatifs aux plans de sauvetage qui étaient soumis à l'approbation des parlementaires. L'apparition d'un parti comme Syriza, coalition de partis de gauche résolument opposés au « gouvernement du mémorandum d'austérité et de la subordination », est la précieuse indication que les petites gens de Grèce refusent de devoir payer pour les extravagances de leurs gouvernements et de leurs parrains de Bruxelles et New York… Le mouvement Occupy a rappelé par intermittence aux banques et aux gouvernements que, pour l'essentiel, les citoyens parlent un autre idiome que le *technospeak*, ce jargon technocratique du système financier. Par ailleurs, en février 2014, la Cour constitutionnelle allemande, tenue à distance par les spécialistes du droit européen, qui craignent pour leur pré carré, a décidé de renvoyer devant la Cour de justice européenne la question de savoir si le rachat d'obligations souveraines (OMT) par la Banque centrale européenne n'outrepassait pas le cadre du mandat de celle-ci, et n'était pas en réalité contraire au droit constitutionnel allemand, voire à la souveraineté des États de la zone euro, puisqu'en dernière instance ces derniers se trouveraient dans l'obligation de compenser les risques pris par la Banque centrale européenne en rachetant les obligations d'États en difficulté.

Le droit de vote, le droit de grève et le droit de manifester sont encore ancrés en Europe au seul échelon national. Auront-ils un jour une existence à l'échelon européen ? Nulle réponse n'est donnée, sinon par la Cour de justice européenne, qui a déjà défini, dans tous les cas, le droit de grève comme étant secondaire par rapport aux « libertés » du marché intérieur[41]. Je défends dans cet ouvrage une certitude : assurément, ces institutions nationales et d'autres encore, quand bien même en l'état elles ne se montrent pas en mesure d'apporter des réponses constructives à la présente crise du capitalisme, ont le mérite d'exister. Sans elles, le projet d'une économie politique démocratique en Europe ne serait pas aujourd'hui, tel qu'en lui-même, dans une grande détresse ; il serait depuis longtemps mort et enterré.

Les dernières pages de mon livre — gagner du temps, quand on ne peut déjà plus en acheter — ont été soumises au feu de la critique. Elles recommandent de ne pas déserter aujourd'hui les seules positions à partir desquelles il demeure pourtant encore possible, sinon de stopper, du moins de ralentir l'avancée du Léviathan supranational, afin, dans le meilleur des cas, de réinstaurer sur le mode cumulatif de fortes « conditions restrictives[42] » à sa politique de transformation néolibérale des sociétés — des conditions qui, cette fois-ci, ne consisteraient pas en contraintes propres au marché, mais en contraintes propres au monde de la vie. Dois-je répéter que cela ne peut être qu'un pis-aller subversif, et que l'État-nation comme forme d'organisation politique ne pourra pas porter l'économie politique postcapitaliste dont nous avons besoin, et qu'il nous faut d'une manière ou d'une autre concrétiser ?

À quoi ressemblera cette économie politique alternative ? Nul ne le sait vraiment encore. Mais j'ai la conviction que le projet des Draghi, Barroso, Schäuble et consorts, est un instrument totalement inadapté à sa concrétisation. Il reste aux tenants de la désobéissance citoyenne, opposés à une politique technocratique qui entend bien elle-même s'émanciper de toute obéissance à l'endroit des volontés des citoyens, à se manifester. Souhaitons aux Grecs, aux Italiens, aux Espagnols et aux autres peuples européens qu'ils réussissent là où précisément, par exemple, les Allemands sont empêchés, prisonniers qu'ils sont de leur amalgame typiquement national entre intérêts à l'exportation et euro-idéalisme : à savoir gagner du temps afin de réfléchir à une démocratisation de l'économie politique européenne qui soit digne de ce nom.

APPENDICES

Le lecteur trouvera dans les notes les références aux éditions françaises des ouvrages cités dans le texte par l'auteur.

Bibliographie

Adorno, Theodor W. (1979 [1968]), »Spätkapitalismus oder Industriegesellschaft? Einleitungsvortrag zum 16. Deutschen Soziologentag«, in: ders., *Soziologische Schriften I*, Frankfurt/M.: Suhrkamp, S. 354-370.

Agnoli, Johannes (1967), *Die Transformation der Demokratie*, Berlin: Voltaire.

Alesina, Alberto, u. a. (2012), *The Output Effect of Fiscal Consolidations*, Cambridge.

Alesina, Alberto, Roberto Perotti (1999), »Budget Deficits and Budget Institutions«, in: James M. Poterba, Jürgen von Hagen (Hg.), *Fiscal Institutions and Fiscal Performance*, Chicago: University of Chicago Press, S. 13-36.

Assheuer, Thomas (2008), »Nach dem Bankrott. Thomas Assheuer im Interview mit Jürgen Habermas«, in: *Die Zeit*, 6. November 2008.

Bach, Stefan (2012), »Vermögensabgaben – ein Beitrag zur Sanierung der Staatsfinanzen in Europa«, in: *DIW Wochenbericht* 2012, S. 3-11.

Beckert, Jens (2004), »Der Streit um die Erbschaftssteuer«, in: *Leviathan* 32 (2004), S. 543-557.

– (2009), *Die Anspruchsinflation des Wirtschaftssystems*, Köln.

– (2012), *Capitalism as a System of Contingent Expectations. On the Microfoundations of Economic Dynamics*, Köln.

Bell, Daniel (1976a), *The Cultural Contradictions of Capitalism*, New York: Basic Books.

– (1976b), »The Public Household. On ›Fiscal Sociology‹ and the Liberal Society«, in: ders., *The Cultural Contradictions of Capitalism*, New York: Basic Books, S. 220-282 (Kap. 6).

Bergmann, Joachim, u. a. (1969), »Herrschaft, Klassenverhältnisse und Schichtung. Referat auf dem Soziologentag 1968«, in: *Verhandlungen des Deutschen Soziologentags*, Stuttgart, S. 67-87.

Block, Fred (2009), »Read Their Lips. Taxation and the Right-Wing Agenda«, in: Martin, Isaac William, u. a. (Hg.), *The New Fiscal Sociology. Taxation in Comparative and Historical Perspective*, Cambridge: Cambrigde University Press, S. 68-85.

Bofinger, Peter, u. a. (2012), »Einspruch gegen die Fassadendemokratie«, in: *Frankfurter Allgemeine Zeitung*, 3. August 2012, S. 33.

Böhm-Bawerk, Eugen von (1968 [1914]), »Macht oder ökonomisches Gesetz?«, in: Franz X. Weiss (Hg.), *Gesammelte Schriften von Eugen von Böhm-Bawerk*, Frankfurt/M.: TOPOS, S. 230-300.

Boltanski, Luc, Ève Chiapello (2005), *The New Spirit of Capitalism*, London: Verso (dt.: *Der neue Geist des Kapitalismus*, Konstanz: UvK Universitätsverlag 2006).

Brenner, Robert (2006), *The Economics of Global Turbulence. The Advanced Capitalist Economies From Long Boom to Long Downturn*, London, New York: Verso.

Buchanan, James M. (2003), *Public Choice. The Origins and Development of a Research Program*, Fairfax.

–, Tullock, Gordon (1962), *The Calculus of Consent. Logical Foundations of Constitutional Democracy*, Ann Arbor: Library Fund.

Bundesministerium des Innern (2012), *Jahresbericht der Bundesregierung zum Stand der Deutschen Einheit 2012*, Berlin.

Canedo, Eduardo (2008), *The Rise of the Deregulation Movement in Modern America, 1957-1980 Department of Economics*, New York: Columbia University.

Castles, Francis G., u. a. (2010), »Introduction«, in: Castles, Francis G., u. a. (Hg.), *The Oxford Handbook of the Welfare State*, Oxford: Oxford University Press, S. 1-15.

Citigroup Research (2005), *Plutonomy. Buying Luxury, Explaining Global Imbalances*. 16. Oktober 2005.

– (2006), *Revisiting Plutonomy. The Rich Getting Richer*. 5. März 2006.

Citrin, Jack (1979), »Do People Want Something for Nothing. Public Opinion on Taxes and Government Spending«, in: *National Tax Journal* 32 (1979), S. 113-129.

– (2009), »Proposition 13 and the Tranformation of California Government«, in: *The California Journal of Politics and Policy* 1 (2009), S. 1-9.

Commission of the European Communities u. a. (1988), *Social Europe. The Social Dimension of the Internal Market. Interim Report of the Interdepartmental Working Party*, Luxemburg: European Commission.

Crouch, Colin (2004), *Post-Democracy*, Cambridge: John Wiley & Sons (dt.: *Postdemokratie*, Frankfurt/M.: Suhrkamp 2008).

– (2009), »Privatised Keynesianism. An Unacknowledged Policy

Regime«, in: *British Journal of Politics and International Relations* 11 (2009), S. 382-399.

–, Pizzorno, Alessandro (Hg.) (1978), *The Resurgence of Class Conflict in Western Europe since 1968. Two Volumes*, London: Palgrave Macmillan.

Crozier, Michel J., u. a. (1975), *The Crisis of Democracy. Report on the Governability of Democracies to the Trilateral Commission*, New York.

Dahrendorf, Ralf (2009), »Vom Sparkapitalismus zum Pumpkapitalismus«, in: *Cicero Online*, 23. Juli 2009.

Doering-Manteuffel, Anselm, Raphael, Lutz (2008), *Nach dem Boom. Perspektiven auf die Zeitgeschichte seit 1970*, Göttingen: Vandenhoeck & Ruprecht.

Durkheim, Émile (1977 [1893]), *Über soziale Arbeitsteilung*, Frankfurt/M.: Suhrkamp.

Emmenegger, Patrick, u. a. (Hg.) (2012), *The Age of Dualization. The Changing Face of Inequality in Deindustrializing Countries*, Oxford: Oxford University Press.

Esping-Andersen, Gosta (1985), *Politics Against Markets. The Social-Democratic Road to Power*, Princeton: Princeton University Press.

Etzioni, Amitai (1968), *The Active Society*, New York: Free Press (dt.: *Die aktive Gesellschaft*, Wiesbaden: Verlag für Sozialwissenschaft 2009).

– (1988), *The Moral Dimension. Toward a New Economics*, New York: Free Press (dt.: *Jenseits des Egoismus-Prinzips*, Frankfurt/M.: Fischer 1996).

Feldstein, Martin S. (2011), *The Euro and European Economic Conditions. Working Paper 17617*, Cambridge.

Finansdepartementet (2001), *An Account of Fiscal and Monetary Policy in the 1990s*, Stockholm.

Flanagan, Robert J., Ulman, Lloyd (1971), *Wage Restraint. A Study of Incomes Policy in Western Europe*, Berkeley: University of California Press.

Fritz, Wolfgang, Mikl-Horke, Gertraude (2007), *Rudolf Goldscheid. Finanzsoziologie und ethische Sozialwissenschaft*, Wien: Lit.

Gabor, Daniela (2012), *Fiscal Policy in (European) Hard Times. Financialization and Varieties of Capitalism. Rethinking Financial Mar-*

kets, World Economics Association (WEA), 1. bis 30. November 2012.

Gamble, Andrew (1988), *The Free Economy and the Strong State*, Basingstoke: Duke University Press.

Ganghof, Steffen (2004), *Wer regiert in der Steuerpolitik? Einkommenssteuerreform zwischen internationalem Wettbewerb und nationalen Verteilungskonflikten*, Frankfurt/M.: Campus.

–, Philip Genschel (2008), »*Taxation and Democracy in the EU*«, in: *Journal of European Public Policy* 15 (2008), S. 58-77.

Genschel, Philip, Schwarz, Peter (2013), »Tax Competition and Fiscal Democracy«, in: Schäfer, Armin, u. a. (Hg.), *Politics in the Age of Austerity*, Cambridge: John Wiley & Sons.

Gerber, David J. (1988), »Constitutionalizing the Economy. German Neo-Liberalism, Competition Law and the ›New Europe‹«, in: *American Journal of Comparative Law* 42 (1988), S. 25-84.

– (1994), »The Transformation of European Community Competition Law«, in: *Harvard International Law Journal* 35 (1994), S. 97-147.

Glyn, Andrew (2006), *Capitalism Unleashed. Finance Globalization and Welfare*, Oxford: Oxford University Press.

Goldscheid, Rudolf (1926), »Staat, öffentlicher Haushalt und Gesellschaft«, in: Gerloff, Wilhelm, Meisel, Franz (Hg.), *Handbuch der Finanzwissenschaft*, Bd. 1, Tübingen: Mohr Siebeck, S. 146-184.

– (1976 [1917]), »Finanzwissenschaft und Soziologie«, in: Hickel, Rudolf (Hg.) *Die Finanzkrise des Steuerstaats. Beiträge zur politischen Ökonomie der Staatsfinanzen*, Frankfurt/M.: Suhrkamp, S. 317-328.

Goldthorpe, John (1978), »The Current Inflation. Towards a Sociological Account«, in: Hirsch, Fred, u. a. (Hg.), *The Political Economy of Inflation*, Cambridge (MA): Harvard University Press, S. 186-216.

– (Hg.)(1984), *Order and Conflict in Contemporary Capitalism*, Oxford: Oxford University Press.

Gorz, André (1967), *Zur Strategie der Arbeiterbewegung im Neokapitalismus*, Frankfurt/M.: Europäische Verlagsanstalt.

– (1974), *Kritik der Arbeitsteilung*, Frankfurt/M.: Fischer.

Graeber, David (2011), *Debt. The First 5,000 Years*, Brooklyn, New York: Melville House (dt.: *Schulden*, Stuttgart: Klett-Cotta 2012).

Greif, Avner (2006), *Institutions and the Path to the Modern Economy*, Cambridge: Cambridge University Press.

–, Laitin, David A. (2004), »A Theory of Endogenous Institutional Change«, in: *American Political Science Review* 98 (2004), S. 633-652.

Grözinger, Herbert (2012), »Griechenland. Von den Amerikas lernen, heißt siegen lernen«, in: *Blätter für deutsche und internationale Politik* (2012), S. 35-39.

Guichard, Stephanie, u. a. (2007), *What Affects Fiscal Consolidation? – Some Evidence from OECD Countries*. 9th Banca d'Italia Workshop on Public Finances, Rome, S. 223-245.

Habermas, Jürgen (1969), *Technik und Wissenschaft als Ideologie*, Frankfurt/M.: Suhrkamp.

– (1973), *Legitimationsprobleme im Spätkapitalismus*, Frankfurt/M.: Suhrkamp.

– (1975), *Zur Rekonstruktion des Historischen Materialismus*, Frankfurt/M.: Suhrkamp.

Hacker, Jacob, Pierson, Paul (2010), »Winner-Take-All Politics. Public Policy, Political Organization, and the Precipitous Rise of Top Incomes in the United States«, in: *Politics and Society* 38 (2010), S. 152-204.

–, (2011), *Winner-Take-All Politics. How Washington Made the Rich Richer – and Turned Its Back on the Middle Class*, New York: Simon & Schuster.

Hall, Peter A., Soskice, David (2001), »An Introduction to Varieties of Capitalism«, in: Hall, Peter A., u. a. (Hg.), *Varieties of Capitalism. The Institutional Foundations of Comparative Advantage*, Oxford: Oxford University Press, S. 1-68.

Hardin, Garrett (1968), »The Tragedy of the Commons«, in: *Science* 162 (1968), S. 1243-1248.

Hassel, Anke (1999), »The Erosion of the German System of Industrial Relations«, in: *British Journal of Industrial Relations* 37 (1999), S. 483-505.

Hayek, Friedrich A. (1967 [1950]), »Full Employment, Planning and Inflation«, in: *Studies in Philosophy, Politics, and Economics* (1967 [1950]), Chicago: University of Chicago Press, S. 270-279.

– (1971), *Die Verfassung der Freiheit*, Tübingen: Mohr Siebeck.

– (1975), »Die Anmaßung von Wissen«, in: *Ordo* 26 (1975), S. 12-21.

– (1980), *Recht, Gesetzgebung und Freiheit*, Bd. 1, Landsberg am Lech: verlag moderne industrie.

– (1980 [1939]), »The Economic Conditions of Interstate Federa-

lism«, in: Hayek, Friedrich A. (Hg.) *Individualism and Economic Order*, Chicago: University of Chicago Press, S. 255-272.
– (1981), *Recht, Gesetzgebung und Freiheit*, Bd. 2, Landsberg am Lech: verlag moderne industrie.
Henriksson, Jens (2007), *Ten Lessons about Budget Consolidation. Bruegel Essay and Lecture Series*, Brüssel.
Hessel, Stéphane (2010), *Indignez-vous!*, Paris: Indigène.
Hien, Josef (2012), *The Black International Catholics or the Spirit of Capitalism. The Evolution of the Political Economies of Italy and Germany and Their Religious Foundations*, Florenz.
Hirsch, Fred, Goldthorpe, John (Hg.) (1978). *The Political Economy of Inflation*, Cambridge (MA): Harvard University Press.
Hirschman, Albert O. (1982), »Rival Interpretations of Market Society. Civilizing, Destructive, or Feeble?«, in: *Journal of Economic Literature* 20 (1982), S. 1463-1484.
Höpner, Martin (2003), *Wer beherrscht die Unternehmen? Shareholder Value, Managerherrschaft und Mitbestimmung in Deutschland*, Frankfurt/M., New York: Campus.
– (2012), »Nationale Spielräume sollten verteidigt werden«, in: *Die Mitbestimmung* 58 (2012), S. 46-49.
–, Rödl, Florian (2012), »Illegitim und rechtswidrig. Das neue makroökonomische Regime im Euroraum«, in: *Wirtschaftsdienst – Zeitschrift für Wirtschaftspolitik* 92 (2012), S. 219-222.
–, Schäfer, Armin (2010), »A New Phase of European Integration. Organized Capitalism in Post-Ricardian Europe«, in: *West European Politics* 33 (2010), S. 344-368.
– Schäfer, Armin (2012), *Integration among Unequals. How the Heterogeneity of European Varieties of Capitalism Shapes the Social and Democratic Potential of the EU*, Köln.
–, Schäfer, Armin, Zimmermann, Hubert (2012), »Erweiterung, Vertiefung und Demokratie. Trilemma der europäischen Integration«, in: *Frankfurter Allgemeine Zeitung*, 27. April 2012, S. 12.

Illmer, Martin (2009), »Equity«, in: Basedow, Jürgen, u. a. (Hg.), *Handbuch des Europäischen Privatrechts*, Bd. I, Tübingen: Beck, S. 400-404.
Ingham, Geoffrey (2004), *The Nature of Money*, Cambridge: Polity.

Judt, Tony (2005), *Postwar. A History of Europe Since 1945*, London: Penguin (dt.: *Die Geschichte Europas von 1945 bis zur Gegenwart*, München, Wien: Hanser 2006).

Kalecki, Michal (1943), »Political Aspects of Full Employment«, in: *Political Quarterly* 14 (1943), S. 322-331.

Katz, Harry C., Darbishire, Owen (2000), *Converging Divergences. Worldwide Changes in Employment Systems*, Ithaca, NY: Cornell University Press.

Kautto, Mikko (2010), »The Nordic Countries«, in: Castles, Francis G., u. a. (Hg.), *The Oxford Handbook of the Welfare State*, Oxford: Oxford University Press, S. 586-600.

Kerr, Clark, u. a. (1960), *Industrialism and Industrial Man. The Problems of Labor and Management in Economic Growth*, Cambridge (MA): Harvard University Press.

Keynes, John Maynard (1967 [1936]), *The General Theory of Employment, Interest and Money*, London: Macmillan (dt.: *Allgemeine Theorie der Beschäftigung, des Zinses und des Geldes*, München, Leipzig: Duncker & Humblot 1936).

Kochan, Thomas A. (2012a), »A Jobs Compact for America's Future«, in: *Harvard Business Review*, März (2012), S. 64-73.

– (2012b), *Resolving the Human Capital Paradox. A Proposal for a Jobs Compact. Policy Paper*, Kalamazoo.

Konrad, Kai A., Zschäpitz, Holger (2010), *Schulden ohne Sühne? Warum der Absturz der Staatsfinanzen uns alle trifft*, München: C. H. Beck.

Korpi, Walter (1983), *The Democratic Class Struggle*, London: Routledge Kegan & Paul.

Krippner, Greta R. (2011), *Capitalizing on Crisis. The Political Origins of the Rise of Finance*, Cambridge (MA): Harvard University Press.

Kristal, Tali (2010), »Good Times, Bad Times. Postwar Labor's Share«, in: *American Sociological Review* 75 (2010), S. 729-763.

Kuttner, Robert (1980), *Revolt of the Haves. Tax Rebellions and Hard Times*, New York: Simon & Schuster.

Lipset, Seymour Martin (1963 [1960]), *Political Man. The Social Bases of Politics*, Garden City: The Johns Hopkins University Press.

Lockwood, David (1964), »Social Integration and System Integration«, in: Zollschan, George K., u. a. (Hg.), *Explorations in Social Change*, London: Houghton Mifflin, S. 244-257.

Lutz, Burkart (1984), *Der kurze Traum immerwährender Prosperität. Eine Neuinterpretation der industriell-kapitalistischen Entwicklung im Europa des 20. Jahrhunderts*, Frankfurt/M.: Campus.

Luxemburg, Rosa (1913), *Die Akkumulation des Kapitals. Ein Beitrag*

zur ökonomischen Erklärung des Imperialismus, Berlin: Buchhandlung Vorwärts Paul Singer.
Maier, Charles S. (2012), *Europe Needs a German Marshall Plan. New York Times*, 9. Juni 2012.
Marcuse, Herbert (1967), *Der eindimensionale Mensch. Studien zur Ideologie der fortgeschrittenen Industriegesellschaft*, Neuwied: Luchterhand.
Markantonatu, Maria (2012), *The Uneasy Course of Democratic Capitalism in Greece. Regulation Modes and Crises from the Post-War Period to the Memoranda*. MPIfG Discussion Paper, Köln.
Martin, Isaac William (2008), *The Permanent Tax Revolt. How the Property Tax Transformed American Politics*, Stanford: Stanfort University Press.
Marx, Karl (1966 [1867]), *Das Kapital. Kritik der Politischen Ökonomie*, Bd. 1, Berlin: Dietz.
– (1966 [1894]), *Das Kapital. Kritik der Politischen Ökonomie*, Bd. 3, Berlin: Dietz.
Maslow, Abraham (1943), »A Theory of Human Motivation«, in: *Psychological Review* 50 (1943), S. 370-396.
Matthes, Jürgen, Busch, Berthold (2012), *Governance-Reformen im Euroraum. Eine Regelunion gegen Politikversagen. IW-Positionen. Beiträge zur Ordnungspolitik aus dem Institut der deutschen Wirtschaft*, Köln.
Mayntz, Renate (Hg.) (2012), *Crisis and Control. Institutional Change in Financial Market Regulation*, Frankfurt/M.: Campus.
McMurtry, John (1999), *The Cancer Stage of Capitalism*, London: Pluto Press.
Mehrtens, Philip (2013), *Staatsentschuldung und Staatstätigkeit. Zur Transformation der schwedischen politischen Ökonomie. Universität Köln und Max-Planck-Institut für Gesellschaftsforschung*, Köln.
Mertens, Daniel (2013), *Privatverschuldung in Deutschland. Zur institutionellen Entwicklung der Kreditmärkte in einem exportgetriebenen Wachstumsregime. Wirtschafts- und Sozialwissenschaftliche Fakultät*, Köln.
Miegel, Meinhard (2010), *Exit. Wohlstand ohne Wachstum*, Berlin: Propyläen.
Mills, C. Wright (1956), *The Power Elite*, Oxford u. a.: Oxford University Press (dt.: *Die amerikanische Elite*, Hamburg: Holsten 1962).
Milward, Alan (1992), *The European Rescue of the Nation State*, London: Routledge.

Molander, Per (2000), »Reforming Budgetary Institutions. Swedish Experiences«, in: Strauch, Rolf R., u. a. (Hg.), *Institutions, Politics and Fiscal Policy*, Boston u. a.: Springer, S. 191-212.
– (2001), »Budgeting Procedures and Democratic Ideals. An Evaluation of Swedish Reforms«, in: *Journal of Public Policy* 21 (2001), S. 23-52.
Moravcsik, Andrew (1997), »Warum die Europäische Union die Exekutive stärkt. Innenpolitik und internationale Kooperation«, in: Klaus Dieter Wolf (Hg.), *Projekt Europa im Übergang?*, Baden-Baden: Nomos, S. 211-270.
Musgrave, Richard (1958), *The Theory of Public Finance*, New York: McGraw-Hill.

North, Douglass C., Thomas, Robert Paul (1973), *The Rise of the Western World. A New Economic History*, Cambridge: Cambridge University Press.

O'Connor, James (1972), »Inflation, Fiscal Crisis, and the American Working Class«, in: *Socialist Revolution* 2 (1972), S. 9-46.
– (1973), *The Fiscal Crisis of the State*, New York: St. Martin's.
Offe, Claus (1970), *Leistungsprinzip und industrielle Arbeit. Mechanismen der Statusverteilung in Arbeitsorganisationen der industriellen »Leistungsgesellschaft«*, Frankfurt/M.: Europäische Verlagsanstalt.
– (1972a), »Politische Herrschaft und Klassenstrukturen«, in: Kress, Gisela, u. a. (Hg.), *Politikwissenschaft*, Frankfurt/M.: Fischer, S. 135-164.
– (1972b), *Strukturprobleme des kapitalistischen Staates. Aufsätze zur politischen Soziologie*, Frankfurt/M.: Campus.
– (1975), *Berufsbildungsreform. Eine Fallstudie über Reformpolitik*, Frankfurt/M.: Suhrkamp.
– (2006a), »Erneute Lektüre. Die ›Strukturprobleme‹ nach 33 Jahren«, in: Borchert, Jens, u. a. (Hg.), *Strukturprobleme des kapitalistischen Staates. Veränderte Neuausgabe*, Frankfurt/M.: Campus, S. 181-196.
– (2006b), *Reflections on America. Tocqueville, Weber & Adorno in the United States*, Cambridge: Polity.
– (2008), »Governance. ›Empty Signifier‹ oder sozialwissenschaftliches Forschungsprogramm?«, in: Schuppert, Gunnar Folke, u. a. (Hg.), *Governance in einer sich wandelnden Welt*, Wiesbaden 2008, S. 61-76.

Palier, Bruno (2010), »Continental Western Europe«, in: Castles, Francis G., u. a. (Hg.), *The Oxford Handbook of the Welfare State*, Oxford: Oxford University Press, S. 601-615.

–, Thelen, Kathleen (2010), »Institutionalizing Dualism. Complementarities and Change in France and Germany«, in: *Politics and Society* 38 (2010), S. 119-148.

Pierson, Paul (1994), *Dismantling the Welfare State? Reagan, Thatcher, and the Politics of Retrenchment*, Cambridge: Cambridge University Press.

– (1996), »The New Politics of the Welfare State«, in: *World Politics* 48 (1996), S. 143-179.

– (1998), »Irresistible Forces, Immovable Objects. Post-Industrial Welfare States Confront Permanent Austerity«, in: *Journal of European Public Policy* 5 (1998), S. 539-560.

– (2000), »Increasing Returns, Path Dependence, and the Study of Politics«, in: *American Political Science Review* 94 (2000), S. 251-268.

– (2001), »From Expansion to Austerity. The New Politics of Taxing and Spending«, in: Levin, Martin A., u. a. (Hg.), *Seeking the Center. Politics and Policymaking at the New Century*, Washington: Georgetown University Press, S. 54-80.

– (2004), *Politics in Time. History, Institutions, and Social Analysis*, Princeton: Princeton University Press.

Polanyi, Karl (1957 [1944]), *The Great Transformation. The Political and Economic Origins of Our Time*, Boston: Beacon Press (dt.: *The Great Transformation. Politische und ökonomische Ursprünge von Gesellschaften und Wirtschaftssystemen*, Frankfurt/M.: Suhrkamp 1978).

Pollock, Friedrich, *Stadien des Kapitalismus*, München: C. H. Beck.

– (1981 [1941]), »Staatskapitalismus«, in: Dubiel, Helmut, u. a. (Hg.), *Wirtschaft, Recht und Staat im Nationalsozialismus*, Frankfurt/M.: Europäische Verlagsanstalt, S. 81-109.

Poterba, James M., Hagen, Jürgen von (Hg.) (1999), *Institutions, Politics and Fiscal Policy*, Chicago: Springer.

Putnam, Robert D. (1993), »Diplomacy and Domestic Politics. The Logic of Two-Level Games«, in: Evans, Peter B. (Hg.), *Double-Edged Diplomacy*, Berkeley: University of California Press, S. 431-486.

Rademacher, Inga (2012), *National Tax Policy in the EMU. Some Empirical Evidence on the Effects of Common Monetary Policy on the*

Distribution of Tax Burdens. (Diss.), Fachbereich Gesellschaftswissenschaften, Frankfurt/M.

Raithel, Thomas, u. a. (Hg.) (2009), *Auf dem Weg in eine neue Moderne? Die Bundesrepublik Deutschland in den siebziger und achtziger Jahren*, München: Oldenbourg Wissenschaftsverlag.

Rappaport, Alfred (1986), *Creating Shareholder Value*, New York: Free Press.

Reinhart, Carmen M., Rogoff, Kenneth S. (2010), *Growth in a Time of Debt*, NBER Working Paper No. 15639.

–, Sbrancia, M. Belén (2011), *The Liquidation of Government Debt. NBER Working Paper Series*, Cambridge.

Rose, Richard (1990), »Inheritance Before Choice in Public Policy«, in: *Journal of Theoretical Politics* 2 (1990), S. 263-291.

–, Davies, Phillip L. (1994), *Inheritance in Public Policy. Change Without Choice in Britain*, New Haven: Yale University Press.

Rostow, Walt W. (1990 [1960]), *The Stages of Economic Growth. A Non-Communist Manifesto*, Cambridge: Cambridge University Press.

Ruggie, John Gerard (1982), »International Regimes, Transactions and Change. Embedded Liberalism in the Postwar Economic Order«, in: *International Organization* 36 (1982), S. 379-399.

Sachverständigenrat zur Begutachtung der gesamtwirtschaftlichen Entwicklung (2011), *Jahresgutachten 2011/12. Verantwortung für Europa wahrnehmen*, Wiesbaden.

Sarrazin, Thilo (2012), *Europa braucht den Euro nicht. Wie uns politisches Wunschdenken in die Krise geführt hat*, München: Deutsche Verlags-Anstalt.

Schäfer, Armin (2009), »Krisentheorien der Demokratie. Unregierbarkeit, Spätkapitalismus und Postdemokratie«, in: *Der moderne Staat* 2 (2009), S. 159-183.

– (2010), »Die Folgen sozialer Ungleichheit für die Demokratie in Westeuropa«, in: *Zeitschrift für vergleichende Politikwissenschaft* 4 (2010), S. 131-156.

– (2011), *Republican Liberty and Compulsory Voting.* MPIfG Discussion Paper 11/17, Köln.

–, Streeck, Wolfgang (2013), »Introduction«, in: Schäfer, Armin, u. a. (Hg.), *Politics in the Age of Austerity*, Cambridge: Anchor.

Scharpf, Fritz W. (1991), *Crisis and Choice in European Social Democracy*, Ithaca: Cornell University Press.

– (1996), »Negative and Positive Integration in the Political Econ-

omy of European Welfare States«, in: Marks, Gary, u.a. (Hg.), *Governance in the European Union*, London: Sage, S. 15-39.
– (2010), »Solidarität statt Nibelungentreue«, in: *Berliner Republik* 12 (2010), S. 90-92.
– (2011a), »Mit dem Euro geht die Rechnung nicht auf«, in: *Max-PlanckForschung* 11 (2011), S. 12-17.
– (2011b), »Monetary Union, Fiscal Crisis and the Pre-Emption of Democracy«, in: *Zeitschrift für Staats- und Europawissenschaften* 9 (2011), S. 163-198.
– (2012), »Rettet Europa vor dem Euro«, in: *Berliner Republik* 14 (2012), S. 52-61.
–, Schmidt, Vivien A. (Hg.) (2000a), *Welfare and Work in the Open Economy. Volume I. From Vulnerability to Competitiveness*, Oxford: Oxford University Press.
– (2000b), *Welfare and Work in the Open Economy. Bd. II: Diverse Responses to Common Challenges*, Oxford: Oxford University Press.
Schlieben, Michael (2012), *»Die wählen sowieso nicht«*, *ZEIT ONLINE*, 13. Mai 2012.
Schmitter, Philippe C., Lehmbruch, Gerhard (Hg.) (1979), *Trends Towards Corporatist Intermediation*, London: Sage.
–, Streeck, Wolfgang (1999), *The Organization of Business Interests. Studying the Associative Action of Business in Advanced Industrial Societies*. MPIfG Discussion Paper 99/1, Köln.
Schor, Juliet (1992), *The Overworked American. The Unexpected Decline of Leisure*, New York: Basic Books.
Schularick, Moritz (2012), *Public Debt and Financial Crises in the Twentieth Century. Discussion Paper*, Berlin.
Schumpeter, Joseph A. (1953 [1918]), »Die Krise des Steuerstaates«, in: Schumpeter, Joseph A. (Hg.), *Aufsätze zur Soziologie*, Tübingen: Mohr Siebeck, S. 1-71.
– (2006 [1912]), *Theorie der wirtschaftlichen Entwicklung*, Berlin: Duncker & Humblot.
Seikel, Daniel (2012), *Der Kampf um öffentlich-rechtliche Banken. Wie die Europäische Kommission Liberalisierung durchsetzt.* (Diss.) Wirtschafts- und Sozialwissenschaftliche Fakultät der Universität zu Köln.
Shefrin, Hersh (2002), *Beyond Greed and Fear. Understanding Behavioral Finance and the Psychology of Investing*, Oxford: Oxford University Press.
Shonfield, Andrew (1965), *Modern Capitalism. The Changing Balance*

of Public and Private Power, London, New York: Oxford University Press.

–, Shonfield, Suzanna (1984), *In Defense of the Mixed Economy*, Oxford: Oxford University Press.

Sinn, Hans-Werner (2011), »Das unsichtbare Bail-Out der EZB«, in: *Ökonomenstimme*, 11. Juni 2011.

Spiro, David E. (1999), *The Hidden Hand of American Hegemony. Petrodollar Recycling and International Markets*, Ithaca: Cornell University Press.

Steinbrück, Peer (2006), »Lobbyisten in die Produktion«, in: *Frankfurter Allgemeine Zeitung*, 12. Januar 2006.

Steuerle, C. Eugene (1992), *The Tax Decade. How Taxes Came to Dominate the Public Agenda*, Washington: Urban Institute Press.

Stiglitz, Joseph E. (2003), *The Roaring Nineties. A New History of the World's Most Prosperous Decade*, New York, London: W. W. Norton & Company (dt.: *Die roaring nineties. Der entzauberte Boom*, Berlin: Siedler 2004.

Strauch, Rolf R., Hagen, Jürgen von (Hg.) (2000), *Institutions, Politics and Fiscal Policy*, Boston u. a.: Springer.

Streeck, Wolfgang (1994), »Pay Restraint Without Incomes Policy. Constitutionalized Monetarism and Industrial Unionism in Germany«, in: Boyer, Robert, u. a. (Hg.), *The Return to Incomes Policy*, London 1994, S. 114-140.

– (1995), »From Market-Making to State-Building? Reflections on the Political Economy of European Social Policy«, in: Leibfried, Stephan, u. a. (Hg.), *European Social Policy. Between Fragmentation and Integration*, Washington, D. C.: Brookings Institute Press, S. 389-431.

– (1997), »German Capitalism. Does it Exist? Can it Survive?«, in: *New Political Economy* 2 (1997), S. 237-256.

– (2006), »The Study of Interest Groups. Before ›The Century‹ and After«, in: Crouch, Colin, u. a. (Hg.), *The Diversity of Democracy. Corporatism, Social Order and Political Conflict*, London: Edward Elgar, S. 3-45.

– (2009a), *Flexible Employment, Flexible Families, and the Socialization of Reproduction, Working Paper.*

– (2009b), *Re-Forming Capitalism. Institutional Change in the German Political Economy*, Oxford: Oxford University Press.

– (2010), »Institutions in History. Bringing Capitalism Back In«, in: Campbell, John, u. a. (Hg.), *Handbook of Comparative Institutional Analysis*, Oxford: Oxford University Press, S. 659-686.

– (2011a), »A Crisis of Democratic Capitalism«, in: *New Left Review 71* (2011), S. 1-25.
– (2011b), »E Pluribus Unum? Varieties and Commonalities of Capitalism«, in: Granovetter, Mark, u. a. (Hg.), *The Sociology of Economic Life*, (3. Aufl.), Boulder, Colorado: Westview Press, S. 419-455.
– (2011), »Taking Capitalism Seriously. Towards an Institutional Approach to Contemporary Political Economy«, in: *Socio-Economic Review* 9 (2011), S. 137-167.
– (2012a), »The Politics of Consumption«, in: *New Left Review* 76 (2012), S. 27-47.
– (2012b), »Wissen als Macht, Macht als Wissen. Kapitalversteher im Krisenkapitalismus«, in: *Merkur* 66 (2012), S. 776-787.
–, Mertens, Daniel (2010), *An Index of Fiscal Democracy*. MPIfG Working Paper 10/3, Köln.
– Mertens, Daniel (2011), *Fiscal Austerity and Public Investment. Is the Possible the Enemy of the Necessary?*, MPIfG Discussion Paper 11/12, Köln.
–, Thelen, Kathleen (2005), »Introduction. Institutional Change in Advanced Political Economies«, in: dies., u. a. (Hg.), *Beyond Continuity. Institutional Change in Advanced Political Economies*, Oxford: Oxford University Press, S. 1-39.

Taibbi, Matt (2009), »The Great American Bubble Machine«, in: *Rolling Stone*, 9. Juli 2009.
Tarschys, Daniel (1983), »The Scissors Crisis in Public Finance«, in: *Policy Sciences* 15 (1983), S. 205-224.
Thielemann, Ulrich (2011), »Das Ende der Demokratie«, in: *Wirtschaftsdienst – Zeitschrift für Wirtschaftspolitik* 91 (2011), S. 820-823.
Tomaskovic-Devey, Donald, Lin, Ken-Hou (2011), »Income Dynamics, Economic Rents and the Financialization of the US Economy«, in: *American Sociological Review* 76 (2011), S. 538-559.

Wagner, Adolph (1892), *Grundlegung der politischen Oekonomie*, dritte Auflage, Leipzig: Wintersche Verlagsbuchhandlung.
– (1911), »Staat in nationalökonomischer Hinsicht«, in: Elster, Ludwig, u. a. (Hg.), *Handwörterbuch der Staatswissenschaften*, Jena: G. Fischer, S. 727-739.
Wagschal, Uwe (1996), *Staatsverschuldung. Ursachen im internationalen Vergleich*, Opladen: Verlag für Sozialwissenschaften.

– (2007), »Staatsverschuldung«, in: Nohlen, Dieter, u. a. (Hg.), *Kleines Lexikon der Politik*, München: C. H. Beck, S. 547-552.

Weber, Max (1956), *Wirtschaft und Gesellschaft. Erster Halbband*, Köln: Kiepenheuer & Witsch.

Weizsäcker, Carl Christian von (2010), »Das Janusgesicht der Staatsschulden«, in: *Frankfurter Allgemeine Zeitung*, 5. Juni 2010.

Werner, Benjamin (2012), *Die Stärke der judikativen Integration. Wie Kommission und Europäischer Gerichtshof die Unternehmenskontrolle liberalisieren*. (Diss.) Wirtschafts- und Sozialwissenschaftliche Fakultät der Universität zu Köln.

Western, Bruce, Rosenfeld, Jake (2011), »Unions, Norms, and the Rise in U.S. Wage Inequality«, in: *American Sociological Review* 76 (2011), S. 513-537.

Williamson, O. E., u. a. (1975), »Understanding the Employment Relation. The Analysis of Idiosyncratic Exchange«, in: *The Bell Journal of Economics* 6 (1975), S. 250-278.

Wright, Erik Olin (1985), *Classes*, London: Verso.

Notes

INTRODUCTION
LA THÉORIE DE LA CRISE — À L'ÉPOQUE, AUJOURD'HUI

1. Je remercie l'Institut de recherche sociale et son directeur Axel Honneth, de même que les Éditions Surkhamp, pour cette invitation et cette occasion de mettre en perspective et rendre publiques mes idées. Sidonia Blättler de l'Institut a organisé et accompagné avec tout son professionnalisme mon séjour et mes conférences à Francfort ; Eva Gilmer a lu le manuscrit, avec érudition et grande compétence. Mes étudiants et mes assistants, du Max-Planck-Institut für Gesellschaftsforschung [Institut Max Planck pour l'étude des sociétés], à Cologne, ont contribué de bien des façons au rassemblement du matériau et des données nécessaires à la préparation et à la réécriture de mes conférences. Je souhaiterais remercier Annina Assmann, Lea Alsässer, Lukas Affert, Daniel Mertens et Philip Mehrtens. Lea Alsässer s'est chargée de façon particulièrement précieuse des nombreux diagrammes qui illustrent mes thèses. Sans mes collègues de l'Institut de Cologne — Jens Beckert, Renate Mayntz, Fritz Scharpf, Martin Höpner, Ariane Leendertz, Armin Schäfer, et d'autres —, le présent ouvrage ne serait pas pour moitié ce qu'il est. Je suis naturellement seul responsable d'éventuelles erreurs de compréhension.

2. Friedrich Hölderlin, *Œuvres*, éd. de Ph. Jaccottet, Paris, Gallimard, « Bibliothèque de la Pléiade », 1967, p. 867 (*N.d.T.*).

3. Comme les économistes l'exigent des économistes — et tolèrent que l'absence d'une thérapie soit synonyme d'insuffisance du diagnostic. On put le voir à l'occasion de la prétendue « polémique économique »

sur la crise de l'euro organisée dans la presse allemande au cours de l'été 2012. L'un des signataires d'une lettre « eurosceptique » adressée au « cher concitoyen » qui, deux jours plus tard, avait de la même façon signé, afin de parer à une éventuelle indignation publique, un contre-appel à cette lettre, justifia ainsi cette double signature dans un article paru dans un quotidien britannique : « Je crois que les économistes ont un devoir d'élaborer des propositions constructives. Si vous êtes un pompier professionnel, il ne suffit pas de hurler en direction des flammes », in *The Guardian Online*, 15 juillet 2012 (http://www.guardian.co.uk/commentisfree/2012/jul/15/europe-economists-letters-national-autonomy, dernier accès en date du 26 novembre 2012). Mais il existe des incendies que l'on ne peut pas éteindre, ou pas encore éteindre.

4. Dans la mesure où celles-ci se considèrent encore, et se présentent de l'extérieur, comme des sciences nomothétiques. On ne peut toutefois pas faire ce reproche à la sociologie de Francfort.

5. La détermination du commencement d'un processus est inévitablement plus ou moins arbitraire, car une histoire est toujours liée à d'autres histoires, et a toujours des antécédents. Il existe malgré tout des tournants et des moments fondateurs. Le fait que les années 1970 du XXe siècle marquent la fin d'une ère et le début d'une autre est désormais un lieu commun que je n'ai aucune raison de remettre en cause.

6. W. Streeck, « Institutions in History. Bringing Capitalism Back In », *in* J. Campbell (dir.), *Handbook of Comparative Institutional Analysis*, Oxford, Oxford University Press, 2000, p. 659-686.

7. Voir mon étude consacrée à la libéralisation de l'économie politique allemande depuis les années 1970, *Re-Forming Capitalism. Institutional Change in the German Political Economy*, Oxford, Oxford University Press, 2009. Pour une analyse du capitalisme envisagé comme processus de développement, cf. W. Streeck, « Taking Capitalism Seriously. Towards an Institutional Approach to Contemporary Political Economy », in *Socio-Economic Review* 9, 2011, p. 137-167.

8. Comme dans le concept de dépendance au chemin emprunté. Cf. P. Pierson, « Increasing Returns, Path Dependence, and the Study of Politics », in *American Political Science Review* 94, 2000, p. 251-268 ; et *Politics in Time. History, Institutions, and Social Analysis*, Princeton, Princeton University Press, 2004. [Les spécialistes des politiques publiques parlent de *path dependence*, de dépendance au chemin emprunté, lorsque les décisions prises au cours de la phase d'initiation d'une politique publique canalisent dans une direction bien précise les évolutions ultérieures de la politique en question (*N.d.T.*).]

9. P. Hall et D. Soskice, « An Introduction to Varieties of Capitalism », *in* P. Hall (dir.), *Varieties of Capitalism. The Institutional Foundations of Comparative Advantage*, Oxford, Oxford University Press, 2001, p. 1-68.

10. Pour une critique des postulats des « Varieties-of-Capitalism », voir W. Streeck, *Re-Forming Capitalism, op. cit.* ; et « E Pluribus Unum ? Varieties and Commonalities of Capitalism », *in* M. Granovetter (dir.), *The Sociology of Economic Life*, Boulder, Westview Press, 2011, p. 419-455.

11. W. Streeck et K. Thelen, « Introduction. Institutional Change in Advanced Political Economies », *in* W. Streeck et K. Thelen (dir.), *Beyond Continuity. Institutional Change in Advanced Political Economy*, Oxford, Oxford University Press, 2005, p. 1-39.

12. Voir la littérature consacrée au changement du « modèle allemand » des relations sociales. Des premières fractures dans le système de fixation des salaires du secteur industriel entier pouvaient encore être interprétées, dans les années 1980, comme une adaptation souple à de nouvelles conditions ayant pour objectif et pour résultat le maintien du système. Puis, le processus de dissolution se poursuivant, une autre interprétation commenca à s'imposer : ce processus se ramenait simplement à une « dualisation » du système, dans le cadre de laquelle le vieux régime restait inchangé, même s'il perdait son caractère universel (B. Palier et K. Thelen, « Institutionalizing Dualism. Complementarities and Change in France and Germany », in *Politics and Society* 38, 2010, p. 119-148). Pourtant, plus l'élément marginal du système en vient à occuper en son sein la place centrale, dans une tendance évolutive constante, et peu importe que ce soit lentement et progressivement, et plus cette interprétation doit, inévitablement, être abandonnée à un point quelconque, et le processus être décrit tel qu'il était reconnaissable depuis le début : comme un processus de libéralisation d'un domaine social qui, jusqu'alors, avait été contrôlé par la politique, et non pas par les forces du marché (A. Hassel, « The Erosion of the German System of Industrial relations », in *British Journal of Industrial Relations* 37, 1999, p. 483-505 ; et W. Streeck, *Re-Forming Capitalism, op. cit.*).

13. Le concept de « causes qui contrecarrent » occupe une place centrale dans le théorème marxien d'une baisse tendancielle du taux de profit [cf. Karl Marx, *Le Capital. Critique de l'économie politique*, chap. XIII du Livre III (1894), Paris, Éditions sociales, 1977]. La « loi » n'est pas déterministe, car elle envisage que la tendance à la baisse du taux de profit — censée être efficiente dans les faits — puisse être stoppée par des influences contraires. Ces influences seraient ensuite expliquées comme l'effet d'une cause — la « baisse tendancielle », justement — qui ne se laisserait pas observer sur le mode empirique précisément parce que son déploiement est contrecarré. Le concept de « causes qui contrecarrent » occupe également une place centrale dans la pensée de Polanyi, lorsqu'il parle du « contre-mouvement » de la société destiné à contrer

l'expansion des marchés et leur manière de faire de la terre, du travail et de la monnaie des « marchandises fictives » (K. Polanyi, *La Grande Transformation. Aux origines politiques et économiques de notre temps* [1944], Paris, Gallimard, coll. « Bibliothèque des sciences humaines », 1983, et « Tel », 2009, chap. 11, p. 193-198).

14. G. Krippner, *Capitalizing on Crisis. The Political Origins of the Rise of Finance*, Cambridge, Harvard University Press, 2011.

15. Pour une reprise du concept de changement dialectique dans la théorie des institutions modernes, voir A. Greif, *Institutions and the Path to the Modern Economy*, Cambridge, Cambridge University Press, 2006, ainsi que A. Greif et D. A. Laitin, « A Theory of Endogenous Institutional Change », in *American Political Science Review* 98, 2004, p. 633-652.

16. B. Lutz, *Der kurze Traum immerwährender Prosperität. Eine Neuinterpretation der industriell-kapitalistischen Entwicklung im Europa des 20. Jahrhunderts*, Francfort-sur-le-Main, Campus, 1984 ; et R. Luxemburg, *L'accumulation du capital* [1913], Paris, François Maspero, 1976.

17. C. Wright Mills, *L'élite au pouvoir* [1956], Marseille, Agone, 2012.

18. Cela vaut bien sûr aussi tout particulièrement pour quelqu'un comme Max Weber qui, en effet, a négligé tout au long de sa vie — et très probablement en parfaite connaissance de cause — de prêter ouvertement attention à Marx, ou tout simplement de le citer. En conséquence, les « méthodes » « marxistes » furent, en Allemagne, exclues des disciplines des sciences sociales de façon inégalement brutale, ou séparées d'elles de façon plus tranchée encore que dans les pays d'origine du capitalisme, les États-Unis et la Grande-Bretagne, où des notions comme « capitalisme » ou « classes » ont toujours appartenu au langage courant des sciences sociales. Il suffit de lire les jadis populaires œuvres majeures de la « théorie de la modernisation » américaine des années 1950 et 1960 — par exemple chez Rostow (*The Stages of Economic Growth. A Non-Communist Manifesto* [1960], Cambridge, Cambridge University Press, 1990), ou chez Kerr *et alii* (*Industrialism and Industrial Man. The Problems of Labor and Management in Economic Growth*, Cambridge, Harvard University Press, 1960) — pour voir combien, à l'époque, il était naturel, dans l'establishment académico-politique de la grande puissance mondiale chef de file du capitalisme, de reprendre des notions centrales de l'économie politique marxienne, qu'elles fussent comprises ou non.

19. Nom donné à la politique étrangère pratiquée durant l'après-guerre par les États-Unis en Europe, qui était destinée à stopper l'extension de la zone d'influence soviétique (*N.d.T.*).

20. Allusion directe à l'ouvrage célèbre, et jusqu'à nos jours très discuté, de Jürgen Habermas *Legitimationskrise des Kapitalismus*, qui parut en

1973 en Allemagne, chez Suhrkamp, et fut traduit en français sous le titre *Raison et légitimité. Problèmes de légitimation dans le capitalisme avancé* (Paris, Payot, 1978) (*N.d.T.*).

21. J. Agnoli, *Die Transformation der Demokratie*, Berlin, Voltaire, 1967.

22. J. A. Schumpeter, « La crise de l'État fiscal » [1918], in *Impérialisme et classes sociales*, Paris, Les Éditions de Minuit, 1971, et Champs-Flammarion, 1999, p. 229-282.

CHAPITRE PREMIER

DE LA CRISE DE LÉGITIMATION À LA CRISE FISCALE

1. Au sujet de la République fédérale d'Allemagne, voir, entre beaucoup d'autres, les recherches en histoire contemporaine d'Anselm Doering-Manteufell et Lutz Raphael (*Nach dem Boom. Perspektiven auf die Zeitgeschichte seit 1970*, Göttingen, Vandenhoeck & Ruprecht, 2008), ainsi que celles menées sous la direction de Thomas Raithel (*Auf dem Weg in eine neue Moderne ? Die Bundesrepublik Deutschland in den siebziger und achtziger Jahren*, Munich, Oldenbourg Wissenschaftsverlag, 2009). Sur le monde occidental dans son ensemble, voir, par exemple, Tony Judt (*Après-guerre* [2005], Paris, Armand Colin, 2007, et Fayard/Pluriel, 2010) et Andrew Glyn (*Capitalism Unleashed. Finance Globalization and Welfare*, Oxford, Oxford University Press, 2006). Pour un fossile stratigraphique informant de l'histoire contemporaine, voir le rapport remis à la Commission trilatérale sur la « gouvernabilité » des démocraties occidentales (M. Crozier *et alii*, *The Crisis of Democracy. Report on the Governability of Democracies to the Trilateral Commission*, New York, 1975).

2. J. G. Ruggie, « International Regimes, Transactions and Change. Embedded Liberalism in the Postwar Economic Order », in *International Organisation* 36, 1982, p. 379-399.

3. C. Crouch et A. Pizzorno (dir.), *The Resurgence of Class Conflict in Western Europe since 1968*, 2 vol., Londres, Palgrave Macmillan, 1978.

4. J. Habermas, *Raison et légitimité. Problèmes de légitimation dans le capitalisme avancé* [1973], *op. cit.*, et *Après Marx* [1975], Paris, Fayard, 1985, et Hachette/Pluriel, 1997. C. Offe, *Strukturprobleme des kapitalistischen Staates. Aufsätze zur politischen Soziologie*, Francfort, Campus, 1972, et *Berufsbildungsreform. Eine Fallstudie über Reformpolitik*, Francfort, Suhrkamp, 1975.

5. Raison pour laquelle celle-ci se modifie donc aussi pas à pas, et s'est défaite dans le même temps constamment de sa connotation eschatologique. Pour Claus Offe, il est permis de voir en elle, avec le recul, un

« mauvais choix terminologique » (C. Offe, « Erneute Lektüre. Die "Strukturprobleme" nach 33 Jahren » in J. Borchert [dir.], *Strukturprobleme des kapitalistischen Staates. Veränderte Neuausgabe*, Francfort, Campus, 2006, p. 181-196), particulièrement depuis les années 1980, époque où le capitalisme sembla ne plus être concurrencé par des solutions alternatives, et où cette notion ne servit plus qu'à aider à penser sa régulation, mais plus du tout son dépassement.

6. W. Streeck, « The Politics of Consumption », in *New Left Review* 76, 2012, p. 27-47.

7. Probablement parce qu'elle était originaire d'Allemagne, où l'on ressentait moins la crise qu'ailleurs. Il suffit ici de se souvenir de la rhétorique officielle de « l'Allemagne modèle » pratiquée par le pouvoir tout au long des années 1970 et 1980.

8. J. Goldthorpe, « The Current Inflation. Towards a Sociological Account », *in* F. Hirsch et J. Goldthorpe (dir.), *The Political Economy of Inflation*, Cambridge, Harvard University Press, 1978, p. 186-216.

9. J. O'Connor, « Inflation, Fiscal Crisis, and the American Working Class », in *Socialist Revolution* 2, 1972, p. 9-46, ainsi que, du même auteur, *The Fiscal Crisis of the State*, New York, St. Martin's, 1973.

10. A. Glyn, *Capitalism Unleashed. Finance Globalization and Welfare*, Oxford, Oxford University Press, 2006.

11. La cupidité et la peur sont — à en juger par la description que donne de lui-même, à travers la science financière, le capitalisme financier — les motifs de conduite décisifs dans les marchés boursiers et dans l'économie capitaliste en général (cf. H. Shefrin, *Beyond Greed and Fear. Understanding Behavorial Finance and the Psychology of Investing*, Oxford, Oxford University Press, 2002).

12. Le concept de « ploutonomie » fut conçu, dans une acception plus affirmative, par le département de la recherche du groupe Citibank, afin de dissiper, chez les clients triés sur le volet de leur activité de gestion de patrimoine, la peur que leur aisance future ne dépende, comme c'était encore le cas dans le monde keynésien, du bien-être matériel des masses (Citigroup Research, *Plutonomy. Buying Luxury, Explaining Global Imbalances*, 16 octobre 2005, et *Revisiting Plutonomy. The Rich Getting Richer*, 5 mars 2006).

13. En quoi consistent ces conditions ? L'Allemagne a conservé son infrastructure industrielle, n'ayant pas suivi en cela le bon conseil de tous ceux-qui-savent-tout-mieux-que-les-autres. Par ailleurs, elle ne s'engagea que lentement, tout au long des années 1980 et 1990, sur la voie de la « société de services postindustrielle » tant prônée sur le modèle américain ou britannique. C'est pourquoi l'Allemagne fut en mesure d'expor-

ter des produits après 2008, en particulier des automobiles de luxe et des machines, qu'aucun autre pays n'est à même de proposer à un niveau de qualité comparable. L'économie nationale allemande profita en même temps du taux de croissance élevé de la Chine et de la répartition des revenus toujours plus inégale de cette nation en crise que sont les États-Unis. Dans le même temps, le taux de change de l'euro était fixé dans la zone euro, et à l'extérieur de cette même zone, plus bas que ce qu'aurait été le taux de change d'une monnaie allemande exclusive. La crise financière et fiscale européenne pesa ensuite plus encore sur le taux de change de l'euro.

14. Il est normal de ne pouvoir disposer de données statistiques sur l'ampleur exacte d'une crise bancaire. Quels actifs d'une banque sont pourris, la banque qui a attribué les crédits en question ne peut elle-même le savoir de façon sûre et certaine ; et le saurait-elle, elle doit s'efforcer de le dissimuler (à moins d'avoir la possibilité de transférer ces titres devenus sans valeur vers une *bad bank*, une structure de défaisance gérée par l'État). Il en va de même de l'ampleur de l'exposition mutuelle des systèmes bancaires nationaux, au sujet de laquelle les gouvernements et les organisations internationales ne peuvent également que spéculer. Les résultats rendus publics des « stress tests » parfois organisés par des autorités nationales ou internationales sont en eux-mêmes peu crédibles. En effet, la publication des problèmes doit augmenter la probabilité que ceux-ci se transforment en crises. Les stress tests, pour cette raison, sont en règle générale conçus dès le départ pour produire des résultats rassurants. Il suffit ici de penser aux analyses européennes, jusqu'au bout très discrètes, de la situation des banques espagnoles.

15. Le diagramme 1.1 présente l'accumulation des dettes, sur quatre décennies, pour l'ensemble de l'OCDE, ainsi que pour sept pays membres de l'OCDE, choisis parce qu'ils sont représentatifs de groupes de pays déterminés : les États-Unis et la Grande-Bretagne pour les démocraties anglo-saxonnes connaissant un niveau élevé de financiarisation ; la Suède, pour les pays scandinaves ; l'Allemagne et la France, en tant que grands pays de l'Europe continentale ; l'Italie, comme exemple de pays méditerranéen ; et le Japon, une société industrielle développée d'Asie. La faible variable entre tous ces pays est très remarquable, en particulier si on ne tient pas compte du Japon et de son nouvel endettement exorbitant, depuis l'explosion de sa bulle immobilière à la fin des années 1980.

16. Une analyse de fond des conséquences de la crise financière et de la crise fiscale pour l'économie réelle nécessiterait une monographie entière ; elle outrepasserait également mes compétences. Le tableau 1.2 montre, pour les cinq années écoulées depuis 2007, qui fut la dernière

année avant la crise, et pour tous les pays choisis, à l'exception peut-être de l'Allemagne et de la Suède, une stagnation économique, voire un recul du produit national. La situation des quatre pays européens touchés de plein fouet par la crise, la Grèce, l'Irlande, le Portugal et l'Espagne, où la récession s'accompagna d'un effondrement de l'activité et d'un chômage endémique, se montre particulièrement dramatique. Le tableau, en Grande-Bretagne, et surtout aux États-Unis, n'est pas énormément différent.

17. Si je les paraphrase dans les lignes qui suivent en résumant et généralisant, je mets en avant leurs points communs, et non leurs très réelles différences. Mais ces différences s'estompent en comparaison des évolutions réelles des années qui suivirent, et ce qui importe ici à mes yeux, c'est cette différence seule.

18. À l'automne 1966, en pleine période de récession économique, le chancelier Ludwig Erhard (CDU) donna sa démission après le refus de ses alliés libéraux de voter un budget prévoyant des augmentations d'impôts. Une nouvelle majorité, conduite par le chancelier Kiesinger (CDU), avec le soutien du parti social-démocrate, le SPD, qui entra alors au gouvernement, se forma au Bundestag (*N.d.T.*).

19. Andrew Shonfield, *Le capitalisme d'aujourd'hui. L'État et l'entreprise* [1965], Paris, Gallimard, « Bibliothèque des sciences humaines », 1967. [Karl Schiller (1911-1994) était un économiste keynésien et un homme politique, membre important du SPD. Ministre fédéral de l'Économie de 1966 à 1971, puis des Finances de 1971 à 1972, il démissionna de ses fonctions pour désaccord avec la politique économique de son gouvernement (*N.d.T.*).]

20. C. Kerr *et alii*, *Industrialism and Industrial Man. The Problems of Labor and Management in Economic Growth*, Cambridge, Harvard University Press, 1960.

21. Jürgen Habermas, *La technique et la science comme « idéologie »* [1969], Paris, Gallimard, « Les Essais », 1973, et « Tel », 1990.

22. A. Etzioni, *The Active Society* [1968], New York, Free Press, p. 10. Etzioni, plus tard, dans les années 1980, se tourna plutôt vers une théorie sociale de l'économie et de l'agir économique (*The Moral Dimension. Toward a New Economics*, New York, Free Press, 1988), avec manifestement pour objectif de remédier à cette lacune.

23. L'Institut für Sozialforschung de Francfort-sur-le-Main, que Max Horkheimer dirigea à partir de 1931, poursuivit son activité en exil, à Paris d'abord, puis aux États-Unis, sous le nom d'Institute of Social Research. L'Institut se réinstalla à Francfort une fois la guerre finie, et Theodor Adorno en assuma la direction en 1958 (*N.d.T.*).

24. F. Pollock, *Stadien des Kapitalismus* [1941], Munich, C. H. Beck, 1981, p. 87. Et « Staatskapitalismus », *in* H. Dubiel (dir.), *Wirtschaft, Recht und Staat im Nationalsozialismus,* Francfort-sur-le-Main, Europäische Verlagsantalt, 1992, p. 81-109.

25. Il n'empêche, ce fut Adorno qui introduisit dans la critique sociale le concept de capitalisme avancé, un concept « francfortois ». Il le fit en choisissant la thématique du *Frankfurter Soziologentag* (la Journée de la sociologie de Francfort) de 1968, ainsi que dans son exposé introductif présentant la thématique de ce congrès, exposé qu'il intitula « Capitalisme avancé ou société industrielle ? » ([1968], in *Soziologische Schriften* I, Francfort-sur-le-Main, Suhrkamp, 1979, p. 354-370). Adorno distinguait le « capitalisme avancé » de ce qu'il appelait le « capitalisme libéral », qu'il concevait — tout à fait au sens de Pollock — comme une forme de capitalisme historiquement plus ancienne, qui avait été surmontée sur le mode évolutif à travers une intervention et une organisation étatiques. Le capitalisme avancé était aux yeux d'Adorno pour l'essentiel identique à ce que d'autres avaient appelé et appelaient le « capitalisme organisé ». La possibilité d'une désorganisation critique imminente du capitalisme avancé/organisé, voire d'un retour à son passé libéral prenant la forme d'un avenir néolibéral, n'est soulevée nulle part dans l'œuvre d'Adorno.

26. D. Lockwood, « Social Integration and System Integration », *in* G. K. Zollschan (dir.), *Explorations in Social Change,* Londres, Houghton Mifflin, 1964, p. 244-257. [Chez Lockwood, le problème de l'intégration sociale renvoie aux « relations entre les *acteurs* ». Quant au problème de l'intégration de systèmes, il a trait à ses yeux aux « relations entre les *parties* d'un système social », soit les « *groupes* », mais aussi les « éléments *structurels* » composant ce système (*N.d.T.*).]

27. A. Maslow, « A Theory of Human Motivation », in *Psychological Review* 50, 1943, p. 370-396.

28. Une théorie comme celle de Daniel Bell sur les contradictions culturelles du capitalisme (*Les contradictions culturelles du capitalisme,* Paris, P.U.F., 1979) semble également une proche parente de celle-ci. Bell partait également du principe que le capitalisme produirait au fur et à mesure de son évolution des mobiles et des besoins entrant en contradiction avec son organisation sociale — n'était le fait que Bell, en bon conservateur, considérait plutôt comme décadentes-hédonistes les orientations culturelles nouvelles qu'il observait, et qu'il jugeait probablement incompatibles avec le capitalisme, alors même que ces orientations semblaient, dans les théories des crises de Francfort, progressistes-émancipatrices, semblaient contribuer à faire évoluer l'humanité. Mais, cette divergence mise à part, Bell comme les intellectuels de Francfort considéraient que

les conditions capitalistes deviendraient de plus en plus ingouvernables, soit parce que les hommes, en quelque sorte, ne se satisferaient plus d'elles, soit au motif qu'ils avaient perdu en sobriété, et devaient apprendre à nouveau à se contenter du possible. Chez l'un comme chez les autres, l'évolution en question se ramenait à un surmenage croissant des États démocratiques. Deux hypothèses étaient à envisager : soit ce surmenage devait être stoppé à travers des institutions réformées (cf. M. Crozier *et alii, The Crisis of Democracy. Report on the Governability of Democracies to the Trilateral Commission, op. cit.*, à la demande de la Commission trilatérale) ; soit, suivant le chemin conduisant à un montage démocratiquement obtenu d'éléments toujours nouveaux, étrangers au régime du capitalisme, un système politico-économique inédit ferait son apparition, qui surmonterait cette évolution. Sur les chevauchements pouvant se constater entre théories de l'ingouvernabilité et théories du capitalisme avancé, voir A. Schäfer, « Krisentheorien der Demokratie. Unregierbarkeit, Spätkapitalismus und Postdemokratie », in *Der Moderne Staat* 2, 2009, p. 159-183.

29. Ainsi de la thèse de troisième cycle de Claus Offe, datant de 1967, où il est écrit : « Le concept d'un ordre social fondé sur le rendement est à proprement parler *insensé* [...] du fait que les formes avancées du travail industriel rendent insignifiante la catégorie des performances individuelles déclarées compétitives » (C. Offe, *Leistungsprinzip und industrielle Arbeit. Mechanismen der Statusverteilung in Arbeitsorganisationen der Industriellen « Leistungsgesellschaft »*, Francfort-sur-le-Main, Europaïsche Verlagsantalt, 1970, p. 166).

30. A. Gorz, *Stratégie ouvrière et néocapitalisme*, Paris, Éditions du Seuil, 1964, ainsi que *Critique de la division du travail. Textes choisis et présentés par l'auteur*, Paris, Éditions du Seuil, 1973.

31. W. Streeck, « The Politics of Consumption », *op. cit.*

32. Très frappée par la violence avec laquelle la réalité laissait sur place les idées ascétiques de la théorie critique, la sociologie s'interdisait de parler de « faux besoins », ou même de « fausse conscience » — des concepts qui, peu de temps auparavant, avaient encore été extrêmement populaires.

33. Les immigrants, toujours plus nombreux à partir des années 1970, en vinrent à jouer un rôle à cet égard similaire à celui des femmes.

34. W. Streeck, « Flexible Employment, Flexible Families, and the Socialization of Reproduction » (papier de travail).

35. J. Schor, *The Overworked American. The Unexpected Decline of Leisure*, New York, Basic Books, 1992.

36. L. Boltanski et E. Chiapello, *Le nouvel esprit du capitalisme*, Paris, Gallimard, « *Nrf*-Essais », 1999, et « Tel », 2011.

37. L'importance de plus en plus grande attachée par les familles de la classe moyenne et leurs enfants aux résultats scolaires et aux diplômes universitaires, à commencer par les cours de chinois au jardin d'enfants, devenus emblématiques de cela, montre combien la croyance au principe de rendement en tant que mécanisme d'attribution des chances de réussite sociale et de consommation ne cesse aujourd'hui de gagner en force.

38. Cela — grand avantage — permettait d'éluder des questions théoriques difficiles, liées à la théorie des classes, par exemple : celle du statut des cadres supérieurs comparé à celui des propriétaires, celle de la différence entre petit et grand capital, celle du rôle des entreprises en tant qu'organisations comparé au rôle des entreprises en tant que personnes morales, celle de la classification des nombreuses nouvelles classes moyennes, celle de la position de classe des professionnels de la politique et des fonctionnaires, etc. Sur les nombreux problèmes se posant à une théorie sociologique des classes, voir E. O. Wright, *Classes*, Londres, Verso, 1985. Une théorie du capitalisme reste en effet inévitablement anémique lorsqu'elle fait l'impasse sur un capital agissant et ayant capacité à agir.

39. J. Schumpeter, *Théorie de l'évolution économique* [1912], Paris, Dalloz-Sirey, 1999.

40. En français dans le texte (*N.d.T.*). Pour citer l'expression française désignant la période de prospérité économique qui dura (approximativement) les trois décennies qui succédèrent à la Seconde Guerre mondiale. On utilise dans les pays anglo-saxons, au sujet de cette période, le terme de « Golden Age » — d'âge d'or —, et on parle en Allemagne des années du miracle économique [*Wirtschaftswunder*].

41. Sur l'ampleur dramatique de celui-ci entre 1965 et 1980, date à laquelle le niveau zéro fut atteint, avant que, dans les années 1990, survienne une reprise passagère, même si cette reprise, pour l'essentiel, n'intervint qu'à travers la seule appropriation par les employeurs de l'accroissement de la productivité, voir R. Brenner, *The Economics of Global Turbulence. The Advanced Capitalist Economies from Long Boom to Long Downturn*, Londres & New York, Verso, 2006.

42. Et elle n'était pas préparée non plus aux étonnantes possibilités d'allongement et d'étirement historiques de ce processus, qu'elle ne pouvait présenter que comme une compensation consumériste à la sécurisation de la motivation du travail et du rendement dans le capitalisme — comme un mécanisme de substitution aux droits à un progrès

collectif-politique, usant de la satisfaction des besoins individuels-économiques à travers un univers de marchandises hyper-perfectionné.

43. Je conçois les crises économiques comme des crises de confiance politique, et des investissements en recul sont à mes yeux un moyen, pour les propriétaires et les gérants du capital, de faire part de leur mécontentement. En cela, ma réflexion se situe dans le prolongement direct de la théorie de la conjoncture politique de Michal Kalecki (voir, par exemple, de Kalecki, « Political Aspects of Full Employment », in *Political Quarterly* 14, 1943, p. 322-331).

44. C'est pourquoi les salariés sont axiomatiquement et chroniquement soupçonnés par les employeurs, comme par les économistes, d'être des « tire-au-flanc », et doivent être soumis, en « opportunistes sournois », à une surveillance la plus efficace possible (cf. O. E. Williamson [dir.], « Understanding the Employment Relation. The Analysis of Idiosyncratic Exchange », in *The Bell Journal of Economics* 6, 1975, p. 250-278).

45. Bien évidemment, il existe une zone grise où les types se mêlent, aujourd'hui plus que jamais. S'y trouvent par exemple diverses formes de rémunération « dépendantes du résultat », dans le prolongement des salaires à la tâche réservés aux travailleurs manuels de l'industrie ; les petits épargnants combinent revenus du travail et intérêts ; et en relèvent aussi les bénéfices tirés dudit « capital humain », qui peuvent être considérés tout autant comme des produits du travail que comme des produits du capital. Ce qui importe ici, c'est la distinction analytique entre la dynamique de l'accumulation de capital, qui vise une maximisation du bénéfice explicite, et le traditionalisme inhérent à la sécurisation de la subsistance, qui compte sur un niveau de revenu donné ou susceptible d'augmenter sur le mode de la prévisibilité. Les deux modes économiques coexistent dans le capitalisme en tant qu'orientations d'action différentes, représentées par des groupes sociaux différents, et par des institutions différentes, dont les droits et les exigences entrent en conflit, et se chevauchent en partie aussi (cf. W. Streeck, « Taking Capitalism Seriously. Towards an Institutional Approach to Contemporary Political Economy », *op. cit.*).

46. La préférence pour la liquidité monétaire est un phénomène qui a été formalisé par John Maynard Keynes. La monnaie permet de disposer, de la façon la plus sûre et commode, d'une richesse quelconque en quelque lieu et à quelque moment que ce soit. Elle constitue, aux yeux de Keynes, la richesse présentant le plus haut degré de liquidité en ceci qu'elle peut être mobilisée sans délai et sans coût. La préférence pour la liquidité monétaire s'explique, toujours selon lui, par deux motifs, l'un de précaution, l'autre de spéculation (*N.d.T.*).

47. Un concept couramment utilisé dans la critique du capitalisme des années 1970. Cette critique avait pour idée, fondamentalement politique, de rendre impossibles des « grèves de l'investissement » à travers des « contrôles de l'investissement ».

48. C'est, comme chacun sait, le problème de toute politique économique étatique sous le capitalisme. « On peut mener les chevaux au puits, mais c'est à eux de boire. » C'est ainsi que s'exprimait à la fin des années 1960 et au début des années 1970 Karl Schiller, un économiste keynésien, spécialiste d'économie politique social-démocrate, à propos de ses efforts visant à ranimer l'activité économique après 1967.

49. On pourrait également dire, de façon plus incisive, qu'il lui fallut renouveler son *permis de chasser le profit.*

50. M. Kalecki, « Political Aspects of Full Employment », art. cité.

51. Sans être ici en mesure de le démontrer dans le détail, je suis convaincu que l'origine de la vision des choses commune aujourd'hui hégémonique est à trouver dans le traitement discursif qui fut fait, après coup, des mouvements de grève de 1968 et 1969. « Nous » — et donc l'homme et la femme de la rue — serions devenus exigeants, et devrions à nouveau apprendre à « nous » réfréner. L'insolence des masses, dont il était à l'époque d'abord question, fut, comme je le montrerai encore, rendue responsable par la théorie économique classique de l'endettement public des années suivantes. Cette explication était parfaitement appropriée pour faire oublier une répartition dans le même temps de plus en plus dramatiquement inique des profits réalisés.

52. Ainsi de l'homme politique Jochen Steffen, qui se situait à la gauche du SPD, lors d'un congrès du Parti, en 1971, au sujet de la politique fiscale — une déclaration qui eut pour conséquence immédiate de soulever l'indignation de l'opinion publique et, pour conséquence sur le long terme, la fin de sa carrière politique.

53. Dans le domaine des sciences économiques, les années 1970 furent celles de la montée en puissance de la théorie des choix publics. Cette théorie présente les acteurs et organes étatiques comme des adeptes intéressés de la maximisation des profits qui, contrairement au capital, auraient pour grand atout de pouvoir conférer à leur enrichissement l'autorité de la force publique. Voir J. M. Buchanan et G. Tullock, *The Calculus of Consent. Logical Foundations of Constitutional Democracy*, Ann Arbor, Library Fund, 1962. Buchanan, l'un des pères fondateurs de cette théorie, définit rétrospectivement le choix public comme de « la politique sans romance » [*politics without romance*] (J. M. Buchanan, *Public Choice. The Origins and Development of a Research Program*, Fairfax, 2003).

54. Sur la montée en puissance du mouvement prônant la dérégulation aux États-Unis, voir E. Canedo, *The Rise of The Deregulation Movement in Modern America, 1957-1980*, New York, Columbia University Press, 2008.

55. Weber, Schumpeter et Keynes avaient tous trois prédit pour la seconde moitié du XXe siècle, en adoptant chacun des perspectives différentes, et en formulant des appréciations différentes, une fin douce, ou moins douce, aux marchés dérégulés du capitalisme. Il vaut également la peine de se rappeler que Polanyi, dans *La grande transformation*, partait, comme s'il s'agissait d'une évidence, du principe que le capitalisme libéral relevait du passé, et ne ferait pas son retour. « Au sein des nations, nous sommes témoins d'un développement tel que le système économique cesse de dicter la loi à la société et la primauté de la société sur ce système est assurée » (K. Polanyi, *La grande transformation*, *op. cit.*).

56. Voir sur cette question, parmi une littérature extraordinairement riche, H. C. Katz et O. Darbishire, *Converging Divergences. Worldwide Changes in Employment Systems*, New York, Cornell University Press, 2000.

57. Pour une vue d'ensemble de l'évolution de l'État providence depuis les années 1980, voir F. W. Scharpf et V. A. Schmidt, *Welfare and Work in the Open Economy. Volume I. From Vulnerability to Competitiveness*, et *Volume II. Diverse Responses to Common Challenges*, Oxford, Oxford University Press, 2000, ainsi que la préface du directeur d'ouvrage (p. 1-15) et l'article de Kautto et Palier (p. 586-600) *in* F. G. Castles (dir.), *The Oxford Handbook of the Welfare State*, Oxford, Oxford University Press, 2010.

58. Voir à ce sujet, parmi nombre de références, P. Emmenegger (dir.), *The Age of Dualization. The Changing Face of Inequality in Deindustrializing Countries*, Oxford, Oxford University Press, 2012 ; J. Goldthorpe (dir.), *Order and Conflict in Contemporary Capitalism*, Oxford, Oxford University Press, 1984 ; et B. Palier et K. Thelen, « Institutionalizing Dualism. Complementarities and Change in France and Germany », art. cité.

59. M. Höpner, *Wer beherrscht die Unternehmen ? Shareholder Value, Managerherrschaft und Mitbestimmung in Deutschland*, Francfort-sur-le-Main, Campus, 2003.

60. Le tableau 1.3 montre l'évolution des coefficients de Gini, unités de mesure les plus courantes pour ce qui est de l'inégalité dans la répartition des revenus, dans les sept pays déjà choisis à titre d'exemples (voir à ce sujet la note 36 du présent chapitre). Le coefficient de Gini mesure l'écart séparant la répartition réelle d'une répartition idéale. Une autre mesure de l'inégalité est le niveau de participation des salariés aux reve-

nus d'une économie nationale, comparé au niveau de participation à ces revenus de ceux qui en touchent les bénéfices. Voici le tableau dressé pour la période 1960-2005 au sujet des 16 pays membres de l'OCDE les plus importants, un tableau tout aussi impressionnant, et tout aussi dévastateur que celui qui peut être dressé au moyen des coefficients de Gini : « La part des salariés dans le revenu national augmenta lorsque le pouvoir de négociation du capital fut menacé par l'avancée des projets sociaux-démocrates aux lendemains de la Seconde Guerre mondiale. Les deux dernières décennies ont été celles d'un nouveau mouvement de balancier, qui fut favorable à une restauration du pouvoir de négociation de la classe capitaliste. [...] Le néolibéralisme constitue [...] une tentative de rétablir la part des revenus de la classe capitaliste au niveau qui avait été le sien durant l'avant-guerre » (T. Kristal, « Good Times, Bad Times. Postwar Labor's Share », in *American Sociological Review* 75, 2010, p. 729-763, et p. 758 pour la citation).

61. W. Streeck, « The Politics of Consumption », art. cité.

62. L. Boltanski et E. Chiapello, *Le nouvel esprit du capitalisme, op. cit.*

63. K. Polanyi, *La grande transformation, op. cit.*

64. Les tentatives destinées à pouvoir se passer de l'inflation à l'aide d'une dite « politique des revenus » furent diversement couronnées de succès. Les plus efficaces furent menées à bien dans les pays où l'on parvint à impliquer sur le mode corporatiste les syndicats et les employeurs dans une politique étatique de stabilité — les employeurs à travers une modération des salaires négociée, les syndicats tout d'abord à travers des indemnisations non monétaires du fait de l'État, prenant la forme de droits d'organisation ou de droits à la retraite améliorés pour les employés de ce temps-là. La politique salariale fut une thématique essentielle de la science politique comparée et de l'économie institutionnelle des années 1970 ; voir, en guise d'introduction à cette question, R. J. Flanagan et L. Ulman, *Wage Restraint. A Study of Incomes Policy in Western Europe*, Berkeley, University of California Press, 1971. Comme put le montrer la très riche littérature de ces années-là, les taux d'inflation nationaux variaient avec la structure institutionnelle des économies nationales, non seulement avec les modalités de fixation des salaires, mais aussi avec le statut de la banque centrale. La politique monétaire menée en Allemagne, qui, au milieu des années 1970, déjà, préfigurait la politique économique monétaire ultérieure des États-Unis et de la Grande-Bretagne, avec un système de fixation des salaires en réalité extrêmement centralisé, et une banque centrale indépendante du gouvernement, fut la moins inflationniste (cf. F. W. Scharpf, *Crisis and Choice in European Social Democracy*, Ithaca, Cornell University Press, 1991). Malgré cette situation

initiale, ou plus exactement grâce à cette situation, Helmut Schmidt put imprimer sa marque sur la campagne électorale de 1976 en déclarant : « Je préfère une inflation de 5 % à un taux de chômage de 5 %. » Revers de la médaille de la stabilité élevée de la valeur monétaire, l'endettement étatique commença toutefois en Allemagne plus tôt que partout ailleurs ; je reviendrai plus loin sur ce point. La Bundesbank, la Banque fédérale d'Allemagne, indépendante, qui proscrivait au gouvernement fédéral l'accès à la masse monétaire, et l'obligeait ainsi indirectement à intervenir afin de préserver l'emploi et empêcher une perte de légitimation non seulement de la politique étatique, mais encore des instruments de politique fiscale liés à l'économie de marché, deviendrait les années suivantes le modèle pour les banques centrales des autres pays européens, y compris pour la France sous Mitterrand, et plus tard pour la Banque centrale européenne (BCE). Les différences institutionnelles nationales devenues manifestes dans les années 1970 furent tout d'abord le point de départ pour la littérature consacrée au corporatisme et, ensuite, aux « Varieties of Capitalism » (W. Streeck, « The Study of Interest Groups. Before "The Century" and After », in C. Crouch (dir.), *The Diversity of Democracy. Corporatism, Social Order and Political Conflict*, Londres, Edward Elgar, 2006, p. 3-45).

65. Voir à ce sujet, W. Streeck, « A Crisis of Democratic Capitalism », in *New Left Review* 71, 2011, p. 1-25.

66. Dans les années 1970, on se montra d'accord pour considérer que l'inflation agissait avant tout au détriment des propriétaires du capital monétaire, mais profitait à la classe ouvrière, car elle améliorait sa position dans le conflit de répartition, en tout cas tant que la tendance à l'investissement des entreprises ne l'entravait pas. Cela, toutefois, cesse de se révéler exact lorsque l'incertitude propagée par elle sur les prix à venir et les rapports de prix devient trop grande pour les investisseurs (cf. F. Hayek, « Plein emploi, planification et inflation », in *Essais de philosophie, de science politique et d'économie*, Paris, Les Belles Lettres, 2007). La résolution d'un *problème de légitimation* devient alors la cause d'un *problème de reproduction*. Ou, pour le dire autrement, une intégration sociale entraîne une crise de l'intégration de systèmes (au sens de D. Lockwood, « Social Integration and System Integration », *op. cit.*), qui peut se transformer en une nouvelle crise de l'intégration sociale, et qui, aux anciens problèmes de légitimation, peut en ajouter de nouveaux.

67. En français dans le texte (*N.d.T.*).

68. Le démantèlement en 1981 du syndicat des contrôleurs aériens par Ronald Reagan et la victoire de Margaret Thatcher sur le syndicat des

mineurs en 1984 constituèrent à cet égard des tournants dramatiques et essentiels sur le plan symbolique.

69. J'ai écarté, dans le diagramme 1.7, l'Italie et ses taux de grèves très élevés dans les années 1970, qui auraient brouillé l'échelle de l'évolution dans les autres pays. Les grèves se firent également de plus en plus rares en Italie après 1980, et ce de façon tout à fait spectaculaire.

70. G. R. Krippner, *Capitalizing on Crisis, op. cit.*

71. Clinton avait remporté l'élection de 1991 en menant campagne contre le *double deficit* — le déficit dans la balance commerciale et dans le budget des États fédéraux qui lui avait été légué par ses prédécesseurs, Reagan et Bush I.

72. Le diagramme 1.1 indique que la première phase de ce que j'aimerais désigner sous le nom de consolidation budgétaire ne fut pas entièrement menée sans succès. L'Allemagne, qui devait, à cette époque, financer sa réunification, fut une exception, et certes, comme l'avait promis Helmut Kohl, sans augmentation d'impôts à la clé.

73. Dans le champ de l'économie des institutions, les années 1990 donnèrent une littérature profuse, initiée et financée par la politique, et consacrée à la question de la jugulation ou de l'élimination, au moyen d'institutions démocratiques « réformées », de la prétendue tendance à l'endettement des démocraties riches. Cf. J. M. Poterba et J. von Hagen (dir.), *Institutions, Politics and Fiscal Policy*, Chicago, Springer, 1999 ; P. Molander, « Reforming Budgetary Institutions. Swedish Experiences », *in* R. R. Strauch et J. von Hagen (dir.), *Institutions, Politics and Fiscal Policy*, Boston, Springer, 2000, p. 191-212.

74. Sur la Suède, voir la thèse de Daniel Mertens, *Privatverschuldung in Deutschland. Zur Institutionellen Entwicklung der Kreditmärkte in einem exportgetriebenen Wachstumregime. Wirtschafts- und Sozialwissenschaftliche Fakultät*, Cologne, 2013.

75. C. Crouch, « Privatised Keynesianism. An Unacknowledged Policy Regime », in *British Journal of Politics and International Relations* 11, 2009, p. 382-399.

76. Les pays concernés profitèrent alors aussi de la croissance de l'industrie financière dérégulée au fil des « changements structurels » dont était l'objet la « société de services ». Aux États-Unis et en Grande-Bretagne, Wall Street et la City, à Londres, devinrent dans les années 1990 les secteurs économiques nationaux et les contribuables les plus importants. Aux États-Unis, avant la crise de 2008, environ 45 % des bénéfices des entreprises provenaient du secteur financier ; au début des années 1980, ils n'atteignaient pas tout à fait les 20 % (cf. G. Krippner, *Capitalizing on Crisis, op. cit.*, p. 33). Sur l'ampleur de la

répartition réalisée au profit de l'économie financière, ou plutôt de l'extraction de ressources réalisée par celle-ci, voir D. Tomaskovic-Devey et K.-H. Lin, « Income Dynamics, Economic Rents and the Financialization of the US Economy », in *American Sociological Review* 76, 2011, p. 538-559.

77. Les diagrammes 1.8 présentent quatre pays où l'effet de compensation fut particulièrement prononcé. Il mérite d'être noté que la Suède (aux côtés d'autres pays scandinaves) appartient également à ce groupe.

78. Citons à ce titre ici, avant tout, Eugene Fama, le père de l'*efficient market hypothesis,* de l'hypothèse d'efficience du marché financier, ainsi que Merton H. Miller, co-inventeur desdits théorèmes Modigliani-Miller, Harry Markowitz, Myron Scholes, Fischer Black, entre autres... La plupart enseignèrent ou enseignent à l'université de Chicago, et apparaissent sur la liste des lauréats desdits prix Nobel d'économie, décernés par la Banque royale de Suède.

79. À l'été 2012, cette question serait, entre autres sujets, très clairement au centre de la discussion consacrée au plan de sauvetage européen des banques espagnoles. La nature double de l'argent, en tant que propriété privée et institution publique, ne date naturellement pas d'aujourd'hui (cf. G. Ingham, *The Nature of Money,* Cambridge, Polity, 2004) : elle est au fondement du caractère énigmatique du capitalisme (cf. D. Graeber, *Dette. 5000 ans d'histoire,* Paris, LLL, 2013), et explique, en fin de compte, que même ceux qui dépendent des bénéfices engrangés peinent à le comprendre véritablement.

80. Sur les spécificités de l'évolution de l'endettement des budgets allemands, voir la thèse de troisième cycle de Daniel Mertens déjà citée dans ces pages.

81. Cf. Finansdepartementet, *An Account of Fiscal and Monetary Policy in the 1900s,* Stockholm, 2001 ; S. Guichard *et alii, What Affects Fiscal Consolidation ? — Some Evidence from OECD Countries,* 9e atelier de travail sur les finances publiques organisé par la Banque d'Italie, Rome, p. 223-245 ; P. Molander, « Reforming Budgetary Institutions. Swedish Experiences », *op. cit.,* et, du même auteur, « Budgeting Procedures and Democratic Ideals. An Evaluation of Swedish Reforms », in *Journal of Public Policy* 21, 2001, p. 23-52.

82. L'inflation tout comme l'endettement étatique et l'endettement privé ne doivent pas nécessairement conduire à des crises. Des augmentations du salaire nominal, anticipant sur des accroissements de la productivité à venir, peuvent faire leur effet, faire office de coups de fouet sur la productivité ; les dettes publiques, elles, peuvent financer les investissements destinés à favoriser la croissance, investissements à travers lesquels

elles sont ensuite dans le même temps remboursées et dévaluées ; quant au crédit, il peut anticiper la prospérité qui lui succédera immédiatement. Dans les trois cas, l'issue dépend de la réaction des propriétaires du capital d'investissement : l'inflation peut devenir galopante, et provoquer dès lors la peur de perdre son patrimoine avec, pour conséquence immédiate, une fuite de capitaux ; l'endettement public peut atteindre un stade où son utilisation deviendra douteuse ; et la même chose vaut pour l'endettement privé. Dans chaque cas, tout dépend de la « confiance » des apporteurs de capitaux en la « raison » des acteurs — et donc en la capacité de ces derniers à percer avec pertinence la « psychologie » des premiers, afin de deviner les bénéfices qu'ils escomptent.

83. En français dans le texte (*N.d.T.*).

84. R. Dahrendorf, « Vom Sparkapitalismus zum Pumpkapitalismus », in *Cicero Online*, 23 juillet 2009. [Ralf Dahrendorf, disparu en 2009, et à qui nous devons cette notion de « capitalisme à crédit », fut à la fois un politique et un intellectuel, qui se présentait à la fin de sa vie comme un « européiste sceptique », et tout particulièrement à l'endroit de l'Union monétaire. Ardent défenseur du cosmopolitisme, et ennemi déclaré du nationalisme, il n'en soulignait pas moins le rôle à ses yeux déterminant que devait encore jouer l'État-nation, cadre privilégié selon lui de la démocratie et des droits des citoyens (*N.d.T.*).]

CHAPITRE II

LA RÉFORME NÉOLIBÉRALE : DE L'ÉTAT FISCAL À L'ÉTAT DÉBITEUR

1. A. Alesina et R. Perotti, « Budget Deficits and Budget Institutions », *in* J. M. Poterba et J. von Hagen (dir.), *Fiscal Institutions and Fiscal Performance*, Chicago, University of Chicago Press, 1999, p. 13-36 ; J. M. Poterba et J. von Hagen (dir.), *Institutions, Politics and Fiscal Policy*, Chicago, Springer, 1999.

2. Karl Marx, *Œuvres I. Économie I, Le Capital*, Livre premier [1867], Paris, Gallimard, « Bibliothèque de la Pléiade », 1963, p. 1167- 1240.

3. D. C. North et R. P. Thomas, *The Rise of the Western World. A New Economic History*, Cambridge, Cambridge University Press, 1973.

4. G. Hardin, « The Tragedy of the Commons », in *Science* 162, 1968, p. 1243-1248.

5. Au sujet de « l'inflation des exigences du système économique », voir J. Beckert, *Die Anspruchsinflation des Wirtschaftssystems*, Cologne, 2009. La littérature consacrée à la banque Goldman Sachs remplit désormais des rayons entiers. On pourra se reporter au travail journalistique très fouillé

de Matt Taibbi, « The Great American Bubble Machine » [« La grande machine à bulles américaine »], paru dans *Rolling Stone* (du 9 juillet 2009). Voir également W. Streeck, « Wissen als Macht, Macht als Wissen. Kapitalversteher im Krisenkapitalismus », in *Merkur* 66, 2012, p. 776-787.

6. M. Schularick, « Public Debt and Financial Crises in the Twentieth Century », communication écrite, Berlin, 2012.

7. G. Krippner, *Capitalizing on Crisis, op. cit.*

8. Pareille politique était déjà pratiquée sous Richard Nixon, l'administration américaine s'efforçant à cette époque de convaincre des pays comme l'Arabie saoudite d'investir aux État-Unis leurs excédents tirés de l'exploitation pétrolière.

9. Cf. Joseph Stiglitz, *Quand le capitalisme perd la tête*, Paris, Fayard, 2004 et Le Livre de poche, 2005.

10. Il n'en alla différemment qu'en France, où le coefficient de Gini diminua légèrement entre 1985 et 1995, et se fixa par la suite à un niveau peu élevé. Les « réformes » actuellement à l'ordre du jour sous la pression des « marchés » laissent pourtant penser que la situation se sera très vite normalisée aussi en France, en dépit de la sensibilité politique du président et du gouvernement actuels.

11. W. Streeck, *Re-Forming Capitalism, op. cit.*, p. 41 sqq.

12. B. Western et J. Rosenfeld, « Unions, Norms, and the Rise in U.S. Wage Inequality », in *American Sociological Review* 76, 2011, p. 513-537.

13. T. A. Kochan, « A Jobs Compact for America's Future », in *Harvard Business Review*, mars 2012, p. 64-73 ; ainsi que, du même auteur : « Resolving the Human Capital Paradox. A Proposal for a Jobs Compact », document de travail, Upjohn Institute for Employment Research, Kalamazoo, 2012.

14. On prend connaissance de chiffres quelque peu plus anciens, mais tout aussi stupéfiants, dans l'article de J. P. Hacker et P. Pierson, « Winner-Take-All Politics. Public Policy, Political Organization, and the Precipitous Rise of Top Incomes in the United States », *Politics and Society* 38, 2010, p. 152-204 ; ainsi que dans l'ouvrage des mêmes auteurs *Winner-Take-All Politics. How Washington Made the Rich Richer — and Turned Its Back on the Middle Class*, New York, Simon & Schuster, 2011.

15. Voir des données détaillées in W. Streeck, « German Capitalism. Does It Exist ? Can It Survive ? », *New Political Economy* 2, 1997, p. 237-256. Le cas du président du conseil d'administration de Volkswagen, Martin Winterkorn, qui put s'accorder pour l'année 2011 un salaire d'environ 18,3 millions d'euros, montre que l'Allemagne est en voie de rattraper les États-Unis.

16. A. Schäfer, « Die Folgen sozialer Unglechheit für die Demokratie in Westeuropa », in *Zeitschrift für vergleichende Politikwissenschaft* 4, 2010, p. 131-156 ; A. Schäfer et W. Streeck, « Introduction » *in* A. Schäfer (dir.), *Politics in the Age of Austerity*, Cambridge, Anchor, 2013.

17. S. M. Lipset, *Political Man. The Social Bases of Politics* [1960], Garden City, The John Hopkins University Press, 1963.

18. A. Schäfer, « Die Folgen sozialer Unglechheit für die Demokratie in Westeuropa », *op. cit.* ; et du même auteur, *Republican Liberty and Compulsory Voting*, MPIfG, document de travail, 11/17, Cologne.

19. Pour un exposé journalistique de ce contexte, voir M. Schlieben, « Die wählen sowieso nicht », *Zeit on Line*, 13 mai 2012.

20. Un représentant éminent de cette thèse, qui était étroitement liée à la théorie de la « modernisation », fut Seymour Martin Lipset (*Political Man. The Social Bases of Politics* [1960]). Le Chili de l'après-Allende tout comme la Chine depuis Deng Xiaoping constituent ici des contre-exemples évidents.

21. E. von Böhm-Bawerk, « Macht oder ökonomisches Gesetz ? » [1914], *in* Franz X. Weiss (dir.), *Gesammelte Schriften von Eugen von Böhm-Bawerk*, Francfort-sur-le-Main, TOPOS, 1968, p. 230-300.

22. Émile Durkheim, *De la division du travail social* [1893], Paris, P.U.F., 2007.

23. À l'échelle individuelle, la théorie économique enseignée dans les universités obtient un tel résultat de la plupart de ses adeptes avec une efficacité étonnante. C'est en visant ce même objectif que « l'économie » exige un « cours d'économie » à l'école : une rééducation morale récompensée par des diplômes scolaires, et donc validée, une rééducation présentée comme une initiation à une théorie positive, « objective ». Voir également le compte-rendu, dans la *Frankfurter Allgemeine Zeitung* du 9 août 2012, d'une conférence de Ben Bernanke, le président de la Réserve fédérale des États-Unis, devant un parterre très choisi de professeurs d'économie, une conférence intitulée « Les marchés sont merveilleux ».

24. « Dans le cas de la "justice sociale", nous sommes simplement en présence d'une superstition quasi religieuse et, à ce titre, nous la laisserions respectueusement en paix si elle ne faisait que rendre plus heureux ceux qui la professent ; mais nous devons la combattre lorsqu'elle devient le prétexte à user de contrainte envers les autres hommes. Or, le prestige actuel de la croyance en la "justice sociale" est probablement ce qui menace le plus gravement la plupart des autres valeurs d'une civilisation de liberté », F. A. Hayek, *Droit, législation et liberté* [1979], Paris, P.U.F., 1983, p. 80.

25. « La notion de rationalité *matérielle*, par contre, peut s'entendre en de nombreux sens. Elle n'exprime qu'une seule idée générale : à savoir que l'observateur ne se contente pas du fait purement formel et (relativement) facile à définir sans équivoque que le calcul s'opère par des moyens techniques adéquats et rationnels en finalité. Il tient en effet compte d'autres *exigences* : éthiques, politiques, utilitaires, hédonistiques, de classe [*ständische*] ou égalitaires, les applique en guise de critère à l'activité économique, fût-elle formelle "rationnelle", c'est-à-dire chiffrée, et l'apprécie sous l'angle *rationnel en valeur* ou *matériellement* rationnel en finalité. Les critères de valeur rationnels dans ce sens sont en principe innombrables ; ceux qui dérivent d'une manière peu précise du socialisme ou du communisme et qui se fondent jusqu'à un certain degré sur des appréciations éthiques et égalitaires ne représentent évidemment qu'*un groupe* dans cette variété infinie », M. Weber, *Économie et société. I. Les catégories de la sociologie*, Paris, Plon, 1971 et Pocket, 1995, p. 131.

26. La notion de *moral hazard* apparaît d'abord chez Adam Smith, où elle vient désigner « la maximisation de l'intérêt individuel sans prise en compte des conséquences défavorables de la décision sur l'utilité collective ». On parle aujourd'hui d'aléa moral lorsque des individus faisant face à un risque quelconque cessent de faire preuve de prudence dès qu'ils se savent protégés contre tout véritable péril. D'abord utilisée dans le cadre de réflexions menées par des compagnies d'assurances qui souhaitaient savoir si les comportements de leurs clients pouvaient être influencés par les couvertures de risques, cette notion a ensuite été étendue à la question du comportement des individus dans leurs rapports aux pouvoirs publics (*N.d.T.*).

27. W. Korpi, *The Democratic Class Struggle*, Londres, Routledge Kegan & Paul, 1983.

28. Évangile selon saint Matthieu 25, 29, in La Bible de Jérusalem, Paris, Éditions du Cerf, 1998, et Desclée de Brouwer, 2000, p. 1752 (*N.d.T.*).

29. La correction politique de la justice de marché par la justice sociale, avec pour visée la protection des rapports sociaux, eut un précédent intéressant. La doctrine juridique du Moyen Âge anglais opérait en effet une distinction entre *justice* et *équité*. La production de *justice* incombait aux juridictions de *common law*. Même s'ils étaient formellement inattaquables, les jugements de ces juridictions pouvaient toutefois entrer en contradiction avec les conceptions matérielles de la justice. Dans de tels cas, les intéressés pouvaient en appeler à une *court of equity*, qui relevait de la chancellerie de la cour royale, et qui pouvait casser ou modifier les jugements des juridictions de *common law*. Ces interventions semblaient aux défenseurs de la *common law* systématiquement injustes,

jusqu'à ce que la *law of equity* soit intégrée des siècles plus tard à la *common law* (cf. M. Illmer, « Equity », *in* J. Basedow [dir.], *Handbuch des Europäischen Privatrechts,* vol. I, Tübingen, Beck, 2009, p. 400-404). L'État social joue aujourd'hui, face au régime contractuel du libre-échange, le rôle d'une *court of equity,* ou plutôt joua ce rôle dans l'après-guerre, où l'humeur générale était à la démarchandisation.

30. C. Offe, *Reflections on America. Tocqueville, Weber & Adorno in the United States,* Cambridge, Polity, 2006.

31. W. Streeck et K. Thelen, « Introduction. Institutional Change in Advanced Political Economies », *op. cit.*

32. Pour un adepte de la conception du monde dite du *Public-Choice,* cela est tout simplement évident, car axiomatiquement juste.

33. Le Japon devait ces dernières années enregistrer, très modestement, une tendance à la hausse. Une hausse minime de la charge fiscale se produisit également en Grande-Bretagne lorsque le Labour dirigea le pays ; on s'y efforce actuellement, en déployant des efforts plutôt intenses, à inverser cette tendance. Concernant l'Union monétaire européenne, pour la période s'étalant du début des années 2000 à la crise, un rapport se laisse discerner entre une plus grande ouverture aux investissements directs étrangers et un recul de la taxation non seulement des revenus du capital, mais encore des revenus du travail, ce recul étant dans ce dernier cas le résultat de la forte baisse des salaires aux échelons les plus bas du marché du travail. En raison des limites de déficit instaurées par le pacte de stabilité, cela eut pour conséquence une forte réduction des dépenses publiques (cf. I. Rademacher, *National Tax Policy in the EMU. Some Empirical Evidence on the Effects of Common Monetary Policy on the Distribution of Tax Burdens,* Fachbereich Gesellschaftswissenschaften, Francfort-sur-le-Main, 2012).

34. F. Block, « Read Their Lips. Taxation and the Right-Wing Agenda », *in* I. W. Martin (dir.), *The New Fiscal Sociology. Taxation in Comparative and Historical Perspective,* Cambridge, Cambridge University Press, 2009, p. 68-85 ; J. Citrin, « Do People Want Something for Nothing. Public Opinion on Taxes and Government Spending », in *National Tax Journal* 32, 1979, p. 113-129 ; J. Citrin, « Proposition 13 and the Transformation of California Government », in *The California Journal of Politics and Policy* 1, 2009, p. 1-9 ; C. E. Steuerle, *The Tax Decade. How Taxes Came to Dominate the Public Agenda,* Washington, Urban Institute Press, 1992.

35. S. Ganghof, *Wer regiert in der Steuerpolitik ? Einkommenssteuerreform zwischen internationalem Wettbewerb und nationalen Verteilungskonflikten,* Francfort-sur-le-Main, Campus, 2004 ; S. Ganghof et P. Genschel, « Taxation and Democracy in the EU », in *Journal of European Public Policy* 15,

2008, p. 58-77 ; P. Genschel et P. Schwarz, « Tax Competition and Fiscal Democracy », *op. cit.*

36. Les réformes du marché du travail menées par le gouvernement Schröder de 2003 à 2005 se traduisirent dans quatre lois, les lois Hartz — du nom de leur inspirateur et ancien responsable du personnel de la firme Volkswagen, aujourd'hui retiré de la vie publique après plusieurs affaires de mœurs et de corruption (*N.d.T.*).

37. S. Ganghof, *Wer regiert in der Steuerpolitik ?*, *op. cit.*, particulièrement les pages 98-117.

38. La contribution des allégements fiscaux toujours nouveaux mis en place dans les années 1990 et 2000 au développement de l'économie américaine du « *Winner-Take-All* », de l'économie du « gagnant emporte tout », et leur contribution, tout aussi importante, à l'endettement étatique grandissant de cette économie, sont retracées dans le détail, et de façon saisissante, par Hacker et Pierson (dans *Winner-Take-All Politics*, *op. cit.*).

39. R. Kuttner, *Revolt of the Haves. Tax Rebellions and Hard Times*, New York, Simon & Schuster, 1980 ; I. W. Martin, *The Permanent Tax Revolt. How the Property Tax Transformed American Politics*, Stanford, Stanford University Press, 2008 ; D. Tarschys, « The Scissors Crisis in Public Finance », in *Policy Sciences* 15, 1983, p. 205-224.

40. La situation allemande est, sur ce point, tout à fait comparable puisque, sans la réforme fiscale initiée par Schröder, les budgets publics de l'avant-2008 auraient été équilibrés. Cette réforme fut engagée. À son sujet, le ministre des Finances alors nouvellement nommé de la grande coalition menée par Angela Merkel (2005-2009) put dire, lors d'un discours tenu en 2006 devant la chambre de commerce et d'industrie de Francfort-sur-le-Main, que le gouvernement rouge-vert qui avait précédé méritait d'être félicité pour avoir imposé « la réforme fiscale la plus ambitieuse de l'histoire de notre pays » (P. Steinbrück, « Lobbyisten in die Produktion », in *Frankfurter Allgemeine Zeitung*, 12 janvier 2006). Début 2005, les taux d'imposition de l'impôt sur le revenu allemand n'avaient jamais auparavant été aussi faibles. Quant à la charge fiscale de l'économie nationale allemande, elle se situait à cette date bien au-dessous de sa moyenne sur le long terme. Le ministre des Finances d'alors annonça en 2012 sa candidature à la Chancellerie sous les couleurs du SPD, le parti social-démocrate d'Allemagne. [Peer Steinbrück fut très sévèrement battu aux élections fédérales de septembre 2013 par Angela Merkel, le SPD ayant subi à cette occasion son deuxième plus cuisant échec depuis l'après-guerre. Steinbrück annonça dans la foulée son retrait de la vie politique (*N.d.T.*).]

41. On peut compter de nombreuses classifications similaires des dépenses publiques. O'Connor, par exemple (en 1973, dans *The Fiscal Crisis of the State, op. cit.*), établit une distinction entre *social capital expenditures* (dépenses en capital social) — qu'il subdivise encore entre *social investment* (investissement social) et *social consumption* (consommation sociale) — et *social expenses of production* (dépenses sociales de production). O'Connor distingue également deux fonctions des dépenses étatiques, la fonction de légitimation et la fonction d'accumulation.

42. Leur nécessité, comme celle de toute mesure de justice sociale, est en revanche discutable sur le plan discursif, et exige d'être politiquement négociée. Une société pourrait fondamentalement en arriver à la conclusion néolibérale que le soutien apporté à ceux qui ne travaillent pas est source d'injustice pour ceux qui travaillent, et qu'une quantité importante d'argent public pourrait de cette manière être économisée. Il est toutefois également considéré qu'une politique sociale s'avère « payante », parce que et dans la mesure où elle préserve chez les salariés aptitude au travail et « bonne volonté ». C'est ainsi que la politique sociale cessa d'être « réparative », ou plutôt « démarchandisante » et « consommative », pour devenir politique d'investissement. Il existe des conditions sociales et culturelles, telles que les nôtres le sont constamment, où une politique sociale ne peut plus être justifiée que de cette façon.

43. Une politique sociale relève du registre de l'investissement lorsqu'elle garantit la bonne volonté des employés subordonnés à continuer de le rester et à se comporter conformément aux attentes liées à ce statut. Le capitalisme, après tout, ne peut fonctionner lorsque les salariés se comportent comme il est permis aux employeurs de le faire et, pour ainsi dire, comme il est attendu qu'ils le fassent : à savoir en maximisant les bénéfices de façon absolue et radicale. (Le fait que l'on attende des salariés une certaine modestie en matière de politique de répartition contredit le modèle de l'*homo œconomicus*, et cette attente ne peut être réconciliée avec ce modèle qu'à travers l'idée axiomatiquement postulée dans l'économie du travail voulant que les salariés se caractérisent par une « aversion pour le risque ».) Sans cette idée voulant que la modération des salaires est la contrepartie de la sécurité apportée par une rémunération stable, la relation employeur-employé aurait rompu. Dans les années 1970, une modération des salaires put être l'objet d'un consensus à travers un accord tripartite entre l'État, les employeurs et les syndicats (cf. P. C. Schmitter et G. Lehmbruch [dir.], *Trends Towards Corporatist Intermediation*, Londres, Sage, 1979). Au cours de cette période, les États, en contrepartie d'une baisse des exigences syndicales en matière

salariale, accordèrent souvent des augmentations des pensions de retraite. Celles-ci furent dans un premier temps simplement exigibles, mais durent ensuite être tirées des caisses de l'État. Une bonne part des dépenses sociales qui augmentèrent dans les années 1980, et qui s'accumulèrent ensuite, représentait en vérité une rétribution différée à laquelle l'État s'était engagé afin de soulager les employeurs — ce qui explique pourquoi il fut impossible de convaincre les syndicats et les salariés d'y renoncer.

44. Pour un aperçu concis de cette « loi », voir A. Wagner, « Staat in nationalökonomischer Hinsicht », *in* L. Elster (dir.), *Handwörterbuch der Staatswissenschaften*, Iéna, G. Fischer, p. 727-739.

45. R. Musgrave, *The Theory of Public Finance*, New York, McGraw-Hill, 1958.

46. Le socialisme de la chaire était à son époque considéré comme une doctrine économique étatiste et comme une entreprise de légitimation scientifique de la démarche durkheimienne par des professeurs d'université allemands. Aux yeux de Durkheim lui-même, l'école du socialisme de la chaire se caractérisait par « un rapprochement intime de l'économie politique et de la morale qui a renouvelé ces deux sciences à la fois » (*N.d.T.*).

47. « Des comparaisons dans l'histoire (dans le temps) et dans l'espace, comprenant divers pays, montrent chez les peuples civilisés en voie de progrès, peuples dont nous avons seuls à nous occuper ici, un développement régulier de l'activité de l'État et de l'activité publique exercée à côté de l'État par les diverses administrations autonomes [...] une loi économique de l'extension croissante de l'activité publique et spécialement de l'État, loi qu'on doit ainsi formuler dans l'économie financière : loi de l'accroissement du besoin financier public dans l'État et les corps administratifs autonomes », *in* Adolph Wagner, *Les Fondements de l'économie politique* [1867], Paris, 1912, V. Giard & E. Brière, p. 378.

48. W. Fritz et G. Mikl-Horke, *Rudolf Goldscheid. Finanzsoziologie und ethische Sozialwissenschaft*, Vienne, Lit, 2007 ; R. Goldscheid, « Staat, öffentlicher Haushalt und Gesellschaft » [1926], *in* W. Gerloff et F. Meisel (dir.), *Handbuch der Finanzwissenschaft*, vol. I, Tübingen, Mohr Siebeck, 1926-1929, p. 146-184 ; et du même auteur, « Finanzwissenschaft und Soziologie » [1917], *in* R. Hickel (dir.), *Die Finanzkrise des Steuerstaats. Beiträge zur politischen Ökonomie der Staatsfinanzen*, Francfort-sur-le-Main, Suhrkamp, 1976, p. 317-328.

49. W. Fritz et G. Mikl-Horke, *Rudolf Goldscheid*, *op. cit.*, p. 166.

50. J. A. Schumpeter, « La crise de l'État fiscal » [1918], *op. cit.*

51. « Peu à peu le développement de l'économie et l'élargissement du

cercle des solidarités sociales qu'il entraîne feront perdre à l'économie privée sa signification historique. Ce processus s'annonce déjà et vient s'inscrire dans les tendances de la seconde moitié du XIXe siècle, dont les dernières erreurs ont peut-être connu leur paroxysme avec la guerre. La société dépassera peu à peu l'entreprise privée et l'État fiscal, mais, à coup sûr, ce sera en dépit et non par suite de la guerre », *ibid.*, p. 281-282.

52. J. O'Connor, *The Fiscal Crisis of the State, op. cit.*

53. D. Bell, « La famille communautaire : sociologie fiscale et société libérale » [1976], in *Les Contradictions culturelles du capitalisme, op. cit.*, p. 229- 292 (chap. VI).

54. « L'endettement étatique croissant ne conduit normalement pas à une aggravation de la crise fiscale, mais ne l'atténue pas non plus. Les dettes étatiques et municipales se résorbent en partie d'elles-mêmes [...]. Les dettes des États fédéraux [américains] s'autofinancent en partie à une époque où les résultats économiques réels restent en deçà du possible, tout en augmentant les volumes de crédit et le niveau de la demande agrégée, la production, l'emploi et les revenus, et avec eux les recettes fiscales », *in* J. O'Connor, *The Fiscal Crisis of the State, op. cit.*, p. 179. Ces lignes furent écrites en 1973, à une époque où le keynésianisme était encore bien vivant, et où l'endettement étatique des États-Unis était encore bas (42,6 % du produit national, contre 89,6 % en 2010).

55. C. Crouch, *Post-démocratie*, trad. de l'anglais d'Y. Coleman, Zurich, Diaphanes, 2013.

56. Je décris plus loin dans ce livre cette déconnection comme le passage d'une économie politique keynésienne à une économie politique hayékienne.

57. Voir sur ce point la démonstration convaincante de C. Offe, « Governance. "Empty Signifier" oder sozialwissenschafliches Forschungsprogramm ? », *in* G. F. Schuppert (dir.), *Governance in einer sich wandelnden Welt*, Wiesbaden, 2008, p. 61-76.

58. Pour la première fois, à l'été 2012, après les élections présidentielles françaises, et sous la pression du Parti de gauche, un débat est apparu en Allemagne sur la nécessité d'une augmentation des taux maximum de l'impôt sur le revenu, sur la nécessité de droits de succession plus élevés et de divers impôts sur la fortune (voir, par exemple, à ce sujet, S. Bach, « Vermögensabgaben — ein Beitrag zur Sanierung der Staatsfinanzen in Europa », in *DIW Wochenbericht*, 2012, p. 3-11). La perspective de voir les impôts augmenter pour les plus fortunés semblait alors presque certaine, et l'est beaucoup moins à l'heure actuelle.

59. J'utilise cette notion par analogie avec celle de « salaire de réserve » qui est utilisée en économie du marché du travail pour définir le niveau

de salaire au-dessous duquel un salarié n'est plus disposé à accepter un emploi. Le « bénéfice de réserve » est alors ce taux de profit minimal sur lequel un entrepreneur veut pouvoir compter lorsqu'il doit investir son argent.

60. U. Wagschal, *Staatsverschuldung. Ursachen im internationalen Vergleich*, Opladen, Verlag für Sozialwissenschaften, 1996 ; et, du même auteur, « Staatsverschuldung », *in* D. Nohlen (dir.), *Kleines Lexikon der Politik*, Munich, C. H. Beck, 2007, p. 547-552.

61. Les exemples grotesques, ici, ne manquent pas. La Constitution grecque comprend une clause qui accorde une exonération fiscale aux propriétaires de navires, et donc à des familles comme les Onassis et les Niarchos. Cette exonération fiscale bénéficiant aux armateurs fut intégrée en 1967 dans la Constitution promulguée immédiatement après le putsch militaire de la junte. En 1972, les armateurs grecs, en guise de remerciement, élirent le dictateur Papadopoulos président à vie de leur association. Sur la situation actuelle des armateurs grecs, qui possèdent environ 15 % de la marine marchande mondiale, voir l'article intitulé « Insecurity Touches the Tycoons of Greece » [« Les milliardaires grecs découvrent l'insécurité »], in *The New York Times* du 24 mai 2012. On découvre en lisant cet article que des tentatives de mettre fin à l'exonération fiscale dont jouissent ces armateurs auraient pour seul résultat le transfert à l'étranger de leurs patrimoines et de leurs affaires. Il est très difficile d'évaluer les fortunes des très riches familles grecques « car une bonne partie de leur argent est placée dans des paradis fiscaux, cachée dans des comptes en banque suisses, ou investie dans l'immobilier à Londres et Monaco ». Les « oligarques » grecs, dont les participations dans les banques de leur pays sont considérables, ont toutes les raisons de vouloir rester dans l'Union européenne. Au lieu d'acquitter des impôts, bon nombre de familles fortunées préfèrent faire des dons de nature philanthropique, se conformant en cela tout à fait au modèle américain. D'autres auraient en outre « renforcé leurs équipes privées de sécurité, déjà fournies, en embauchant encore plus de gardes du corps ». Voir également « Greece's super-rich maintain lavish lifestyles and low profiles » [« Les millionnaires grecs mènent toujours grand train et toujours en toute discrétion »], in *The Guardian* du 13 juin 2012. Le lecteur ou la lectrice de bonne foi devrait également se demander pourquoi de tels reportages sont presque entièrement absents de la presse allemande.

62. J. M. Keynes, *Théorie générale de l'emploi, de l'intérêt et de la monnaie* [1936], Paris, Payot, 1988, chap. 24.

63. Voir, par exemple, son article paru dans la *Frankfurter Allgemeine*

Zeitung du 5 juin 2010 sous le titre « Das Janusgesicht der Staatsschulden » [« Le visage de Janus des dettes étatiques »].

64. Des impôts plus élevés destinés à éviter un endettement étatique rendraient également nulle et non avenue cette rhétorique kitsch de la consolidation prétendant que « nous » ne pouvons vivre aux dépens de « nos enfants » — alors que le problème, en vérité, réside dans le fait que les « revenus supérieurs à la moyenne » vivent aux dépens de la collectivité, tout en se faisant exempter, à quelques détails près, d'une participation aux frais sociaux généraux provoqués par l'entretien de leurs terrains de chasse. Un salaire minimum plus convenable pour les prestations de service privées contribuerait du reste également à une baisse du taux d'épargne des classes moyennes, et de cette façon à une correction de leur « pénurie de placements » — et aurait des répercussions positives, comme on le vérifie à la lecture de Keynes, en encourageant dans le même temps la consommation et la croissance.

65. « Das Janusgesicht der Staatsschulden », art. cité.

66. Sur les droits de succession, voir les travaux de Jens Beckert, et notamment son article « Der Streit um die Erbschaftssteuer », in *Leviathan* 32, 2004, p. 543-557.

67. The *New Shorter Oxford* définit la *constituency* comme « un corps de clients, de partisans, etc. ». Nous pourrions peut-être, en nous appuyant sur Hegel, décrire la *constituency* d'un État comme sa « racine morale » ; l'État débiteur en aurait donc deux.

68. Cf. A. Rappaport, *Creating Shareholder Value*, New York, Free Press, 1986.

69. Ce modèle évoque la description des groupes de pression en tant que systèmes sociaux devant survivre simultanément dans deux environnements ayant des logiques d'action différentes. Ces groupes de pression doivent survivre dans l'environnement qui est celui de leur base sociale, et englobe l'ensemble de leurs membres, ainsi que la « logique d'appartenance » les régissant, et ils doivent aussi survivre dans un autre environnement, qui est celui des systèmes institutionnels politiques et de leur « logique d'influence ». Dans l'un comme dans l'autre cas, il s'avère qu'une organisation se montre dépendante des ressources qu'il lui faut mobiliser au sein de ces deux environnements-là, qui formulent pourtant des exigences contradictoires pesant sur sa manière de faire (cf. P. C. Schmmitter et W. Streeck, *The Organization of Business Interests. Studying the Associative Action of Business in Advanced Industrial Societies*, MPIfG, document de travail 99/1, Cologne, 1999).

70. En outre, la haute volatilité des primes de risque pour les emprunts d'État semble tout à fait surprenante, et nécessiter des explications…

D'autant que les données fondamentales sur le court terme restent les mêmes… Et la question de savoir pourquoi des pays à l'endettement plus élevé comme la Belgique, le Japon et les États-Unis peuvent continuer de s'endetter à des conditions relativement avantageuses, alors qu'un pays comme l'Espagne, dont le taux d'endettement est plutôt bas, doit supporter des intérêts élevés lorsqu'il s'agit pour lui de contracter des crédits, paraît tout aussi énigmatique.

71. PIMCO est l'acronyme de Pacific Investment Management Company. Cette entreprise a pour ambition d'être le plus important fonds d'investissement au monde dédié à la gestion spécialisée des emprunts publics. Le Total Return Fonds de PIMCO pèse à lui seul 263 milliards de dollars. Le président et fondateur de PIMCO, William H. Gross, toucha en 2011 des revenus d'un montant de 200 millions de dollars, son Chief Executive Officer et successeur désigné, Mohamed A. El-Erian, devant, lui, se contenter cette même année de 100 millions. Au cours des cinq années de crise qui s'écoulèrent de 2007 à 2011, le Total Return atteignit tous les ans en moyenne un rendement d'environ 9,5 % (« The Bond Market Discovers a New Leading Man » [« Le marché obligataire découvre son nouvel homme fort »], *The New York Times*, 29 juillet 2012).

72. Un entretien avec El-Erian, le président du conseil d'administration de PIMCO, fut publié dans l'édition en langue anglaise du *Spiegel* en date du 2 août 2011. S'y trouve le passage suivant :

SPIEGEL : PIMCO est en contact régulier avec des gouvernements dans le monde entier. Quels conseils donneriez-vous, par exemple, à un ministre des Finances espagnol ?

EL-ERIAN : Ce furent, je crois, mes collègues de Londres qui le rencontrèrent, lui et sa délégation, et ce rendez-vous eut lieu à la demande des autorités espagnoles.

SPIEGEL : Combien de ministres des Finances vous ont-ils appelé récemment ?

EL-ERIAN : Certains le font, comme le font certains directeurs de banques centrales, un peu partout dans le monde. La question typique qui nous est posée est la suivante : « Quelle est la condition pour que PIMCO se lance dans des investissements sur le long terme dans notre pays ? » La réponse est toujours la même : une perspective de développement élevé et pérenne.

SPIEGEL : Et vos employés disent alors au ministre des Finances espagnol : « Désolé, mais vous représentez trop de risques pour nous »…

EL-ERIAN : Nous prenons grand soin de ne pas nous exposer aux risques avec la Grèce et l'Irlande. L'Espagne est l'objet de débats plus animés. Beaucoup de choses dépendent du traitement que vont réserver les Espagnols au problème des *cajas*, des caisses d'épargne.

Voir http://www.spiegel.de/international/business/spiegel-interview-with-pimco-ceo-el-erian-germany-finds-itself-in-a-very-delicate-situation-a-744297.html, dernier accès en date du 26 novembre 2012.

73. Le rôle que jouent les agences de notation dans le marché des dettes étatiques est, quant à lui, moins connu. Contrairement à ce qui se passe sur les marchés de la titrisation, la notation des emprunts obligataires étatiques n'est payée par personne, et en tout cas pas par les États émetteurs. Savoir si les acheteurs des emprunts obligataires les paieront n'est pas chose certaine. Les notations des trois grandes agences (Standard and Poor's, Fitch et Moody's) furent un certain temps attendues avec impatience, et parfois avec panique, par les gouvernements européens et les organisations internationales concernées, et « les marchés » y réagirent comme sur commande. Cela semble ces derniers temps ne plus être le cas. Et quand bien même cela serait-il, la question consistant à savoir comment les agences de notation adaptent leur attitude au camp des créanciers des marchés internationaux du crédit doit actuellement rester ouverte.

74. Rolf-E. Breuer, « Die fünfte Gewalt » [« Le cinquième pouvoir »], http://www.zeit.de/2000/18/200018.5._gewalt_.xml, dernier accès en date du 26 novembre 2012.

75. Cité par U. Thielemann, « Das Ende der Demokratie », in *Wirtschaftsdienst — Zeitschrift für Wirtschaftspolitik* 91, 2011, p. 820-823.

76. Une longue citation d'un article du spécialiste en éthique des affaires Ulrich Thielemann peut ici servir d'illustration à notre propos. En septembre 2011, Philipp Rösler, le ministre de l'Économie allemand, avait écrit dans un article paru dans *Die Welt* qu'aucune « interdiction de penser » ne devait entraver la réflexion, et qu'il fallait examiner « la possibilité d'une insolvabilité étatique organisée ». Ce qui se produisit ensuite, Thielemann le raconte ainsi : « Wolfgang Schäuble, le ministre des Finances, réagit immédiatement. Il se déclare "catégoriquement hostile à tout débat public consacré à une éventuelle insolvabilité", au motif qu'un tel débat pourrait conduire à des "réactions incontrôlables des marchés financiers". "Rien ne devrait, avait affirmé Schäuble deux jours auparavant, faire douter les marchés de la capacité d'action de l'Europe." […] L'opposition profita de l'occasion pour faire assaut de ce que l'on appelle communément la "compétence économique". Les propos de Rösler, aux yeux de Jürgen Trittin, le président du groupe parlementaire des Verts, "faisaient amateur", et montraient par là qu'"un stagiaire était à la tête

du ministère de l'Économie". Les Bourses réagirent ». Cf. U. Thielemann, « Das Ende der Demokratie », art. cité, p. 820.

77. Mais le fait, dit-on, pour autant qu'un certain niveau d'endettement n'a pas déjà été atteint. Des experts très écoutés considèrent que le seuil au-delà duquel l'endettement étatique existant *empêche* une croissance à venir se situe à 80 % du produit national (C. M. Reinhart et K. S. Rogoff, « Growth in a Time of Debt », NBER Working Paper nº 15639, 2010). Si cela se révélait exact — comme toutes les « lois » économétriquement calculées, celle-là non plus ne doit pas être prise pour argent comptant —, toute perspective de croissance serait aujourd'hui déjà hypothéquée pour nombre d'économies nationales développées.

78. Mes remarques conclusives sont l'occasion de développer plusieurs réflexions sur ce point précis.

79. Combinée à des intérêts maintenus à un bas niveau, à des contrôles portant sur la circulation des capitaux et à une augmentation des taux d'inflation, cette stratégie peut consister en une réduction de l'endettement étatique. Le terme technique utilisé pour la définir est celui de « répression financière » (C. M. Reinhart et M. B. Sbrancia, « The Liquidation of Government Debt », NBER Working Paper Series, Cambridge, 2011).

80. La création d'une législation dédiée à la faillite des États est régulièrement prônée. Les créanciers attendent d'une telle législation qu'elle circonscrive la liberté d'action des États débiteurs en cas de défaillance de paiement. Ils ne peuvent toutefois être certains d'être en mesure d'amener les États à s'engager dans cette direction. Bien au contraire, un droit de la faillite étatique pourrait conduire à une normalisation des insolvabilités étatiques et, de ce fait même, à leur multiplication.

81. Camp des créanciers qui cherche assidûment les moyens de se protéger contre pareille perspective. En janvier 2012, le *New York Times* révéla qu'un « hedge fund » était en train d'examiner la possibilité de poursuivre la Grèce devant la Cour européenne des droits de l'homme pour atteinte aux droits de propriété en raison de la « participation des créanciers » à son assainissement, reconnu entre-temps insuffisant, en janvier 2011. Un investisseur interrogé y a notamment cette phrase : « Ce que l'Europe est en train d'oublier, c'est que le respect des droits contractuels est une nécessité. » Voir « Hedge Funds May Sue Greece if It Tries to Force Loss » [« Un hedge fund pourrait poursuivre la Grèce si elle tente d'échapper à ses responsabilités »], in *The New York Times* du 19 janvier 2012.

82. Un exemple en est l'augmentation des primes de risque sur les

emprunts d'État. En règle générale, tout le monde s'accorde pour dire qu'au-delà de taux d'intérêt d'à peu près 7 % les États ne peuvent plus servir leurs dettes. Toutefois, les dettes d'un État ne sont toujours financées ou refinancées que par tranches, de sorte qu'un certain temps peut s'écouler avant qu'un taux d'intérêt en forte hausse vienne s'appliquer à une part importante du stock de la dette, et rende dès lors très réelle la possibilité d'une insolvabilité. Les créanciers d'un État n'ont pas, à vrai dire, intérêt au surgissement de cette situation, s'ils veulent garder en vie la poule qui leur donne des œufs d'or — à moins de pouvoir compter, en cas de décès prématuré de l'une des poules, sur le fait que d'autres la remplacent… Un dangereux *aléa moral* pourrait naturellement parvenir à leur assurer cela.

83. On ne sait toutefois pas véritablement comment les institutions financières de différents pays sont exactement liées les unes avec les autres. Nous l'avons déjà dit, lesdits « stress-tests », qui furent justement mis en place par des organisations internationales, ne peuvent nous aider à le déterminer — et ce pour deux raisons. D'une part, ces « stress-tests » ne peuvent compter que sur les données mises à la disposition de la veille financière, que cette dernière leur transmet ; d'autre part, ils sont d'emblée conçus pour que leurs résultats, y compris dans le pire des cas, ne déclenchent aucune panique.

84. On trouvera sur ce point un certain nombre de développements dans le chapitre 3 du présent ouvrage, en relation avec l'analyse de l'Union européenne en tant qu'État de consolidation international.

85. Cette manière d'envisager le sujet est soigneusement entretenue dans les sciences sociales par les recherches en politique comparée, qui montrent presque toujours une tournure d'esprit agonale dans leur manière de poser les sempiternelles questions suivantes : quel pays ou quel groupe de pays est le « meilleur » en termes de croissance économique, en matière de protection de l'environnement, de santé, de niveau de satisfaction de sa population, pour ce qui est de l'ampleur de la participation politique, etc.

86. Voir à ce propos l'article intitulé « Antideutsche Stimmung kocht in Italien hoch » [« Le sentiment antiallemand ne cesse de gagner en intensité en Italie »], dans le numéro du 7 août 2012 de la *Frankfurter Allgemeine Zeitung* : « Le ton des débats italiens consacrés à l'Europe gagne toujours plus en agressivité contre l'Allemagne. Au moment où la campagne antiallemande atteignait provisoirement à son comble, la première page du *Giornale*, propriété commune du frère de Silvio Berlusconi, Paolo, et du groupe d'édition Mondadori, coté en Bourse et contrôlé par Silvio, affichait vendredi dernier en manchette principale les mots

"quatrième Reich". Deux guerres mondiales ayant fait des millions de morts ne suffisent manifestement toujours pas aux Allemands, y écrit Alessandro Sallusti, le rédacteur en chef de cette publication. "Aujourd'hui, ils font leur retour, non plus avec des canons, mais avec l'euro. Les Allemands l'envisagent comme leur chose, nous devons tous accepter, nous devons tous nous soumettre à ce nouveau Kaiser ayant pour nom Angela Merkel, qui entend désormais aussi commander chez nous comme elle le fait à la maison." Il serait grave que les Italiens ne réagissent pas, et suivent l'exemple des forces alliées en 1938, face à Hitler, écrit encore Sallusti en première page du journal de Berlusconi. [...] Mario Monti, le président du Conseil des ministres italien, avait enfin mis en garde contre le ressentiment antiallemand à l'œuvre en Italie dans un entretien avec le *Spiegel*, et minoré l'importance des Parlements nationaux. Ces propos avaient été la cible en Allemagne de nombreuses critiques. *Libero*, la feuille populiste de droite, a trouvé encore prétexte de ce contexte, dans son édition internet de lundi, pour intensifier les attaques italiennes : "Les Allemands nazis veulent nous donner des leçons de démocratie." »

87. Et le sont régulièrement par le grand spéculateur George Soros, dont les déclarations publiques ont un impact médiatique particulièrement important. La *Frankfurter Allgemeine Zeitung* du 26 janvier 2012 nous informe ainsi que Soros, lors du Forum économique mondial de Davos, mit en garde son auditoire contre le « danger que l'euro ne nuise à la cohésion politique de l'UE [...]. L'Allemagne en porterait ici la responsabilité principale [...]. Afin de circonscrire les foyers de difficultés, Soros recommanda aux Européens une discipline financière sévère et des réformes structurelles [...]. Les eurobonds seraient ici à ses yeux un instrument précieux ». Soros laisse bien volontiers certains spécialistes en sciences sociales et économiques dont il finance les travaux diffuser largement pour lui ses propres appels sous les atours d'une expertise politique scientifique prônant une cohésion européenne. Voir l'appel « Breaking the Deadlock : A Path Out of the Crisis » du 23 juillet 2012, diffusé par l'Institute for New Economic Thinking, fondé par Soros en 2009 (http://ineteconomics.org/council-eurozone-crisis/statement, dernier accès en date du 26 novembre 2012).

88. Il est naturellement attendu de la Slovaquie qu'elle participe au sauvetage de l'Irlande, bien que ses revenus par tête se montrent inférieurs à ceux de ce pays (qui, avant la crise, étaient supérieurs aux revenus par tête allemands...). Quant à la « solidarité » allemande exigée, par exemple à l'égard de la Grèce, sa justification morale sera trouvée dans le fait que les revenus par tête de l'Allemagne sont plus élevés que les reve-

nus par tête de la Grèce. La rhétorique à l'œuvre dans le débat public ne fait pas la moindre allusion au fait qu'un certain nombre de Grecs sont bien plus fortunés que la presque totalité des Allemands, et qu'il existe toujours plus d'Allemands dont le niveau de vie se situe au-dessous de celui de la classe moyenne grecque. La contribution de ces Allemands au sauvetage de l'État grec, qui adopte avant tout la forme d'une réduction de budgets sociaux de toutes sortes, préserve des pertes les banques appartenant à l'élite grecque, et subventionne la non-imposition des plus grandes fortunes grecques. La Grèce, en 2005, parvint, au moyen de son impôt sur les revenus, à un bénéfice en augmentation de 4 % du produit intérieur brut, un chiffre à comparer avec les 10 % atteints au même moment dans les quinze pays d'Europe occidentale membres de l'UE. L'ensemble des impôts réunis s'y élevait à 29,7 % du produit national ; alors que chez ces quinze pays de l'UE, ce pourcentage était, pour plus d'un tiers d'entre eux, de 39,7… (H. Grözinger, « Griechenland. Von den Amerikas lernen, heißt siegen lernen », in *Blätter für deutsche und internationale Politik*, 2012, p. 35-39). En 2001, année de l'entrée de la Grèce dans l'Union monétaire, et du commencement d'un endettement étatique élevé encouragé par des crédits plus bas, la Grèce fit passer le taux d'imposition de la tranche la plus haute de l'impôt sur les bénéfices des sociétés de 40 à 20 %… (M. Markantonatu, « The Uneasy Course of Democratic Capitalism in Greece. Regulation Modes and Crises from the Post-War Period to the Memoranda », MPIfG, document de travail, Cologne, 2012).

89. « Son statut de membre de l'Union monétaire européenne entrant ici en ligne de compte, la Grèce continue de recevoir des milliards d'euros au titre d'une aide d'urgence lui étant accordée par ladite troïka de prêteurs qui supervisent son sauvetage. Mais pratiquement rien de cet argent n'est directement versé au gouvernement grec afin qu'il finance les services publics vitaux. Au lieu de cela, cet argent suit un circuit à l'issue duquel il retombe directement dans les poches de la troïka. L'opération de sauvetage européenne d'un montant de 130 milliards d'euros qui était censée acheter du temps pour la Grèce ne sert pour le principal que l'intérêt sur la dette du pays — alors que l'économie grecque continue à lutter pour sa survie. […] De prime abord, la situation semble absurde. Les autorités européennes prêtent effectivement à la Grèce de l'argent afin que la Grèce puisse rembourser l'argent qu'elle leur a emprunté. » Voir « Most Aid to Athens Circles Back to Europe » [« La majorité de l'aide accordée à Athènes retourne directement dans les poches de l'Europe »], in *The New York Times* du 30 mai 2012.

90. Dans la vision du monde holistico-nationaliste de la diplomatie

financière internationale entre États débiteurs, les travailleurs grecs, dont les pensions de retraite sont amputées au fil des mesures de sauvetage décidées à l'étranger, paient pour « leurs » banques. Quant à l'idée selon laquelle les banques grecques pourraient être sauvées en faisant appel en tout premier lieu à leurs actionnaires, ainsi qu'à ceux qui, au cours des dernières décennies, ont empoché les bénéfices, plus-values, salaires et bonus accumulés en quantités par l'activité bancaire, elle ne trouve aucune formulation dans la phraséologie devenue de longue date hégémonique d'un holisme national néolibéral nouvellement réveillé. Incontestablement, cet état de choses reflète aussi l'impuissance des États qui, suite au tournant néolibéral, ne conservent plus qu'une apparence de souveraineté vis-à-vis des marchés financiers internationaux.

CHAPITRE III

LA POLITIQUE DE L'ÉTAT DE CONSOLIDATION : LE NÉOLIBÉRALISME EN EUROPE

1. F. A. Hayek, « The Economic Conditions of Interstate Federalism » [1939], *in* F. A. Hayek (dir.), *Individualism and Economic Order*, Chicago, University of Chicago Press, 1980, p. 255-272.

2. *Ibid.*, p. 256.

3. *Ibid.*, p. 257.

4. *Ibid.*, p. 258.

5. *Ibid.*

6. *Ibid.*, p. 266.

7. *Ibid.*, p. 260.

8. *Ibid.*, p. 259.

9. *Ibid.*, p. 260.

10. *Ibid.*, p. 261.

11. *Ibid.*, p. 262.

12. *Ibid.*, p. 263.

13. *Ibid.*, p. 263 et sq.

14. Et pourquoi, à l'inverse, « le renoncement à une souveraineté nationale et la création d'un ordre juridique international efficient » sont « un complément nécessaire et le parachèvement logique du programme libéral » (*ibid.*, p. 269).

15. *Ibid.*, p. 271.

16. *Ibid.*

17. A. Shonfield et S. Shonfield, *In Defense of the Mixed Economy*, Oxford, Oxford University Press, 1984.

18. Mis à part les adeptes de l'ordolibéralisme réunis autour du

ministre de l'Économie ouest-allemand Ludwig Erhard qui, très tôt, considérèrent que la Communauté économique européenne (CEE) de l'époque constituait une belle opportunité de mettre en œuvre en Allemagne, par le biais de Bruxelles, une politique de la concurrence et une politique économique à leur goût. Voir sur ce point D. J. Gerber, « Constitutionalizing the Economy. German Neo-liberalism, Competition Law and the "New Europe" », in *American Journal of Comparative Law* 42, 1988, p. 25-84, ainsi que, du même auteur, « The Transformation of European Community Competition Law », in *Harvard International Law Journal* 35, 1994, p. 97-147. S'ils n'avaient pas eux-mêmes eu connaissance de l'essai sur le fédéralisme de Hayek de 1939, ce qui est une hypothèse très peu vraisemblable — puisque Hayek était à cette date professeur à l'université de Fribourg —, ils auraient dans tous les cas parfaitement perçu le rapport analysé par lui dans ces pages.

19. Hayek lui-même, lorsqu'il intégra les rangs des idéologues globaux du combat contre la démocratie telle qu'elle existait jusqu'alors dans le capitalisme démocratique, avait mené à bien des réflexions très précises sur les modalités d'instauration d'une démocratie politique, d'une démocratie qui ne serait en rien « ce processus de racolage des votes, impliquant que l'on apaise et rémunère les intérêts spéciaux », et qui ne serait en rien « le présent système de vente aux enchères en vertu duquel, à intervalles de quelques années, nous confions le pouvoir de légiférer à ceux qui promettent à leurs électeurs le plus d'avantages spéciaux » (F. Hayek, *Droit, législation et liberté* [1979], *op. cit.*, p. 39). La démocratie ne serait ainsi compatible avec la liberté, et avant tout la liberté économique, qu'à la condition que l'action étatique, et tout particulièrement l'action étatique en matière de politique économique, soit strictement liée à des règles d'ordre général, et qu'il soit garanti que cette action ne puisse se produire « arbitrairement ». Avant tout, la démocratie devait être empêchée de céder à la tentation permanente d'intervenir, en les corrigeant, dans les résultats des marchés libres. Une Constitution appropriée garantirait cela (F. Hayek, *La Constitution de la liberté*, Paris, Litec, 1994). Concrètement, Hayek proposait de déléguer le travail de législation à une « assemblée législative » dont les membres seraient élus pour un seul mandat d'une durée de quinze années. Chaque citoyen ne devait pouvoir voter dans sa vie qu'une seule fois, à savoir à l'âge de quarante-cinq ans, chaque classe d'âge choisissant chaque année dans ses rangs un quinzième des sièges de cette assemblée législative. Les représentants des partis et des intérêts particuliers (les permanents des syndicats !) devaient se voir privés de la possibilité de se faire élire. Une généreuse retraite complémentaire devait par

ailleurs renforcer l'indépendance des membres de l'assemblée. Les moyens avec lesquels on tente aujourd'hui d'immuniser le marché capitaliste contre toute politique démocratique-interventionniste sont naturellement autres, même si la Commission européenne et la direction de la Banque centrale européenne sont élues de façon encore moins démocratique que l'assemblée législative hayékienne.

20. Commission of the European Communities *et alii*, *Social Europe. The Social Dimension of the Internal Market. Interim Report of the Interdepartmental Working Party*, Luxembourg, Commission européenne.

21. A. Moravcsik, « Warum die Europäische Union die Exekutive stärkt. Innenpolitik und internationale Kooperation », *in* K. D. Wolf (dir.), *Projekt Europa im Übergang ?*, Baden-Baden, Nomos, 1997, p. 211-270.

22. Ces quatre libertés sont : la libre circulation des marchandises, la libre circulation des capitaux, la libre circulation des services et la libre circulation des personnes. L'expression « quatre libertés » est bien sûr une allusion directe aux quatre libertés qu'avait promulguées Franklin Delano Roosevelt aux États-Unis (*N.d.T.*).

23. W. Streeck, « From Market-Making to State-Building ? Reflections on the Political Economy of European Social Policy », *in* S. Leibfried *et alii* (dir.), *European Social Policy. Between Fragmentation and Integration*, Washington, Brookings Institute Press, 1995, p. 389-431.

24. F. W. Scharpf, « Negative and Positive Integration in the Political Economy of European Welfare States », *in* G. Marks *et alii* (dir.), *Governance in the European Union*, Londres, Sage, 1996, p.15-39.

25. M. Höpner et A. Schäfer, « A New Phase of European Integration. Organized Capitalism in Post-Ricardian Europe », in *West European Politics* 33, 2010, p. 344-368.

26. Les premiers à avoir compris qu'il était possible d'intervenir, à travers un remaniement du droit de la concurrence européen, dans les économies politiques des États-nations européens, furent les conseillers de Ludwig Erhard, qui voulurent ainsi effacer l'échec qu'ils avaient essuyé dans leur combat autour de la loi allemande sur les cartels. La machinerie institutionnelle élaborée à l'époque fut effectivement, presque cinquante ans plus tard, en mesure de démanteler le système bancaire public allemand — dont l'existence avait toujours représenté pour les banques privées une véritable offense permanente. Tout cela se déroula sous la direction du commissaire européen Mario Monti, muni des instruments idoines fournis par le droit de la concurrence européen (D. Seikel, « Der Kampf um öffentlich-rechtliche Banken. Wie die Europäische Kommission Liberalisierung durchsetzt », mémoire,

Wirtschafts- und Sozialwissenschaftliche Fakultät der Universität zu Köln, 2012). L'offensive de la Commission, menée au nom du principe de liberté de circulation des capitaux, contre la position de force occupée par le gouvernement du Land de Basse-Saxe et les salariés dans le groupe Volkswagen, est toujours en cours (B. Werner, « Die Stärke der judikativen Integration. Wie Kommission und Europäischer Gerichtshof die Unternehmenskontrolle liberalisieren », mémoire, Wirtschafts- und Sozialwissenschaftliche Fakultät der Universität zu Köln, 2012).

27. Cette expression trouve difficilement son équivalent exact en français. Pour filer la métaphore sportive, elle signifie que tous les joueurs évoluant sur un même terrain de jeu doivent tous se retrouver sur le même pied d'égalité. Autrement dit, qu'aucun joueur évoluant sur le terrain en question, y compris celui qui souffrirait d'un handicap quelconque par rapport aux autres, ne doit bénéficier d'avantages particuliers par rapport à eux, quels qu'ils soient (*N.d.T.*).

28. W. Streeck, « Pay Restraint Without Incomes Policy. Constitutionalized Monetarism and Industrial Unionism in Germany », *in* R. Boyer *et alii* (dir.), *The Return to Incomes Policy*, Londres, 1994, p. 114-140.

29. Je reviendrai plus loin en détail sur ce point.

30. M. Höpner et F. Rödl, « Illegitim und rechtswidrig. Das neue macroökonomische Regime in Euroraum », in *Wirtschaftsdienst — Zeitschrift für Wirtschaftspolitik* 92, 2012, p. 219-222.

31. Dans cet esprit, lorsque le moment vint de poser les conditions du « sauvetage » de la Grèce, il ne fut également jamais envisagé, y compris simplement à la marge, de conditionner les mesures d'aide à ce pays à une abrogation, par lui, de l'exonération fiscale dont bénéficient ses armateurs, ou de conditionner cette aide à la cessation, à son initiative, de la fuite des capitaux de ses familles richissimes. Par exemple, comme l'écrit Herbert Grözinger (« Griechenland. Von den Amerikas lernen, heißt siegen lernen », in *Blätter für deutsche und internationale Politik*, 2012, p. 35-39), « la Grèce » pourrait « [...] réviser son droit de la nationalité et son droit fiscal » en s'appuyant sur le modèle américain, et faire en sorte que ses citoyens habitant à l'étranger acquittent leurs impôts au pays, et elle pourrait aussi imposer à ses émigrants fortunés une « taxe de sortie ». Elle pourrait en outre « ratifier d'éventuels accords de double imposition qui lui permettraient d'avoir accès aux patrimoines et revenus de ses citoyens vivant à l'étranger — qui échappent probablement au fisc dans des proportions considérables ». Rien de ce genre n'a jamais été exigé de la Grèce, et pas même par les partis d'« opposition » allemands, qu'il s'agisse du SPD ou des Verts, qui auraient pu le faire en contrepartie de

leur soutien inébranlable à la politique suivie par le gouvernement Merkel sur le dossier des crises européennes.

32. Ce discours peut être consulté sur le site internet de la Banque fédérale d'Allemagne : http://www.bundesbank.de/Redaktion/DE/Reden/2012/2012_06_14_weidmann_rolle_geldpolitik.html, dernier accès en date du 26 novembre 2012.

33. L'entrée en vigueur de ce pacte dépendait de sa ratification par au moins douze États membres de la zone euro. La Finlande fut le douzième État de la zone euro à le ratifier, le 21 décembre 2012. Le pacte budgétaire entra ainsi en vigueur le 1er janvier 2013 (*N.d.T.*).

34. J. G. Ruggie, « International Regimes, Transactions and Change. Embbeded Liberalism in the Postwar Economic Order », in *International Organization* 36, 1982, p. 379-399.

35. P. C. Schmitter et G. Lehmbruch (dir.), *Trends Towards Corporatist Intermediation*, Londres, Sage, 1979.

36. Pour un tableau récapitulatif du mode de fonctionnement de l'économie politique néocorporatiste, voir W. Streeck, « The Study of Interest Groups. Before "The Century" and After », *in* C. Crouch (dir.), *The Diversity of Democracy*, *op. cit.*

37. Sur ce projet, tel qu'il est envisagé comme une utopie concrète par les tenants allemands d'une politique d'ordonnancement [*Ordnungspolitik*], voir J. Matthes et B. Busch, *Governance-Reformen im Euroraum. Eine Regelunion gegen Politikversagen. IW-Positionen. Beiträge zur Ordnungspolitik aus dem Institut der deutschen Wirtschaft*, Cologne, 2012.

38. Si des mesures péniblement négociées et imposées susceptibles de faire naître la confiance la font effectivement apparaître au sein des marchés, les États ne le savent toujours qu'après coup — ou bien les marchés ne le leur laissent savoir toujours qu'après coup. Il n'est possible de conclure au succès ou à l'échec des initiatives politiques destinées à rassurer et calmer qu'au vu de leur effet sur les Bourses, ou bien à l'aune des montants des primes de risque portant sur les emprunts d'État. Il apparaît bien trop fréquemment, après des succès initiaux, et en dépit des signaux « positifs » des analystes et gestionnaires de fond, que l'appétit des marchés pour l'argent et les mots rassurants est susceptible de resurgir à tout moment.

39. R. Rose, « Inheritance Before Choice in Public Policy », in *Journal of Theoretical Politics* 2, 1990, p. 263-291. R. Rose et P. L. Davies, *Inheritance in Public Policy. Change Without Choice in Britain*, New Haven, Yale University Press, 1994.

40. P. Pierson, *Dismantling the Welfare State ? Reagan, Thatcher, and the Politics of Retrenchment*, Cambridge, Cambridge University Press, 1994 ;

et toujours du même auteur, « The New Politics of the Welfare State », in *World Politics* 48, 1996, p. 143-179, ainsi que « Irresistible Forces, Immovable Objects. Post-Industrial Welfare States Confront Permanent Austerity », in *Journal of European Public Policy* 5, 1998, p. 539-560.

41. La conclusion du présent ouvrage revient en détail sur la question de la dévaluation.

42. On trouve une analyse très formalisée de la logique complexe propre à la diplomatie multiniveaux dans R. D. Putnam, « Diplomacy and Domestic Politics. The Logic of Two-Level Games », *in* P. B. Evans (dir.), *Double-Edged Diplomacy*, Berkeley, University of California Press, 1993, p. 431-486.

43. « Chaque gouvernement a aussi le devoir d'éduquer son Parlement. Si je m'en étais tenu tout à fait mécaniquement aux prescriptions de mon Parlement, je n'aurais pu acquiescer aux décisions des sommets de Bruxelles les plus récents » (entretien avec Mario Monti, *Der Spiegel*, 6 août 2012, p. 46).

44. Ancien commissaire européen, Monti a conscience de la logique de renforcement de l'exécutif national qui naît de la diplomatie internationale, mais il sait également qu'une résistance au niveau de la politique intérieure des États membres peut corriger la position de négociation internationale d'un gouvernement. Les gouvernements peuvent choisir, dans certaines limites, en quel sens ils entendent tirer parti de leur position intermédiaire dans un système multiniveaux international. Dans la mesure où l'on gouverne en règle générale en Italie, y compris dans les périodes stables, à coups de décrets présidentiels court-circuitant le Parlement, les remarques de Monti sur les résistances apparues au Bundestag contre certains plans de crise définis à Bruxelles pourraient sembler relever du registre tactique.

45. W. Streeck, « The Politics of Consumption », art. cité.

46. La théorie économique qui entend défendre les effets de la consolidation fiscale souligne également ce point : « Alors que les réajustements pour ce qui est des dépenses n'ont aucune conséquence récessive, des augmentations d'impôts provoquent des pertes de croissance graves et durables. Les composants de la demande agrégée, où se montre de la façon la plus nette la différence existant dans la réaction de la performance économique aux mesures d'ajustement fondées sur les dépenses et les recettes, sont les investissements privés. La confiance des investisseurs [...] retrouve bien plus vite de l'allant après des réductions de dépenses qu'à la suite d'augmentations d'impôts » (J. Agnoli et A. Alesina *et alii*, *The Output Effect of Fiscal Consolidations*, Cambridge, 2012, p. 26). Les auteurs de ces lignes considèrent en outre que « des mesures de

stabilisation fiscale se révèlent alors le moins nuisibles à la performance économique lorsqu'elles sont accompagnées de réformes structurelles venant signaler un changement politique “complet” ». Entre les deux stratégies de consolidation, il n'existerait aucune différence « pour ce qui est de la politique monétaire [...] ; mais elles se distinguent pour ce qui est des mesures d'accompagnement concernant les réformes portant sur le camp de l'offre et ayant pour objectif une libéralisation plus générale ».

47. L'étude déjà mentionnée réalisée par le Deutschen Institut für Wirtschaftsforschung, l'Institut allemand de recherche en économie, constitue une exception (S. Bach, « Vermögensabgaben — ein Beitrag zur Sanierung der Staatsfinanzen in Europa », *op. cit.*). Les augmentations d'impôts visant les plus fortunés annoncées par le président français nouvellement élu dans un fort bruyant concert d'articles de presse ont été très vite suivies d'importants préparatifs d'évasion fiscale. Voir sur ce sujet l'article du *New York Times* du 7 avril 2012 intitulé « Indigestion for “les Riches” in a Plan for Higher Taxes » [« Indigestion d'impôts pour les “riches” »] : « De nombreuses entreprises sont en train d'étudier des dispositifs d'urgence destinés à installer à l'étranger des dirigeants aux rémunérations très élevées, si l'on en croit des consultants, juristes, comptables et agents immobiliers — qui prennent grand soin de protéger leurs clients et refusent donc de donner leurs noms. Ils disent que certains grands dirigeants et personnalités très fortunées ont déjà fait leurs valises pour des destinations comme la Grande-Bretagne, la Belgique, la Suisse et les États-Unis, emportant avec eux leur revenu imposable. »

48. Les dépenses étatiques valent engagement lorsqu'elles ne peuvent qu'avec grande difficulté être l'objet de coupes, pour des raisons politiques ou juridiques. En relèvent les frais de gestion du personnel étatique, les pensions de retraite et le service de la dette portant sur les dettes étatiques à rembourser. Fondamentalement, et sur le long terme, il va sans dire que toutes les dépenses étatiques, y compris celles qui sont inscrites dans la loi, sont susceptibles d'être remises en cause par le législateur (W. Streeck et D. Mertens, « An Index of Fiscal Democracy », MPIfG, document de travail, Cologne, mars 2010).

49. W. Streeck et D. Mertens, « Fiscal Austerity and Public Investment. Is the Possible the Enemy of the Necessary ? », MPIfG, document de travail, Cologne, décembre 2011.

50. *Ibid.*

51. Un mécanisme qui peut être décrit de façon résumée de la manière suivante : « Les déficits des finances publiques conduisent à un endettement étatique croissant qui, de son côté, aggrave la pression en faveur

d'une consolidation fiscale. Lorsqu'il s'agit d'éviter des augmentations d'impôts, la consolidation ne peut être atteinte qu'à travers des réductions des dépenses. Celles-ci affecteront inévitablement les dépenses discrétionnaires de façon bien plus drastique que les dépenses stipulées par voie légale, valant engagement. Les investissements publics étant discrétionnaires, on peut s'attendre qu'ils soient, dans tous les cas, l'objet de réductions lorsque les dépenses totales sont, dans leur ensemble, l'objet de telles réductions. De toute évidence, cela ne vaut pas seulement pour les investissements traditionnels dévolus à l'infrastructure physique, mais cela vaut aussi pour les investissements que nous appelons "doux", bien que leur volume soit, envisagé dans l'absolu, plutôt modeste. Lorsque des gouvernements veulent ou doivent mener à bien une consolidation fiscale, ils ne peuvent qu'ensuite seulement maintenir ou augmenter, à la condition qu'il existe de bonnes raisons pour cela, leurs investissements "doux", à la condition aussi qu'ils soient disposés à imposer des augmentations d'impôts, et qu'ils soient en mesure de le faire » (*ibid.*, p. 23).

52. Le fait que les systèmes de prévoyance de l'État providence sont liés à des « clauses grand-père », et ne peuvent donc être envisagés par les générations suivantes, et le fait qu'ils sont l'objet de coupes massives expliquent l'accélération certaine de la fonte des dépenses liant l'État. De telles dispositions facilitent aussi, politiquement, leur discrédit puisqu'il est aisé de les présenter comme un privilège ne bénéficiant qu'aux générations précédentes.

53. Ce type de promesses fut un puissant motif de l'assainissement des finances étatiques suédoises qui fut mis en œuvre suite à la deuxième crise financière que connut le pays dans les années 1990. Le ministre suédois des Finances de l'époque, Göran Persson, décrivit avec le recul ces circonstances de la manière suivante : « Il en allait de la démocratie elle-même ! Pourquoi des parlementaires élus si, à la fin, c'est en définitive le FMI qui prend les décisions ? Pourquoi se lancer dans une campagne électorale si vous n'avez pas la pleine capacité de prendre des décisions ? C'était humiliant. [...] Lorsque je me suis rendu pour la première fois à Wall Street, pour tenter d'emprunter de l'argent afin de financer le déficit, je me suis retrouvé face à une petite foule de jeunes hommes, de vingt-sept, vingt-huit ans, ricanant tous en me regardant comme si j'étais un alien. Un grand nombre d'entre eux — sinon la totalité — n'avaient jamais mis les pieds en Suède. Ils ne savaient rien du pays ! » (Ph. Mehrtens, « Staatsentschuldung und Staatstätigkeit. Zur Transformation der schwedischen politischen Ökonomie », Universität Köln und Max-Planck-Institut für Gesellschaftsforschung, Cologne, 2013).

54. Dans la pratique, les États qui se sont liés à une « règle d'or

budgétaire » et qui cherchent à la respecter pourraient se voir contraints, à nouveau, de trouver des formes de financement anticipé n'apparaissant pas dans leurs budgets et de s'en servir, tout particulièrement pour des investissements publics. Il est donc à prévoir qu'un marché plus large s'ouvrira, dans les États de consolidation, auxdits *Public Private Partnerships (PPP)*, ces partenariats dans le cadre desquels des entreprises privées contractent des crédits pour des projets publics de construction à la place des États, pour se faire rembourser ensuite par eux ou par leurs citoyens, en tant qu'utilisateurs des infrastructures en question, durant des années, voire des décennies. De premières expériences de tels montages font craindre que les gouvernements et les Parlements, tout particulièrement aux échelons subalternes, ne disposent que rarement de la compétence nécessaire pour comprendre des contrats de partenariat, rédigés par des cabinets d'avocats internationaux, comptant souvent plusieurs milliers de pages, ainsi que pour estimer justement les coûts et les risques qu'ils impliquent. On peut en outre s'attendre à ce que des sociétés de conseil et cabinets d'avocats trouvent ici des possibilités de revenus très lucratifs pour eux, mais très coûteux pour les collectivités publiques. L'article intitulé « Public Private Partnership » du Wikipedia allemand constitue une bonne introduction à ces questions : http://de.wikipedia.org/wiki/Public_Private_Partnership (dernier accès en date du 26 novembre 2012).

55. P. Pierson, « From Expansion to Austerity. The New Politics of Taxing and Spending », *in* A. M. Levin *et alii* (dir.), *Seeking the Center. Politics and Policymaking at the New Century*, Washington, Georgetown University Press, 2001, p. 54-80. Aujourd'hui, il n'est plus besoin de cette justification. Le candidat à la présidence américaine Mitt Romney finança sa campagne électorale en 2012, année d'un déficit record, en promettant de ne pas toucher aux *Bush tax cuts*, et d'instaurer en outre, à partir de 2015, des allégements fiscaux d'un montant de 456 milliards de dollars. Voir « A Tax Plan That Defies the Rules of Math » [« Un projet fiscal qui met au défi les règles mathématiques »], in *The New York Times* du 11 août 2012.

56. Un mécanisme similaire est en vigueur dans ce pays très social-démocrate depuis fort longtemps qu'est la Suède. Comme le montre Philip Mehrtens dans sa thèse, le pays parvient à des excédents budgétaires permanents depuis les efforts, couronnés de succès, qu'il réalisa afin de surmonter sa dernière crise financière, au milieu des années 1990. Le gouvernement conservateur réélu en 2011 en profite pour réduire toujours plus l'endettement étatique en dépit d'une situation économique meilleure. Le niveau d'imposition continuant dans le même temps

à baisser, la politique d'austérité lancée l'année qui suivit immédiatement la crise doit être et peut être poursuivie aussi une fois cette crise surmontée (Ph. Mehrtens, « Staatsentschuldung und Staatstätigkeit. Zur Transformation der schwedischen politischen Ökonomie », *op. cit.*). L'objectif proclamé, et quasi accepté par les électeurs, d'un non-endettement étatique est alors utilisé pour mener tacitement à bien, en dépit d'un excédent structurel sur le long terme du budget étatique, des transformations fondamentales de l'État providence suédois.

57. La nouvelle rhétorique de la croissance n'a pas seulement réagi à cette occasion au besoin croissant de légitimation de la politique d'austérité — en laissant entrevoir une croissance à venir présentée comme la récompense du « sens de l'économie » exigé —, mais elle a réagi également à l'espoir des gouvernements des États débiteurs de se voir verser les aides financières promises par Bruxelles. L'attente d'une croissance envisagée comme un remède éprouvé pour les conflits de répartition capitalistico-démocratiques est particulièrement cultivée par François Hollande, l'actuel président français, qui ne peut expliquer autrement comment la politique intérieure annoncée par lui pourrait se montrer compatible avec les très stricts objectifs de consolidation convenus à l'échelon européen.

58. L'Italie, puisqu'elle était un membre fondateur de la Communauté économique européenne, avait de bonne heure reçu la part de loin la plus importante du produit des fonds régionaux bruxellois, conçus comme des aides structurelles apportées au Sud. Mais, en raison de son rendement économique amélioré, le pays fut ensuite, à partir des années 1980, considéré par l'Union européenne comme conforme à ses critères.

59. C. Crouch, « Privatised Keynesianism. An Unacknowledged Policy Regime », art. cité.

60. La convergence des taux d'intérêt à un bas niveau qui permit à des pays comme la Grèce et le Portugal de s'endetter énormément fut activement encouragée par la Commission européenne. À la fin des années 1990, la Commission permit aux banques européennes de déposer à titre de garantie, et de la même manière pour toutes, les emprunts obligataires des États membres de l'Union monétaire européenne dans lesdites mises en pension [*Repo-Geschäften*], et ce en toute ignorance des frontières nationales (D. Gabor, *Fiscal Policy in (European) Hard Times. Financialization and Varieties of Capitalism. Rethinking Financial Markets*, World Economics Association [WEA], 1-30 novembre 2012). Cela permit également aux États économiquement en retard de contracter des crédits à des conditions avantageuses pour eux. Le commissaire européen

en charge de la nouvelle régulation, et responsable du marché intérieur et des « services financiers », n'était autre que… Mario Monti.

61. En Espagne, l'État ne s'endettait pas, au contraire du secteur privé, en raison d'une libéralisation radicale du crédit à l'initiative du gouvernement, à l'occasion de laquelle les banques espagnoles purent, comme l'État grec, faire provision de crédits tout aussi avantageux.

62. Voir l'article intitulé « Goldman Secret Greece Loan Shows Two Sinners as Client Unravels », in *Bloomberg*, 6 mars 2012. Cet article débute ainsi : « Le prêt secret accordé à la Grèce par Goldman Sachs Group Inc. (GS) fut dès le départ une erreur coûteuse. Le jour même où l'accord de 2001 fut conclu, le gouvernement devait à la banque environ 600 millions d'euros (793 millions de dollars), comme le précise Spyros Papanikolaou, qui prit en 2005 la direction de la structure chargée de gérer la dette du pays — en plus des 2,8 milliards que le gouvernement grec avait déjà empruntés. Par la suite, le coût de la transaction, qui portait sur un produit dérivé dissimulant le prêt, et dont Goldman Sachs avait persuadé la Grèce qu'elle ne devait pas le tester aux côtés d'autres produits concurrents, devait pratiquement doubler, jusqu'à atteindre les 5,1 milliards d'euros. » Et le tout à l'avenant…

63. En français dans le texte (*N.d.T.*).

64. Je laisse ici de côté, très volontairement, la question fondamentale consistant à savoir si la croissance peut encore véritablement être une perspective politique-économique réaliste. Sur cette question, voir par exemple M. Miegel, *Exit. Wohlstand ohne Wachstum*, Berlin, Propyläen, 2010.

65. Au sujet des décisions de l'été 2012, voir l'article du *Spiegel Online* du 27 juin 2012 intitulé « La rhétorique de la croissance de l'Union européenne : le pacte trompeur ». Cet article renvoie au fait que le « pacte de croissance », contrairement au pacte budgétaire, n'est en rien un traité juridiquement contraignant, mais n'est qu'un appendice à la déclaration ayant conclu le sommet des 27 chefs de gouvernement de l'Union européenne. « Malgré tout, on parle officiellement d'un "pacte pour la croissance et l'emploi". Il est ainsi suggéré que nous avons affaire à un pendant du pacte budgétaire ayant force égale. » Ce « pacte » imposait de débloquer 130 milliards d'euros pour des mesures d'encouragement de la croissance. Les 55 milliards d'euros des fonds structurels (destinés à *tous* les États de l'Union européenne en difficulté) qui avaient déjà été prévus pour l'année 2013 étaient toutefois inclus dans ce chiffre, ainsi qu'un reliquat indéterminé, non dépensé en 2012, issu de ces mêmes fonds. La décision prévoyait, sans autres explications, que ces moyens devaient être affectés à l'activation de la croissance. 60 milliards

supplémentaires devaient être attribués sur quatre années aux pays débiteurs, distribués sous la forme de crédits complémentaires par les banques d'investissement européennes dans le cadre desdits *Public Private Partnerships (PPP)*. Aucun projet s'y rapportant ne peut toutefois aujourd'hui se constater, en raison des risques élevés de pertes pour d'éventuels partenaires privés. Enfin, des garanties allant jusqu'à 18 milliards d'euros devaient être puisées dans le budget de l'Union européenne en cours pour des crédits contractés par le secteur privé et destinés à des projets d'infrastructure européens. Là encore, aucun projet de ce type ne se laisse constater à l'heure actuelle. De l'argent frais n'a été investi nulle part.

66. Les compagnies de taxis furent, en tout cas sur le plan rhétorique, un objet de dérégulation prioritaire pour les « experts » Papadímos et Monti, institués ici par Bruxelles en administrateurs judiciaires. Les prix élevés des taxis agacent les membres des classes moyennes pressés de rejoindre leurs rendez-vous professionnels, puis leurs familles. Si la dérégulation diminue le prix de la course de taxi, il se pourrait alors qu'elle ne soit pas tout à fait infondée. Mais la question de savoir si des prix de taxis plus bas à Rome et Athènes sont à même de déclencher une croissance économique durable dans l'espace méditerranéen doit rester posée…

67. Le Mezzogiorno comprend la Sicile et la Sardaigne ainsi que les régions des Abruzzes, du Molise, de la Campanie, du sud du Latium, de la Basilicate, des Pouilles et de la Calabre.

68. L'économie clandestine du Mezzogiorno devait en effet prendre des proportions extrêmement importantes. Une économie clandestine massive est un signe de faible gouvernabilité, n'ayant pas seulement trait à l'imposition fiscale, mais également au contrôle de l'utilisation des aides financières étatiques.

69. J. Beckert, « Capitalism as a System of Contingent Expectations. On the Microfoundations of Economic Dynamics », MPIfG, Cologne, 2012.

70. Pour cette théorie économique standard, l'*homo œconomicus* se trouve dans toute société et chez tout individu, et attend simplement qu'on le laisse se manifester. Le fait que des sociétés puissent, de leur côté, être encalminées dans un équilibre faiblement productif se dérobe à sa compréhension. Au besoin, une telle société doit être forcée d'abandonner ses modes de vie en recourant à l'autorité de la force publique, ou doit être plutôt réformée par le haut.

71. La Cassa per il Mezzogiorno, ce fonds spécial dédié au développement du sud de l'Italie, fut ainsi supprimée en 1992 et remplacée par des

remises fiscales. Des investissements étatiques en matière d'infrastructures, des subventions accordées à des secteurs bien précis, des aides à l'investissement et des exonérations d'impôts pour les entreprises privées alternèrent en permanence. De toujours nouveaux programmes d'aide européens vinrent s'y ajouter.

72. Les calculs des transferts nets italiens ont été communiqués à l'auteur par le professeur Carlo Trigilia de l'université de Florence.

73. Au cours des négociations ayant porté sur la fondation de la Communauté économique européenne, l'Italie insista pour que la Communauté la soulage d'une partie des coûts impliqués par le soutien au Mezzogiorno. Le gouvernement italien avait considéré que sa cohésion ne pourrait être garantie sans transferts massifs vers le Sud, des transferts supérieurs à ce que l'État-nation italien était alors en mesure d'effectuer. Et sans ces transferts, il était bien évident que la majorité parlementaire du gouvernement démocrate-chrétien à Rome n'aurait pu être garantie non plus. L'unification européenne, dans de nombreux cas, ne servit pas à abolir les États-nations concernés mais, bien au contraire, à les stabiliser. Le cas italien en constitue un exemple paradigmatique (A. Milward, *The European Rescue of the Nation State*, Londres, Routledge, 1992).

74. Cependant, cette situation est due naturellement aussi au poids électoral des « nouveaux Länder » sur la composition du Parlement et du gouvernement fédéral. Les explications données à la continuation du « pacte de solidarité », qui s'arrête en 2019, étaient en 2012 depuis longtemps d'actualité. Dans une analyse, publiée le 5 septembre 2012, des demandes pressantes de soutien supplémentaire formulées par un ministre de l'Économie de l'ancienne Allemagne de l'Est, la *Süddeutsche Zeitung* reconnut qu'« en dépit de soutiens financiers de plusieurs milliards destinés à la reconstruction de l'Est, l'objectif consistant à instaurer dans les nouveaux Länder une structure économique et de financement capable de s'auto-alimenter n'avait pas, jusqu'à aujourd'hui, été atteint [...]. Aujourd'hui encore, moins de 10 % des recettes totales dégagées par la taxe professionnelle en Allemagne proviennent de l'ancienne Allemagne de l'Est ; quant à la part de cette dernière dans les recettes totales dégagées par l'impôt sur les bénéfices des sociétés, impôt que les entreprises doivent acquitter, elle se situe entre 5 et 7 % ».

75. Le rapport annuel 2012 du gouvernement fédéral sur « la situation de l'unification allemande » (ministère fédéral de l'Intérieur, 2012) annonça bruyamment que l'économie en Allemagne de l'Est, en 2011, avait connu une hausse de 2,5 %, un chiffre à comparer avec l'augmentation de 3 % connue cette année-là par l'Allemagne dans sa totalité. Le

produit national par tête avait baissé, passant de 73 % du niveau ouest-allemand (en 2010) à 71 %. La productivité se situait, elle, à 79 % ; et le chômage s'élevait, quant à lui, à 11,3 % (à 6 % côté ouest-allemand).

76. Ce complot visant à assassiner Hitler et renverser le régime nazi avait été organisé par des officiers de haut rang de la Wehrmacht issus dans leur grande majorité de cette aristocratie terrienne (*N.d.T.*).

77. A. O. Hirschman, « Douceur, puissance et faiblesse de la société de marché : interprétations rivales de Montesquieu à nos jours », in *L'économie comme science morale et politique*, Paris, Gallimard-Seuil, coll. « Hautes Études », 1984, p. 11-42.

78. Que l'on se souvienne de la promesse faite par Helmut Kohl de « régions plus prospères » qui n'auraient pas à supporter des augmentations d'impôts…

79. En Allemagne de l'Est, les positions-clés dans les nouveaux Länder, après la réunification, furent un peu partout occupées par des hommes politiques et des serviteurs de l'État d'Allemagne de l'Ouest qui avaient interiorisé la culture politique de l'ancienne République fédérale. Un échange d'élites comparable ne s'est jamais produit dans le Mezzogiorno. L'ancien président du Conseil des ministres italien Mario Monti, qui avait été nommé par l'Union européenne, révéla à l'opinion publique durant son mandat, à l'été 2012, que le président de la région de Sicile, Raffaele Lombardo, touchait un salaire supérieur à celui d'Angela Merkel, et que la Sicile employait entre autres 24 000 gardes forestiers et 20 000 administrateurs, pour des frais administratifs courants par citoyen et par année d'un montant de 349 euros (à titre de comparaison, ces frais s'élèvent en Lombardie, par exemple, à 21 euros). Monti, incontestablement à sa stupéfaction, révéla en outre que le président de cette région, qui avait remplacé, en tant que réformateur, son prédécesseur, qui purgeait à ce moment-là une peine de prison, avait collaboré avec la mafia, et il l'amena à démissionner. Quant au déficit budgétaire de la Sicile, le statut spécial de cette région, un statut garantissant son autonomie, interdisait d'y toucher…

80. Voir, en lien avec les demandes de mises en place d'Eurobonds, l'article paru dans le *New York Times* du 15 juin 2012 intitulé « Merkel Stresses Limits to Germany's Strenght » [« Merkel souligne les limites de la puissance de l'Allemagne »].

81. À cette époque, Enrico Berlinguer, qui dirigeait le Parti communiste italien, préparait, en parallèle à une stratégie eurocommuniste, le compromis historique avec la démocratie chrétienne, alors dirigée par Aldo Moro, qui amènerait le PCI à participer à une majorité d'union nationale de 1976 à 1978 (*N.d.T.*).

82. Aucun des « sauveteurs » du pays n'a jusqu'à présent exigé leur annulation. En Grèce, dans l'après-guerre, les puissances occidentales, tout particulièrement après la répression de la révolte populaire communiste par les troupes britanniques (révolte qui avait suivi le retrait des troupes d'occupation allemandes), avaient réinstauré la monarchie et veillé à ce que les forces qui leur étaient alliées se retrouvent bien en selle. Les années qui s'écoulèrent jusqu'à la dictature des colonels se caractérisèrent par une instabilité politique chronique et par des conflits permanents entre la maison royale et les gouvernements élus (M. Markantonatu, « The Uneasy Course of Democratic Capitalism in Greece. Regulation Modes and Crises from the Post-War Period to the Memoranda », Cologne, document de travail, MPIfG, 2012).

83. Comme le réclama l'historien américain Charles S. Maier dans les colonnes du *New York Times* du 9 juin 2012, dans une tribune intitulée « Europe Needs a German Marshall Plan » [« L'Europe a besoin d'un plan Marshall allemand »]. Maier oublie, comme beaucoup d'autres, l'extrême asymétrie politique qui fut celle des parties concernées par le plan Marshall — asymétrie qui étouffa dans l'œuf les problèmes de financement ou de gouvernance d'un type nouveau que soulevait ce plan. Aux États-Unis, le plan Marshall fut défendu au motif qu'il était un instrument de *containment*, d'endiguement, à un moment où débutait la guerre froide. En Europe, en cas d'élection d'un « mauvais » gouvernement, la menace pourrait ainsi être brandie à tout moment de mettre fin au versement des aides américaines. « Au Sud [...], De Gasperi avait besoin du soutien financier des Alliés [...]. L'intensification de la guerre froide fut en cela d'une aide certaine [...]. Les États-Unis se rangèrent du côté des démocrates-chrétiens. Washington commença à inonder la péninsule d'aides occidentales. Des cérémonies à seule fin de propagande furent organisées à l'arrivée de chaque navire qui faisait escale dans un port italien pour livrer les aides matérielles promises. Marshall avertit que l'aide américaine entière serait immédiatement gelée en cas de victoire communiste aux élections. Au Sud, l'aide occidentale servit avant tout les démocrates-chrétiens, qui purent ainsi se lier l'électorat. La distribution des dons humanitaires fit office, dans le sud de l'Italie, de banc d'essai à la machine partisane clientéliste qui devait se constituer les années suivantes » (Josef Hien, *The Black International Catholics or the Spirit of Capitalism. The Evolution of the Political Economies of Italy and Germany and Their Religious Foundations*, Florence, 2012). En Grèce, le plan Marshall permit aux vainqueurs de la guerre civile menée à l'instigation de la Grande-Bretagne contre les communistes de servir leur clientèle, en lui offrant entre autres des postes dans la fonction publique. Le clientélisme grec

mis en place aux lendemains de la Seconde Guerre mondiale est également la conséquence immédiate des aides financières que versèrent les Alliés afin de récompenser la fin de la guerre civile (M. Markantonatu, *The Uneasy Course of Democratic Capitalism in Greece, op. cit.*).

84. Voir à ce sujet le « pacte pour une croissance et un emploi durables » conclu en Allemagne le 21 juin 2012 entre le gouvernement fédéral et les composantes sociales-démocrates et vertes de l'opposition. Ce pacte préfigura un décret gouvernemental correspondant ainsi que le « pacte » européen qui suivit presque immédiatement (voir, dans le présent chapitre, notre note 65), et il permit aux Verts comme au SPD d'apporter une nouvelle fois leur caution à la politique du gouvernement fédéral en Europe.

85. Examiner le lancement de l'euro en tant que moment de l'expansion néolibérale du marché et, de cette façon, l'évolution capitaliste intervenue aux alentours de la fin du XXe siècle ne doit pas conduire à ignorer d'autres motifs politiques liés à l'Union monétaire. Les décisions historiques importantes sont toujours le fruit de plusieurs causes et sont souvent prises précisément pour cette raison, car elles sont élaborées afin de s'appliquer à plus d'une configuration stratégique. Dans le cas de l'Union monétaire, il suffit de penser au souci qui était celui de la France de remplacer l'hégémonie européenne de la Banque fédérale d'Allemagne par une politique monétaire commune dans le cadre de laquelle la France devait se trouver sur un même pied d'égalité que l'Allemagne.

86. À l'occasion d'un discours à Aix-la-Chapelle, le 13 mai 2010, lors de la remise du prix Charlemagne (qui honore des personnalités ayant contribué à faire avancer la cause européenne) au Premier ministre polonais Donald Tusk (*N.d.T.*).

87. Sur le plan politique — et j'entends par là la politique politicienne —, l'« Europe » est à l'Union monétaire ce que la « dimension sociale » était au marché intérieur. Cependant, les différences, ici, en disent long. Lorsque Jacques Delors proposa le projet d'un marché intérieur aux gauches européennes, il mit l'accent sur le fait que l'on ne pouvait pas « aimer » un marché. Seule une société socialement juste pouvait être aimée. Pour cette raison, souligna-t-il alors, il serait inévitable que le marché intérieur soit un jour complété par une politique sociale commune. De celle-ci, il n'est plus question dans l'Union monétaire. Sa fonction rhétorique incombe aujourd'hui à l'« Europe » elle-même, un nom sur lequel chacun peut projeter ce qu'il veut — des voyages sans passeport et sans change à l'Occident chrétien…

88. À l'exception de Syriza (Front unioniste social), le nouveau parti de gauche grec, qui fut d'ailleurs bientôt ostracisé pour cette raison,

aucune force politique significative, dans les pays méditerranéens, n'a jusqu'à présent exigé que son pays sorte de l'Union monétaire. Même Syriza a laissé en suspens la question du degré de sérieux véritable de sa position sur ce sujet.

89. La stabilisation de cette classe politique nationale, lorsqu'elle est suffisamment « tournée vers l'Europe », peut sembler, de l'extérieur, contribuer à la stabilité politique, et paraître de cette façon politiquement souhaitable.

90. Et donc une fois admis l'Albanie, la Bosnie-Herzégovine, le Kosovo, la Macédoine, le Monténégro et la Serbie.

91. L'effet de cette initiative, comme chacun le sait, était à peu près nul deux semaines plus tard seulement. En septembre 2012, la Banque centrale européenne passa alors à l'étape suivante et décida d'acheter à prix fixe, à une hauteur indéterminée, ces mêmes emprunts des États en crise, dans un premier temps seulement sur le marché secondaire, et donc aux banques, et non directement aux États.

92. « Target » est l'acronyme de « Système de transfert automatisé transeuropéen à règlement brut en temps réel ». Ce dispositif fournit aux pays membres de l'Union européenne des plates-formes d'échanges monétaires. Target 2, parachevé en 2008, et dont relèvent également le Danemark, la Bulgarie, la Lettonie, la Lituanie, la Pologne et la Roumanie, permet aux institutions monétaires et financières des pays concernés d'être reliées au réseau interbancaire SWIFT.

Dans la mesure où, dans la zone euro, les banques centrales nationales ont autorité sur la même monnaie, une balance courante non compensée d'un pays membre provoque une sortie nette de monnaie vers les économies de ses partenaires. On parle alors de soldes Target. Les soldes Target 2 correspondent aux positions des banques centrales nationales vis-à-vis de l'eurosystème. Ils matérialisent en termes financiers les déséquilibres des balances des paiements des pays membres (*N.d.T.*).

93. H.-W. Sinn, « Das unsichtbare Bail-Out der EZB », in *Ökonomenstimme*, 11 juin 2011.

94. C. M. Reinhart et M. B. Sbrancia, « The Liquidation of Government Debt ». NBER Working Paper Series, *op. cit.*

95. Il ne doit pas être oublié que des coûts de refinancement momentanément élevés n'augmentent la part du paiement des intérêts des dépenses publiques que sur le long terme, car la montagne de dettes entière ne doit pas être refinancée en une fois.

96. J. Bergmann *et alii*, « Herrschaft, Klassenverhältnisse und Schichtung. Referat auf dem Soziologentag 1968 », in *Verhandlungen des Deutschen Soziologentags*, Stuttgart, 1969, p. 67-87 ; C. Offe, « Politische

Herrschaft und Klassenstrukturen », *in* G. Kress *et alii* (dir.), *Politikwissenschaft*, Francfort-sur-le-Main, Fischer, 1972, p. 135-164.

97. P. Bofinger *et alii*, « Einspruch gegen die Fassadendemokratie » [« Refusons la démocratie de façade »], in *Frankfurter Allgemeine Zeitung*, 3 août 2012, p. 33. [Peter Bofinger, professeur d'économie, est l'un des cinq membres du Conseil allemand des experts économiques. Les deux autres signataires de cette tribune étaient le philosophe Jürgen Habermas et Julian Nida-Rümelin, un ancien ministre de la Culture (du gouvernement de coalition de Gerhard Schröder, 2001-2002). Une version légèrement abrégée de cette tribune fut publiée le 26 août suivant, dans une traduction de Christian Bouchindhomme, sous le titre « Plus que jamais, l'Europe », dans *Le Monde*. Les trois auteurs de cette tribune y affirment que le vieux continent doit impérativement avancer sur la voie de l'intégration politique sous peine de « prendre congé de l'histoire du monde » (*N.d.T.*).]

98. K. A. Konrad et H. Zschäpitz, *Schulden ohne Sühne ? Warum der Absturz der Staatsfinanzen uns alle trifft*, Munich, C. H. Beck, 2010.

99. Nous apprenons dans la *Frankfurter Allgemeine Zeitung* du 6 septembre 2012 que la Banque centrale européenne avait posé en 2011 « au gouvernement italien plusieurs conditions à l'achat d'emprunts étatiques. Jusqu'à présent, une seule des sept exigences a été satisfaite [...]. Le 5 août 2011, Trichet et son successeur désigné Draghi avaient, dans une lettre, posé des exigences détaillées à Silvio Berlusconi, le président du Conseil des ministres d'alors, et entamé ensuite un programme d'achat de titres d'État. Les exigences de Trichet et Draghi permirent en fin de compte de révéler aux yeux de tous l'insolvabilité du gouvernement Berlusconi, et ce furent elles qui conduisirent à sa chute. [...] Le nouveau président du Conseil des ministres italien, Mario Monti, n'a, au bout d'une année, satisfait qu'à une seule des sept exigences, alors qu'aucun effet visible ne se constate concernant les six restantes », etc. Draghi était, sous le règne de Berlusconi, gouverneur de la Banca d'Italia, la banque centrale italienne — une anecdote comme on ne peut en trouver que chez Machiavel...

100. Y compris Bofinger et consorts, qui en appellent, au nom de la direction du SPD, en accord avec le conseil allemand des experts économiques, à « mutualiser [...] la responsabilité » pour les dettes étatiques européennes, ou pour une partie d'entre elles — une mutualisation de la responsabilité qui devrait ensuite, à leurs yeux, s'accompagner d'« un strict contrôle collectif des finances nationales ». Dans un autre passage de la même tribune, il est, à leur sujet, dit ceci : « [...] un transfert de souveraineté vers des institutions européennes serait inévitable, à la fois

pour imposer une discipline fiscale et pour garantir la stabilité du système financier» (P. Bofinger *et alii*, «Einspruch gegen die Fassadendemokratie», art. cité). Les termes «discipline» et «contrôle», alliés à des adjectifs comme «strict», ainsi que l'expression «pratiquer une gouvernance sur le mode de la transgouvernementalité» [*Durchregieren*] sont devenus, de la plus étonnante des façons, des concepts-consensus du discours allemand sur l'Europe, des Noirs [les militants de la CDU sont en Allemagne souvent appelés ainsi (*N.d.T.*)] jusqu'aux Verts, de la droite jusqu'à la (semi)-gauche.

101. J. Agnoli, *Die Transformation der Demokratie*, *op. cit.*

102. J. Hacker et P. Pierson, *Winner-Take-All Politics*, *op. cit.*

103. Au sujet de la régulation du marché financier après 2008, voir R. Mayntz (dir.), *Crisis and Control. Institutional Change in Financial Market Regulation*, Francfort-sur-le-Main, Campus, 2012.

104. Karl Marx, *Œuvres I. Économie I*, *Le Capital*, Livre premier, *op. cit.*, p. 786- 837.

105. J. McMurtry, *The Cancer Stage of Capitalism*, Londres, Pluto Press, 1999.

106. Le concept historique de *Kleinstaaterei* désigne à l'origine le morcellement du Saint-Empire romain germanique, mais il fut utilisé à partir du XIXe siècle — et sur un mode très péjoratif — pour stigmatiser des phénomènes politiques tels que la balkanisation ou le morcellement en petits territoires d'entités politiques auparavant bien plus vastes. Parce que le français ne propose pas d'équivalent pour ce terme, utilisé également ici dans une acception péjorative (bien que sur un mode très différent du sens qu'il revêtait à l'époque, car dénué de tout accent pangermanique), nous avons opté pour «petit-étatisme» (*N.d.T.*).

107. Voir l'appel, devenu entre-temps classique, de Stéphane Hessel, intitulé *Indignez-vous!* (Montpellier, Indigène, 2010). Mais mieux encore: sentez-vous dégradés et faites quelque chose contre cela!

108. En Allemagne, dans les années 1970, le concept de «démocratie militante», qui avait, vingt ans auparavant, servi à interdire le parti communiste, fut invoqué pour justifier une législation d'état d'urgence visant tout particulièrement les mouvances d'ultra-gauche et les suspects d'association terroriste (*N.d.T.*).

109. Jürgen Habermas, *La technique et la science comme «idéologie»*, *op. cit.*; Herbert Marcuse, *L'homme unidimensionnel. Études sur l'idéologie de la société industrielle*, Paris, Éditions de Minuit, coll. «Arguments», 1968.

110. D. Graeber, *Dette. 5000 ans d'histoire*, *op. cit.*

111. Allusion à la déclaration suivante, désormais célèbre, du mouvement Occupy: «Ce que nous avons tous en commun, c'est que nous

sommes les 99 % qui ne tolèrent plus l'avidité et la corruption du 1 % restant » (*N.d.T.*).

CONCLUSION

QU'ATTENDRE DE LA SUITE ?

1. Voir la justification sinueuse, tout en chicanes, de la Banque centrale lorsqu'elle dut expliquer pourquoi l'achat en quantités illimitées d'emprunts d'État sur le marché secondaire ne consisterait en rien à financer les États, mais la politique monétaire. Générer de la confiance au moyen de la prévarication ne peut guère être considéré comme une stratégie destinée à réussir à plus long terme.

2. Ce faisant, les déformations professionnelles de ses gouverneurs se feraient moins spectaculaires… Nous pouvons, à ce sujet, lire sur le blog *thecurrentmoment*, en date du 17 février 2012, les lignes suivantes : « "Dans une démocratie, il vous faut pousser les gens à faire les choses en leur faisant peur." Mardi dernier, à l'occasion d'une table ronde consacrée à "L'avenir de l'euro", à l'université Harvard, nous avons écouté Lorenzo Bini-Smaghi, et nous l'avons entendu prononcer très exactement ces mots. Son Éminence a été membre du directoire de la Banque centrale européenne jusqu'en novembre dernier, et ne s'est pas contenté de faire part à son auditoire de ses opinions personnelles. Il nous a donné un aperçu approfondi de la vision technocratique qui prédomine en Europe à l'heure actuelle, et des techniques spécifiques à l'œuvre permettant de gérer la situation qui y a cours. Ce qui s'est dégagé des commentaires du banquier, ce fut, d'abord, un engagement idéologique extraordinairement zélé en défense de l'euro et, en second lieu, une conception quelque peu délirante de ce que doit être le contrôle social. »

Voir http://thecurrentmoment.wordpress.com/2012/02/17/in-a-democracy-you-have-to-push-people-to-do-things-by-scaring-them, dernier accès en date du 26 novembre 2012.

3. Mario Monti, ancien commissaire européen et ancien président du Conseil des ministres italien, incarnait à lui seul, lorsqu'il était au pouvoir en Italie, cette vision des choses consistant à remplacer les gouvernements issus du système partisan par des « gouvernements d'experts ». De toute façon, en Italie, la plupart des lois sont tout d'abord votées comme décrets du gouvernement et du président de la République en raison d'un défaut chronique de quorum au Parlement…

4. [Autrement dit, ils peuvent être tentés d'affirmer être « *too big to fail* », trop importants pour ne pas être aidés et faire donc faillite… (*N.d.T.*).] Comme je l'ai déjà dit, Berlusconi fut remplacé par Monti sur

décision du « gouvernement fantôme » européen, car son propre gouvernement n'avait pas satisfait à une série de conditions que Trichet et Draghi, son successeur au fauteuil de président de la Banque centrale européenne, lui avaient imposées, dans une lettre confidentielle (!), en guise de contrepartie aux aides financières versées à l'Italie. Toutefois, Monti, au cours de sa première année au pouvoir, ne fut pas non plus en mesure d'imposer ce qui était attendu de lui, ou bien ne fut pas désireux de le faire.

5. « *A rising tide lifts all boats* » [« Une marée montante soulève tous les bateaux »] est une expression qu'utilisait John F. Kennedy, une expression couramment usitée dans les États côtiers du nord-ouest américain, et qui, dès son utilisation par Kennedy, intégra le repertoire de base de la politique économique américaine. Elle signifie et promet qu'une amélioration de la situation économique générale du fait de la croissance se révèle au final être au bénéfice de tous, des pauvres comme des riches, et ce de la même façon.

6. Voici, sur ce point, un post en date du 7 mai 2012 du blog de gauche *thecurrentmoment*, publié à l'occasion de la victoire de François Hollande aux élections présidentielles françaises : « La campagne menée par les socialistes en France se focalisa sur le bilan de Sarkozy à l'Élysée. Leur propre programme économique était bien plus faible. L'idée maîtresse de leur programme était de mettre un terme à la réforme engagée à l'intérieur des frontières du pays en faisant en sorte que les choses retrouvent le statut qui avait été le leur auparavant, et elle consistait, au niveau européen, à relancer la croissance en utilisant la solvabilité de l'Allemagne pour financer un nouveau cycle de recours à l'emprunt par les gouvernements [...]. Les nouveaux gouvernements européens, dont les socialistes français, comptent sur toujours plus d'emprunts pour faciliter le retour de la croissance. Il s'agit moins d'une fin de l'austérité pour l'Europe que d'une perpétuation des tendances de fond qui sont en premier lieu à l'origine de la crise. »

Voir http://thecurrentmoment.wordpress.com/2012/05/07/end-of-austerity-europe, dernier accès en date du 26 novembre 2012.

7. La même chose valut toutefois aussi pour l'utopie hayékienne et, très longtemps, tout au long de l'ère keynésienne entière.

8. Une vision des choses qui, aujourd'hui, est déjà, et de façon assez stupéfiante, très largement répandue, et précisément aussi dans les milieux où l'on s'y attendrait le moins... Voici un extrait d'un reportage paru dans le journal *Die Welt*, le 26 janvier 2012, consacré à l'ouverture du Forum économique mondial de Davos : « Ben Verwaayen, le directeur général et administrateur du groupe de télécommunications Alcatel-

Lucent, parla des “promesses non tenues” du capitalisme [...]. “Notre mission est de tirer les conséquences des excès commis”, affirma Brian Moynihan, président-directeur général de la grande banque Bank of America. C’est peu dire que le banquier semblait peu sûr de la réponse à la question qu’il posa : « Agirons-nous judicieusement la prochaine fois ? » demanda-t-il à l’assemblée qui l’écoutait, avant de répondre lui-même : “Dieu seul le sait...” [...] En vérité, l’opinion très largement répandue à Davos est que le capitalisme n’a tout simplement pas répondu aux attentes [...]. Pour David Rubenstein, le fondateur et dirigeant du groupe Carlyle, un fonds d’investissement, les racines des problèmes rencontrés sont plus profondes. “Nous pensions maîtriser les cycles conjoncturels”, reconnut le spécialiste en investissement financier. “Mais, en vérité, il s’est avéré que le capitalisme n’a pas la capacité de gérer les hauts et les bas de la conjoncture.” Qui plus est, “le capitalisme n’a pas résolu le problème de l’inégalité”. Et “personne au monde ne semble avoir la réponse à ce problème”. »

9. K. Polanyi, *La grande transformation*, *op. cit.*, chap. 12, p. 199-218.

10. *Ibid.*, chap. 11, p. 193-198.

11. P. Bofinger *et alii*, « Einspruch gegen die Fassadendemokratie », art. cité.

12. Cf. *ibid.*

13. Voir les tentatives régulièrement ratées consistant à vendre aux syndicats des autres pays européens la forme allemande de la démocratie industrielle — de la participation à l’échelon de l’entreprise et du groupe — en la présentant comme le modèle pour l’Europe d’une représentation forte des salariés sur le lieu de travail.

14. Höpner et Schäfer nous offrent un bon aperçu des problèmes que rencontrent l’intégration européenne et la démocratisation d’une Europe unie en raison même de l’hétérogénéité des sociétés concernées. Voir M. Höpner et A. Schäfer, *Integration among Unequals. How the Heterogeneity of European Varieties of Capitalism Shapes the Social and Democratic Potential of the UE*, MPIfG, Cologne, 2012. Voir également M. Höpner, A. Schäfer et H. Zimmermann, « Erweiterung, Vertiefung und Demokratie. Trilemna der europäischen Integration », in *Frankfurter Allgemeine Zeitung*, 27 avril 2012, p. 12.

15. Par exemple, une Constitution européenne postnationale devrait, pour être acceptable aux yeux des petits pays ou des pays économiquement fragiles, comprendre de nombreuses mesures de garantie préventives contre une suprématie allemande, de telle manière qu’elle ne pourrait être acceptée par les Allemands qu’avec difficulté, précisément pour cette raison-là.

16. À peine un conclave européen se réunirait-il qu'il faudrait éclairer la question consistant à savoir si les délégués catalans devraient ou pourraient siéger derrière le drapeau espagnol ou le drapeau catalan. Et la même question se poserait dans la foulée au sujet des Basques, des Corses, des Flamands, des représentants de la province autonome de Bolzano, des Siciliens, et peut-être même des Bavarois…

17. Non pas qu'un tel optimisme n'existerait pas. Bofinger, Habermas et Nida-Rümelin considèrent possible, au fil de la résolution de la crise actuelle, et donc dans un avenir proche, de s'engager sur la voie d'une modification du traité, c'est-à-dire avec l'assentiment de l'ensemble des vingt-sept États membres de l'Union européenne, et ce afin de « fonder un espace monétaire autour d'un noyau européen politiquement uni ». Voici leur argumentation : « Cela exige que l'on ait une idée claire, du point de vue de la politique constitutionnelle, de ce qu'est une démocratie supranationale permettant un gouvernement commun sans que soit pour autant adoptée la forme de l'État fédéral. Dans le contexte européen, l'État fédéral n'est pas le bon modèle, ne serait-ce que parce qu'il requiert une forme de solidarité à laquelle les pays européens, historiquement autonomes, ne sont pas disposés. Pour renforcer ses institutions, la manière qui conviendrait à l'Europe serait peut-être de se laisser guider par l'idée que le noyau européen démocratique doit représenter la totalité des citoyens des États membres de l'Union monétaire, mais de manière que chaque citoyen soit représenté en sa double qualité de citoyen de l'Union réformée et de citoyen d'un peuple associé à l'Union — ce qui, sous le premier aspect, l'impliquerait individuellement de manière directe et, sous le second, de manière indirecte » (P. Bofinger *et alii*, « Einspruch gegen die Fassadendemokratie », art. cité). La raison pour laquelle cette « idée » de démocratie supranationale devrait être « claire, du point de vue de la politique constitutionnelle » n'est pas très claire… Quels sujets traiter et résoudre, et dans lequel des deux cadres d'identité ?

18. On ne peut que difficilement se représenter les contribuables allemands réglant avec empressement les dettes étatiques italiennes ou les dettes bancaires espagnoles, s'ils se voyaient dans l'obligation de le faire suite à une décision votée à la majorité d'un Parlement européen, et non, mettons, suite à des combines de la Banque centrale européenne. En effet, le fait que la dissimulation d'une répartition par voie parlementaire serait moins aisée à réaliser compliquerait plus encore les choses.

19. Il en va de même de la « politique régionale » qui donne aux faibles ce qu'elle a pris aux forts afin de permettre aux faibles de rattraper un jour, peut-être, les forts, voire de les dépasser. Contrairement à

une dévaluation, ce type de politique a toutefois besoin de l'assentiment constant des donateurs, qui réclament en contrepartie la possibilité de contrôler l'utilisation des aides financières qu'ils versent — ce qui, en revanche, irrite de manière tout à fait caractéristique les bénéficiaires de ces aides. Il est donc aussi attendu, comme je l'ai montré, de la politique régionale qu'elle se rende elle-même superflue. Moins elle le fait, plus elle perd en soutien.

20. K. Polanyi, *La Grande Transformation*, *op. cit.*, p. 343.

21. *Ibid.*

22. F. A. Hayek, « La prétention du savoir » [1974]. [Hayek intitula ainsi le discours qu'il prononça lors de la cérémonie de remise du prix Nobel d'économie, qui lui fut attribué en 1974. Une occasion de stigmatiser l'hubris du planificateur. (*N.d.T.*)]

23. À cet égard, et à bien d'autres, une dévaluation peut être comparée à une décote de dette « souveraine ». Toutes deux sont des moyens permettant à des sociétés qui se situent au bout de la chaîne alimentaire capitaliste de se protéger d'une expansion capitaliste bien trop rapide et massive en recourant à la souveraineté de leurs États.

24. L'économiste conservateur américain Martin Feldstein est de ceux qui avaient très tôt prévu tout cela, et avec une précision stupéfiante, et prédit en outre les conséquences politiques catastrophiques du projet de l'euro. On trouvera un résumé saisissant de sa démonstration dans M. S. Feldstein, *The Euro and European Economic Conditions. Working Paper 17617*, Cambridge, 2011.

25. Fritz Scharpf a établi ces dernières années à plusieurs reprises, avec une précision de bon aloi, certaines des raisons politiques et économiques justifiant un tel tournant de la politique européenne. Voir, de F. W. Scharpf, les trois textes suivants : « Solidarität statt Nibelungentreue », in *Berliner Republik* 12, 2010, p. 90-92 ; « Mit dem Euro geht die Rechnung nicht auf », in *MaxPlanckForschung* 11, 2011, p. 12-17 ; « Monetary Union, Fiscal Crisis and the Pre-Emption of Democracy », in *Zeitschrift für Staats- und Europawissenschaften* 9, 2011, p. 163-198.

26. Que les Américains, à l'extérieur du système monétaire, aient fait tout ce qu'ils purent pour, par exemple, tenir à l'écart du gouvernement le Parti communiste italien, ou pour diviser les syndicats unitaires italiens et français, très proches des partis communistes, est un autre sujet. Le gouvernement américain toléra tout de même dans sa zone d'influence ouest-européenne, tout au long des deux ou trois décennies de l'après-guerre, des gouvernements sociaux-démocrates, notamment sous l'influence d'une tradition qui lui était propre, celle du New Deal.

27. Tout ordre social ne le mérite pas. D'un autre côté, tout ordre social ne le méritant pas ne mérite pas d'être bouleversé de l'extérieur. Les cas limites où une société s'avère si mauvaise qu'un devoir s'impose aux autres de la réformer sont peu nombreux — d'autant que, comme le montrent, par exemple, les nombreuses initiatives américaines de *Nation-building*, d'édification nationale, une entreprise de ce genre est, en règle générale, non seulement coûteuse, mais aussi parfaitement vaine.

28. Les électeurs et les salariés syndiqués, dans les pays ayant une tradition politique de gauche, pouvaient de cette façon voir rehaussés leurs revenus réels au détriment des acheteurs de produits d'importation et des fabricants étrangers de ces mêmes produits, et pouvaient en outre voir infléchie, en leur faveur, la répartition des revenus.

29. En guise d'introduction à ce problème, voir F. W. Scharpf, « Rettet Europa vor dem Euro », in *Berliner Republik* 14, 2012, p. 52-61.

30. Ces dispositifs avaient pour objet de limiter les fluctuations des taux de change entre les pays membres de la Communauté économique européenne en instaurant, pour chaque monnaie, des seuils d'intervention à la vente et à l'achat (*N.d.T.*).

31. Toutefois, ces dernières années, aucune attaque n'a plus été lancée contre la couronne danoise ou suédoise, contre la livre britannique ou d'autres monnaies nationales européennes. Ce constat vient contredire l'argument voulant que seule une « grande » monnaie comme l'euro peut être certaine de ne pas voler en éclats à cause de spéculateurs comme George Soros.

32. Au reste, l'été 2012 montra que les banques et les entreprises internationales s'étaient préparées depuis déjà longtemps à l'hypothèse d'une disparition de l'euro — ce qui était un secret de Polichinelle. Voir l'article paru dans le *New York Times* du 3 septembre 2012 intitulé « U.S. Companies Brace for an Exit From the Euro by Greece » [« Les grandes entreprises américaines se préparent à une sortie de la Grèce de l'euro »].

33. L'idée qu'un renoncement à l'euro serait synonyme d'un retour auxdits petits États est totalement fausse — comme en témoignent des pays comme la Grande-Bretagne et la Suède, dont les sociétés comptent aussi résolument, sans l'euro, parmi les plus ouvertes. (Que Londres doive être moins « européenne » que Sofia pour la seule raison que la Grande-Bretagne ne fait pas partie de l'Union monétaire européenne est plus surprenant encore…) Pour un « Plaidoyer en faveur d'un protectionnisme éclairé », voir M. Höpner, « Nationale Spielräume sollten verteidigt werden », in *Die Mitbestimmung* 58, 2012, p. 46-49. Voir également

les remarques conclusives de M. Höpner et A. Schäfer, *Integration among Unequals*, *op. cit.*

POSTFACE

UN « PETIT-ÉTATISME » NOSTALGIQUE ? UNE RÉPONSE À JÜRGEN HABERMAS

1. Cette postface présente de larges extraits de la réponse que Wolfgang Streeck apporta à Jürgen Habermas après que celui-ci eut donné au mois de mai 2013 une analyse extrêmement fouillée, très critique sur certains points, de *Du temps acheté*. La longue recension d'Habermas fut publiée sous le titre « Démocratie ou capitalisme ? De la misère de la fragmentation nationale-étatique dans une société mondiale intégrée sur le mode capitaliste », dans les *Blätter für deutsche und internationale Politik* 5/2013, p. 59-70. Jürgen Habermas a ensuite intégré ce texte dans le volume XII de ses *Kleine Politische Schriften* [Petits écrits politiques], intitulé *Im Sog der Technokratie* (Berlin, Suhrkamp, 2013) (*N.d.T.*).

2. Et, comme il se doit, Habermas me taxe encore dans sa recension critique de « nostalgie » pour le bon vieil État-nation. Il s'agit, à peu de chose près, du seul passage de ce texte me visant à titre personnel. À vrai dire, le lecteur ou la lectrice de bonne foi a pu aisément voir dans les pages qui précèdent que je ne me préoccupe pas de l'État-nation, mais des institutions démocratiques que cet État-nation, et lui seul désormais, met encore, en dépit de tous les efforts postdémocratiques, à la disposition de ceux qui entendent s'opposer à la progression organisée, au niveau supranational, du néolibéralisme. La raison pour laquelle cette position devrait représenter une « option nostalgique » m'échappe tout à fait. Je reviendrai sur ce point un peu plus loin.

3. L'amateur très éclairé saura à quelle date ces lignes ont été écrites. La configuration de cette équipe a depuis pas mal évolué, bien sûr, mais pas de façon fondamentale.

4. « Si l'euro échoue, c'est l'Europe qui échoue » — déclaration de politique générale du 26 octobre 2012.

5. Comme l'a rappelé Giorgio Agamben dans son essai « Se un impero latino prendesse forma nel'cuore d'Europa », in *La Repubblica* du 15 mars 2013 [une version française de ce court essai fut publiée le 24 mars 2013 dans les colonnes de *Libération*, dans une traduction de Martin Rueff, sous le titre « Que l'empire latin contre-attaque ! » (*N.d.T.*)]. On ne peut que rester sans voix devant les très violentes attaques que menèrent contre Agamben les grands prêtres de l'intégration européenne en

raison de sa défense d'une Europe des différences des formes de vie et des modes économiques.

6. Une mise en équivalence qui, de façon assez intéressante, semble se situer dans le prolongement de l'après-guerre allemand et de son patriotisme du Deutsche Mark : la communauté politique en tant que communautaire monétaire, ayant pour totem le symbole de son unité monétaire, ou encore le patriotisme monétaire en tant que préforme historique ou forme de substitution d'un patriotisme constitutionnel, sinon déjà d'un patriotisme du mode d'existence.

7. Une phrase pour ainsi dire consacrée que l'on peut trouver dans le tout premier document de la Communauté européenne, la « Déclaration Schumann » (*N.d.T.*).

8. A. Doering-Manteufell, *Wie westlich sind die Deutschen ? Amerikanisierung und Westernisierung im 20. Jahrhundert*, Göttingen, 1999.

9. De vieux clichés que l'on croyait depuis longtemps révolus refont surface, présentant par exemple les Allemands comme des sortes de dresseurs hostiles à la vie. À gauche, on a pu entendre dans la bouche du coprésident du Parti de gauche français ceci : « [...] pour ceux qui s'intéressent à la vie, personne n'a envie d'être allemand. Ils sont plus pauvres que la moyenne, ils meurent plus tôt que les autres et ils n'ont pas de gosses, et leurs immigrés foutent le camp parce qu'ils ne veulent plus vivre avec eux, c'est dire... » [propos de Jean-Luc Mélenchon lors de l'émission « Tous politiques » (France Inter-AFP-*Le Monde*) du 9 juin 2013 (*N.d.T.*)].

10. W. Streeck, « Nach der Krise ist in der Krise : Aussichten auf die Innenpolitik des europäischen Binnenmarktstaats », *Leviathan* 41, n° 2, 2013, p. 1-20.

11. Je ne suis pas véritablement le seul à partager cette conviction. Voir, par exemple, l'essai important de Peter Hall « The Economics and Politics of the Euro Crisis », in *German Politics* 21, n° 4, 2012, p. 355-371. Hall opère une distinction entre les économies nationales guidées par l'exportation [*export-led*] et celles se caractérisant par une croissance guidée par la demande [*demand-led growth*]. Lucio Baccaro parle de la même façon, dans un essai récent, de capitalisme guidé par le profit [*profit-led capitalism*] et de capitalisme guidé par la demande [*demand-led capitalism*], et montre que l'économie nationale allemande se trouve depuis longtemps seule, au sein de l'Union monétaire européenne, à avoir emprunté la voie d'une croissance guidée par le profit.

12. Les aperçus les plus importants ont été ici offerts par Fritz Scharpf dans des articles que je cite à nouveau pour mémoire : « Solidarität statt Nibelungentreue » ; « Mit dem Euro geht die Rechnung nicht auf » ;

« Monetary Union, Fiscal Crisis and the Pre-Emption of Democracy ». Voir également l'ouvrage, lui aussi déjà cité, de M. S. Feldstein, *The Euro and European Economic Conditions*. Oskar Lafontaine, Heiner Flassbeck et Sara Wagenknecht se sont ralliés récemment à cette argumentation en donnant à ce ralliement des justifications légèrement autres. Qui refuse de les suivre ferait bien de se souvenir de Ralf Dahrendorf, grand sociologue et *homo politicus* d'une hauteur de vue exceptionnelle, dont un entretien paru dans les colonnes du *Spiegel* le 11 décembre 1995 (!) se lit comme s'il y était question d'aujourd'hui. « *Dahrendorf*: L'Union monétaire est une erreur énorme, un objectif risqué, hasardeux, et condamné au ratage, qui n'unifiera pas l'Europe, mais la divisera. *Spiegel*: Mais l'idée fondamentale est pourtant, justement, la convergence… *Dahrendorf*: Cela ne marchera pas, car les cultures économiques sont trop différentes… » Et Dahrendorf aurait été un nostalgique de l'État-nation (allemand) ? [Voir, sur cette question précise, l'essai que Jürgen Habermas lui consacre, intégré dans son recueil *Im Sog der Technokratie*: « Rationalität aus Leidenschaft. Ralf Dahrendorf zum 80. Geburtstag » (« La passion de la rationalité. Pour les quatre-vingts ans de Ralf Dahrendorf »). Ce texte fut prononcé par Habermas à l'occasion d'un colloque organisé à Oxford autour de l'œuvre de Dahrendorf, au mois de mai 2009, quelques semaines avant la disparition de ce dernier (*N.d.T.*).]

13. K. Polanyi, *La Grande Transformation*, *op. cit.*

14. Voir également M. Blyth, *Austerity. The History of a Dangerous Idea*, Oxford, Oxford University Press, 2013, p. 184 : « *You can't run a gold standard in a democracy* » [« Vous ne pouvez pas faire fonctionner un étalon-or dans une démocratie »], en référence à B. Eichengreen, *Golden Fetters. The Gold Standard and the Great Depression, 1919-1939*, Oxford, Oxford University Press, 1992.

15. Le souvenir encore vivace en 1944 du désastre de l'entre-deux-guerres avait contribué à en faire prendre conscience. On s'était accordé, lors de la conférence de Bretton Woods, sur le fait que des taux de change à la flexibilité encadrée seraient à prévoir pour l'ordre économique mondial à venir, et ce afin de tenir compte des configurations politiques et des besoins propres aux pays concernés. Des pays souffrant d'un retard sociopolitique, ou de syndicats et de partis communistes puissants, purent ainsi se donner de l'oxygène à travers des dévaluations occasionnelles, et ne furent pas contraints de se transformer, conformément aux diktats du marché, à travers des « réformes structurelles » antisyndicales et antisociales.

16. M. Blyth, *Austerity*, *op. cit.*

17. Voici une citation de Mario Monti, en date du 10 janvier 2012, tirée

d'un entretien accordé à *Welt Online* — entretien qui fut, de l'avis de tous en Italie, le premier clou enfoncé dans son cercueil électoral : « Vous savez, j'ai toujours travaillé pour une Italie qui ressemblerait autant que possible à l'Allemagne. J'ai toujours voulu une Europe de la concurrence, liée autant que possible à l'idée d'une économie de marché sociale, une idée que nous devons à Ludwig Erhard. Vous le voyez, j'ai une très forte fibre allemande… » Et voici une tout autre citation, celle-là de Ralf Dahrendorf, tirée de l'entretien, déjà cité un peu plus haut, qu'il avait accordé au *Spiegel* en décembre 1995 : « Le projet d'une Union monétaire enseigne aux pays concernés à adopter un comportement allemand, mais tous les pays n'entendent pas se comporter comme l'Allemagne… Pour l'Italie, des dévaluations occasionnelles sont bien plus utiles que des taux de change stables. Et, pour la France, des dépenses étatiques élevées sont bien plus sensées que le fait de se conformer de façon rigide à un critère de stabilité qui profite avant tout à l'Allemagne. »

18. La gauche allemande — par exemple, depuis peu, Oskar Lafontaine — pose régulièrement la question de savoir si une politique salariale allemande coordonnée avec les pays méditerranéens aurait pu faire grimper dans ces pays le taux d'inflation, et si une telle politique aurait pu faire s'effondrer les taux d'intérêt réels allemands. (Lafontaine explique ses réserves par rapport à l'euro par l'absence d'une politique salariale coordonnée, prétendument indispensable à un bon fonctionnement de l'Union monétaire.) Pareille vision des choses ignore les différences existant dans la structure économique. Une économie nationale fortement orientée sur la production industrielle ne doit pas seulement se positionner favorablement dans le cadre d'une concurrence des prix internationale, mais est, dans une économie globalisée, continuellement exposée à une concurrence des salaires et des sites de production. Tout cela explique l'absence bien connue de zèle en matière salariale des syndicats industriels allemands depuis les années 1990 (voir, entre autres, sur cette question : B. Rehder, « Betriebliche Bündnisse für Arbeit in Deutschland. Mitbestimmung und Flächentarif im Wandel », *Schriftenreihe des MPIfG* n° 48, Cologne, Max-Planck-Institut für Gesellschaftsforschung, 2003). L'IG Metall, jadis si soucieuse de redistribution, a de cette façon accepté au mois de mai 2013, malgré une situation économique excellente, une augmentation des salaires n'excédant pas 3,4 % sur dix mois, et 2,2 % pour les huit mois suivants.

19. Du moins pour l'instant. Aujourd'hui, cette communautarisation des dettes est provisoirement menée, dans le secret, par la Banque centrale européenne, camouflée sous une politique monétaire qui ne dit pas son nom.

20. Et naturellement pas en raison desdites réformes Schröder, qui touchèrent presque exclusivement les niveaux inférieurs des marchés du travail, qui ne jouent aucun rôle dans l'industrie d'exportation.

21. J'ignore surtout dans les lignes qui suivent les rares keynésiens restants, que l'on trouve tous plus ou moins au sein des syndicats, raison pour laquelle ils n'ont rien à dire, et se transforment, de façon tout à fait stupéfiante, sous les bons sermons de leurs parrains, en partisans de taux de change plus stables. Pareillement, je néglige les drôles d'oiseaux difficiles à classer, et pour cette raison d'autant plus méritoires, comme Wilhelm Hankel, qui fut l'un des premiers à avoir appelé à mettre un terme à l'aventure de l'Union monétaire.

22. La clause de « *no bail-out* », ou de « non-renflouement », postule que l'Union européenne « ne répond pas des engagements [...] des autorités publiques [...] d'un État membre, ni ne les prend à sa charge », lui interdisant — ainsi qu'à ses États membres — de garantir les dettes d'un État membre ou du secteur public d'un État membre (*N.d.T.*).

23. Ainsi, et de façon tout à fait représentative, de Dennis Snower de l'Institut für Weltwirtschaft [Institut de recherche économique mondiale] de Kiel, lors d'un débat avec Bernd Lücke, le fondateur du parti Alternative pour l'Allemagne [AfD], dans les colonnes du supplément dominical de la *Frankfurter Allgemeine Zeitung*, du 19 mai 2013 : « Si un État enfreint les règles, il sera — automatiquement — puni. La taxe à la valeur ajoutée (TVA) sera automatiquement augmentée, les dépenses publiques seront automatiquement réduites, à la tondeuse... [De cette façon,] l'État doit, de même qu'en politique monétaire, être contraint par une institution indépendante à atteindre un taux d'endettement constant. [...] On ne devrait pas, lorsqu'il est question d'endettement, laisser décider des politiciens à courte vue. [...] La mise en œuvre de la règle sera le fait d'une institution indépendante, de celles où l'on trouve tant de gens assommants dans mon genre... »

24. Ainsi, pareillement, du président du Conseil consultatif économique du ministère des Finances allemand, qui donne à l'euro encore cinq années de vie (*Die Welt*, *FAZ* et *Focus Money* des 21, 24 et 30 avril 2013), comme d'ailleurs l'ancien économiste en chef de la Banque fédérale d'Allemagne (*manager magazin online* du 19 avril 2013, consulté le 1er mai 2013).

25. Afin d'éviter tout malentendu : je suis tout à fait d'accord pour que les plus aisés se retrouvent dans l'obligation d'aider les moins favorisés. Dans un système fiscal devenu toujours plus dégressif, et face aux possibilités offertes aux organisations et individus réellement plus fortunés de choisir entre des environnements fiscaux différemment

exigeants, il faut pourtant s'attendre à ce que la solidarité intra-européenne soit pour l'essentiel assumée par ceux qui voient dans le même temps, au nom de l'objectif de consolidation budgétaire, leurs retraites, les prestations sociales et les investissements en matière de formation dont ils bénéficiaient, être l'objet de coupes importantes. Les gouvernements des pays du Nord conditionneront également leur bonne conduite en matière financière à l'endroit des pays du Sud au fait que ceux-ci passent leurs peuples au laminoir néolibéral, au moins de temps en temps, conformément aux directives de la Banque centrale européenne et autres *memoranda of understanding* restant à élaborer. Alors que, pour l'AfD, il est donc pour l'essentiel question de « notre » argent, il s'agit à mes yeux d'épargner aux pays de l'espace méditerranéen, pour des décennies, d'autres expériences grecques ou espagnoles consistant à se retrouver sous supervision allemande, et d'épargner aux Allemands les contrariétés qui en découlent.

26. L'industrie d'exportation allemande pourrait probablement ainsi se porter mieux encore. La continuation de l'Union monétaire signifierait que le prix d'entrée dans leur marché exigé par les autres États serait acquitté par les contribuables allemands et non, comme lors d'une dévaluation, par ces États-là, sous la forme de chiffres plus bas.

27. La nostalgie est une maladie de l'esprit. À en croire Wikipedia, ce mot est un terme médical que l'on doit au psychiatre suisse Johannes Hofer [1662-1752], qui l'inventa à partir de deux mots grecs : νόστος (retour, retour au pays) et ἄλγος (douleur). Ordinairement, on évite dans les débats publics les arguments ad hominem, et a fortiori de type psychiatrique, mais il arrive que la passion l'emporte… Il est pourtant stupéfiant de voir combien de nombreuses autres recensions du présent ouvrage dans la presse allemande ont propagé plus encore, en toute décontraction, le chef d'accusation délivré par Habermas, en en faisant un argument massue — ignorant en cela tout à fait l'adage latin (de cuisine) *Quod licet Iovi non licet bovi* [Ce qui est permis à Jupiter ne l'est pas aux vaches].

28. Le terme technique couramment utilisé ici est celui d'effet de « *spill-over* » [le terme communément utilisé en français est celui d'effet d'engrenage (*N.d.T.*)], et l'ouvrage de référence sur le sujet est celui d'Ernst Haas, *The Uniting of Europe* [Stanford, Stanford University Press, 1958].

29. Cf. J. Habermas, « Im Sog der Technokratie. Ein Plädoyer für europäische Solidarität », in *Im Sog der Technokratie, op. cit.*, p. 82-111 (p. 97 et sq.). Voir également « L'Europe de la République fédérale, ou De la perception autocentrée que l'Allemagne réunifiée a d'elle-même »,

in Jürgen Habermas, *La Constitution de l'Europe*, Paris, Gallimard, « NRF-Essais », 2012, p. 23-63 (*N.d.T.*).

30. Habermas espérait en 2013 qu'une telle progression de voix déclencherait une impulsion dans les rangs de la gauche allemande, la poussant à rendre public et à imposer aux électeurs le programme démocratique d'une politique européenne qu'il attend de sa part. L'expérience devrait pourtant enseigner que l'effet serait tout autre : c'est bien l'effet contraire qui, dans un tel cas, se produirait... [Si l'AfD, avec son score de 4,7 %, obtenu le 22 septembre 2013, ne parvint pas à faire son entrée au Bundestag, ses scores furent tout à fait conséquents : 2,1 millions d'électeurs venant de tous les horizons politiques votèrent en effet ce jour-là pour ce parti alors créé de très fraîche date — dont des déçus du parti libéral (430 000), mais aussi des déçus de Die Linke (340 000), ainsi que 290 000 électeurs de la CDU et 180 000 électeurs du SPD, comme put le préciser Frédéric Lemaître dans son article du *Monde* du 24 septembre 2013, intitulé « En Allemagne, le parti anti-euro a réussi à fédérer les euro-sceptiques » (*N.d.T.*)].

31. J. Habermas, « Démocratie ou capitalisme ? De la misère de la fragmentation nationale-étatique dans une société mondiale intégrée sur le mode capitaliste », in *Blätter für deutsche und internationale Politik, op. cit.*, p. 61. Ainsi que dans son recueil *Im Sog der Technokratie, op. cit.*, p. 82-111 (*N.d.T.*).

32. Rappelons que le terme « troïka » désigne ici trois acteurs : cette même Banque centrale européenne, la Commission européenne, ainsi que le FMI. Ce trio fut désigné comme tel en 2010 lorsqu'il se chargea, en tant que bailleur de fonds de la Grèce, d'« auditer » sa situation dans le cadre de l'accord de refinancement censé la « sauver », et de superviser ensuite les mesures d'austérité censées y aider (*N.d.T.*).

33. Voir à ce sujet la deuxième partie de l'ouvrage de Jürgen Habermas *La Constitution de l'Europe*, intitulée « Sur la Constitution de l'Europe », *op. cit.*, p. 63-130. Ainsi que sa longue tribune traduite par nos soins, d'abord publiée dans une version courte par *Le Monde* du 23 février 2014 (sous le titre « Repolitisons le débat européen »), puis, dans une version longue, au mois de mai 2014, par la revue *Esprit* (sous le titre « Mais que veut dire "Pour une Europe forte"? » (*N.d.T.*).

34. Mais cela suppose précisément que disparaisse toute démocratie de la majorité, soit une démocratie organisée en fonction des camps composant son paysage politique, comme le sont encore certains États-nations européens. Voir A. Lijphart, *Patterns of Democracy. Government Forms and Performance in Thirty-Six Countries*, New Haven et Londres, Yale University Press, 1999.

35. L'Irlande par exemple, qui aime l'Union européenne, parce que son admission en son sein lui permit de devenir, pour la première fois de son histoire, totalement souveraine, et qui, après son « sauvetage » européen (provisoire), ne songe pas même en rêve à harmoniser son système fiscal et son droit des entreprises, sans parler de son droit relatif à la protection des données personnelles, à un droit « européen », voire allemand ? Et qui peut croire que des nations comme les Pays baltes ont adhéré à l'Union européenne pour renoncer à nouveau, sur-le-champ, à leur indépendance nationale — pour laquelle elles ont lutté et souffert des décennies durant —, au profit d'un autre gouvernement central, cette fois-ci sis à Bruxelles, et non plus à Moscou ? Etc.

36. Il est étonnant de voir combien les gens de bonne volonté parmi les défenseurs allemands de l'Union monétaire font eux aussi pression sur les pays du Sud et de l'Est pour qu'ils acceptent précisément cet ordre économique néolibéral comme un progrès, comme une « modernisation » réformatrice, conduisant à plus de justice sociale, ou bien entendent le leur faire imposer par Draghi & Co au moyen d'une gouvernance transgouvernementale qui a conduit dans leur propre pays, depuis longtemps, à un décrochage des revenus par rapport à l'accroissement de la productivité, ainsi qu'à une inégalité sociale continuellement aggravée.

37. Pour en revenir à ma nostalgie nationale-étatique : j'avais tout de même auparavant — il y a une décennie et demie, dans l'introduction d'un volume dirigé par mes soins — attiré l'attention sur cette désubstantialisation de la politique démocratique-nationale par la « globalisation » qui, déjà à l'époque, était en cours, mais encore quasi ignorée, ou minimisée (W. Streeck [dir.], *Internationale Wirtschaft, nationale Demokratie : Herausforderungen für die Demokratietheorie,* Francfort-sur-le-Main, Campus, 1998).

38. Voir à titre d'exemple D. A. Bell, *Beyond Liberal Democracy : Political Thinking for an East Asian Context,* Princeton, Princeton University Press, 2006.

39. Il est supposé que de petits États ayant leur monnaie propre « fonctionnent » moins bien que de grands États ou de petits États n'ayant pas la leur. Il est également permis de mettre cela en doute. Comparons le Danemark ou la Suède, qui n'ont plus été l'objet, depuis des décennies, d'attaques menées par la spéculation internationale, avec la Grèce ou le Portugal. Un autre argument, qui, de façon tout à fait intéressante, est aussi constamment avancé par les progressistes allemands, consiste à affirmer que l'« Europe » ne pourrait « s'imposer dans le monde » qu'à la condition d'être suffisamment grande et forte pour

tenir tête aux États-Unis ou à la Chine — pour paraphraser Max Weber (dans, par exemple, ses écrits politiques de 1921, in *Gesammelte Politische Schriften*, Mohr Siebeck, 1988, p. 142-145), que l'Europe, comme l'Allemagne au début du XXe siècle, non seulement n'a pas le choix, mais est même obligée, pour des raisons « culturelles », de devenir un « État puissant ». De telles idées me semblent aussi irréalistes que nocives. L'« Europe » doit-elle entrer en concurrence sur le plan militaire avec les États-Unis, dont le budget armement est plus important que ceux de tous les autres États réunis, afin que « nous » puissions comme eux « nous » frayer un accès aux puits de pétrole et aux crédits ? Pareille optique échouerait déjà en ceci que ni la France ni la Grande-Bretagne ne céderaient leurs armes nucléaires à une Europe où l'Allemagne aurait à jouer un rôle de premier plan. Au lieu de chercher la solution au « petit-étatisme » dans le « grand-étatisme », on devrait au moins tenter de tirer parti du morcellement caractéristique de l'Europe comme d'une invitation à élaborer une réponse non centraliste à la « globalisation ». À moins qu'il ne soit déjà établi une fois pour toutes que les États-Unis ou la Chine représentent la forme d'organisation politique de l'avenir ?

40. Habermas voit très bien cela aussi, et de façon tout à fait nette, comme en témoigne sa manière de citer à titre d'exemple le Portugal. Sa critique de ma prétendue nostalgie nationale-étatique n'en est que plus surprenante.

41. M. Höpner et A. Schäfer, « A New Phase of European Integration. Organized Capitalism in Post-Ricardian Europe », art. cité.

42. Nous devons cette expression à Otto Kirchheimer. Voir J. Bergmann *et alii*, « Herrschaft, Klassenverhältnisse und Schichtung. Referat auf dem Soziologentag 1968 », *op. cit.*

nrf essais

NRF Essais n'est pas une collection au sens où ce mot est communément entendu aujourd'hui ; ce n'est pas l'illustration d'une discipline unique, moins encore le porte-voix d'une école ni celui d'une institution.

NRF Essais est le pari ambitieux d'aider à la défense et restauration d'un genre : l'essai. *L'essai est exercice de pensée, quels que soient les domaines du savoir : il est mise à distance des certitudes reçues sans discernement, mise en perspective des objets faussement familiers, mise en relation des modes de pensée d'ailleurs et d'ici. L'essai est une interrogation au sein de laquelle la question, par les déplacements qu'elle opère, importe plus que la réponse.*

Éric Vigne

(Les titres précédés d'un astérisque ont originellement paru dans la collection Les Essais.)

Raymond Abellio *Manifeste de la nouvelle Gnose.*

* Theodor W. Adorno *Essai sur Wagner* (*Versuch über Wagner* ; traduit de l'allemand par Hans Hildenbrand et Alex Lindenberg).

Frédérique Aït-Touati *Contes de la Lune. Essai sur la fiction et la science modernes.*

Svetlana Alpers *L'atelier de Rembrandt. La liberté, la peinture et l'argent* (*Rembrandt's Enterprise. The Studio and the Market* ; traduit de l'anglais [États-Unis] par Jean-François Sené).

Svetlana Alpers *La création de Rubens* (*The Making of Rubens* ; traduit de l'anglais [États-Unis] par Jean-François Sené).

Svetlana Alpers *Les vexations de l'art. Velázquez et les autres* (*The Vexations of Art. Velázquez and others*; traduit de l'anglais [États-Unis] par Pierre-Emmanuel Dauzat).

Kwame Anthony Appiah *Le code d'honneur. Comment adviennent les révolutions morales* (*The Honor Code. How Moral Revolutions Happen*; traduit de l'anglais [États-Unis] par Jean-François Sené).

François Azouvi *La gloire de Bergson. Essai sur le magistère philosophique.*

Bronislaw Baczko *Comment sortir de la Terreur. Thermidor et la Révolution.*

Bronislaw Baczko *Job mon ami. Promesses du bonheur et fatalité du mal.*

Alain Bancaud *Une exception ordinaire. La magistrature en France 1930-1950.*

Gilles Barbedette *L'invitation au mensonge. Essai sur le roman.*

Jean-Pierre Baton et Gilles Cohen-Tannoudji *L'horizon des particules. Complexité et élémentarité dans l'univers quantique.*

Pierre Birnbaum *Géographie de l'espoir. L'exil, les Lumières, la désassimilation.*

Pierre Birnbaum *Les deux maisons. Essai sur la citoyenneté des Juifs (en France et aux États-Unis).*

Michel Blay *Les raisons de l'infini. Du monde clos à l'univers mathématique.*

Luc Boltanski *La condition fœtale. Une sociologie de l'engendrement et de l'avortement.*

Luc Boltanski *De la critique. Précis de sociologie de l'émancipation.*

Luc Boltanski *Énigmes et complots. Une enquête à propos d'enquêtes.*

Luc Boltanski et Ève Chiapello *Le nouvel esprit du capitalisme.*

Luc Boltanski et Laurent Thévenot *De la justification. Les économies de la grandeur.*

Olivier Bomsel *L'économie immatérielle. Industries et marchés d'expériences.*

Jorge Luis Borges *Entretiens sur la poésie et la littérature* suivi de *Quatre essais sur J. L. Borges* (*Borges the Poet*; traduit de l'anglais [États-Unis] par François Hirsch).

Pierre Bouretz *Les promesses du monde. Philosophie de Max Weber.*

Pierre Bouretz *Témoins du futur. Philosophie et messianisme.*

Pierre Bouretz *Qu'appelle-t-on philosopher ?*

Pierre Bouretz *D'un ton guerrier en philosophie. Habermas, Derrida & Co.*

Pierre Briant *Alexandre des Lumières. Fragments d'une histoire européenne.*

* Michel Butor *Essais sur les Essais.*

Roberto Calasso *Les quarante-neuf degrés* (*I quarantanove gradini*; traduit de l'italien par Jean-Paul Manganaro).

* Albert Camus *Le mythe de Sisyphe. Essai sur l'absurde.*

* Albert Camus *Noces.*

* Albert Camus *L'été.*

Pierre Carrique *Rêve, vérité. Essai sur la philosophie du sommeil et de la veille.*

Barbara Cassin *L'effet sophistique.*

Roger Chartier *Cardenio entre Cervantès et Shakespeare. Histoire d'une pièce perdue.*

* Cioran *La chute dans le temps.*

* Cioran *Le mauvais démiurge.*

* Cioran *De l'inconvénient d'être né.*

* Cioran *Écartèlement.*

* Jean Clair *Considérations sur l'état des beaux-arts. Critique de la modernité.*

Élisabeth Claverie *Les guerres de la Vierge. Une anthropologie des apparitions.*

Jean Clottes (sous la direction de) *La France préhistorique. Un essai d'histoire.*

Pierre Dardot et Christian Laval *Marx, prénom : Karl.*

Robert Darnton *Édition et sédition. L'univers de la littérature clandestine au XVIIIe siècle.*

Robert Darnton *Le Diable dans un bénitier. L'art de la calomnie en France, 1650-1800* (*Slander. The Art of Libel in Eighteenth-Century France* ; traduit de l'anglais [États-Unis] par Jean-François Sené).

Robert Darnton *Apologie du livre. Demain, aujourd'hui, hier* (*The Case for Books. Past, Present, and Future* ; traduit de l'anglais [États-Unis] par Jean-François Sené).

Robert Darnton *L'Affaire des Quatorze. Poésie, police et réseaux de communication à Paris au XVIIIe siècle* (*Poetry and the Police : Communication Networks in Eighteenth-Century Paris* ; traduit de l'anglais [États-Unis] par Jean-François Sené).

Robert Darnton *De la censure. Essai d'histoire comparée* (*Unkindest Cuts. An inside History of Censorship* ; traduit de l'anglais [États-Unis] par Jean-François Sené).

Philippe Delmas *Le bel avenir de la guerre.*

Daniel C. Dennett *La stratégie de l'interprète. Le sens commun et l'univers quotidien* (*The Intentional Stance* ; traduit de l'anglais [États-Unis] par Pascal Engel).

Vincent Descombes *Le complément de sujet. Enquête sur le fait d'agir de soi-même.*

Vincent Descombes *Les embarras de l'identité.*

Jared Diamond *De l'inégalité parmi les sociétés. Essais sur l'homme et l'environnement dans l'histoire* (*Guns, Germs, and Steel. The Fates of Human Societies* ; traduit de l'anglais [États-Unis] par Pierre-Emmanuel Dauzat).

Jared Diamond *Le troisième chimpanzé. Essai sur l'évolution et l'avenir de l'animal humain* (*The Third Chimpanzee. The Evolution and Future of the Human Animal* ; traduit de l'anglais [États-Unis] par Marcel Blanc).

Jared Diamond *Effondrement. Comment les sociétés décident de leur disparition ou de leur survie* (*Collapse. How Societies Chose to Fail or Succeed* ; traduit de l'anglais [États-Unis] par Pierre-Emmanuel Dauzat).

Jared Diamond *Le monde jusqu'à hier. Ce que nous apprennent les sociétés traditionnelles* (*The World Until Yesterday. What Can We Learn from Traditional Societies ?* ; traduit de l'anglais [États-Unis] par Jean-François Sené).

Alain Dieckhoff *L'invention d'une nation. Israël et la modernité politique.*

Michel Dummett *Les sources de la philosophie analytique* (*Ursprünge der analytischen Philosophie* ; traduit de l'allemand par Marie-Anne Lescourret).

* Mircea Eliade *Occultisme, sorcellerie et modes culturelles* (*Occultism, Witchcraft and Cultural Fashions* ; traduit de l'anglais [États-Unis] par Jean Malaquais).

* Mircea Eliade *Briser le toit de la maison. La créativité et ses symboles* (textes traduits de l'anglais par Denise Paulme-Schaeffner et du roumain par Alain Paruit).

Pascal Engel *La norme du vrai. Philosophie de la logique.*

* Étiemble et Yassu Gauclère *Rimbaud.*

Gérard Farasse *L'âne musicien. Sur Francis Ponge.*

Jean-Marc Ferry *La question de l'État européen.*

Alain Finkielkraut *La mémoire vaine. Du crime contre l'humanité.*

Laurence Fontaine *L'économie morale. Pauvreté, crédit et confiance dans l'Europe préindustrielle.*

Laurence Fontaine *Le Marché. Histoire et usages d'une conquête sociale.*

Michael Fried *La place du spectateur. Esthétique et origines de la peinture moderne* (*Absorption and Theatricality. Painting and Beholder in the Age of Diderot* ; traduit de l'anglais [États-Unis] par Claire Brunet).

Michael Fried *Le réalisme de Courbet. Esthétique et origines de la peinture moderne II* (*Courbet's Realism* ; traduit de l'anglais [États-Unis] par Michel Gautier).

Michael Fried *Le modernisme de Manet. Esthétique et origines de la peinture moderne III* (*Manet's Modernism or, The Face of Painting in the 1860s* ; traduit de l'anglais [États-Unis] par Claire Brunet).

Michael Fried *Contre la théâtralité. Du minimalisme à la photographie contemporaine* (extrait de *Art and Objecthood* ; traduit de l'anglais [États-Unis] par Fabienne Durand-Bogaert).

Jack Goody *Le vol de l'histoire. Comment l'Europe a imposé le récit de son passé au monde* (*The Theft of History* ; traduit de l'anglais par Fabienne Durand-Bogaert).

Stephen Jay Gould *La structure de la théorie de l'évolution* (*The Structure of Evolutionary Theory* ; traduit de l'anglais [États-Unis] par Marcel Blanc).

Ilan Greilsammer *La nouvelle histoire d'Israël. Essai sur une identité nationale.*

Frédéric Gros *États de violence. Essai sur la fin de la guerre.*

Frédéric Gros *Le Principe Sécurité.*

Pierre Guenancia *L'intelligence du sensible. Essai sur le dualisme cartésien.*

Jürgen Habermas *Droit et Démocratie. Entre faits et normes* (*Faktizität und Geltung. Beiträge zur Diskurstheorie des Rechts und des demokratischen Rechtsstaats* ; traduit de l'allemand par Rainer Rochlitz et Christian Bouchindhomme).

Jürgen Habermas *Vérité et justification* (*Wahrheit und Rechtfertigung. Philosophische Aufsätze* ; traduit de l'allemand par Rainer Rochlitz).

Jürgen Habermas *L'avenir de la nature humaine. Vers un eugénisme libéral ?* (*Die Zukunft der menschlichen Natur. Auf dem Weg zu einer liberalen Eugenik ?* ; traduit de l'allemand par Christian Bouchindhomme).

Jürgen Habermas *Entre naturalisme et religion. Les défis de la démocratie* (*Zwischen Naturalism und Religion. Philosophische Aufsätze* ; traduit de l'allemand par Christian Bouchindhomme et Alexandre Dupeyrix).

Jürgen Habermas *La constitution de l'Europe* (*Zur Verfassung Europas. Ein Essay* ; traduit de l'allemand par Christian Bouchindhomme).

Pierre Hadot *Le voile d'Isis. Sur l'histoire de l'idée de nature.*

François Hartog *Mémoire d'Ulysse. Récits sur la frontière en Grèce ancienne.*

Stephen Hawking et Roger Penrose *La nature de l'espace et du temps* (*The Nature of Space and Time* ; traduit de l'anglais [États-Unis] par Françoise Balibar).

Nathalie Heinich *États de femmes. L'identité féminine dans la fiction occidentale.*

Raul Hilberg *Exécuteurs, victimes, témoins. La catastrophe juive 1933-1945* (*Perpetrators Victims Bystanders. The Jewish Catastrophe 1933-1945* ; traduit de l'anglais [États-Unis] par Marie-France de Paloméra).

Raul Hilberg *Holocauste : les sources de l'histoire* (*Sources of Holocaust Research* ; traduit de l'anglais [États-Unis] par Marie-France de Paloméra).

Axel Honneth *La réification. Petit traité de Théorie critique* (*Verdinglichung. Eine anerkennungstheorische Studie* ; traduit de l'allemand par Stéphane Haber).

Axel Honneth *Ce que social veut dire*, tome 1 : *Le déchirement du social* ; tome 2 : *Les pathologies de la raison* (textes extraits de *Die zerrissene Welt des Sozialen. Sozialphilosophie Aufsätze* ; *Pathologien der Vernunft. Geschichte und Gegenwart der Kritischen Theorie* et *Das Ich im Wir. Studien zur Anerkennungstheorie* ; traduit de l'allemand par Pierre Rusch).

Olivier Ihl *Le mérite et la République. Essai sur la société des émules.*

Christian Jouhaud *Les pouvoirs de la littérature. Histoire d'un paradoxe.*

Bruno Karsenti *D'une philosophie à l'autre. Les sciences sociales et la politique des modernes.*

Ian Kershaw *Hitler. Essai sur le charisme en politique* (*Hitler* ; traduit de l'anglais par Jacqueline Carnaud et Pierre-Emmanuel Dauzat).

Ben Kiernan *Le génocide au Cambodge 1975-1979. Race, idéologie et pouvoir* (*The Pol Pot Regime. Races, Power, and Genocide in Cambodia under the Khmer Rouge, 1975-79* ; traduit de l'anglais [États-Unis] par Marie-France de Paloméra).

* Alexandre Koyré *Introduction à la lecture de Platon* suivi de *Entretiens sur Descartes.*

Julia Kristeva *Le temps sensible. Proust et l'expérience littéraire.*

Michel Lallement *Tensions majeures. Max Weber, l'économie, l'érotisme.*

Thomas Laqueur *La fabrique du sexe. Essai sur le corps et le genre en Occident* (*Making Sex. Body and Gender from the Greeks to Freud* ; traduit de l'anglais [États-Unis] par Michel Gautier).

Thomas Laqueur *Le sexe en solitaire. Contribution à l'histoire culturelle de la sexualité* (*Solitary Sex. A Cultural History of Masturbation* ; traduit de l'anglais [États-Unis] par Pierre-Emmanuel Dauzat).

Christian Laval *L'homme économique. Essai sur les racines du néolibéralisme.*

Hervé Le Bras et Emmanuel Todd *L'invention de la France. Atlas anthropologique et politique.*

J. M. G. Le Clézio *Le rêve mexicain ou la pensée interrompue.*

Jean-Marc Lévy-Leblond *Aux contraires. L'exercice de la pensée et la pratique de la science.*

Jacqueline Lichtenstein *La tache aveugle. Essai sur les relations de la peinture et de la sculpture à l'âge moderne.*

Jacqueline Lichtenstein *Les raisons de l'art. Essai sur les théories de la peinture.*

* Gilles Lipovetsky *L'ère du vide. Essais sur l'individualisme contemporain.*

Gilles Lipovetsky *Le crépuscule du devoir. L'éthique indolore des nouveaux temps démocratiques.*

Gilles Lipovetsky *La troisième femme. Permanence et révolution du féminin.*

Gilles Lipovetsky *Le bonheur paradoxal. Essai sur la société d'hyperconsommation.*

Nicole Loraux *Les expériences de Tirésias. Le féminin et l'homme grec.*

Nicole Loraux *La voix endeuillée. Essai sur la tragédie grecque.*

Sergio Luzzatto *Padre Pio. Miracles et politique à l'âge laïc* (*Padre Pio. Miracoli e politica nell'Italia del Novecento* ; traduit de l'italien par Pierre-Emmanuel Dauzat)

Sergio Luzzatto *Le corps du Duce. Essai sur la sortie du fascisme* (*Il corpo del Duce. Un cadavere tra immaginazione, storia e memoria* ; traduit de l'italien par Pierre-Emmanuel Dauzat)

Giovanni Macchia *L'ange de la nuit. Sur Proust* (*L'angelo della notte* ; *Proust e dintorni* ; traduit de l'italien par Marie-France Merger, Paul Bédarida et Mario Fusco).

Marielle Macé *Façons de lire, manières d'être.*

Roderick MacFarquhar et Michael Schoenhals *La dernière révolution de Mao. Histoire de la Révolution culturelle 1966-1976* (*Mao's Last Revolution* ; traduit de l'anglais [États-Unis] par Pierre-Emmanuel Dauzat).

Gérard Mairet *La fable du monde. Enquête philosophique sur la liberté de notre temps.*

Christian Meier *La naissance du politique* (*Die Entstehung des Politischen bei den Griechen* ; traduit de l'allemand par Denis Trierweiler).

* Yves Michaud, *Violence et politique.*

Jonathan Moore (sous la direction de) *Des choix difficiles. Les dilemmes moraux de l'humanitaire* (*Hard Choices. Moral Dilemmas in Humanitarian Intervention* ; traduit de l'anglais [États-Unis] par Dominique Leveillé).

Frédéric Musso *Albert Camus ou la fatalité des natures.*

Sönke Neitzel et Harald Welzer *Soldats. Combattre, tuer, mourir : procès-verbaux de récits de soldats allemands* (*Soldaten. Protokolle vom Kämpfen, Töten und Sterben* ; traduit de l'allemand par Olivier Mannoni).

Pierre Pachet *La force de dormir. Essai sur le sommeil en littérature.*

Thomas Pavel *La pensée du roman.*

* Octavio Paz *L'arc et la lyre* (*El arco y la lira* ; traduit de l'espagnol [Mexique] par Roger Munier).

* Octavio Paz *Deux transparents. Marcel Duchamp et Claude Lévi-Strauss* (*Marcel Duchamp, Claude Lévi-Strauss o el nuevo Festín de Esopo* ; traduit de l'espagnol [Mexique] par Monique Fong-Wust et Robert Marrast).

* Octavio Paz *Conjonctions et disjonctions* (*Conjunciones y Diyunciones* ; traduit de l'espagnol [Mexique] par Robert Marrast).

* Octavio Paz *Courant alternatif* (*Corriente alterna* ; traduit de l'espagnol [Mexique] par Roger Munier).

* Octavio Paz *Le labyrinthe de la solitude* suivi de *Critique de la pyramide* (*El laberinto de la soledad* ; *Posdata* ; traduit de l'espagnol [Mexique] par Jean-Clarence Lambert).

* Octavio Paz *Point de convergence. Du romantisme à l'avant-garde* (*Los hijos del limo* ; traduit de l'espagnol [Mexique] par Roger Munier).

* Octavio Paz *Marcel Duchamp : l'apparence mise à nu* (*Apariencia desnuda, la obra de Marcel Duchamp. El Castillo de la Pureza. * water writes always in * plural* ; traduit de l'espagnol [Mexique] par Monique Fong).

Philip Pettit *Républicanisme. Une théorie de la liberté et du gouvernement* (*Republicanism. A Theory of Freedom and Government* ; traduit de l'anglais par Patrick Savidan et Jean-Fabien Spitz).

Nadine Picaudou *L'islam entre religion et idéologie. Essai sur la modernité musulmane.*

Jackie Pigeaud *L'Art et le Vivant.*

Martine Poulain *Livres pillés, lectures surveillées. Une histoire des bibliothèques françaises sous l'Occupation.*

Joëlle Proust *Comment l'esprit vient aux bêtes. Essai sur la représentation.*

Hilary Putnam *Représentation et réalité* (*Representation and Reality* ; traduit de l'anglais [États-Unis] par Claudine Engel-Tiercelin).

David M. Raup *De l'extinction des espèces. Sur les causes de la disparition des dinosaures et de quelques milliards d'autres* (*Extinction, Bad Genes or Bad Luck ?* ; traduit de l'anglais [États-Unis] par Marcel Blanc).

Jan Philipp Reemtsma *Confiance et violence. Essai sur une configuration particulière de la modernité* (*Vertrauen und Gewalt. Versuch über eine besondere Konstellation der Moderne* ; traduit de l'allemand par Bernard Lortholary).

Jean-Pierre Richard *L'état des choses. Études sur huit écrivains d'aujourd'hui.*

Rainer Rochlitz *Le désenchantement de l'art. La philosophie de Walter Benjamin.*

Rainer Rochlitz *Subversion et subvention. Art contemporain et argumentation esthétique.*

Rainer Rochlitz *L'art au banc d'essai. Esthétique et critique.*

* Emir Rodriguez Monegal *Neruda le voyageur immobile* (*El Viajero inmovil* ; traduit de l'espagnol par Bernard Lelong).

Claude Romano *Le chant de la vie. Phénoménologie de Faulkner.*

Philippe Roussin *Misère de la littérature, terreur de l'histoire. Céline et la littérature contemporaine.*

Henry Rousso *La dernière catastrophe. L'histoire, le présent, le contemporain.*

Marc Sadoun *De la démocratie française. Essai sur le socialisme.*

Marc Sadoun (sous la direction de) *La démocratie en France*, tome 1 : *Idéologies* ; tome 2 : *Limites.*

Elias Sanbar *Figures du Palestinien. Identité des origines, identité de devenir.*

Jean-Paul Sartre *Vérité et existence.*

Saskia Sassen *La Globalisation. Une Sociologie* (*A Sociology of Globalization* ; traduit de l'anglais [États-Unis] par Pierre Guglielmina).

Jean-Marie Schaeffer *L'art de l'âge moderne. L'esthétique et la philosophie de l'art du XVIIIe siècle à nos jours.*

Jean-Marie Schaeffer *Les célibataires de l'art. Pour une esthétique sans mythes.*

Jean-Marie Schaeffer *La fin de l'exception humaine.*

Dominique Schnapper *La communauté des citoyens. Sur l'idée moderne de nation.*

Dominique Schnapper *La relation à l'Autre. Au cœur de la pensée sociologique.*

Dominique Schnapper *La démocratie providentielle. Essai sur l'égalité contemporaine.*

Dominique Schnapper *Une sociologue au Conseil constitutionnel.*

Dominique Schnapper *L'Esprit démocratique des lois.*

Jerome B. Schneewind *L'invention de l'autonomie. Une histoire de la philosophie morale moderne* (*The Invention of Autonomy. A History of Modern Moral Philosophy* ; traduit de l'anglais [États-Unis] par Jean-Pierre Cléro, Pierre-Emmanuel Dauzat et Evelyne Meziani-Laval).

John R. Searle *La redécouverte de l'esprit* (*The Rediscovery of the Mind* ; traduit de l'anglais [États-Unis] par Claudine Tiercelin).

John R. Searle *La construction de la réalité sociale* (*The Construction of Social Reality* ; traduit de l'anglais [États-Unis] par Claudine Tiercelin).

Jean-François Sirinelli (sous la direction de) *Histoire des droites en France*, tome 1 : *Politique* ; tome 2 : *Cultures* ; tome 3 : *Sensibilités.*

Wolfgang Sofsky *Traité de la violence* (*Traktat über die Gewalt* ; traduit de l'allemand par Bernard Lortholary).

Wolfgang Sofsky *L'ère de l'épouvante. Folie meurtrière, terreur, guerre* (*Zeiten des Schreckens. Amok, Terror, Krieg* ; traduit de l'allemand par Robert Simon).

Jean-Fabien Spitz *Le moment républicain en France.*

Jean Starobinski *Le remède dans le mal. Critique et légitimation de l'artifice à l'âge des Lumières.*

Wolfgang Streeck *Du temps acheté. La crise sans cesse ajournée du capitalisme démocratique* (*Gekaufte Zeit. Die vertagte Krise des demokratischen Kapitalismus* ; traduit de l'allemand par Frédéric Joly).

George Steiner *Réelles présences. Les arts du sens* (*Real Presences. Is there anything in what we say ?* ; traduit de l'anglais par Michel R. de Pauw).

George Steiner *Passions impunies* (*No Passion spent* ; traduit de l'anglais par Pierre-Emmanuel Dauzat et Louis Évrard).

George Steiner *Grammaires de la création* (*Grammars of Creation* ; traduit de l'anglais par Pierre-Emmanuel Dauzat).

George Steiner *Maîtres et disciples* (*Lessons of the Masters* ; traduit de l'anglais par Pierre-Emmanuel Dauzat).

George Steiner *Poésie de la pensée* (*The Poetry of Thought* ; traduit de l'anglais par Pierre-Emmanuel Dauzat).

* Salah Stétié *Les porteurs de feu et autres essais.*

Chris Stringer *Survivants. Pourquoi nous sommes les seuls humains sur terre* (*Lone Survivors. How We Came to Be the Only Humans on Earth* ; traduit de l'anglais par Alain Kihm).

Ian Tattersall *L'émergence de l'homme. Essai sur l'évolution et l'unicité humaine* (*Becoming Human. Evolution and Human Uniqueness* ; traduit de l'anglais [États-Unis] par Marcel Blanc).

Emmanuel Todd *L'origine des systèmes familiaux*, tome 1 : *L'Eurasie*.

* Miguel de Unamuno *L'essence de l'Espagne* (*En torno al Casticismo* ; traduit de l'espagnol par Marcel Bataillon).

Jean-Marie Vaysse *L'inconscient des Modernes. Essai sur l'origine métaphysique de la psychanalyse*.

Patrick Verley *L'échelle du monde. Essai sur l'industrialisation de l'Occident*.

Paul Veyne *René Char en ses poèmes*.

Michael Walzer *Traité sur la tolérance* (*On Toleration* ; traduit de l'anglais [États-Unis] par Chaïm Hutner).

Harald Welzer *Les exécuteurs. Des hommes normaux aux meurtriers de masse* (*Täter. Wie aus ganz normalen Menschen Massenmörder werden* ; traduit de l'allemand par Bernard Lortholary).

Harald Welzer *Les guerres du climat. Pourquoi on tue au XXIe siècle* (*Klimakriege. Wofür im 21. Jahrhundert getötet wird* ; traduit de l'allemand par Bernard Lortholary).

Harald Welzer, Sabine Moller et Karoline Tschuggnall *« Grand-Père n'était pas un nazi ». National-socialisme et Shoah dans la mémoire familiale* (*« Opa war kein Nazi ». Nationalsozialismus und Holocaust im Familiengedächtnis* ; traduit de l'allemand par Olivier Mannoni).

Bernard Williams *L'éthique et les limites de la philosophie* (*Ethics and the Limits of Philosophy* ; traduit de l'anglais par Marie-Anne Lescourret).

Bernard Williams *Vérité et véracité. Essai de généalogie* (*Truth and Truthfulness. An Essay in Genealogy* ; traduit de l'anglais par Jean Lelaidier).

Yosef Hayim Yerushalmi *Le Moïse de Freud. Judaïsme terminable et interminable* (*Freud's Moses. Judaism Terminable and Interminable* ; traduit de l'anglais [États-Unis] par Jacqueline Carnaud).

Levent Yilmaz *Le temps moderne. Variations sur les Anciens et les contemporains*.

Patrick Zylberman *Tempêtes microbiennes. Essai sur la politique de sécurité sanitaire dans le monde transatlantique*.

Cet ouvrage a été composé par
I.G.S.-C.P. à l'Isle d'Espagnac (16)
et achevé d'imprimer
par Normandie Roto Impression s.a.s.
61250 Lonrai, le 15 septembre 2014
Dépôt légal : septembre 2014
Numéro d'imprimeur : 1403611
ISBN 978-2-07-014359-7 / Imprimé en France

260349